PPP与项目融资系列

Infrastructure
as an Asset Class
Investment Strategy, Sustainability, Project Finance and PPP, 2nd Edition

基础设施投资指南
投资策略、可持续发展、项目融资与PPP
| 原书第2版 |

［瑞士］ 芭芭拉·韦伯（Barbara Weber）
［瑞士］ 米丽娅姆·斯托布-比桑（Mirjam Staub-Bisang） 著　罗桂连 译
［德］　 汉斯·威廉·阿尔芬（Hans Wilhelm Alfen）

机械工业出版社
China Machine Press

图书在版编目（CIP）数据

基础设施投资指南：投资策略、可持续发展、项目融资与PPP（原书第2版）/（瑞士）芭芭拉·韦伯（Barbara Weber），（瑞士）米丽娅姆·斯托布-比桑（Mirjam Staub-Bisang），（德）汉斯·威廉·阿尔芬（Hans Wilhelm Alfen）著；罗桂连译. —北京：机械工业出版社，2018.7

（PPP与项目融资系列）

书名原文：Infrastructure as an Asset Class: Investment Strategy, Sustainability, Project Finance and PPP

ISBN 978-7-111-60255-2

I. 基… II. ①芭… ②米… ③汉… ④罗… III. 基础设施-投资-指南 IV. F294-62

中国版本图书馆CIP数据核字（2018）第124190号

本书版权登记号：图字 01-2018-2419

Barbara Weber, Mirjam Staub-Bisang, Hans Wilhelm Alfen . Infrastructure as an Asset Class: Investment Strategy, Sustainability, Project Finance and PPP, 2nd Edition.

ISBN978-1-119-22654-3

Copyright © 2016 by Barbara Weber, Mirjam Staub-Bisang and Hans Wilhelm Alfen.

This translation published under license. Authorized translation from the English language edition, Published by John Wiley & Sons. Simplified Chinese translation copyright © 2018 by China Machine Press.

No part of this book may be reproduced or transmitted in any form or by any means, electronic or mechanical, including photocopying, recording or any information storage and retrieval system,without permission, in writing, from the publisher. Copies of this book sold without a Wiley sticker on the cover are unauthorized and illegal.

All rights reserved.

本书中文简体字版由John Wiley & Sons公司授权机械工业出版社在全球独家出版发行。

未经出版者书面许可，不得以任何方式抄袭、复制或节录本书中的任何部分。

本书封底贴有John Wiley & Sons公司防伪标签，无标签者不得销售。

基础设施投资指南：投资策略、可持续发展、项目融资与PPP（原书第2版）

出版发行：机械工业出版社（北京市西城区百万庄大街22号	邮政编码：100037）
责任编辑：董凤凤	责任校对：李秋荣
印　　刷：北京诚信伟业印刷有限公司	版　次：2018年7月第1版第1次印刷
开　　本：170mm×242mm 1/16	印　张：25.5
书　　号：ISBN 978-7-111-60255-2	定　价：200.00元

凡购本书，如有缺页、倒页、脱页，由本社发行部调换

客服热线：（010）68995261　88361066　　　投稿热线：（010）88379007

购书热线：（010）68326294　88379649　68995259　读者信箱：hzjg@hzbook.com

版权所有·侵权必究
封底无防伪标均为盗版
本书法律顾问：北京大成律师事务所　韩光/邹晓东

目录

赞誉

推荐序一　借鉴国际经验推动投融资体制改革 / 韩志峰

推荐序二　我国 PPP 模式可持续发展的路径选择 / 李开孟

译者序　市政基础设施涉及地方政府债务问题的破解策略 / 罗桂连

出版人申明

致谢

作者简介

前言

导言

第 1 章　基础设施概况 / 1

1.1　基础设施投资需求 / 2

1.2　可持续性与基础设施 / 7

　　1.2.1　可持续性与可持续发展：简史 / 8

　　1.2.2　对可持续性基础设施的需求 / 9

1.3　基础设施的定义及特点 / 10

　　1.3.1　不同术语的比较：项目、资产与设施 / 13

　　1.3.2　基础设施的特征 / 15

　　1.3.3　跨行业的特征 / 16

　　1.3.4　基础设施公司的类型 / 16

　　1.3.5　私营部门的角色 / 18

　　1.3.6　价值链要素 / 19

　　1.3.7　绿地投资与褐地投资 / 21

　　1.3.8　分红驱动与 IRR 驱动的投资者 / 22

        1.3.9 收入来源与融资 / 23
        1.3.10 竞争与规制 / 25

第 2 章 基础设施投资 / 27

  2.1 基础设施作为一类资产 / 28
        2.1.1 基础设施的投资者 / 29
        2.1.2 非上市基础设施资产的风险与收益特征 / 33
        2.1.3 基础设施资产的业绩基准 / 41
        2.1.4 通过基础设施实现资产组合分散化 / 48
  2.2 可持续性基础设施投资 / 55
        2.2.1 可持续性投资的概念 / 55
        2.2.2 为何要投资可持续性基础设施 / 61
        2.2.3 如何可持续性地投资基础设施 / 64
        2.2.4 可持续性基础设施投资面临的挑战 / 68
  2.3 基础设施投资的方式 / 69
        2.3.1 上市基础设施类资产 / 69
        2.3.2 非上市基础设施资产 / 73

第 3 章 组织模式 / 88

  3.1 私有化模式 / 88
        3.1.1 私有化与 PPP / 89
        3.1.2 形式私有化 / 94
        3.1.3 职能私有化 / 96
        3.1.4 实质私有化 / 97
  3.2 合作模式 / 100
  3.3 商业模式 / 102
        3.3.1 可用性付费模式 / 103
        3.3.2 基于使用情况的付费模式 / 106
        3.3.3 直接使用者付费模式 / 107
  3.4 合同模式 / 108
  3.5 融资模式 / 111
  3.6 小结：多样化的"私有化路径" / 111

第4章 部分基础设施行业及其子行业的特征 / 114

4.1 交通运输行业 / 115
- 4.1.1 行业整体特征 / 115
- 4.1.2 公路运输 / 119
- 4.1.3 铁路运输 / 126
- 4.1.4 航空运输 / 133
- 4.1.5 水路运输 / 142
- 4.1.6 可持续性因素 / 149

4.2 供水与污水处理 / 152
- 4.2.1 特征与组织 / 152
- 4.2.2 收入来源与价值链要素 / 158
- 4.2.3 竞争与规制 / 160
- 4.2.4 私营部门参与 / 161
- 4.2.5 可持续性因素 / 164

4.3 垃圾处理 / 167
- 4.3.1 特征与组织 / 167
- 4.3.2 收入来源与价值链要素 / 172
- 4.3.3 竞争与规制 / 175
- 4.3.4 私营部门参与 / 176
- 4.3.5 可持续性因素 / 178

4.4 能源:电力行业 / 181
- 4.4.1 行业总体情况 / 181
- 4.4.2 可再生能源发电的跨行业特征 / 186
- 4.4.3 太阳能发电 / 191
- 4.4.4 陆上风力发电 / 194
- 4.4.5 海上风力发电 / 195
- 4.4.6 水力发电 / 197
- 4.4.7 生物质发电 / 200
- 4.4.8 传输与配送 / 204
- 4.4.9 电力存储 / 217
- 4.4.10 可持续性因素 / 229

4.5 能源:天然气网络 / 236
- 4.5.1 特征与组织 / 236

    4.5.2 传输 / 238

    4.5.3 存储 / 239

    4.5.4 配送 / 240

    4.5.5 收入来源与价值链要素 / 240

    4.5.6 竞争与规制 / 241

    4.5.7 私营部门参与 / 242

    4.5.8 可持续性因素 / 243

4.6 能源：区域性能源系统（DES）/ 245

    4.6.1 特征与组织 / 245

    4.6.2 收入来源与价值链要素 / 247

    4.6.3 竞争与规制 / 249

    4.6.4 私营部门参与 / 250

    4.6.5 可持续性因素 / 251

4.7 社会基础设施 / 253

    4.7.1 医疗设施 / 256

    4.7.2 教育设施 / 258

    4.7.3 行政设施 / 259

    4.7.4 可持续性因素 / 261

第 5 章 风险 / 264

5.1 风险管理 / 265

5.2 一般风险 / 270

    5.2.1 市场风险 / 270

    5.2.2 利率风险 / 274

    5.2.3 汇率风险 / 275

    5.2.4 环境、社会和治理（ESG）风险 / 275

    5.2.5 政治、法律和规制风险 / 282

    5.2.6 不可抗力 / 288

5.3 项目 / 资产的特有风险 / 289

    5.3.1 设计、建设和完工风险 / 289

    5.3.2 技术风险 / 291

    5.3.3 融资风险 / 292

    5.3.4 辛迪加风险（分销风险）/ 294

  5.3.5 运营风险 / 295

  5.3.6 合同与交易对手风险 / 296

  5.3.7 变现风险 / 296

5.4 行业的特有风险 / 297

第 6 章 项目融资 / 303

6.1 项目融资基础 / 303

6.2 项目融资与 PPP / 305

6.3 项目融资的基本结构 / 307

  6.3.1 核心特征 / 308

  6.3.2 参与方和其他利益相关方 / 310

  6.3.3 项目各参与方的目标和贡献 / 316

  6.3.4 项目融资的典型合同结构 / 318

6.4 项目融资的结构化：传统与 PPP 模式 / 320

  6.4.1 第一阶段：咨询 / 323

  6.4.2 第二阶段：项目评估 / 324

  6.4.3 第三阶段：风险分析和分配 / 326

  6.4.4 第四阶段：融资 / 326

  6.4.5 第五阶段：执行和监督 / 331

第 7 章 融资工具 / 334

7.1 股本金 / 335

7.2 夹层资本 / 337

7.3 债务 / 338

  7.3.1 优先贷款 / 338

  7.3.2 债券 / 341

  7.3.3 短期融资 / 346

7.4 政府支持项目 / 346

  7.4.1 各个国家的开发性银行 / 347

  7.4.2 欧洲投资银行（EIB）/ 349

  7.4.3 欧洲 PPP 专业中心（EPEC）/ 350

  7.4.4 政府出口信用和直接投资保险（ECA）/ 351

7.5 资产支持证券 / 352
7.6 售后回租 / 353
7.7 衍生品 / 354
    7.7.1 期货 / 354
    7.7.2 期权 / 355

结束语 / 357

附录 A 基金管理人使用的针对 ESG 问题的 CDC 工具包的样页 / 359

附录 B 远景的可持续性基础设施评级系统的计分清单 / 361

附录 C 基础设施可持续性评级系统（澳大利亚）的主题和分类 / 363

附录 D 政府提供的适当的风险缓释措施（NAMA）/ 364

参考文献 ⊖

⊖ 请参见华章网站：http://www.hzbook.com。注册后搜索书名即可下载。

赞誉

基础设施是经济发展的重要前提，也是社会生活的核心支撑，会直接影响所有居民的生活水准。可持续的基础设施可以保护全球重要的自然资源和环境，也有助于推动更加高效地使用金融资源。本书第2版将重要的可持续性目标整合进基础设施投资领域，成为基础设施长期投资者和有关政策制定者不可或缺的资源。

克劳斯·施瓦布教授，达沃斯世界经济论坛主席

这部新版著作切中基础设施领域中机构投资者的核心关注点。低利率环境下的养老基金正在逐步成熟，偏好可以同时实现本金增长和提供稳定现金流的基础设施资产。本书的三位作者共同拥有的实践经验的广度和深度，对于那些需要评估此类资产风险与收益特征的投资者来说，无比珍贵。

萨莉·布里奇兰，地区养老金合伙投资公司主席

本书提供了更多甚至更加精选的最新和有价值的关于基础设施的信息，是各类市场参与者必读的经典。

罗恩·布茨，APG资产管理公司欧洲基础设施部门负责人

韦伯博士、斯托布-比桑博士和阿尔芬教授，对2010年撰写的关于基础设施投资的重要著作进行了更新。新版本准确地把握了在接近零利率和政府预算紧张的背景下，这一快速增长领域中的发展机遇。本书不仅可指导和激励实践参与者，而且应当作为养老基金的董事会成员和受托人的必读书籍，以获取基础设施资产的机会及与风险相关的有价值的信息。

托本·默格·佩德森，丹麦养老金公司的总裁

基础设施对健康的、持续的经济增长至关重要，对投资者而言也是重要的投资

机会。韦伯博士与其合作者为这一多面、复杂的市场提供了权威性的指导，介绍了不同行业的机会与风险。本书对所有专业投资人员而言都是必读书目，因为基础设施资产不仅提供资产组合分散化的机会，也蕴含由政府在基础设施领域的最新利益和投资所驱动的全球性趋势中的获利机会。新版本更加重视可持续性的基础设施，特别受欢迎且切中热点。

克里斯·诺尔斯，欧洲投资银行气候融资部门负责人

作者在高水平介绍基础设施类资产和基础设施投资领域中的不同行业与子行业的深度及广度之间，取得了很好的平衡。本书由行业资深专家撰写，使用了很多真实世界中的例子和案例研究。本书还特别兼顾了在基础设施领域中重要性逐步提升的ESG议题。所有这些，让本书不仅成为刚涉足这个资产类别的投资专业人员、风险管理经理和养老金受托人的必读书籍，而且是基础设施市场上"老法师"的必备参考书。

克里斯托夫·曼瑟，瑞士人寿集团资产管理公司基础设施投资部门负责人

本书给来自公共部门的读者和各类投资专业人员，提供了关于组织模式、价值链要素和水务行业巨大投资需求的全面指南。世界经济论坛不仅将"水"视为一种社会与政治风险，而且将其看作排名第一的商业风险，社会各个方面有必要共同面对这一紧迫的问题。

包必达，2030年水资源论坛主席、雀巢公司主席

全球能源行业的转型升级，需要在可再生能源和现有资产维护等方面进行长期性与持续性的投资。不仅是能源行业，所有的基础设施领域都迫切需要新增投资。通过清晰和有指导意义的方式，本书对多个基础设施行业进行了全面的概述。它对所有关注可持续基础设施投资的人士而言，都是必读经典。

苏珊娜·托马，BKW能源集团总裁

芭芭拉对基础设施类资产及其奥妙有深刻的理解。在过去的6年中，基础设施已经日益成为核心长期资产，新版著作抓住了投资者及其追求的投资机会的精髓。

迈克·韦斯顿，养老金基础设施投资平台（PIP）的首席执行官

第1版让读者感觉到作者在这个领域中初试牛刀，就已经成功抓住精髓，将此著作打造成了基础设施领域中难得的精品著作。新版强调的可持续性和ESG议题，

让本书置于当今全球基础设施投资市场的中心。

康·西汀，欧洲金融分析师协会研究委员会

对于基础设施PPP领域的所有相关人士，包括公共部门和私营投资者的专业人员，本书都提供了关键性的洞察力：不仅将PPP投资划分为不同的组织模式，而且将PPP放到基础设施投资和项目融资相关的更为广阔的背景下，并系统地考虑重要性日益提升的环境、社会和治理问题。

吉尔伯特·普罗布斯特，日内瓦PPP中心的联合创始人、日内瓦大学
组织和组织行为学研究中心主任、世界经济论坛执行委员会委员

可持续发展的基础设施和机构投资者提供民间资金，是实现《联合国2030年可持续发展议程》及其17个可持续发展目标的特别关键的要素。本书第2版从投资者的角度强调这些问题，解释投资基础设施领域（特别是以可持续的方式进行投资）为何是理性的选择。对于投资者、国际官员和公务员等相关人士而言，本书都是特别重要的工具。

迈克尔·穆勒，联合国日内瓦总部总干事

推荐序一

Infrastructure as an Asset Class PPP

借鉴国际经验推动投融资体制改革

党的十九大报告明确提出，我国社会的主要矛盾已经转化为人民日益增长的美好生活需要和不平衡不充分的发展之间的矛盾。社会主要矛盾的变化必然对投资方向、投资方式和投资管理提出新的要求。投资要服务于大局，必须从当前社会主要矛盾的角度出发开展工作，要将投资与整个经济社会发展的结构性矛盾结合起来。

基础设施投资是支撑经济社会可持续发展的重要力量，在推进供给侧结构性改革、实施区域协调发展战略、保障和改善民生等方面发挥着重要的作用。按照十九大报告的要求，我们应当进一步深化基础设施投融资体制改革，更加强调通过投资优化供给结构，更加重视投资项目全生命周期的综合效率和效果，不能片面追求投资对经济增长的拉动作用。推动国内基础设施领域的投融资体制改革，需要各方充分讨论达成理念上的共识，需要系统性的理论研究支撑政策构建，更需要扎实的实践探索形成可复制、可推广的经验。

中国革命事业成功的一个很重要的原因，就是把马克思列宁主义的普遍真理和中国革命的具体实践相结合。中国的基础设施投融资体制改革事业要想取得成功，也必须把欧美发达国家先进的经验和理念，与中国经济建设和社会发展的具体实践相结合。

罗桂连同志的最新译作《基础设施投资指南：投资策略、可持续发展、项目融资与PPP》，是他2016年翻译出版的《基础设施投资策略、项目融资与PPP》的升级版。新版本针对近年来国际基础设施投资领域发生的深刻变化，在结构上进行了全面的修订，在内容上也做了大幅度且实质性的扩充和更新。

本书的出版,不仅有助于读者更加全面、准确地认识国际经验,也使其有机会理性、客观地学习国际上一些重大改革和著名案例留下的遗憾与教训,推动国内各相关方面达成最广泛的社会共识,助力国内基础设施领域投融资体制改革和机制设计的行稳致远。

韩志峰博士
国家发展改革委投资司副司长
2018 年 6 月

推荐序二

Infrastructure as an Asset Class PPP

我国 PPP 模式可持续发展的路径选择

罗桂连博士的译作《基础设施投资指南：投资策略、可持续发展、项目融资与 PPP》即将出版，我看了翻译稿后，收获颇多。由此，欣然命笔，将我对国内推进 PPP 模式可持续发展的思考整理出来，作为推荐序。

明确采用 PPP 模式的目标定位

PPP 模式的健康发展，首要任务是要解决目标及功能定位的问题，这种定位不仅体现在文字表述上，更体现在具体政策措施的目标导向上。比如，政府文件虽然提出推广应用 PPP 模式的目的是提高公共服务供给的质量和效率，但具体政策措施却体现为通过引入 PPP 模式来绕开公开招标，事实上在争夺 PPP 项目工程施工等具体业务（这种文字表述就变得毫无意义）。

1. 聚焦公共治理体系

世界各国采用 PPP 模式的根本目的都是将其作为公共治理体系深化改革的重要工具。如英国自 1980 年以来，在将传统基础设施和公共服务项目推向市场的同时，对于必须由政府承担提供公共服务责任的领域，通过推行私营融资计划（PFI/PPP 模式），通过政府采购服务的方式来实现市场化改革，通过重新构建法规制度体系、强化项目前期论证、加强专业机构能力建设、强调信息公开及公众参与、完善配套金融服务等综合措施，发挥市场机制和政府部门的双重作用。

我国今后推广应用PPP模式，要摒弃短期功利行为，将PPP模式的应用，作为在基础设施投融资领域中推进构建公共治理体系的重要工具，以便切实提高公共服务供给的质量和效率。

2. 瞄准四大具体任务

在基础设施投融资领域中推进公共治理体系的构建，核心是要瞄准以下四大具体任务：

（1）推进结构性改革尤其是供给侧结构性改革，增加有效供给，实施创新驱动发展战略，促进稳增长、补短板、扩就业、惠民生；

（2）打破基础设施领域准入限制，鼓励引导民间投资，提高基础设施项目建设、运营和管理效率，激发经济活力，增强发展动力；

（3）创新投融资机制，推动各类资本相互融合、优势互补，积极发展混合所有制经济；

（4）理顺政府与市场关系，加快转变政府职能，充分发挥市场配置资源的决定性作用并更好地发挥政府的作用。

3. 完善顶层制度设计

我国引入特许经营BOT模式已有30多年的历史。从2014年开始，我国掀起推广应用PPP模式的高潮，有成功的经验和失败的教训。那些十分丰富的研究案例，值得我们认真研究和总结。PPP模式目前在我国得到空前的关注和推广，学术界对现代PPP理念的研究也取得了各种成果，可以说目前已经具备认真研究、总结现代PPP模式的核心理念、目标导向及功能定位等方面的条件。

我们应通过认真、深入的研究总结，系统梳理当前制约我国PPP模式健康发展的体制机制障碍，做好PPP制度建设的顶层设计工作，制定系统、完整的PPP项目监管制度体系，避免制度空白和部门冲突。

合理界定PPP模式的适用领域

我国今后应严格甄别变相融资、兜底回报、明股实债等伪PPP项目，规范PPP项目的准入条件，明确何种情况不允许采用PPP模式，以避免和减少伪PPP项目。

1. PPP 模式仅适用于基础设施领域

基础设施如交通运输（港口、铁路、高速公路、机场、管道等）、信息基础设施、生态环境设施、能源基础设施（包括清洁能源）和城市基础设施是为社会生产与居民生活提供公共服务的基础工程设施，是社会赖以生存和发展的物质基础。基础设施建设的目的是提供公共服务，而公共服务的供给离不开基础设施。

基础设施和公共服务项目往往具有以下特点：投资规模大，建设周期长，涉及众多利益相关方，满足公众利益及协同运营管理要求高，项目全生命周期要素整合统筹难度大。政府及公共部门为了满足公共需求，在财政困难及缺乏专业技术和专业项目运营管理能力的情况下，有必要引入 PPP 模式。政府可以通过咨询和梳理公众的需求，提出需要使用 PPP 模式的项目，向私营机构提出金融及合作需求。成功实施的 PPP 项目，离不开政府部门的深度参与，包括 PPP 政策的制定及具体项目的运作。

2. PPP 模式的有效应用必须具备相应的条件

PPP 模式是提供基础设施公共服务的一种创新方式，同时也是一种复杂的项目运作模式，专业性要求高，操作过程相对复杂。PPP 模式的成功实施必须具备以下条件：

一是满足投资回报要求。以 PPP 模式运作的项目，应满足私营部门商业性合理利润的要求。由于以项目未来现金流量的追索进行融资，融资成本相对较高，项目所有人需要通过全寿命周期的要素整合，通过不断进行技术创新，提高运营管理效率，降低全寿命周期成本来弥补高额的融资成本，以便满足项目可融资性的要求。

二是不宜完全推向市场。PPP 模式要求政府和私营部门针对具体项目签署合作协议，对单个具体项目进行交易结构及制度的特殊安排，在一定程度上具有准入门槛及市场自由竞争的限制。自身完全具备市场化运作条件，且能有效解决市场失灵的项目，不适宜采用 PPP 模式。

三是能够形成合理预期。PPP 模式采用无追索或有限追索项目融资的模式进行运作，需要对未来的运营情况进行合理预期，构建长期合作伙伴关系，强调按合同办事。一旦签署了合同，相关方难以根据新出现的情况进行修改，项目的实施对适应外部环境变化缺乏灵活性。投资规模巨大或实施内容需要根据外部环境变化不断进行调整，难以合理预测未来情况的复杂项目，不宜采用 PPP 模式。

四是市场经济体系完善。PPP 模式是欧洲市场经济体系中比较完善的国家总结出来的基础设施项目运作模式,要求资本市场发育成熟,基础设施投融资体制完善,当地法律制度健全且公民守法意识强,违法成本高且具有完善的法律救济机制,当地守约意识强且诚信惩戒体系健全,以便能够通过组建高质量的特殊目的载体(SPV)整合各种专业资源完善项目治理结构。法律制度体系不健全、市场经济体制不完善的国家,不适宜大规模推广应用PPP模式。

五是私营部门发育充分。PPP模式强调引入私营部门,通过建立与公共部门之间的合作伙伴关系,打破传统的公共部门垄断的格局,盘活存量资产,推动公共部门体制机制的改革创新,释放公共部门的内在活力。对于私营部门发育不充分的经济体系,PPP模式难以发挥其改革创新的牵引作用。

六是财政预算体系健全。PPP项目融资属于政府资产负债表之外的融资,其负债不直接计入政府财政预算,从而使得PPP成为政府规避预算约束的一种方式,短期内能够刺激政府的非理性投资,长期内将加大政府未来的财政负担。没有建立完善的中长期财政预算体系的国家,不适宜大规模采用政府付费型PPP模式。

七是公共治理体系完善。PPP项目提供的是公共服务,项目失败的风险最终依旧会由政府承担,因此往往很难真正将风险转移出去。在服务型政府制度不健全、公共治理体系存在缺陷的制度环境下,不适宜大规模推广应用PPP模式。

3. 盲目扩大PPP模式的应用范围必将付出代价

通过PPP模式建立公共部门和私营部门合作伙伴关系的核心目的,就是通过发挥公共部门和私营部门各自的优势,提升公共服务供给的质量与效率。公共部门自身能够高效率地提供公共服务的领域,或者通过完全市场化方式能够解决公共服务供给质量和效率问题的领域,没有必要采取PPP模式。

通过公私合作模式开展基础设施建设和提供公共服务,这种现象已有数千年的历史。PPP概念的正式出现及现代PPP理念的形成,在世界范围内仅有不到20年的历史。PPP的制度建设、运作模式、操作指南、评价方法一直在不断进行完善创新,但PPP模式真正能够有效发挥作用的边界一直受到各种因素的严格限制。

有效推行PPP模式,政府部门应该根据自身的经济及能力条件,通过公众咨询的形式,合理安排使用PPP模式,不应以政府的行政权力强制或全面实施PPP模式,或者推行超越当地社会经济发展阶段的PPP创新融资模式,盲目扩大PPP模式的应用范围,导致整个国家的社会经济系统为此付出代价。

我国今后需要高度重视发挥高质量的投资对高质量的经济发展的拉动作用,既要发挥基础设施投资对经济发展的拉动作用,又要发挥非基础设施对经济发展的拉动作用;既要关注基础建设投资采用 PPP 模式,又要关注各种非 PPP 投资模式在基础设施投资建设领域中的应用。在政策制定及规划引导方面,我们要继续承认固定资产投资仍然是促进各地区经济增长的最重要力量,要通过高质量的固定资产投资,促进高质量的经济发展。同时,我们要矫正对 PPP 模式的盲目崇拜,要特别强调发挥各种投资的积极作用,共同加强我国经济持续健康发展的总体态势,为供给侧结构性改革及实现我国投资建设领域高质量的发展创造宽松的政策环境。

分类推进各种类型 PPP 模式健康发展

1. 政府采购类 PPP 项目

PPP 模式是由公共部门和私营部门合作提供公共服务的项目运作模式。为了解决传统的由公共部门提供公共服务模式下的政府失灵问题,以及完全由私营部门提供公共服务模式下的市场失灵问题,世界各国一直在探索如何发挥公共部门和私营部门各自的优势,通过建立合作伙伴关系,进行体制机制的改革创新,提升公共服务供给的质量和效率。这种探索催生了 PPP 模式的形成和发展,对于推动基础设施建设领域投融资体制的改革创新发挥了重要作用。双方合作的核心目的,就是既要发挥市场配置资源的决定性作用,又要更好地发挥公共部门的作用,以提升公共服务供给的质量和效率。政府采购类 PPP 模式,需要政府通过财政资金支付来购买 PPP 项目产出的公共服务,是 PPP 模式中最广为人知的一种类型。

政府采购类 PPP 模式,起源于英国的 PFI,也称"狭义 PPP"或"纯 PPP"。这类项目往往难以向使用者收费,只能通过政府付费来购买 PPP 项目所产出的公共服务,其付费应该被纳入政府采购流程。英国 PFI 模式的核心特征是由公共部门负责提出项目产出需求,以项目全生命周期成本核算为基础,向私营部门支付与项目产出相挂钩的统一费用作为服务对价,同时承担提供公共服务的最终责任;私营部门负责提供项目设计、建设、管理、融资、运营等一揽子服务,承担项目融资、交付等与资产或服务相关的风险。

政府采购类 PPP 项目的财政资金应全部覆盖项目周期全过程的成本。另外,在实际操作中,还存在一些由使用者付费,但财政资金提供补贴兜底的 PPP 项目。这类项目要通过政府财政补贴来确保私营部门获得合理的投资回报,仍然属于政府采购类PPP项目。其特征是，PPP项目的SPV仅承担公共服务提供的可用性风险，不承担市场需求的商业风险。在SPV能够提供满足质量要求的公共服务的前提下，财政资金必须保证私营部门的投资能够获得合理回报。这类项目虽然由使用者付费（如公园的门票收入、市政污水及垃圾处理费收入等），但这种收费的目的是减轻财政资金补贴的压力，而不是通过收费来提高PPP项目SPV公司的市场化盈利能力。政府所关注的是SPV能否提供满足要求的公共服务（如公园能够得到满意的运营维护，城市的污水和垃圾能够及时得到清运处理，从而保证城市公共服务体系得以有效运作），并愿意为此提供具有财政资金兜底性质的政府付费。这类项目不属于特许经营类PPP项目，而是属于政府采购类PPP项目。

政府采购类PPP项目在投资项目的行政许可管理方面，应首先按照公共项目核准制的要求对项目本身进行严格的核准审查，论证项目建设的可行性，并在核准审查的基础上，对采用PPP模式进行政府采购的合理性进行物有所值的评价；比较传统的由公共部门提供公共服务需要付出的公共部门成本（PSC），以及采用政府采购类PPP模式情况下公共部门需要付出的成本，判断是否应该采用政府采购类PPP模式来运作拟建项目，同时对财政资金投资的必要性和合理性进行财政预算审查。

2. 特许经营类PPP项目

特许经营类PPP项目，一般属于使用者付费类PPP项目。但是，如前所述，并不是只要存在使用者付费的情形，就一定是特许经营类PPP项目。判断公共部门和私营部门签署的PPP合同是否属于特许经营合同，我们主要考虑以下两个因素：

一是私营部门所获得的收入来源必须是经营该设施。

二是由私营部门承担该设施的经营风险。如果政府通过财政补贴来保证私营部门获得预期回报，则私营部门本质上不承担该项目的经营风险，该合同不属于特许经营合同。如果工程建设费用实质上由政府承担（如BT模式），工程承包商并不从直接使用该设施的用户付费中收取报酬，该合同也不是特许经营合同。

特许经营类PPP项目，属于使用者付费类PPP项目，但政府采购类PPP项目也会存在使用者付费的情形。同时，政府采购类PPP项目，一定是政府付费项目，但特许经营类PPP项目也存在政府付费的情形。判断一项PPP合同属于特许经营合同还是政府采购合同，不是看其回报机制，而是看其风险承担情况。PPP交易结构设计的核心是风险分担问题。PPP项目实施的目的是提供公共服务。任何类型的PPP项目，其SPV都必须承担提供公共服务的可用性（availability）风险。政府采购类PPP项目仅承担可用性风险，而特许经营类PPP项目除承担公共服务的可用性风险之外，还需要承担市场需求的商业风险。

政府在赋予私营部门特许经营合同的同时，通过财政资金补贴的方式对工程建设及运营成本进行补贴，这种情况不改变合同的特许经营性质。这类项目虽然存在以政府财政补贴的方式进行政府付费的情况，但政府通过财政资金付费或者给予PPP项目SPV公司其他优惠政策的目的在于提升拟建PPP项目的市场生存能力（viability），是政府部门对PPP项目市场生存能力缺口的一种资助（viability gap funding，VGF）。此外，PPP项目的SPV仍然需要承担市场需求的商业风险，因此这类项目属于特许经营项目。

在具有收费基础，经营收费能够完全或部分覆盖投资建设及运营成本，并且能够通过政府补贴部分资金或经营性资源的情况下，私营部门可以取得合理投资回报的项目，可以通过政府授予特许经营权的模式，采取建设—运营—移交（BOT）、建设—拥有—运营—移交（BOOT）、建设—移交—运营（BTO）等模式进行运作。具体运作模式应根据项目特点及国家相关政策灵活采用。

PPP强调合作主体之间建立平等伙伴关系，因此特许经营协议双方建立的是平等合作关系。这类项目的特点，一是具有一定的自然垄断性特征，可以通过收费回收成本，关键是要确定价格形成机制；二是通过向使用者收费不能保证财务可持续性的项目，需要政府财政补贴；三是财务风险影响因素较多的项目，如高速公路项目，政府会在低收益期给予相应补贴，达到一定程度后不再补贴，对于高收益还会予以收益管控。

特许经营类PPP项目在投资项目的行政许可管理方面，应首先按照公共项目核准制的要求对项目本身进行严格的核准审查，论证项目建设的可行性，并在核准审查的基础上，对使用者付费及财政资金补贴的可行性及可融资性进行分析论证。需要财政资金补贴的特许经营PPP项目，应对财政资金投入的必要性和合理性进行财政预算审查。

3.公私股权合作模式

政府采购类PPP和特许经营类PPP是PPP的两种最基本模式。除此之外，我国的现行PPP政策文件，将"股权合作"与"特许经营"和"政府购买服务"并列作为PPP模式的基本类型之一。股权合作的核心含义，就是公共部门与私营部门通过共同组建股权投资公司（public/private joint ventures）的方式提供公共服务，它是基础设施项目运作的重要方式之一。

传统的特许经营类PPP模式和政府采购类PPP模式，都强调政府财政资金退出PPP项目的前期投资。采用PPP模式的直接动因，就是政府财政缺乏资金，或者财政资金的使用效率低，需要引入私营资本进行投资，让财政资金退出项目的前期投资。PPP上述两种基本模式的区别主要体现为私营投资的回报方式不同，共同点体现为财政资金不参与PPP项目公司的股权投资。

近年来，国际上开始强调公共部门与私营部门进行股权合作的重要性。英国财政部于2012年提出的PF2，是PFI模式的升级版，其核心特征与PFI一致，最主要的改进就是要求政府部门在PPP项目公司中可以拥有少量股权，并向项目公司派驻董事。欧盟提出的组织层面的合作伙伴关系（institutional partnership），也强调公私双方可以开展股权层面的合作。根据英国的实践，公私双方合作的具体形式，可以是公司形式，即公共部门和私营部门共同建立一家新公司，共同持股，也可以是合同形式的合作，即公共部门和私营部门不成立新的独立法人机构，而是在商业协议的合同条款下开展合作。

近年来，英国还成立了一些互助合资公司（"mutual" joint venture），员工可以拥有合资公司的股份。英国财政部在2010年还专门出台了合作公司指南——《合作公司：公共部门机构与私营部门成立合作公司的指导意见》。这类合资公司一般被用来继续实施公共部门以前从事的一些商业活动或是实现公共部门拥有的不动产的商业开发价值，而不是建设新的公共基础设施。有时，它是出于之后出售公共资产等目的而设立的。

人们对于成立合资公司进行股权合作是否属于PPP模式，一直存在争议。"股权合作"模式具备"利益共享""风险共担""长期合作""伙伴关系"等PPP的基本特征，但不是通过使用者付费或政府付费，而是通过投资分红、股本增值等方式获得投资回报的，因此部分专家认为不应将其纳入PPP范畴。同时，大部分观点认为，股权合作是提供公共服务的重要方式，采用PPP模式的目的是提供公共服务，因此股权合作是PPP模式的重要实现形式。

对于采用公私股权合作模式的投资项目，因有政府财政资金的股权投资，我国现行管理制度将其视为政府投资项目，纳入政府投资管理的范畴进行规范化管理。在投资项目的行政许可管理方面，应首先按照公共项目核准制的要求对项目本身进行严格的核准审查，论证项目建设的可行性，并在核准审查的基础上，对政府公共机构与私营部门合资成立项目公司的可行性进行分析论证，对政府财政资金进行股权投入的必要性和合理性实施财政预算审查。

4. 存量项目的 PPP 改造

当前全国各地广泛关注的 PPP 项目，主要聚焦于新建基础设施项目，国际上称它为通过签署绿地投资合同（greenfield investment contract），通过工程建设来提供公共服务的基础设施项目。除此之外，它还应包括存量基础设施项目的 PPP 改造，通过签署运营维护合同（O&M）、管理合同（MC）、租赁合同及特许权合同等多种模式，对存量基础设施项目进行 PPP 运作，提高公共服务供给的质量和效率。其中，它又可分为政府采购类存量 PPP 项目和特许经营类存量 PPP 项目。

由于历史原因，我国公共服务领域改革滞后，大量存量资产运营效率不高，要对存量项目引入 PPP 模式进行改造，应通过简政放权、深化改革，引入社会资本投资主体以服务外包等多种模式参与公共服务领域的体制改革，促进运行机制创新，完善当地公共服务的供给方式，并将相关改革纳入全面深化行政体制改革顶层设计的框架体系中。在实际操作层面上，我国应按照 PPP 模式运行理念的要求，努力构建一种长期稳定、专业性强、互惠共赢的合作伙伴关系，提高公共服务的质量、效率，以确保可持续性。

对于存量项目的 PPP 改造，涉及增量投资的，如采用 ROT 等模式进行提质增效改造的基础设施项目，我们应履行公共项目投资行政许可的管理程序，按照公共项目核准制的要求对项目本身进行严格的核准审查，论证项目建设的可行性；在核准审查的基础上，对采用 PPP 模式进行存量资产改造而产生的政府财政资金投资的必要性和合理性实施财政预算审查。

推动 PPP 模式的转型升级

1. 促进第一代 PPP 模式健康发展

第一代 PPP 模式能否健康发展，能否为当地顺利导入现代 PPP 理念，能否促进 PPP 模式向更高层级转型至关重要。引入第一代 PPP 模式，建立基于政府财政资金购买服务框架下的 PPP 制度体系，对于推动财政体制改革，建立公开、透明的财政资金采购机制，发挥财政资金投入项目建设的使用效率，具有重要的促进作用。第一代 PPP 理念的引入，使得一个国家从政府制度建设层面首次引入了现代 PPP 的核心理念及制度体系，对于引入并推广应用现代 PPP 项目运作体系具有重要的促进作用。

对于第一代 PPP 制度体系的建立，我们应重点做好如下工作：

（1）因为第一代 PPP 模式仅适用于政府购买服务类社会基础设施项目，所以我们应严格限制政府财政资金的适用范围，不得以任何名义随意扩大其应用范围；

（2）第一代 PPP 将提升财政资金使用效率放在最优先的位置，但 PPP 项目必须满足经济可行性、社会可接受性及环境保护等规定；

（3）推动政府预算体系改革，完善中长期预算管理体制，为建立适合 PFI 要求的公共服务采购体系创造条件；

（4）加强政府采购公共服务的公开、透明评审及监督管理，完善基于可用性付费的公共服务采购支付流程；

（5）完善政府采购公共服务的采购标准或产出规定、采购价格以及财政资金的支付能力等评估标准，加强财政支付的 PSC 分析和财政承受能力论证；

（6）加强第一代 PPP 的立法及相关制度体系建设。

2. 大力发展第二代 PPP 模式

世界上很多国家特别是广大发展中国家都具有谋求经济社会跨越式发展的巨大内在动力，迫切需要通过引入和发展第二代 PPP 模式，整合各种优势资源，建立合作伙伴关系，推动当地经济实现跨越式发展。它们应结合现实客观需要，合理借鉴第一代 PPP 模式所形成的现代 PPP 核心理念，推动传统特许经营模式的改造升级，大力发展第二代 PPP。

对于第二代 PPP 制度体系的建立，我们应重点做好如下工作：

（1）扩大 PPP 的应用范围。不同于第一代 PPP 仅适用于政府购买服务项目，第二代 PPP 适用于使用者付费、政府购买服务、生存性缺口融资及其他投资回报来源的项目；

（2）第二代 PPP 不是对第一代 PPP 的替代，是项目运作理念的重要转变。属于政府购买服务的 PPP 项目，除遵循第一代 PPP 的各种规定外，还应强调合理使用财政资金，发挥财政资金促进当地经济发展的作用；

（3）完善基础设施领域公共服务价格形成机制，制定 PPP 项目多元化投资回报机制的配套政策；

（4）通过资产证券化等多种途径完善 PPP 投资的资产流转机制，盘活存量资产；

（5）推动基础设施领域中投融资体制的深化改革，促进政府职能进行实质性转变。

3. 引领迈向第三代 PPP 模式

第三代 PPP 模式目前正由联合国欧洲经济委员会牵头，利用联合国得天独厚的平台优势，在全球范围内推广应用。在第一代 PPP 和第二代 PPP 的基础上，我们希望有尽可能多的符合第三代 PPP 要求的项目出现。在第三代 PPP 模式的制度设计中，我们要在更高的层面来理解和完善 PPP 制度体系，从全局的视角完善 PPP 制度的顶层设计。联合国各成员国应在推广应用第三代 PPP 模式方面达成更多共识，使尽可能多的 PPP 项目今后能够满足实现可持续发展目标的要求，以便转向推动实施联合国所倡导的以人为本的 PPP 制度框架体系。

推广应用第三代 PPP 模式的具体措施是总结提炼和推广应用 PPP 项目典型案例，研究制定符合以人为本及可持续发展目标要求的 PPP 国际标准。PPP 标准体系的制定应遵循以下原则：

（1）平等享有，即 PPP 项目所提供的公共服务应体现均等性和普适性，关注弱势群体，有助于消除不平等和贫富差距等现象；

（2）经济价值，即 PPP 项目自身应有足够的经济价值，有利于促进当地经济发展，具有可持续性的财务生存能力；

（3）能够复制，即 PPP 项目所采用的运作模式应该能够复制以带动更多类似项目的成功，能够提供教育培训和人才培养等机会；

（4）环境保护，包括应对气候变化，实现绿色、低碳及资源环境可持续发展；

（5）公众参与，充分征求利益相关方的意见，完善利益相关方参与项目方案设计及决策的机制，维护公众利益，提升人类福祉。

李开孟博士

中国国际工程咨询有限公司研究中心主任

2018 年 6 月

Infrastructure as an Asset Class
PPP 译者序

市政基础设施涉及地方政府债务问题的破解策略

历时将近一年,我以织毛衣的方式,利用一切可利用的时间,完成了本书的翻译,收获颇多。即将出版,想说的话很多,对于本书的专业水准、翻译质量和销售前景,我有充分的信心,不需要再做广告性质的介绍。当前,国内市政基础设施领域,由于对地方政府债务问题的理解存在严重偏差,制约项目融资和 PPP 模式的规范发展,由此影响了城镇化事业的可持续发展。基础设施投资领域缺乏稳定的政策和市场环境,各利益相关方陷入迷茫境地。为此,我将我对地方政府债务问题的思考进行系统性的整理,作为国内读者阅读和应用本书的起点。

应当重视的五大问题

市政基础设施领域,涉及多种突出问题叠加积聚,发生系统性财政及金融风险的压力日益增大。

一是地方政府缺乏合法的低成本融资渠道。目前,地方政府推进市政基础设施建设,由省级政府发行地方政府债券是合法的融资渠道,但额度太小,只能满足不到 10% 的资金需求。近年来,虽然社会上大力推进 PPP 模式,但真正落地执行的、规范的 PPP 项目仍然很少,满足不到 5% 的资金需求。由各类融资平台代替地方政府举债融资,仍然是地方政府不得不依赖的主要融资渠道。

二是地方政府债务成本过高。由于地方政府主要通过各类融资平台举借债务,金融机构依托"政府信用兜底",通过各种"金融创新"规避金融监管政策,给融资平台提供急需资金。虽然融资平台目前普遍还能借到钱，资金链未断，但是维持资金链的债务成本高企。比如，2013～2014年，很多地市级政府的融资平台通过信托、基金的融资成本超过12%，县区级政府的融资平台甚至普遍超过20%。这么高的融资成本，在强力去杠杆的背景下，可能造成融资平台的大面积违约，危及政府信用和金融稳定，引发系统性风险。融资平台近年受到财政和金融政策的共同限制，被要求与政府信用"完全、彻底"脱钩。虽然政策的出发点是着力控制地方政府债务，但是却造成自2016年年底以来融资成本再次快速增加的现象。由政策严控造成的高债务成本，最终仍然会由地方财政买单，甚至会由中央政府兜底！

三是各类地方政府债务分类不清。当前，地方政府债务构成复杂，表现形式多种多样，主要分为三大类：①维持各类公共机构正常运转的资金缺口，主要表现为拖欠各类人员的工资、津贴、补贴与各种形式的"白条"；②组织市政基础设施建设形成的债务，主要表现为各类地方政府融资平台借债和拖欠工程款；③推动地方经济发展形成的债务，主要表现为对各类地方国有企业、产业基金、引导基金、各类招商引入企业的各种形式的兜底责任。这三大类地方政府债务的形成原因、处置方式和责任机制均存在实质性差异，不宜一锅乱炖。

四是或有债务与隐性债务导致债务底数不清。由于会计准则、统计口径和审核确认机制不完善，融资主体和融资方式多元化，我们难以真正掌握市政基础设施相关的地方政府债务的真实数据，增加了决策判断和风险处置的难度。

五是缺乏硬性偿债责任机制。部分地方政府依托新出让地块的土地出让金筹集项目资本金，凭借融资平台借钱放杠杆，小马拉大车，不考虑债务成本和偿债资金来源，认为中央政府最终会兜底，不负责任地推动债务快速累积。目前，地方政府债务管控面临复杂的局面，阻力很大，主要原因有：

（1）地方政府存量债务规模巨大，金融机构已经深度套牢，如果政策叠加共振、力度过大，可能造成意外风险事故，各方难受其重，必定联手负隅顽抗；

（2）自2014年起的存量地方政府债务置换，让各方认为"刚性兑付"可信，还会有一轮又一轮的"中央政府兜底"；

（3）2015～2016年的宽松融资条件，让各方存在"待机守时"的侥幸心理，熬过去了又是一片艳阳天；

（4）最近两年的全国房价普遍上涨，刺激了地方政府的预期，而城市规划和重大项目审批权的下放，让个别"地方官员"可以为所欲为。

诊断问题的八大要点

对地方政府债务问题，我们要认识其客观现实性和复杂性，理清基本逻辑，对症下药。

一是大规模市政基础设施投资建设是时代要求。自2000年起，我国进入30年左右的人类历史上前所未有的城镇化浪潮，超过10亿人将快速迈入现代化城市生活。城镇化是全体人民追求美好生活的主要实现途径，是当代中国最伟大的社会实践和发展成就。与城镇化相关的基础设施和房地产投资，是当代中国最重要的实体经济领域。国内市政基础设施的投资任务，主要由地市级和县区级政府承担，主要包括市政道路、城市轨道交通、土地储备、供水、排水、污水处理、供气、供热、垃圾处理、医疗、教育、文化、体育、行政等领域。按人均30万～50万元的市政基础设施配建标准，按10亿人的城市化目标，总投资规模将达到300万亿～500万亿元，平均每年超过10万亿元。从成熟工业化国家的经验看，在人均收入达到全球中上等收入水平时，房地产资产的价格将达到顶峰，市政基础设施投资将陷入停滞。自20世纪90年代开始，我们在西欧诸多国家的大中城市中就很难看到大规模施工工地。预计我国还有15年左右的市政基础设施投资高峰期，之后再想大规模建设投资都不再具备条件。也就是说，我们这一代人集中建成的市政基础设施，决定了未来几代中国人能使用的市政基础设施的硬件水平，这是当代中国人的历史使命和责任担当。

二是当前财力无法支撑市政基础设施投资建设。目前国内大多数地方处于城镇化起步阶段和快速发展阶段的集中、超前投资建设基础设施的高峰期，土地等公共资源的价值仍然未能有效提升，产业发展的税收潜力还在孕育中，居民收入不高，支付公用事业使用费的能力有限，部分地方政府的当前财力勉强能够维持公共机构正常运转。无论是土地财政、使用者付费还是财政拨款，均无法单独或联合提供市政基础设施所需要的巨额资金，必须且只能通过各种形式的负债来填补巨额资金缺口。市政基础设施领域产生并累积巨额政府债务，是我国当前城镇化发展阶段的内在要求和必然结果。依靠简单粗暴的政策文件进行封堵和倒逼，不是解决问题的合适方式。

三是应当考虑代际公平和成本分担。市政基础设施大多是百年工程，主要构筑物的使用寿命可能长达数百年，涉及几代人的福祉。要靠当代人的财力完成如此巨量投资的资金回收，既没有必要也不可能。考虑市政基础设施的资金平衡，我们应当从相关设施全生命周期的视角看问题，要考虑成本分担的代际公平。因此，借债搞建设、借新还旧，等子孙后代有钱时再还债，理直气壮，天经地义。当然，我们要确保建成的市政基础设施的质量和水准，要给子孙后代留下确有需要的公共设施。

四是依托使用者付费并非主流模式。目前，国内市政基础设施各领域，普遍未建立起使用者付费机制。即使已经建立收费机制的部分行业，收费标准普遍也远不能弥补全部投资与运营成本。从国内外经验看，在市政基础设施领域中，通过向居民直接收取公用设施使用费，回收投资成本的潜力和空间都极为有限。很多领域确实不宜或没有条件建立可以覆盖全成本的使用者付费机制，如市政道路、园林绿化、排水网络甚至公交地铁，使用者付费现在不是，以后也难以成为市政基础设施的主要投资回收方式。寄希望通过建立到位的公用事业价格机制，作为消化存量债务的主流方式，无异于本末倒置、缘木求鱼。

五是应当主要依靠土地涨价归公机制来回收投资。市政基础设施领域巨额投资的资金平衡和投资回收，应当放在30年以上的城镇化的全过程中来考虑，主要依靠基础设施投资带来的土地价值提升的内部化。大规模市政基础设施项目建设，将显著提高所在区域特别是城市核心区域的土地价值，是地方政府有效推进市政基础设施建设的关键环节和必由之路。上海、深圳等城市在交通导向开发（TOD）和环境导向开发（EOD）方面取得了丰富的经验。这些经验值得总结，可以在全国推广。两地的融资平台在推进交通枢纽等公共设施建设的同时，利用区域规划调整，使公共机构实现巨额土地收益，为偿还政府债务提供了宝贵的资金。成功案例有虹桥交通枢纽、世纪大道地铁站上盖、黄浦江两岸建设改造、前海地铁站上盖等。

六是土地出让金制度存在内在缺陷。在城镇化起步阶段中，土地出让金制度可以尽快筹集巨额资金，以支撑全面启动市政基础设施建设。但是，土地出让金制度只是一次性获取土地收益，未能真正落实土地涨价持续、稳定地归属公共部门，后续几十年内的土地涨价的利益全部归属购房市民或捂地开发商，实际上是公共资源的流失，并造成炒房风气盛行和社会财富分配不公。我们应当借鉴英国、美国等诸多发达国家的经验，每年按房产价值的一定比例计征房产税。房产税制度，让政府能够持续、稳定地分享基础设施和公共服务提升所带来的土地价值升值，是一种更好地落实土地涨价归公的制度。

七是应当着力提高地方政府利用公共资源的效率。地方政府普遍对城镇化的发展周期和基本规律认识不够，急于铺摊子，盲目攀比，利用数量众多、治理不规范、运作能力弱的融资平台盲目、高成本融资，上一些不该上的项目，搞一些不宜搞的新城和新区。由于急需资金打开局面，它们过早地出让土地，土地出让价格很低，但是对征地拆迁成本和资金成本控制不力，对于土地、资金等资源的利用效率非常低。地方政府高成本融入巨额资金，负责基础设施投资建设，造成债务累积，却无法获得应有的土地收益分享，缺乏后续偿债资金来源。低效率透支和浪费未来几十年的宝贵的土地资源收益，后患无穷。

八是应当着力提高地方政府实施市政基础设施项目的效能。地市级、县（区）级政府的市政基础设施项目实施，普遍采取按任务分割的组织方式，融资、投资、建设、运营由不同的政府下属机构负责。融资平台按照政府指令找金融机构借款，投资与建设一般由行业主管部门组建临时指挥部来负责，普遍存在缺乏同类项目实施经验的硬伤，项目前期工作粗糙，设计与施工招投标普遍不规范。项目建成后，不管质量如何，直接移交给某事业单位或国有企业负责运营，而这些运营单位缺乏运营经验和专业人员。重建设、轻管理的问题很突出，投资与运营效率很低。实际上，国内市政公用行业市场化运作已有超过20年的经历，已经有一批能打通融资、投资、建设、运营的全流程业务的专业投资运营机构，但是在本地融资平台融资比较方便的背景下，专业投资运营机构获取项目又会遇到各种限制，难以在异地拓展业务，存在明显的效能损失。

化解风险的四点建议

防控地方政府债务风险，应当顺势疏导、全流程管控，既要治标，定向缓释存量风险，又要治本，建立防控风险的长效机制。地方政府在全方位、成体系的政策管控背景下，仍然普遍性地、持续性地，甚至陷入"饮鸩止渴"维持资金链的困局不能自拔。最根本的原因是没有建立起地方政府财权与事权相匹配的财税管理体制，也没有规范的举债融资和责任机制。合理构建并切实落实"省级政府对本地区政府性债务负总责，省以下地方各级政府按照属地原则各负其责"的长效责任机制，可能是重要的治本之策。

第一，理念上纠偏，达成最广泛的社会共识。一是人多地少是我国的基本国情，应当根据各地现有人口规模和增长潜力，合理确定城市建设规模和开发步骤，做好城市更新和旧城改造，严格限制铺新摊子。二是基础设施代表公共利益，使用公共资源，关系几代人的福祉，对此应当实行最严格的论证、评审、审批和管控制度，建立事前审批、事中监控和事后问责的全流程管控体系。市政基础设施领域，不宜简单地简政放权、一放到底，规划与项目的最终决策和审批权限应当集中到省级政府，切实防止地方政府乱上项目。三是提供基础设施是地方政府的责任，依托政府信用可以显著降低融资成本，但要坚决打破"中央政府兜底"的死循环，落实省级政府对辖区内的政府债务负总责的机制，防控系统性风险。

第二，立足长远，缓释存量债务风险。一是省级政府组织核实实际债务数据，各市、县级政府制订存量债务化解方案，报省级政府批准，并向国务院报告。二是对存量地方政府债务进行合理分类和归因，分别采取不同的处置措施：政府日常经费缺口形成的债务，依托上级财政转移支付逐步消化；市政基础设施形成的债务，通过盘活存量土地资产，积聚偿债资金逐步消化；推动地方经济发展形成的债务，主要通过盘活经营性国有资产、债务核销、债转股、兼并破产等市场化方式解决，严禁新增政府兜底的此类债务。三是各市、县级政府只保留一家由政府信用支持的融资平台，集中处置存量债务。对其他融资平台进行撤并，暂时无法撤并的除处置存量债务外，不再新增任何形式的债务和投资建设任务，时机成熟即行撤并。省级政府可以组织对债务问题严重的市、县级政府进行债务重整。四是以市、县级政府为主体，发行专项地方政府债券，锁定存量债务并降低债务成本，在 15～30 年内逐步消化。

第三，建立长效机制，从源头防控债务失控。一是切实维护规划的科学性和权威性，严格规范城市发展各类规划的论证、评审和审批，对随意变更规划与突破规划的投资建设行为，切实追究政治、纪律、法律、行政和经济责任。二是市、县级政府应当根据已批准的城市规划，编制市政基础设施专项建设规划，明确各类项目的建设规模和轻重缓急。市、县级政府应当滚动编制 5 年市政基础设施建设计划和资金平衡计划，确保具备足够的偿债能力。被列入建设计划的项目，应当是项目工程可行性研究报告已经得到有效批准，具备实施条件的储备项目。有关规划和计划应当科学编制、充分论证，经本级人大会议审议通过后，报省级政府批准并向社会公告。三是切实提高地方政府利用公共资源和实施市政基础设施项目的效能。支持具有综合运作能力的城市投资运营商，接受地、市级政府委托进行城市副中心、产城融合和城市更新等综合性片区开发项目，建立适当的政府与投资者利益分享机制。支持行业性的省级国有企业和中心城市的投资运营主体，在省内或跨省进行行业整合。支持有实力的民营企业，通过 PPP 方式与地方政府合作，提供力所能及的公共产品。四是切实纠正市政基础设施和房地产等城镇化项目不属于实体经济的偏见，打通合法合规、可合理预期、可有效管控的融资渠道，建立主流金融机构为市政基础设施提供长期、稳定、低成本融资的合法、合规渠道。

第四，打破各方阻力，切实落实土地涨价归公机制。一是建立土地出让金与房产税并行的制度，基础设施的建设资金主要依靠土地出让金，而市政基础设施维护与运营资金主要依靠房产税。让地方政府有条件分享市政基础设施改造升级带来的土地持续性升值，引导地方政府改变过于依赖新区开发的摊大饼式的城市发展模式，更多地注重对现有城市建成区的更新与改造。二是严格控制城市建成区内低密度、大户型的建设，对过多占用优质土地资源的存量商品房或其他物业，征收（补征）高额土地使用费（税）和基础设施配套费，补充地方政府债务的偿债资金来源。

本书由我独立翻译，对全书翻译质量负责。感谢韩志峰博士、李开孟博士倾情作序，感谢多位行业领袖和权威联袂推荐。感谢华章公司杨熙越、董凤凤两位老师的严格把关和辛勤工作。由于水平有限，错误难免，敬请读者批评指正。

罗桂连
2018 年 6 月

出版人申明
Infrastructure as an Asset Class PPP

自本书第 1 版出版以来，基础设施投资领域已经发生深刻的变化。针对这些变化，第 2 版进行了全面的修订和更新，在内容方面进行了大幅度扩充。

本书的牵头作者芭芭拉·韦伯博士和新加入团队成为合著者的斯托布－比桑博士，负责本书第 2 版的绝大部分修订和更新工作。除了下一段列出的内容之外，她们负责全部新增的内容。

第 1 版的合著者汉斯·威廉·阿尔芬教授，精心地支持了本项目。在第 1 版中，他负责第 1.3 节、第 3 章、第 4.1～4.3 节、第 4.7 节、第 5.1 节和第 6 章的写作（部分内容最初是基于阿尔芬教授的研究）；在第 2 版中，此部分由芭芭拉进行了大幅度且实质性的修订。

致谢

我们要感谢德蒙福特大学气候变化和可持续发展专业的 David Brugman 硕士、魏玛包豪斯大学的 Björn Wündsch 硕士，他们为第 2 版的写作和修订提供了很多帮助。我们还要感谢 Paolo Alemanni 和 Hadrien Guillemard 在与新能源相关的章节中提供的有价值的贡献，以及 Reto Michel 在上市基础设施资产数据整理方面所做的贡献。

我们还特别感谢 Stefan Weissenböck 和 Oliver Werth 在本书收尾时提供的关键性支持。

最后，我们还要感谢所有行业内的同人，包括来自养老基金和保险公司、基础设施领域的机构投资者和公共投资者、承销商及媒体专家，他们慷慨地提供各自公司的信息，以及基础设施市场的最新及历史发展情况。他们的贡献是本书提高质量的重要保障，能够确保本书紧跟潮流，成为精品。

作者简介

芭芭拉·韦伯博士 B资本管理公司的创始合伙人，该公司是一家专注于为机构投资者构建包括基础设施领域中所有资产类别（直接或间接基金投资、股权和债权等）的资产组合的投资顾问机构。此外，它还为机构客户提供相关战略与资产配置专业服务。芭芭拉还是瑞士养老基金基础设施投资平台"IST3"的投资委员会成员。她在相关领域中有超过19年的直接投资和基金管理经验，曾经在德累斯顿银行与多元技术公司工作，2003年起创办B资本管理公司。她也曾在世界银行俄罗斯分部的私营机构拓展团队工作。芭芭拉在哈佛大学与圣加伦大学的经济系完成博士论文，持有华威大学商业管理专业的硕士学位、曼海姆大学国际关系专业的学士学位。芭芭拉相继在多所大学授课，在基础设施领域中已经出版多部著作，经常发表学术论文。

米丽娅姆·斯托布-比桑博士 独立资本集团的总裁，该公司是瑞士一家专注于可持续投资和不动产投资的投资管理公司。同时，她兼任多家上市公司和私营企业的非执行董事，还是多家机构的受托人或投资委员会成员。她有超过16年的跨多个资产类别的投资经验，曾经在德国商业银行与瑞士人寿集团的资产管理和私募股权业务板块获得高层职位。她持有苏黎世大学授予的法学博士学位、欧洲工商管理学院的MBA学位，于2009年当选为世界经济论坛的全球青年领袖。她撰写了权威著作——《机构投资者的可持续投资》（Wiley，2012年），还是多本其他金融著作和出版物的共同作者。

汉斯·威廉·阿尔芬教授 德国魏玛大学建筑经济学科的负责人，是位于魏玛的阿尔芬顾问公司的总经理和创始人。他在基础设施开发与投资领域有超过20年的工作经验,在非洲、亚洲、欧洲、拉丁美洲超过 25 个国家有研究与教学经验。在入职魏玛大学之前,他在建筑与咨询行业从事高层工作。阿尔芬博士作为研究人员与专业顾问,在德国 PPP 标准化过程中发挥了重要作用。他在国内外公开发表了很多研究成果。

前言
Infrastructure as an Asset Class PPP

在全球范围内，尽管基于不同的原因，但是投资者与政府都对基础设施项目具有持续深厚的兴趣。政府对新建基础设施和现有资产的维护有持续增强且特别迫切的需求，因为基础设施是社会运行的支撑，在很大程度上会影响生活水平。投资者在看起来还会持续的低利率环境下，旨在为匹配其长期债务谋取投资收益率。基础设施投资可能是其解决方案的一部分。

同时，各方对总体意义上的、紧迫的可持续性问题的认识，特别是对环境与气候问题的认识，貌似到了一个突破点。政府、非政府组织和金融机构，以及保险集团公司和养老基金这类金融机构，同心协力面对这些重大挑战并就可持续性目标达成了共识。

如上所述，政府、社团和投资者等对（可再生）能源及社会基础设施特别有兴趣。为回应这种兴趣，第 2 版有专门的章节介绍可再生能源、能源传输和存储（电力、天然气和区域性供暖）以及社会基础设施（医院、学校、行政设施）。本书自始至终都在讨论与基础设施投资相关的可持续性问题，涉及全部子行业和投资过程。更进一步，本书新增一节介绍对很多投资者和其顾问机构都有用的基础设施业绩基准。

最后但同样重要的是，第 2 版对自 2010 年第 1 版出版以来⊖已经发生变化的所有相关的经济数据和统计数据，均进行了更新。在很多情况下，新版需要依据总体环境的变化对新的数据进行新的解释。

我们写作本书的目的是向那些正在考虑或已经投资基础设施项目的投资者，提供与基础设施投资相关的基础性和高层次的核心概念，包括对市场的理解、相关可持续性因素与市场的紧密联系、投资决策、业绩基准、可能的投资方法、组织和合同模式与结构、重要的基础设施行业及子行业的特征、一般风险及行业特有或项目

⊖ *Infrastructure as an Asset Class*, BarbaraWeber and HansWilhelm Alfen, JohnWiley and Sons, 2010；《基础设施投资策略、项目融资与 PPP》一书已由机械工业出版社出版，译者为罗桂连等。

特有风险的评价（包括 ESG 因素）以及项目融资。

为此，我们综合考虑基础设施投资、可持续性、项目融资与 PPP 相关的重要主题，系统性地处理和分类编撰有关基础理论知识，使用诸多与行业、金融、国际组织和各类公共机构的实践者直接相关的例子及案例研究。本书讨论与基础设施提供和投资相关的当事方在目标及预期方面的差异，特别关注基础设施资产与投资相关的风险（新增一章专门讨论风险问题）。

本书主要定位于满足资深专业读者拓展知识深度和接受最新行业信息的需求，同时还希望满足经验相对欠缺的读者的需求，后者可能想为其服务的机构更深入地了解基础设施投资的潜在机会。本书将回应以下关键问题：

- 何为基础设施？哪些行业属于基础设施，如何分类及不同类别之间的差异是什么？
- 基础设施资产有哪些特征？
- 如何将可持续性投资方法应用到基础设施资产上？
- 对不同种类的投资者而言，何为合适的基础设施投资策略和方法？
- 在新建基础设施项目和运营项目中需要考虑哪些 ESG 风险因素？可以使用哪些工具评价 ESG 风险因素？
- 如何区分和评估直接投资与间接投资？
- 可以使用哪些组织结构和商业模式为基础设施项目筹集私营资本？
- 这些结构和模式承担何种风险？对于这些风险，如何进行处置？
- 机构投资者从哪个领域开始投资为宜？
- 这些资产如何进行结构化，以实现某项投资的风险分配的最优化？

除了各相关领域的背景知识和最新发展情况，本书对基础设施资产的分析与投资决策，提供了有针对性的指导与可借鉴的具体方法——不论是直接投资还是通过投资基金进行间接投资，包括项目融资的分析、结构化及执行。以上这些是进行各类基础设施投资都必须面对的核心问题。

本书的内容源于作者的实践经验和广博的理论知识。为此，第 2 版极大地受益于我们新的合著者米丽娅姆·斯托布 – 比桑的知识，她帮助我们分析可持续性与环境、社会和治理（ESG）问题。第 1 版的合著者汉斯·威廉·阿尔芬除了对很多关键章节进行修订之外，还为新版增加了关于社会基础设施的一节。

导言

Infrastructure as an Asset Class
PPP

背景及目标

基础设施的质量及数量，对国家、城市及地区的吸引力、竞争力、持续发展及经济增长都有正面效应。基础设施提供了新的商业机会，促进了贸易活动及现有经济活动的扩张。通过提供诸如水、电、学校、医院及市场等必要资源，基础设施可以提高普罗大众的生活水平。如果基础设施以可持续发展的方式被提供，正面效应会更加明显。

但是，在全球范围内，不论是在高度发达国家、快速发展的新兴经济体还是在发展中国家中，基础设施投资和实际支出水平，与对新的现代化基础设施的新建、维护及检修的资金渴求之间的差距还在加大，破损的桥梁、坑坑洼洼的道路、漏水的水管都是明证。历来负责基础设施的公共部门，经常声称因其他更加优先的目标，而无法投入必要的资金弥补基础设施的短板，而基础设施方面的短板对进一步发展与繁荣至关重要。

着眼长远的金融行业的机构投资者，诸如保险公司、养老基金、主权财富基金、捐赠基金和大学基金，对投资基础设施资产兴趣日浓，往往会联合那些已经在这个领域中耕耘几十年的战略投资者，如建筑、能源与水务公司。这是因为审慎构建的基础设施类投资工具，可以在低利率环境下提供有吸引力的回报率，并且由于与其他传统资产类别的低相关性，可以提高投资者整体资产组合的风险收益水平。

预计私营资本对基础设施领域的投资，未来将快速增加，在某种程度上可以弥补前述公共部门的资金缺口，并支撑未来的经济增长。这一点对发展中国家尤为重要。

面对未来，新建基础设施项目的投资者，需要认真考虑和特别关注诸如环境风险（如气候变化与自然资源稀缺性）等可持续和 ESG 方面的问题，在发展中国家进行投资决策时，还要重视社会与治理风险。

基础设施投资市场规模庞大，并且与大众的观点相反，潜在基础设施投资的涉及面特别广，对大多数投资者而言，这意味着挑战与机遇并存。尽管投资者清楚市场的巨大潜力，以及与其投资目标和资产组合的潜在高匹配性，但是他们缺乏对基础设施市场足够全面的把握，与对合适的投资机会及其相关风险的深入理解。此外，需要实现可持续投资目标的机构投资者，在投资过程中评价和整合可持续因素，以及分析基础设施项目总体风险中的相关风险时，可能缺乏明确的信息与工具。以上因素导致投资者难以对其投资策略和现有资产组合进行准确的投资决策。

本书可以帮助投资者走出困境，通过介绍必要的理论知识、背景信息及实践案例，特别关注合适的组织结构、融资、投资基准和可持续性，帮助他们更深入地掌握基础设施投资的核心要点。

从最低程度上讲，专业投资者应当对准备涉足的基础设施行业及相关市场与行业有足够的了解，并了解相关的法律、制度及商业条件（这些情况在地区与行业之间的差异很大），如此才能辨析特定项目的风险并评价其预期风险收益特征。如果目标行业遵循特定规则，以前受控于公共部门，近期才按私营部门所要求的条件逐步开放，则这些知识尤为重要。

如何准确定义基础设施？这是一个基础性但很重要的问题。我们将在第 1.3 节中详细介绍各种定义的适用性及有效性，这里介绍一下本书将一以贯之使用的定义：基础设施通常包括相互关联的所有实物资产、设备与设施，必要的服务提供商，以及基础性的结构、组织、商业模式、规则及规制所构成的系统，向某个经济组织或社会公众提供特定行业的商品与服务，以保障、维持及提升社会生活条件。

基础设施的典型例子有道路、机场、港口、油气管道、包括可再生能源（如风电、太阳能、潮汐及生物质发电）的能源行业、供水、污水处理和垃圾处理，以及社会基础设施，包括诸如学校、医院、政府大楼和社会住宅等公共设施。

很多投资者感兴趣于特定类型的基础设施资产独立于宏观经济状况的相对稳定的和可预测的投资收益率、适度的波动率和风险，这种风险收益特征与房地产或长期的固定收益资产类似。基础设施资产的长期性特征，与养老基金和保险公司的债务期限结构相匹配。兼有债权、股权和不动产的混合性风险收益特征是基础设施资产作为一种有吸引力的资产背后的原因。

尽管基础设施投资通常风险较低，但并非必然，除非类似于传统公司的投资，采用一些必要的结构化措施处置相关重大风险。对于任何一项潜在投资，投资者都必须认真确认及审视这些风险。

因此，本书提供一般意义上的有关基础设施的基础性知识，而同一行业不同项目之间以及不同行业之间涉及的基础设施运营措施和主要绩效指标（KPI），可能差异很大。

本书专门用一节介绍基于合适的基准评价基础设施投资的绩效。基准的适当性主要取决于对风险收益特征的预期。

本书使用的系统性的分析过程和工具，可以帮助读者理解及评价基于复杂项目融资结构的直接投资类基础设施资产与作为间接投资工具的基金产品。由此，本书可以帮助读者评价相关基础设施投资项目的风险收益特征。

考虑到风险收益分析、评价和结构化是基础设施投资的核心工作，本书将在各章中全面讨论基础设施资产的主要风险。风险分析与评价是项目融资的结构化最为重要的输入因素，应当被正确地嵌入项目融资的结构化流程中，这是私营部门参与基础设施项目融资的至关重要的工作内容。

项目融资与传统融资方式相比有诸多优势，不过，相关各方需要深入掌握融资结构和复杂的分析方法。总体上，成功的项目融资从根本上取决于为不同行业设计合适的合同结构的能力，涉及利益相关方的最优风险分配、融资和价值增值、竞争/规制及吸引私营部门参与等核心问题。合同结构最终决定单项基础设施投资的风险收益特征。为此，本书将通过实际案例一步一步地介绍项目分析的各个阶段，并介绍具体融资工具及技术。

本书特别适合以下目标群体：

（1）财务投资者，如保险公司、养老基金、基金管理公司及银行；

（2）战略投资者，如建筑企业、运营及供应商、技术提供商、设施管理商等；

（3）负责不同基础设施行业的公共部门，特别是项目建设相关部委、地区性建设主管部门及下属预算单位，以及财政部门与诸如审计机构等法定监督部门；

（4）公共及私营基础设施公司，如电力供应商、供水公司、垃圾处理公司、机场、铁路公司等；

（5）国际组织，如世界银行、欧洲投资银行、经济合作与发展组织（OECD，以下简称"经合组织"）等，它们都支持和激励私营部门参与基础设施投资。

本书具有一定的理论深度，适合作为学生的教材。

本书结构

从总体结构上讲，本书划分为三个部分。第一部分包括第 1 章及第 2 章。第 1 章从总体上介绍国际基础设施投资市场，重点介绍对基础设施资产的需求及预期资金需求，随后介绍可持续性和对可持续性基础设施的需求。第 1 章最后介绍最主要的基础设施行业的概况，以及影响基础设施行业及特定投资项目的风险收益特征的国别、行业及项目特征，并讨论跨行业的一般性特点。

第 2 章首先介绍了一些全球最有经验与规模最大的基础设施投资机构，对这个领域的大量文献进行综述，介绍基础设施作为投资资产的情况，讨论其主要特征，及它和其他类型的投资资产的比较。我们的研究结论是基础设施资产貌似债券、房地产及私募股权的混合物，实际上是具备自身特征的资产类别。

考虑到多样性，设定基础设施资产（特别是未上市资产）的业绩基准挑战性较高。新版将介绍业绩基准的基本知识，为读者提供基于各自投资策略选择潜在合适业绩基准的方法。

第 2 章随后分析了基础设施的可持续性投资，介绍了可持续性投资的历史和定义，如何将其嵌入更广的投资谱系中，以及对基础设施投资的可持续性评价至关重要的 ESG 因素。第 2 章最后综述不同种类的基础设施投资方式，包括公开挂牌或未上市投资工具，以及直接投资或基金投资，重点介绍未上市投资工具，特别是基金投资，因为基金投资是大多数投资者参与基础设施投资市场的起点。

本书第二、三部分完全聚焦于直接投资。由此，第 3 章给投资者提供了直接投资的投资评价框架。"组织模式"部分提供了一套特别关注私营投资的开发和组织，旨在提供基础设施的不同种类模式的结构化分析框架。这一分析框架旨在区分私有化、合作、商业、合同及融资等具体模式，帮助投资者基于常见因素及其基本情况、技术、经济、融资及法律/合同等核心要素，分析和区分特定基础设施的相关投资机会。为了实现这种分类，本书介绍了全球范围内的常见组织模式。这有助于投资者更好地理解和进行国际比较，例如所有权与合作伙伴、相关方的参与及其合同关系、支付机制、激励机制与现金流向以及风险种类和风险分配。为了帮助投资者理解这种特别复杂的模式，本书使用了全球范围内的案例。

第 4 章介绍了特定基础设施行业及其子行业的典型特征，涉及交通运输（包括公路、铁路、水运、港口及空运）、供水及污水处理、固体废弃物（以下简称"固废"）管理、可再生能源发电（不涉及传统发电方式）、能源传输 / 配送网络与存储（电力和天然气）以及社会基础设施。对每一个行业，本章都从特征与组织、融资与价值增值、竞争与规制、私营部门参与和可持续性因素五个方面进行介绍。当投资者着手分析和评价相关部门特定经济与法律环境对某一特定项目的长期可行性影响时，对于所有行业，上述几个方面可能都是最为相关的因素。本章对部分行业的详细讨论，旨在让读者了解并掌握如何确认及评价行业特定因素、这些因素之间的相互依赖关系、国别与项目特点的相互作用以及对特定项目的总体影响的一般性方法。这些方法可以很容易地被运用到其他行业中。

第 5～7 章是本书的第三部分，继续探讨基础设施的直接投资及资产估值问题，聚焦于纯私营部门投资及 PPP 模式，涉及项目融资的风险分配和融资工具。

第 5 章全面介绍了在基础设施投资领域中需要确认、分析、评价和最终分配给项目相关方的一般风险及与特定项目 / 资产相关的风险。准确识别和理解风险是投资决策的中心问题，构成为投资者提供权益保障的合适的合同结构的执行基础。

第 6 章介绍了项目融资的基础知识，包括主要参与方、现金流和合同关系，随后介绍了划分为不同阶段的项目融资过程。

第 7 章介绍了项目融资范畴内外使用的各种资本和融资工具，以及多种形式的支持基础设施项目和工程的部分欧洲国家或其他各国政府支持性机构。

Infrastructure as an Asset Class
PPP 第1章

基础设施概况

基础设施资产的高额初始投资和很高的维护成本，是公共预算的沉重包袱。因此，在过去的 40～50 年中，无论从绝对还是相对角度看，经合组织成员国的基础设施投资一直稳步下降。因为一场严重的全球性金融危机和气候变化给基础设施资产带来了巨大的挑战，所以这种局面正在进一步恶化。

为了应对这种局面，许多政府尽管（甚至是因为）面临公共资金的短缺，但是一直在寻求为适当的基础设施资产提供融资的新途径（显示出发展思路已经发生了变化）。几乎所有国家在面临人口增长及公共预算不足的局面时，采用的具体措施都是与私营部门合作，以确保可持续的国内经济产出能力。最终，一个国家可以提供的基础设施水平，是其未来经济增长的关键因素，因此必须绝对优先。

在全球范围内，目前已经有相当高的比例的基础设施资产由私营部门持有。电信行业中私有化的比例特别高，发电、能源传输与储能行业稍低一点，交通、水务、固废管理和社会基础设施更低一些。由于预算压力及征税增速潜力的制约，政府缺乏为公共部门拥有与运营的基础设施进行融资和维护的手段，所以可以预期私营部门会继续进入这个领域。

大多数西方发达国家与亚洲、中东及东欧等区域的发展中国家，已经制定了大量的法律，向私营部门提供基础设施投资机会。为此，不论是采用长期特许经营方式，还是永久所有权方式，私营部门已经关注到融资、建设和运营/持有基础设施资产的财务收益。

在详细介绍基础设施的内涵及共同特征之前，我们先总体介绍基础设施市场及其投资需求的规模。

1.1 基础设施投资需求

在全球范围内，经济和社会基础设施的投资需求都很庞大。这是因为诸如交通、供水及污水处理、医疗及护理、教育、科学及行政等领域的公共基础设施项目/资产，是任何经济体的核心发展因素和增长驱动力。尽管政府应当负责新建及存量基础设施资产，并对所在国家的经济增长发挥正面影响，但是由于经济回升乏力，过去几十年在这些领域中的投资不足，甚至更为基本的对存量设施的维护也不够，导致基础设施资产的需求与供给之间存在明显的不平衡。因为人口增长及建设、改造与替换现有资产的需求增加，局面更加严峻。每年全球基础设施领域中的投资缺口至少有1万亿美元（WEF，2014a）。世界银行估计这种超额需求相当于全球GNP的1.3%（World Bank Database，2015）。同时，在全球范围内，基础设施投资需求与公共预算满足这种需求的能力之间的差距在持续扩大。

在欠发达的发展中国家及新兴经济体中，基础设施需求继续集中在基层医疗及公用设施方面。开发及运营这类大多数情况下还是按绿地项目建设的基础设施项目的融资案例，一直比较少见。过去，融资需求主要依靠开发性援助或多边国际机构的支持，而私营部门较少参与。然而，在那些经济快速增长的新兴经济体中，情况正在快速改变。在中国及印度，通过私营部门投资进行融资的基础设施项目，已经日益成为满足重大基础设施项目庞大资金需求的常用方式。东欧转型国家出现了同样的局面，这些国家最初聚焦于国有企业的私有化。

然而，发达工业化国家在提供有效基础设施方面，也面临日益严峻的融资挑战。这些国家的存量基础设施（褐地项目），已经被高水平建设完成，但是还需要运营、服务、维护、更新及调整，以满足包括环境和社会标准在内的当前需求，由此会产生新的建设、改造、扩建及转型需求。由于人口结构的变化，这些国家有时还需要对相关基础设施进行拆卸并完全重新设计。

一项特殊的挑战是为国际性的、跨境的基础设施的建设与运营提供融资，这些设施对区域性经济共同体的整合至关重要，具体可以考察泛欧交通网络（TEN-T）、泛欧能源网络（TEN-E）和泛欧电信网络（eTEN）等。

各种类型的国家（包括发展中、新兴经济体和发达国家），都需要填补某种类型的融资缺口。然而，不同国家在引进私营机构填补这类缺口方面，存在政治、法律、经济条件等方面的实质性差异。这里需要重点考虑的国别差异性因素有经济增长率、公共债务水平、现有税收体系和分摊比例等。对于经济增速较慢的发达经济体，通过新增融资、增加纳税人及使用者负担的基础设施新项目的需求快速收缩，需要特别重视扩建、维护及运营现有基础设施，以实现效率提升。因此，这些国家需要节约官僚机构的运行成本，也就是说，需要改革已经超负荷的行政机构并相应调整其预算。此时，在同类基础设施资产与/或同一行业之间，传统采购模式与私营部门参与/PPP模式之间的优劣比较，要发挥决定性的作用。当政府着力于吸引私营资本弥补融资缺口时，这一点尤为重要。

相反，在经济快速增长的国家中，落实资金来源确实更加重要；对于作为必需品的基础设施需要不计成本地尽可能早一些投入运营，不仅要满足迫切的需求，而且要进一步支持经济增长。在第二次世界大战后的德国经济繁荣期，政策目标是用其他领域产生的收入增加对冲新增（政府）债务。在这两种情况下，引进私营部门资金以弥补政府能力就是一个主要目标。

在对需求结构进行定性分析之后，下面对这些基础设施的成本进行某种程度上的定量分析。

根据世界银行的估计，现有存量基础设施的运营及维护成本相当于全球GNP的1.2%，几乎等于之前提到的占GNP的1.3%的新建超额投资需求（World Bank Database，2015）。这些成本部分（但不是全部）受总体上升的原材料成本的影响。

人口结构老龄化、医疗成本与养老金债务的上升，以及税收收入的下降，导致政府的财政状况进一步恶化。德国和斯堪的纳维亚这类高税率国家的财政状况尤其严峻，提高税率不再是为基础设施项目融资的可行选项。发行政府债券会对公共财政及信用评级产生负面影响，并且只能为极为有限的项目提供资金支持。总之，目前很多国家的公共政策、规制及设计框架，看起来并未准备好也无法被调整，总体上难以应对未来25年基础设施领域面临的多个方面的挑战并提供可持续的基础设施。

根据OECD在2006/2007年发布的两卷本研究报告——《2030年的基础设施》（这是目前所有后续研究共同引用的唯一的此类研究资料），OECD国家在1997～2002年政府基础设施支出占GNP的比重为2.2%，1991～1997年为2.6%。图1-1提供了部分国家在30多年的时间跨度中政府基础设施投资占公共支出的比重。除美国在2002年的数据不可信之外，这些国家在这一时期内政府基础设施投资占比下降或不再增加。⊖最近一份仅对交通类基础设施进行研究的OECD的研究报告表明，OECD的成员国在2002～2011年，投资占比进一步降低，占GNP的比重在0.8%～0.9%波动（OECD/ITF，2013）。

图1-2比较了过去30年主要欧盟国家与欧盟15国作为一个整体的情况。无论是从相对还是绝对角度看，1970～2003年，欧盟国家的公共投资已经呈现明显的下降趋势。一份2015年的报告表明，目前公共基础设施投资的下降趋势还在继续，

⊖ 图1-1显示加拿大、澳大利亚2002年的投资占比较1990年有所上升，但个别年份的小幅波动不会改变一个时期的数据变化趋势。——译者注

2013 年 28 个欧盟国家与 2010 年相比又下降了 11%（Ammermann，2015）。

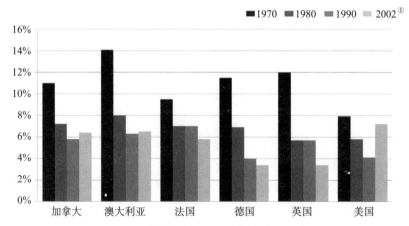

图 1-1　OECD 国家的政府基础设施投资占公共支出的比例

注：2002 年的美国数据不可信。

资料来源：OECD(2006).

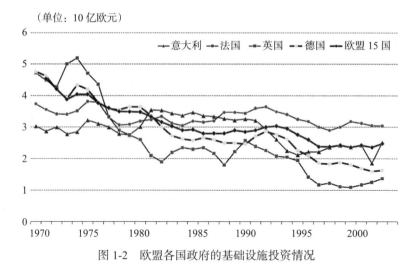

图 1-2　欧盟各国政府的基础设施投资情况

资料来源：OECD(2006).

根据 OECD 在 2006/2007 年的研究报告——《2030 年的基础设施》和 2013 年麦肯锡发布的研究报告的估计，在 2013～2030 年，为满足全球范围内对提升重大基础设施的需求，包括新建、更新及升级的基础设施投资总规模将快速上升至 60 万亿美元，相当于每年占全球 GNP 的 3.5%。尽管 OECD 的研究没有提供测算的基本假设，无法确认这些投资是政客的"口头承诺"，还是各个国家的实际需要，但是我们不应怀疑这一变化趋势。根据这项研究，2005～2030 年，30 个 OECD 成员国每年在电力、道路、铁路及水务项目上的投资就会超过 6000 亿美元。未来 30 年内预计能源行业的总投资需求约为 4 万亿美元。西欧、美国和加拿大的城市供水、电力及交通设施的提升和改造投资高达 16 万亿美元。在发达国家中，有必要完全改造部分存量基础设施，并进行新项目投资以满足新增需求。

图 1-3 介绍了未来 OECD 国家及金砖国家预计的基础设施投资规模及部分行业的投资需求。

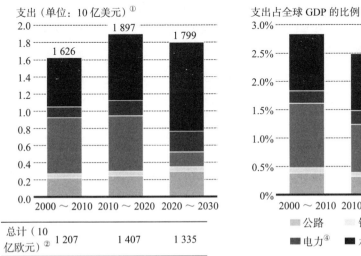

① 只涉及 OECD 国家、俄罗斯、中国、印度及巴西。
② 2007 年 6 月 30 日的汇率，美元/欧元 = 0.742。
③ 2005 年、2015 年及 2025 年的估计数。
④ 只包括输电及配电。

图 1-3　预估的 2000～2030 年 OECD 国家及金砖国家在部分基础设施行业的每年平均基础设施支出规模（包括新建及改造性投资）及占全球 GDP 的比例

资料来源：UBS(2006).

在快速增长的国家中，资金供给与需求之间的不平衡要严重很多倍。估计这些国家为保持预计的经济增长率，每年的投资要占 GDP 的 5%～9%，未来需要投资 4600 亿美元。OECD 声称，如何没有私营部门的参与，没有哪个国家能够真正实施这些计划。从全球范围看，在未来 18 年间，为了满足需求，基础设施投资需要增长 60%（2013 年的麦肯锡报告引用了上述数据）。瑞士再保险集团在 2014 年的一份研究报告中估计，每年全球基础设施支出需求将从 2011 年的 2.6 万亿美元增长到 2030 年的约 4 万亿美元（Swiss Re，2014）。

虽然对基础设施投资需求规模的预测可能存在一些争议，但是对基础设施投资存在高水平的全球性需求，以及政府在筹集必要的资金与专业经验等方面能力不足，却是毋庸置疑的。随着对必要的基础设施项目的公共支出的持续降低，私营部门的投资份额在稳步上升。近年来，在全球大多数地区，特别是通过多种形式的 PPP 模式，私营部门在基础设施领域的总体投资规模持续扩大（见图 1-4）。最近几年，这种情况体现得尤为明显。图 1-4 展示了公私合作基础设施咨询组织（PPIAF）提供的私营部门参与基础设施项目的承诺投资规模。国有企业的私有化是这种发展趋势的重要推动因素。自 20 世纪 80 年代以来，OECD 成员国有 1 万亿美元的国有资产进行了私有化，其中基础设施类资产是重心。1990～2006 年的总体数据表明，OECD 成员国大约 2/3 的私有化项目与公共设施、交通、电信及供油设施有关。同一时期，非 OECD 国家售卖了约 4000 亿美元的国有资产，大约一半与基础设施相关（OECD，2006，2007）。

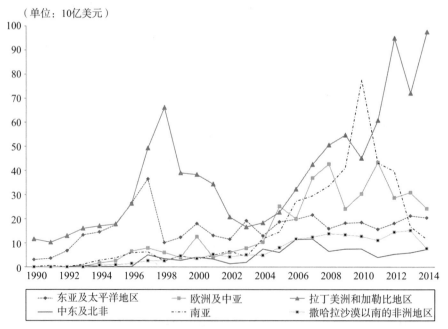

图 1-4　1990～2014 年私营部门按地区划分的对基础设施项目的承诺投资规模

资料来源：Private Participation in Infrastructure Project Database (2016).

私营部门对基础设施投资的持续增加，还表现为占公开上市基础设施资产的比例，总市值规模已经从 2000 年的 4650 亿美元，增加至 2013 年的 2.3 万亿美元，增加了 5 倍（Elliott，2009；AMP Capital，2014）（见第 2.3.1 节）。

对未上市基础设施基金的投资是另一个指标。根据 Probitas 合伙公司关于基础设施的一份研究报告，年度募资额从 2004 年的 24 亿美元，很快上升到 2007 年的

397亿美元，因金融危机2009年下降至107亿美元（Probitas，2014）。随后，每年的投资规模强劲恢复。根据基础设施市场数据提供商Preqin提供的数据，2015年1月有144只未上市基础设施基金，正在募集总规模为930亿美元的资金（Preqin，2015a）。

尽管欧洲基础设施投资还没有恢复到金融危机之前的水平（2014年75亿美元，而2007年是101亿美元）（Preqin，2015a，b），但该地区仍然是基础设施投资机会的重要来源地。按照年利达律师事务所的一份最新报告，英国及北欧大陆国家的投资最为强劲，而南欧国家自金融危机以来私营基础设施投资一直低迷（Linklaters，2014）。然而，2010～2013年，外国投资者对欧洲基础设施的投资增加了3倍，特别是来自加拿大、中国、海湾合作委员会地区、日本和韩国的投资者。仅加拿大投资者，在过去3年中就投资了超过130亿美元的欧洲基础设施。尽管如此，但是在这个时期内，欧洲投资者仍然占约75%的欧洲大陆基础设施并购交易份额。该报告还指出欧洲在全球基础设施投资规模中的占比，从2006年的超过一半，下降到2013年的1/4。

通过增税筹集如此巨量的资金，既不可行也不理性。政府通过与兴趣日浓的私营部门合作，在中长期内不需要明显增加税收或加大公共债务，就可以进行必要的维修、改造、运营、维护及新建基础设施项目。毫无疑问，仅靠私营资本难以挑起如此重担，必须改变政府的长期优先支出顺序，提高使用者付费的水平，并提升基础设施的运营效率。同样，公共部门与私营部门之间更大范围的合作，可以做出重要的贡献。

1.2 可持续性与基础设施

可持续性与基础设施有共同的目标：满足社会的当前与长期需求。当今世界，由于日益严重的资源短缺、社会动荡、人口增长、老龄化和气候变化，导致可持续性与基础设施问题相互交织。我们今天如何选择、设计和管理基础设施系统，对这些系统当前和未来很多年如何对社会和环境产生影响，将发挥关键性的作用。反过来，这也会影响基础设施资产所承担的环境、社会和治理（ESG）风险。

举例来说，环境风险是指因气候变化而引致的如暴雨及洪水等环境灾难导致的基础设施资产的实物损伤、污染与环境退化、削减二氧化碳排放及控制环境污染等相关法规的变化。违反人权、消费者保护、土著居民权利保护、健康与安全运营规制以及不公平竞争等，可能是对基础设施项目或资产发挥潜在影响的社会风险。治理风险源于不道德的行为（如腐败）、国家缺乏法律规则，以及造成基础设施项目的管理层与利益相关方之间存在利益冲突的治理结构和管理制度。

关注可持续性问题的重要性逐步增加，给投资者带来了新的风险与机遇。ESG因素既与塑造公司声誉，也与决定基础设施资产的长期财务可行性，越来越相关。同时，诸如可再生能源电厂、资源节约型供水设施、对气候变化有良好适应性的交通系统和建筑物等具有可持续性的可投资的基础设施资产，均对可持续发展有正面效应。

考虑到可持续性对未来几百年人类发展的重要性，本书自始至终特别强调可持续性因素及其关注点，旨在向投资者讲清楚ESG（风险）因素，帮助投资者将这些因素整合进基础设施投资决策过程之中。表1-1提供了本书涉及可持续性的全部相关内容的快速检索指南。

表 1-1　涉及可持续性内容的快速检索指南

节	标题	涉及话题
第 1.2.1 节	可持续性与可持续发展：简史	可持续发展的背景和重要里程碑
第 1.2.2 节	对可持续性基础设施的需求	支持用可持续性方法开发基础设施的事实与数据
第 2.2 节	可持续性基础设施投资	可持续性投资与对ESG因素的简介，包括ESG评价和业绩基准的例子
第 4.1～4.7 节	特定基础设施行业及子行业的特征	每个基础设施行业相关章节的末尾都归纳了可持续性方面的关注点
第 5.2.4 节	环境、社会和治理（ESG）风险	讨论基础设施投资领域中的ESG风险（特别是气候变化）
第 5.2.5.2 节	可再生能源规制制度	涉及清洁能源投资的可再生能源规制的法律变更风险
第 5.2.5.3 节	闲置（化石燃料）资产	涉及评估化石能源资产的气候变化政策的风险
第 5.4 节	行业的特有风险	特定行业的ESG风险

1.2.1　可持续性与可持续发展：简史

在生态学领域中，可持续性用以描述生态系统（如流域、海洋鱼类和森林）可以跨越时间周期，保持多样化和繁殖能力。不过，从一开始，可持续性概念就超出了自然保护的范畴。从18世纪开始，因采矿业和冶炼业的发展而大规模砍伐树木，导致木材极度缺乏，威胁萨克斯（现在的德国）成千上万人的生计。当地负责采矿业的主管汉斯·卡尔·范·卡路维治，通过引入可持续性原则来面对这一挑战，将可砍伐的木材数量限制为预计可以长出来的林木数量。这个案例在森林业中最早清晰地表述了可持续性的概念，承认在自然资源管理、人类生活和经济发展之间存在内在关系。以上可以更通俗地表述为，人们认识到在可持续相关的环境、社会和经济之间的相互联系。

不过，直到20世纪末，"可持续发展"这个概念才在国际上取得共识，用来表述人类发展和环境可持续性的关系。1987 年，世界环境与发展委员会（WCED）主席、挪威前首相布伦特兰德女士，给出了著名的可持续发展的定义：可持续发展是指满足当代人的需要但不影响未来几代人实现其需要的能力的发展模式（WCED，1987）。

在过去的 20 年内，有很多国际条约和声明强调可持续发展的必要性：

- 1992 年，里约热内卢召开的联合国（UN）环境与发展大会（地球峰会）通过了与可持续发展相关的两份里程碑式的框架性文件：一是与可持续发展相关的行动计划——《21 世纪议程》；二是聚焦于保护和可持续利用生物多样性的《生物多样性公约》。
- 《京都议定书》（1997 年）为工业化国家设定了有约束性的降低二氧化碳排放水平的目标，要求 2012 年的碳排放总量相对于 1990 年降低 5%。
- 1999 年，联合国发起《全球契约》，包括涉及人权、劳工与环境保护的指导原则，建立起商业机构可持续发展的原则体系。
- 2000 年，联合国通过《千禧年宣言》（即《千年发展目标》），旨在确保子孙后代的福祉。联合国正在构建一整套新的《联合国可持续发展目标》来替代将于 2015 年到期的《千年发展目标》。
- 包括美国与中国在内的各国政府都参加了联合国 2009 年和 2010 年气候变化大会，会议将遏制全球变暖的工作目标设定为比工业化之前的气温水平相比不超过 2℃，并采用进一步措施与气候变化做斗争。
- 2014 年 11 月，政府间气候变化专门委员会（IPCC）的《第五份综合评估报告》警告说："气候变化威胁可持续发展"，要避免此类威胁要求"在未来几十年要实质性地减少排放水平，到 21 世纪末要实现二氧化碳和其他长期存在的温室气体（GHG）的零排放"。
- 2015 年 12 月，21 届联合国气候大会，即 2015 年巴黎气候大会，达成协议将全球温度上升的工作目标限定为 1.5℃。

1.2.2 对可持续性基础设施的需求

可持续发展的进展，很大程度上取决于可持续性基础设施的开发。联合国估计到 2050 年全球人口将达到 90 亿～100 亿人（UN, 2015a）。到那时，30 亿人（目前全球人口的 40%）将加入"中产阶级"队伍（Bloomberg Business, 2012）。这会导致对新能源、水、社会和交通基础设施的巨大需求。

为此，OECD 估计目前的常规性基础设施开发模式会导致水消费增长 55%，能源消费增长 85%。这种增长不可持续，最终会导致全球水供应系统的崩溃，并会出现一些因气候变化驱动的极端事件，诸如极端的热浪、发生频率和严重性都会增加的风暴、河流洪水暴发频次增加及海平面升高（OECD，2012）。实际上，在过去几十年中，诸如水短缺和与天气相关的灾难等环境风险一直在增加。例如，图 1-5 显示出在过去 30 年内与天气相关的灾难在快速增加。这种极端的气候事件，给基础设施系统的实物完整性和功能发挥带来了更高的风险（见第 5.2.4.1 节）。

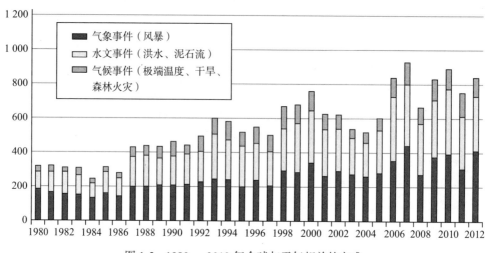

图 1-5　1980～2012 年全球与天气相关的灾难

资料来源：Munich RE (2013).

总之，经济发展、全球人口增长、资源短缺、人权保护、劳工问题和气候变化等约束条件，要求发展策略转变为相应的可持续性基础设施开发模式。为此，要求基础设施投资者在其全部投资决策过程中整合可持续性因素。第 2.2 节将进一步讨论这个话题。

1.3　基础设施的定义及特点

基础设施最早起源于军方，是指兵营及机场等军事设施。随后，基础设施被用来指经济体所必要的组织设施。然而，国内机构、中央及地方政府、学术界、词典及金融界提出了一大堆定义，使其成为包容所有人及所有事的大箩筐。这种方法不能有效地定义这个概念，却能聚集投资者、政府及公众的资源理解、宣传及引导资金来投资相关领域（Fulmer，2009）。因此，本书首先对各种定义进行综述，随后提出一个本书一以贯之使用的定义。

一个使用最广的"基础设施"定义是由约基姆森在1996年提出来的，重点关注基础设施在发展市场经济中的作用。他不仅考虑其经济与技术方面，还考虑其社会与文化方面。他给出的基础设施定义是：

> 基础设施是指基于劳动力分工和各机构的主体地位，在有效处置资源的基础上，那些有助于实现按要素分配的激励相容机制的实物、制度和人力资本的总和。实物基础设施是指所有实物资产、设备及设施的总和；制度基础设施是指一个社会长期发展或建立的规范及规则；人力基础设施是指市场经济中人力资本的数量及质量。

基于上述定义，约基姆森回溯到李斯特（1841）及马利诺夫斯基（1944/2006）的研究工作。约基姆森也重点关注这些要素，因为经济政策的核心问题关注市场经济发展与增长的必要条件，以及各类必备基础设施的相关事物。

随后，基础设施最狭义的定义（理解）出现在金融行业。考虑到本书的重点，我们将重点关注这一定义并进一步详细讨论。

单个投资者并不关注特定基础设施行业或实物基础设施的供应特点，而关注由相关投资机会的各项特征所决定的风险收益特点，金融行业基于特定经济与社会特征定义基础设施（见第2.1节）。然而，金融行业使用的特征，只适用于现实中众多基础设施资产的一小部分，属于最严格的结构化的那部分。这些特征如下：

（1）基本公共服务。基础设施资产满足日常生活中的基础性公共需求，例如供水、能源、交通、通信、教育、安全、文化或医疗，这些是经济增长、社会繁荣及保证生活质量的基础性条件。

（2）需求弹性低。由于是基本公共服务，即使价格上涨（例如，因通货膨胀调整规则而调价），这些基础设施所提供的服务的需求仍独立于经济周期及经济状况，需求是稳定的（即低波动率）、可预测的（基于长期合同）。

（3）较高市场进入门槛的准垄断性。因为初始投资成本很高，基础设施资产难以重复建设，例如供水、供电及通信网络的建设。项目建成运行后，新增一个服务单元，例如新增一个供水户或用电户，其边际成本却会降低。如此，市场进入门槛很高，这类基础设施几乎没有竞争者。

（4）存在政府规制。在几乎没有竞争者的情况下，规制机构承担对市场失灵的纠偏作用，例如设定价格或提供最低收入保障。然而，一个受规制的市场对其供应商来说，并不必然没有风险。最好的例子是长途电话行业。

（5）使用寿命长。基础设施资产的服务寿命往往超过100年以上。历史上有很多如罗马引水渠这类使用时间更长的例子。除了考虑资产的实物和技术寿命外，核心要素是其经济寿命，如实验室或医疗设施的经济寿命甚至低于5年。在资产的经济寿命内进行摊销，对投资者而言十分重要。

（6）通货膨胀保护。基础设施资产可以对冲通货膨胀风险，这是因为通常会建立盯住通货膨胀的收入调节机制，可能是通过受规制的收入条款、保证收益率或其他形式的合同保障措施。与财政可用性支付相比，采用使用者付费方式的项目收入往往与 GDP 关联或盯住消费者价格指数（CPI），诸如收费道路、公用设施等。

（7）定期稳定的现金流。具备以上特点的基础设施资产一般会有稳定、可预测及在大多数情况下随通货膨胀调整的长期收入，可以抵御经济下行的冲击，承担较高的财务杠杆。

尽管这些共同特征是基础设施资产在整体上具有潜在吸引力的指标，但是实际上只有部分基础设施资产完全符合以上特征，还有部分基础设施资产只符合其中的部分特征。换句话说，基础设施资产可能风险相对较低，金融行业往往认为基础设施资产具有与债券类似的特征。然而，不是所有基础设施资产（不论是绿地项目还是褐地项目），都具备以上特征，特别是相关的风险收益特征——尽管它们都归属于基础设施资产。

即使不是误导，这种不一致也会在现实情况下使投资者产生很大程度的困惑。投资者往往面对各种各样的基础设施资产，部分资产的特征明显与上述金融行业的定义不一致。本书认为，这一定义不仅短视，实际上还有可能误导那些对基础设施资产不太熟悉的投资者。

因此，金融圈需要有一个现实的、实际的、可用的基础设施定义，将相关因素都考虑进去，而不是在某种程度上否认有关因素的存在。

当代人对基础设施所下的定义往往关注实物基础设施，由诸如道路、港口、公共设施之类的实物资产组成（Frey，1978）。布尔（2007）虽然重点关注实物基础设施，但他按照人类生活中的实物及社会需要进行分类，推导出必要的基础设施产品（例如，水、能源、供热、照明）及相关的实物资产（实物基础设施）。

富尔默（2009年）在经历了类似的心路历程后，发现虽然如此多的定义存在不一致并有诸多偏见，但是仍有一些共同的线索。几乎所有定义都关注这些特征：相互关联的系统、实物组成与社会需求。随后，他提出如下定义：

支持人类活动的基础设施包括复杂的、相互关联的实物、社会、经济和技术系统，诸如交通、电力生产与输配、水资源管理、固废管理、支撑城乡社区的公共设施、通信、可持续的资源开发以及环境保护（American Society of Civil Engineers，2009）。

为了提出一个实用性的定义，并整合系统、实物资产、社会需要等关键词，富尔默（2009）提出一个简单的定义："**由相互关联的实物组件所构成的系统，用于提供那些实现、维持或提升社会生活条件所必需的产品与服务。"

对各种流行的基础设施定义进行简单综述后，本书建议只考虑实物资产及其结构、组织、商业模式、规则及规制。这包括相互关联系统中的全部实物资产、设备和设施，以及向单个经济主体或社会公众提供相关产品与服务的必要的服务提供商，旨在实现、维持或提升社会生活条件（见图1-6）。

经济基础设施				社会基础设施
交通	能源	水务	通信	
陆地运输 • 公路 • 铁路网络 • 本地公共交通 **水路运输** • 内陆水运 • 远洋运输 • 运河（如苏伊士运河） • 港口 **航空运输** • 机场服务 • 航线服务 • 空中交通管制 **多式联运** • 内陆目的地（公铁联运） • 海上目的地	**传统能源** • 煤 • 油/气 • 核 **可再生能源** • 太阳能 • 风能 • 水能 • 生物质能 • 地热 **传输/配送** • 电力 • 气 • 油/燃料 **存储** • 电力 • 气 • 油/燃料 **区域供暖**	**供水** • 家庭用水 • 工业用水 **排水** • 雨水 • 市政污水 • 工业污水 **污水处理** • 市政污水 • 工业污水	**长途通信** • 固定网络 • 移动网络 • 高速互联网 • 塔（移动通讯或广播） **空中** • 卫星网络 • 观测站	**医疗** • 诊断 • 治疗/手术 • 护理 • 康复 • 养老院 **教育/文化** • 学校 • 学生公寓（校园） • 图书馆 • 剧院 • 博物馆 **体育** • 大众体育 • 专业运动 **行政** • 办公室 • 电子政务 **安全** • 监狱 • 警察 • 国防

图1-6 基础设施的行业及子行业

1.3.1 不同术语的比较：项目、资产与设施

基础设施项目、资产与设施以纯公有制、公私共有、私有制等所有制形式而存在。按照定义，私营投资者只能投资公私共有或纯私有制形式下的基础设施项目或资产。在公私共有模式下的新增投资，往往使用"项目"这个术语（如PPP项目），此时私营伙伴会获得一项由公共部门授予的特定时期内的特许经营权、许可证或某种形式的PPP合同。在纯私有制模式下，关注的重点是"资产"或"设施"，此时某

家或多家私营伙伴拥有目标资产。下面的解释旨在说明为何或如何区分这三个术语：项目、资产与设施。

术语"资产"和"设施"表示"实物基础设施"（如实体性的道路、电厂或学校等）的实体对象。如此，它们构成经济与社会基础设施的"建成环境"，投资者成为现有（或未来）资产与设施的全部或部分所有者。资产与设施貌似更多是不同专业学科所使用的专业术语。不动产行业里的建筑师和工程师更喜欢用"设施"，而金融行业更喜欢用"资产"。因为本书是金融类著作，在绝大多数情况下将使用"资产"，但也不是完全不用"设施"。

投资基础设施项目在本质上不同于前面所说的投资基础设施资产，投资者并不全部或部分拥有标的资产。相反，投资者为特定资产的产出产品提供投资或融资，即开发、建设、运营与维护全流程，获得的对价是一个清晰界定的项目的特定时期内所产生的收入，或者由项目发起人给予的定期付款（如可用性付费）。例如，在 PPP 项目中，私营投资者通常"只"成为某家"项目公司"的股东，由该项目公司负责提供特定时期内的公共服务。资产的所有权保留在政府方手中。此外，项目有一个明确的时限，因此对特定基础设施项目的投资终止于项目合同所约定的结束日期。

由于私营投资者的特殊所有权状况及确定的时限，私营投资者投资基础设施项目的交易结构，应当能够在项目期限内产生足够的收入以满足投资者对收益率的要求。项目结束时，私营投资者不能出售资产，因为从一开始他们就不拥有这些资产。相反，对资产的投资并没有这么确定的终止时限，因此也就不会有这种正式要求。当其官方时限到期时，作为实物的资产仍然存在，投资者仍然是该资产的所有者，可以对资产进行随意处置。

遗憾的是，在通常使用术语时，并未明确区分术语"项目"与"资产"。如不考虑所有权和确定到期日，术语"项目"往往用于一项资产的开发与建设期。当某项资产实际上已经建成并进入运营阶段时，往往恰好是该资产被出售给投资者的时点，此后该项目（资产）就会被贴上"资产"的标签。毋庸置疑，这增加了问题的复杂性，有时还会让人产生困惑。这种困惑也伴随术语"项目公司"，使用的场合如果比较讲究准确性，可能要用术语"资产公司"（不常用）、"公司"或"特殊目的公司（SPV）"。本书并不想解决这个问题，但是力求一致性地使用狭义的术语"项目公司"。它指的是"（项目）公司""公司"或"SPV"。

本书不能完全不顾该术语的通常用法，因此力求在尽可能精确使用的前提下找到一条折中之道。

1.3.2 基础设施的特征

基于前面介绍的接受面更广的基础设施定义,以及如何区分术语"项目""资产"和"设施"的简短介绍,图 1-7 列出了基于国别、行业与子行业层面及项目/资产层面的特征,对基础设施进行的分类。

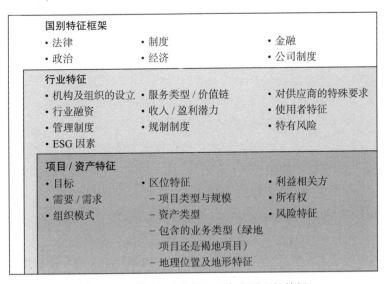

图 1-7 国别、行业及项目/资产层面的特征

国别层面的特征主要关注法律、政治、制度、经济、金融、公司制度及竞争条件等要素对全部资产的实质性影响,可能会影响这类资产的全部单项投资。国别之间的差异很大,所以我们不可能在本书中进行详细的讨论。然而,本书各处使用的诸多来自不同国家的案例,可以提供观察机会。更进一步,与特定行业及子行业相关的结构、规制与合同特征,以及项目/资产与交易特征尤为重要。

行业和子行业的特征如图 1-6 所示,不同国家间的差异很大。不过,某些特定方面适用于全部行业,因此可以在跨行业的基础上分析,本章从第 1.3.3 节开始讨论这方面的问题。在第 4 章中,我们将在子行业层面详细讨论这些特征及其他特征。

除了国别和行业特征,重要的项目、资产、交易特征与相关风险可能会影响特定行业和国家的某项基础设施项目/资产的风险收益特征。我们将在第 5 章和第 6 章中讨论这些问题,同时讨论基础设施资产面临的最为重要的风险(第 5 章),以及为直接投资方式融资最为经常使用或必需的项目融资结构(第 6 章)。

以下各节将介绍分析普遍的、跨行业的基础设施的最主要的视角,以及基础设施投资背后的一些重要决定因素。

1.3.3　跨行业的特征

图1-6（见第1.3节）介绍了最重要的基础设施行业和子行业——其中的每一个基础设施行业，往往还包括其子行业。遵循特定的结构、规制和合同条件，投资者在做出任何一项投资之前，都应当仔细熟悉这些情况（见图1-7）。他们需要了解公共机构的职责和功能分配、现有私有化模式及其结构与流程以及特定的法律框架、规范、标准和其他规则与规制制度——这些事项在不同行业和子行业、不同国家之间的差异很大，对于一项成功的投资不可或缺。此外，投资者应当审查单项基础设施的要素或该行业的价值链要素是否与投资者的总体投资策略相一致、相应的收入和盈利结构，以及在整合性的价值链中其他要素之间的相互协同性，例如铁路公司相对于所有的网络、客运与货物运输服务及铁路公司拥有的车站。这里要求明确职能分配、责任、风险、相互需求和影响。潜在投资者还应当清楚特定行业的特定竞争结构，包括现有全部规制制度。

1.3.4　基础设施公司的类型

财务投资者（如养老基金、保险集团和主权财富基金）通常通过投资提供与基础设施相关的产品和服务的公司来投资基础设施，这些公司是自主经营主体。因此，投资者高度关注这些公司能够产生的利润及所承担的风险。除了资本回报率外，战略投资者（诸如建筑、不动产和电信行业的公司）还需要考虑与其核心业务相关的额外收益。

根据其具体经营目标，基础设施公司可以划分为以下三类：项目公司、运营公司与服务公司。

基础设施项目公司的经营目标与某个位置、时间及功能确定的特定项目密切相关。一个典型的例子是，要通过PPP方式建设、融资/投资、运营一条从A地到B地的道路，会专门成立一家项目公司，根据一项为期30年的合同的条款进行项目实施和提供服务，在合同期结束后将资产移交给公共部门发起人。

公司可能完全由私营部门的股东出资设立，也可能由私营部门与公共部门的股东共同出资设立。典型的第一阶段的投资者包括诸如建筑公司或基础设施运营公司（随后将进行介绍），除获得资本回报率外，它们还希望从其核心业务中获利。尽管不总是这样，但是财务投资者往往在项目成熟期从战略投资者手中承接部分或全部股权。基础设施资产通常被保留在政府发起人手中，或依据合同条款被移交给公司。公司（为投资者）的未来收入来源，即项目收入结构，可能包括以下项目。

（1）确定的可用性付费：通常由委托人从公共预算中支付，往往基于提供合同约定服务的绩效情况，此时投资者只承担绩效风险。

（2）使用者付费：项目公司获得特许经营权，有权向其所提供的资产或服务的使用者收费，为合同约定的服务及投资提供资金支持；此时，投资者将承担需求风险及绩效风险，不过取决于不同的环境和合同约定，可能通过政府担保提供或多或少的风险缓释。

（3）按使用情况付费：由项目发起人根据使用情况（比如使用频率与/或使用强度，见第3.3节）从公共预算支付的可用性付费，或者是从可用性付费与使用者付费的组合，目的是实现激励相容并最好地满足项目服务质量与/或财务可行性。

在一个新项目的招标阶段，该项目仍然部分或全部归公共部门所有，投资者要通过竞争获得该项目。一旦某个或一组投标人赢得该项目，他们的项目公司可能面临很少的竞争或完全不会有公开市场的竞争。假如此类项目公司采用由直接的使用者付费的方式，政府通常会规制项目收费水平，防止使用者因潜在的垄断局面蒙受损失。在全球范围内，基础设施项目公司变得越来越普遍，所以在实务中，我们几乎可以在所有基础设施行业中都能找到案例。

与纯项目公司不同，基础设施运营公司没有必要限定于某个特定时期或地点。基础设施运营公司往往专注于一个或几个基础设施行业，而不仅是某个特定项目或资产。这些纯私营或混合所有制公司自主投资基础设施资产，与使用者建立直接合同关系，依靠自身能力并承担责任，提供全面的基础设施服务，确保通过使用者付费为资产与/或服务提供资金。它们也投资基础设施项目公司。与项目公司不同，运营公司作为永久性经营主体而设立，通常至少拥有一些由其永久负责运营的基础设施资产，因此，它们承担绩效风险与需求风险。

私营基础设施运营公司往往脱胎于原来属于公共部门的机构，可能是通过首次公开上市（IPO），或者通过公开招标转让现有公司部分（部分私有化）或全部股权（全面私有化）。私有化的驱动力往往是需要通过增资升级或扩充公司的现有基础设施资产。引进私营投资者的目的还包括实现更好的组织效率及提高公司的运营绩效。在大多数情况下，这些公司在市场上直接与其他同类公司进行竞争。当存在垄断因素时，最低程度上，相关公司要受制于对需要提供的服务的规制，并要服从于所在市场的价格政策。有一些著名的基础设施运营公司，如电力供应商德国意昂集团与法国电力公司、供水公司威立雅与苏伊士、固废处理公司苏伊士的西塔与瑞曼迪斯、电信公司沃达丰及西班牙电信公司，以及一些全球性的交通基础设施提供商，例如收费道路（如万喜、阿伯蒂斯）、机场（如航空联盟、法兰克福机场集团）与码头（如马士基、和记黄埔）等。

基础设施服务公司专注于一个或几个基础设施行业的某项或多项服务，按合同约定收费提供相关服务。典型的有咨询、建设、设施管理与服务提供商，例如德国太恒公司专门提供能源与水使用量的数据服务。在一般情况下，这类公司自身不投资基础设施项目，不提供跨生命周期的基础设施服务，也不承受与基础设施相关的绩效风险或需求风险。然而，其所在领域通常面对较高的竞争压力。

基于上面的基础设施定义，本书中的基础设施服务公司不属于"资产类基础设施公司"。有关介绍将其与其他类型的基础设施公司明确划清了界限。

如上所述，任何基础设施投资决策应当考虑相关公司的类型及其参与具体项目的情况。了解公司涉及的主要基础设施行业也很重要，为此，必须熟悉各项基础设施的特点，评估可能面临的特有风险。基础设施项目公司与基础设施运营公司需要长期参与一个项目，往往还要投入巨额初始股本金，这一点尤为重要。基础设施服务公司的重要性要低一些，它们相对容易进入或离开其项目。

1.3.5 私营部门的角色

越来越多的基础设施资产由私营投资者或运营商负责运营或参与运作，例如电力传输资产或基于长期特许经营协议的资产。然而，私营部门的参与特征、程度及各自的商业模式，在不同的基础设施行业及子行业中差异很大。私营部门通过私人投资参与"公共服务"的方式，从基于长期合同安排的 PPP 模式，到完全的私有化（此时私营提供商在永久或独立的基础上运营某项资产，与其他私营提供商，有时与公共部门提供商展开竞争）。

有些行业很自然不适用完全私有化模式（第 3.1 节将详细说明或讨论不同的私有化模式：形式私有化、职能私有化和实质私有化）。例如，在公路行业及一些社会基础设施领域中，全球范围内还没有出现完全私有化的案例，却存在高度多元化的 PPP 模式。公共财政投资的道路、国防与警察设施、监狱及教育机构，一般由公共部门拥有——法律往往要求维持这种状态。相反，能源与通信行业在很多国家已经完全私有化。在过去的 15~20 年中，很多机场通过 PPP 模式或部分及全部实质私有化模式实现了私有化。在部分行业价值链的每一个环节中，私营公司与公共机构比肩而立，例如，私营运营商通过公共铁路网提供货运服务，私营物流公司获得主要港口设施公共运营机构的经营许可，通过公共排水系统向私营污水处理厂输送污水。不过，在垃圾处理行业中，这种优先顺序难以被区分。例如，尽管在德国与西班牙私营部门的参与集中在最终垃圾处置环节，主要采用垃圾焚烧厂进行处理，但是瑞典的垃圾收集主要由私营公司负责，而最终处置主要由公共机构组织实施

（PSIRU，2006）。

与内生于系统的边界与机会一样，诸如传统、公共部门理念及现有格局往往难以改变，可能会促进或限制各种现有组织模式的可实施性，甚至在整体上阻碍私营部门投资公共基础设施的可能性。

随着讨论的深入，私营部门投资所使用的模式存在明显的行业与国别差异。特定商业模式及其合同模式的标准化程度很低。相反，已经开发的特定模式及结构有自己的特定术语，难以进行比较。跨行业的标准化非常有必要，对投资者特别有意义，对于这一点已经达成高度国际共识。为此，本书第3章将特别系统地记录、定义及区分已知的私有化、合作、商业、合同及金融模式，（或确实应该）整合和结构化为适用于所有单个项目/资产的顶层组织模式。

1.3.6 价值链要素

多种多样的基础设施行业的价值链所包括的具体要素可以分为两类：①属于特定子行业所提供的服务范围的动产与不动产；②服务范围本身。

诸如铁路行业的机车及列车、水运行业的轮船等动产、固定建筑与构筑物等不动产，作为独立的价值链要素代表实际的可供投资的资产，需要与诸如设计、建设（安装及调试设备）、融资、建设性及运营性的维护（分别指全面翻修及持续维护）等其他要素组合起来。建设性与运营性的维护，经常统称为基础设施资产的运营管理。

与动产和不动产的完工及运营组合在一起的各项要素，表现为提供某种类型的基础设施服务，差异只在于所涉及的资产种类。这类服务的提供商包括工程师事务所、建筑公司和实现某项技术功能的设施管理机构，以及提供投资及融资服务的投资者与银行等金融机构。这些机构往往提供跨行业服务，并非只针对特定种类的基础设施。例如，大型工程师事务所和建筑公司可以为道路、机场、铁路与火电站、供水干线和污水处理厂提供设计及建设服务。

投资者可以分为纯粹的财务投资者和战略投资者。财务投资者（又称为机构投资者），主要关注其投资的股权或债权的收益率。战略投资者，除了关注财务收益率，还希望获得上述服务所产生的多种形式的价值链要素。因此，大多数财务投资者投资多个行业，主要考虑风险收益特征（第1.3.8节将对此做进一步介绍），而战略投资者倾向于将自身限定于与其战略相关的行业。所以，战略投资者会综合计算总体收益率。

往往由战略投资者提供的相关服务，在不同行业之间差异很大，需要范围广泛的知识与技能。基于特定视角，整个行业或子行业的特定价值链要素，可以分解为单个价值链要素，或按照不同程度的整合性或差异性组合成价值链。例如，水务行业由供水、污水处理、河道维护及拓宽（考虑环境关联性）等组成。更进一步，饮用水供应由水库、集水、储水、制水、配水（给居民或工业用水点）及收费构成。每一个要素还可以进一步分解。如此，每一家基础设施公司所提供的服务范围的差异就会很明显。

对投资者来说，这些知识及结构化其投资所产生的机会很重要，因为不同的单个或组合的服务范围，允许其利用价值链的不同要素，由此实现不同风险水平及对应的潜在回报率或收益率。投资可能也会寻求：通过扩大规模挖掘额外增值潜力；或有时集中于公司自身的业务活动。规模扩张与整合过程，可以与特定地区、客户群或完整的价值链相关，通常按照如下三种多元化原则进行结构化。

第一种情况为横向多元化或横向整合，提供相同或相近价值链要素的公司整合在一起，扩张其市场份额、实现规模经济或提高市场地位。回到供水行业的例子，它与横向多元化特别相关，因为存在自然垄断。几乎没有例外，商业性联合的目标都是为了扩大服务区域。

第二种情况为纵向多元化或纵向整合，公司通过整合其他要素扩大业务范围以做深其价值链。这可能会影响价值链的深度（扩展之前通过外部采购的生产或服务流程中生产某些部件/服务的能力）或广度（扩大产品与服务的范围），或者价值链的环节的数量（向上游或下游整合价值链的单个连续性要素）。

基础设施行业中还有一种侧面多元化，即公司连接一些完全不相关的价值链上的要素。私营部门、公共部门及准公共部门的综合性公用事业公司是常见的例子，它们往往提供范围很广的供水、垃圾处理及交通服务，或打包提供涉及多个领域的服务。特别地，这些基础设施行业提供水、电、气、交通、电信等网络型基础设施，为同一客户群提供完全不同的产品或服务，实现显著的协同效应，有很强的激励去提供一揽子服务。

财务投资者也想运用常规的公司目标，在考虑是否投资时通常追随战略投资者。战略投资者制定投资决策的主要目的如下：

（1）满足新的（内部或者外部）需求和要求（新项目与/或扩建投资）；

（2）补偿技术性与/或经济性老化（翻修/更新投资）；

（3）在某个方面挖掘提升效率的潜力（优化投资）。

他们的投资决策，要么是在PPP项目中响应投标要求，要么是在纯私营项目/资产中考虑内部因素。这取决于特定项目或资产的成熟程度，在特定合同期内适用一个或多个目标。

1.3.7 绿地投资与褐地投资

基础设施投资可以分为绿地投资与褐地投资，又称为项目开发与资产运营，或原生项目与次级项目。这种分类反映了与项目不同开发阶段相关的特定项目/资产的风险。投资者普遍认为绿地投资比褐地投资的风险要大。从普遍意义上看，这种假设符合实情。然而，在特定情况下，我们可能会吃惊地发现一些绿地投资与褐地投资的风险水平相当（Weber，2009）。

本书将绿地（或原生）项目定义为在特定地方首次建设的资产。它们可能处于设计、开发、融资或建设阶段。相反，褐地或二手项目/资产是已经运营或在同一个地方有一个之前的项目。这类项目可能涉及对存量资产进行重建、改造或扩建。换句话说，绿地项目与褐地项目的核心区别在于资产的成熟程度及可用的资产专用经验——这些在绿地项目中明显要弱一些，由此可能导致更高的不确定性，以及成本与收入方面的风险。

绿地项目成本端的风险主要与设计、开发、获得批准及环境许可、公众接受、建设与运营等环节相关，特别是在使用新的未经证实的技术时；例如，可以将新建一座水电站与扩建一家现有电站安装新的水轮机进行比较。在收入端，需求与价格的不确定性构成了主要的风险，特别是使用者付费项目（见第1.3.9节和第3.3节）。当设施投入运营时，很多因素才会完全显现。例如，相对来说，经济欠发达地区的新建收费道路，与高交通流量区域内的现有道路改扩建项目相比，前者的投资风险要高很多。然而，即使是后一种情况，如果之前的道路不收费，缺乏针对用户价格敏感性的相关历史数据，还是存在接受度/通行量及价格风险。对于那些部分或完全由公共资金付费，与/或由可靠机构提供某种形式担保的绿地项目，收入风险应当通过项目（合同）结构恰当地消除（见第1.3.9节）。

相反，褐地项目与存量、运营阶段的资产相关，已经度过绿地/开发阶段。在褐地阶段，不需要再考虑与开发阶段的环保问题、公众接受度、批准程序、试运营、技术及初始需求相关的风险。主要的剩余风险包括运营风险、规制风险和市场风险，以及较低程度的区域、政治、法律及ESG风险。然而，如果必须全面重建或扩建，比如拆除并重建现有设施，绿地项目的部分常见风险可能会重现。

从原则上讲，基于历史数据及过去经验，存量资产的需求、运营、维护及ESG问题，相对比较容易评估。然而，特有风险可能源自资产的运营，例如投资褐地基础设施资产很有可能涉及污染或潜在缺陷。

绿地项目与褐地项目的另一个重要区别是，绿地项目的投资者在项目开发与建设阶段的前几年一般没有投资分红，而只是有投资义务。只有相关设施投入运营之后，初始投资才会有回报，形成私募股权投资领域常见的 J 曲线。主要关注较高的内部收益率（IRR）的投资者，愿意接受 J 曲线及与褐地项目相比绿地项目通常承担的更高风险，原因在于可以分享该阶段资产的潜在高升值，可能获得更高的投资收益（见第 1.3.8 节）。

相反，状况良好并附带长期合同的褐地资产，可以在一开始就以分红或利息支付等方式提供稳定的、可预测的当期现金流，犹如房地产与固定收益产品。因此，这类项目特别适合旨在进行风险规避的分红驱动型投资者，而绿地项目更适合愿意承担更高风险的资本利得或增值型投资者（见第 1.3.8 节和第 2 章）。

然而，不能错误地认为所有褐地项目都是低风险，都有类似债券的分红率。承担全部市场风险（需求或价格风险）或状况较差的褐地项目的风险可能很高，分红/现金流难以预测且不稳定，例如，由于老化、维护不当、管理较弱、过度使用与/或因高财务杠杆或缺乏长期合同而陷入财务困境。此时，需要通过签署长期合同降低甚至消除市场风险，或通过改善运营、维修及进行产能扩张、增加用途、对于财务或合同重新谈判及重组等方式，产生额外价值。

1.3.8 分红驱动与 IRR 驱动的投资者

所有基础设施投资者通常都有特定的投资目标，他们不是同质群体，故投资基础设施资产的兴趣会存在差异。⊖除了与所选择的特定国家、行业、投资阶段、货币等因素有关的个别风险的收益特征存在差异外，与投资者的投资期限最为相关的目标现金流特征也会存在差异。

当对基础设施股权投资进行决策时，战略与财务投资者通常追求两个主要财务目标中的一个，或两个的组合：①确保稳定的、高水平的当期收入（分红）；②确保最好的潜在股本金回报（见第 1.2 节和第 7.1 节）。由此，我们可以将投资者划分为主要由分红驱动的投资者和由 IRR 驱动的投资者。

分红驱动的投资者，包括保险公司、私营及公司养老基金、主权财富基金、慈善基金之类，通常有较长的投资期限（买入并持有），它们并不想在短期或中期出售标的资产。它们完全依赖表现为红利或股东借款利息等形式的当期收益。本书始终将其称为"分红型投资者"。通常，IRR 驱动的投资者的投资期限为 2～7 年。这类投资者将出售时的转手价值纳入总体收益的计算中，通常准备放弃资产持有期的早期与/或当期现金流。开发或建设（绿地）资产是一个恰当的例子。这类投资者包括

⊖ 为此，第 6.3.2.2 节将讨论战略投资者与机构型财务投资者有时存在的战略性目标差异。本节重点讲述股权投资者的财务目标差异。

战略投资者、由专业投资管理人管理的投资基金，以及有类似短期投资偏好的其他机构投资者。本书始终将其称为"IRR 型投资者"。当然，这种分类并非绝对，每一类投资者中都有混合及例外的情况。

存在这种投资目标差异的原因在于，分红型投资者希望获得稳定、长期的收入，实现其资产与负债（比如养老金计划、人寿保单）的匹配，尤其是在财政当局或监管机构有严格要求的情况下（见第 1.2 节）。典型的方法包括投资期限为 10 年、20 年甚至 50 年的长期政府债券或房地产资产。然而，面对低利率且低水平的收益率曲线，政府债券缺乏吸引力（如果不是简单的收益率不足）。审慎结构化的长期基础设施类股权投资，可能提供可接受的优于政府债券与 / 或房地产资产的风险水平（有时主要承担主权风险）和当期收入（分红）。长期（高收益）的基础设施债券是另一个选项（见第 7.3 节）。

短期到中期导向的、追求最高回报率的 IRR 型投资者却相反，需要并特别在乎早期退出的可能性（投资期限为 2～7 年）。对于投资某项资产的 IRR 型投资者，他们需要有在特定时点之后出售其权益的选择权，出售时点可能早于项目到期日或债务清偿期。如果存在这种情况，应当确保不损害整个项目 / 资产的长期成功或融资。原则上，基础设施股权投资者可以考虑以下退出策略：通过二级市场出售、转让给同行或 IPO（第 7.1 节中将会有更详细的介绍）。

最近，财务投资者越来越多地从项目最开始就参与基础设施项目的开发、结构化和执行阶段（见第 6.3.2.2 节）。他们的早期参与为各方带来了更多结构化方面的经验，特别是有关金融方面的考虑，有助于很多新项目的成功落地实施。由于交易结构通常更加适合财务投资者，所以也会提高投资后期战略投资者向财务投资者平稳转让项目的可能性。

1.3.9 收入来源与融资

不论是来自公共还是私人渠道，都需要有某种形式的收入，为基础设施投资及相关资产的后续运营提供资金。在很多国家中，不同基础设施行业的融资和运营职责，分别属于不同的公共机构。在纯国有体制下，收入可以源于向特定部门征税或收费（如交通行业的机动车税），或征收一般税（如所得税），或向特定项目的使用者收费（如道路通行费、水费、垃圾收集费等）。原则上，政府的收入 / 支出体系基于一般预算拨款的原则，在通过协商分配至单个特定预算领域之前，所有来源的收入都在公共预算中汇总。普通税收、特定行业税与收费、使用者付费都按相同的原则处理。有些国家采取的原则有别于一般预算拨款原则，会基于特定目的搞专项预算，例如收入会直接被归入特定行业，不论是采用税、费还是收费的形式，即部门专项预算。这些收入不进入一般公共预算，而是被保留在相关行业预算中。典型的例子如公路基金，收入源于燃油税、机动车税、通行费收入（如有），不会在某个时点纳入更广范围的公共预算。

专款专用更清晰的例子是，政府授予私营基础设施投资运营商一项直接向使用者收费的长期权利，用于覆盖项目成本（投资成本、当期费用、资本收益、债务与本金的回收）并产生利润。此时，可以说专款专用不再与行业相关，而是直接与特定项目相关。以上介绍了政府方面的情况。

私营基础设施投资者有两类主要收入来源：使用者付费；不针对特定项目的使用者付费或不直接付给投资者，而是由公共部门发起人定期从预算中支付费用（见图3-5）。国际上，诸多子行业主要依靠使用者付费，特别是供水与供电，以及铁路、海运及航空等公共交通服务。垃圾处理行业在这点上还不是很明确，因为部分国家还没有开始对垃圾或污水处理收费。

在道路交通基础设施方面，各国的情况也有差异。许多国家（特别是针对高等级道路）传统上就实施使用者付费。在按通行里程收费与以收费券（通行票）的方式按时间收费之间存在一定的区别。社会基础设施的使用者付费更加复杂。尽管在部分国家中，使用者或多或少付点费，比如学校和大学的学费，医疗领域中的医生、医院或其他机构的直接收费，但是这类设施的主要经费来源是财政性的资金分配体系。此时，如果由私营机构投资特定设施，往往就会产生一些问题。大众体育与文化机构所产生的收入通常不足以覆盖直接成本。而对于有些部门，如行政部门、安全/国防及司法系统，难以想象它们可以完全依靠使用者收费所产生的现金流运营。

不能仅仅因为不存在或不够用的使用者付费，就排除私营机构投资的可能性。然而，这些资产最终只能依靠公共财政支持，如采用PPP模式。作为项目执行机构的委托人的公共机构，向PPP项目的私营投资运营商定期支付此类服务与/或绩效费，又称为"可用性付费"（见第3.3.1节）。

当然，采用使用者付费，私营投资者会承担很高的财务风险，当收入风险完全由投资者承担时尤为严重。这些风险源于长期收入预测的不确定性。准确预测未来使用量与需求量（如交通流量或垃圾数量、供电或供水的需求量）以及未来价格及收费水平非常重要。在基础设施行业中，这些参数的长期变化，受私营投资者难以或无法控制的诸多因素影响。例如，使用量受宏观经济、经济政策、立法变动的影响——超出投资者行为的影响范围，价格经常受现行规制制度而不是私营投资者的定价策略的影响。

如果采用公共预算可用性付费的模式，私营运营商和投资者不再承受此类收入风险。此时,相关因素变成按照合同约定标准的运营商的运营绩效,特别是公共部门委托人履行支付义务的能力与意愿的可信度。公共部门委托人的付款,通常要遵守一套复杂的资金拨款规则,在不同国家中的差异很大。然而,有时很难或不可能协调特定拨款条件与投资者的特殊需求。这很自然地给投资者带来了风险,投资者要确认并尽可能有效地主动管理此类风险。有时,甚至有必要修改法律及行政规章以实现必要的制度兼容性。

1.3.10 竞争与规制

在经济领域中,如果担心存在市场扭曲或市场失灵,例如公共资产存在自然垄断或其他限制竞争的情况,政府则可以且必须以规制的方式进行干预。市场规制是指政府为此使用的全部规则体系与规制行为。通过发布立法文件或行政条例,限制市场力量的影响,确保实现法律保障并降低信息及交易成本。换句话说,采用适当的制度及方法,实现适当水平的规制,十分重要。这种职责往往归属于规制机构。

类似于反垄断机构,规制机构是确定竞争政策的政府部门,但是有更加广泛的职责。反垄断机构通常负责对市场进行事后控制,而规制机构主要负责建立对特定经济部门的事前控制体系,因为仅依靠事后控制不足以在这些部门维持必要水准的竞争格局。规制机构的特点在于会采用诸多事前控制措施,比如价格和产品审批等,往往会基于特定行业的特点进行运作,通常存在于那些有垄断倾向的行业中,比如在管道型或网络型行业中建设替代性网络要么没人愿意干,要么经济上不可行。典型的有长途通信、邮政、铁路、广播、供气和供电。在供水、航空及收费公路行业中,规制机构也不可或缺。

在欧盟范围内,各国规制机构必须执行有关欧盟法令。

在全球范围内,按照发挥的不同影响将规制体系划分为以下类型:

(1)数量规制。例如,市场竞争者的数量或产量,受市场准入相关的牌照及特许经营权数量的影响。在此类规制中,还使用服务责任及禁止性行为确定市场边界,以提高吸引力。

(2)价格规制。它力求实施特定的价格水平,采用固定价格或价格上下限来设置绝对限额。这类规制还可以采用的措施是制定成本表,设定相关价格计算过程,若没有取得有权规制部门的批准,可以收取的特定价格水平就不得改变。

(3)收益率规制。它设定了投入资本的收益率限额。

对于某些适用于特定部门的其他规制措施,我们将在第3章和第4章中详细介绍。

本章对实务中的基础设施定义与特征的概述，涉及基础设施资产最为重要的但不属于特定行业的特征，包括一些与投资者相关的财务问题。如此，为机构投资者特别是财务投资者（区别于战略投资者）提供了分析基础。

在第 2 章中，我们将解释并将基础设施定位为投资性资产。为此，我们将分析与讨论一系列研究报告，聚焦于风险与收益、资产组合分散化等问题。此外，我们将从总体上介绍可持续性基础设施投资，尤其是可持续性基础设施、ESG（风险）因素及业绩基准。在最后一节中，我们将讨论更大范围内的投资机会，特别是未上市基础设施基金，以及为其估值的具体工具。

Infrastructure as
an Asset Class

PPP 第2章

基础设施投资

金融市场上推出的大多数基础设施类投资产品，都宣称基础设施资产对机构投资者的资产组合有利的特征。例如，它们具有需求弹性较低的特征，这意味着很大程度上不受总体经济波动的负面影响，价格波动率适度温和，有稳定的、可预测的、具有内生对冲通货膨胀的当期现金流，与其他类型资产的相关性较小，可以为整体资产组合提供分散化效应。然而，如果分析市场上大多数产品的目标收益率，看起来如此保守的资产，为何能获得这么高的收益率，确实值得怀疑。是否存在免费的午餐？对于这个问题的答案，内行人一开始就心知肚明，经历了2008/2009年的金融危机之后，其他人也都认识到，答案应当是明确的："不存在"。

这种对基础设施资产的理想化观点，实际上是由金融行业忽悠出来的，特别是那些金融产品与指数提供商，自策自划地重新定义了基础设施，给这类资产设定了满足自身需要和目的的经济与金融特征。然而，这种定义只反映了市场上基础设施产品总体中的一个子集，也就是那些相对低风险的资产——这样的资产确实存在。但是，这未能说明市场上相当一部分资产（如果不是绝大部分）的风险收益特征，它们只是部分符合以上令人满意的特征。

这种对基础设施资产的误传，给投资者造成了明显的误导，因为会产生不能也不会达到的投资预期，导致投资者对投资收益率的期望太高。实际上，在次贷危机中，我们已经观察到基础设施投资出现了重大损失。作为保守的低风险（卖出）买入资产，实际上的结果却风险较高，因为它们并不具备或只是部分具备以上特征。结果，现金流的稳定性较低，波动率及与股票市场的相关性比预期高很多，或多或少

地伴随市场上的其他资产一起下跌。[注]

换句话说，为了实现较高目标的投资收益（确实在基础设施领域中也可以实现），基金管理人通常需要购买那些较高风险的基础设施资产。从表面上看，保守的与高风险的资产看起来差不多，但是近距离"看穿资产"后，特别是分析利益相关方的合同责任后，最终发现那些可能获得潜在高收益的资产，往往会承担较高的风险。由此，成本与收益不太好预测，比最初宣称的情况更不稳定。简而言之，它们的风险收益系数比最初宣称的更高。因此，并不是"所看即所得"，而是"你没有看到的才是你所得到的"（Weber，2009）。

尽管如此，很多投资者，特别是养老基金、保险公司及主权基金，盯上了正在增长的基础设施市场的巨大潜力，如第 1 章所述。因此，它们寻找这个领域中的投资机会。它们中的大多数机构追求超过政府债券的稳定的、长期的、经通货膨胀调整后的收益率，以匹配其长期债务。然而，它们并不都会全面评估市场上不同的投资机会（包括直接或间接的机会），有时也没有能力在办公室看透这些资产，考察它们之间的重要差异，分析提交给它们的基金/投资机会的不同风险收益特征。

本章的内容包括以下三个方面：①分析是否或为什么基础设施可以被视为一类单独的资产；②介绍可持续投资的概念及如何将其运用到基础设施投资中；③介绍基础设施的不同投资方式。本章首先将简单介绍市场上一些大型且相对而言经验丰富的基础设施投资者，然后重点分析基础设施类资产与相关资产类别的风险收益差异。之后，本章将区分上市与非上市基础设施资产，随后将讨论行业部门对特定资产的风险收益特征的影响，以及基础设施整体上对投资者的资产组合分散化的影响。在此背景下，我们将分析对非上市基础设施资产设定投资基准的困难并对解决方式提出建议。本章的第二部分将介绍可持续性基础设施投资的概念，以及为何或如何将 ESG 标准嵌入投资决策。本章的第三部分将介绍如何投资基础设施，上市或非上市，直接还是间接，最终聚焦到非上市、间接的基金投资机会，由此解释与基础设施基金估值相关的最重要的特征，包括相关条款与条件的适当性及恰当性。随后的章节将详细介绍直接投资方式的估值。

2.1　基础设施作为一类资产

基础设施资产呈现多种多样的风险收益与现金流特征，理论上从特别保守的债

[注] 请注意，在金融危机期间大多数真正的低风险资产的市场价值也下降了，主要的区别在于随后它们的市场价值恢复了，因为投资者确信其底层合同靠谱。毕竟，这类资产的现金流/分红未受到影响。

券/固定收益类资产,到与(私募)股票差不多的投资机会。在随后的章节中,我们将分析与讨论这些问题。

2.1.1 基础设施的投资者

在过去的几十年中,养老基金、保险公司、主权基金、大学基金及捐赠基金,对基础设施投资的兴趣明显增加。这是因为,除了潜在的稳定现金流及保守的风险收益特征,在特定环境下基础设施投资还可以为相关地区提供诸多经济与社会效益——养老基金与保险公司对此特别在意。此外,一些基础设施资产应当满足可持续性投资标准(见第1.2节),越来越多的机构投资者必须遵守这些标准。

澳大利亚与加拿大的养老基金,最早在基础设施投资方面积累了丰富的经验,目前投资于基础设施资产的比例最高达15%。不过,这两个国家的平均投资比例"只有"约5%(Inderst and Della Croce,2013)。首先,这些养老基金中的大多数会采用上市基金这种间接投资方式("澳大利亚"模式),其次是通过封闭式基金,最后是直接投资基础设施资产。基础设施领域中最大的直接投资机构在加拿大:安大略政府雇员退休基金(OMERS)专门设立的投资公司Borealis、加拿大养老金计划(CPP)、安大略教师养老金计划(OTTP)、魁北克储蓄投资集团以及PSP投资公司,部分机构从1997年开始投资基础设施。目前,它们都雇用了庞大的专家团队(工程师、经济学家、银行家、律师)在国内外进行直接投资。截至2014年年底,OMERS的管理资产规模为702亿加元(比2013年增加了52亿加元),基础设施资产的配置比例是15%(98亿加元)。OTPP的管理资产规模是1545亿加元(比2013年增加了130亿加元),基础设施资产的目标配置比例是7.7%(117亿加元)。稍晚几年进入基础设施市场的CPP的管理资产规模为2190亿加元(2013年年底是1830亿加元)。尽管截至2014年年底,CPP的基础设施资产配置比例为6.1%(133亿加元),不过没有明确的目标配置比例。CPP近几年已经组建了在全球直接投资的团队,可以预期未来还会是一个重要的角色。魁北克储蓄投资集团也是一个大机构,截至2014年年底管理的资产规模达2250亿加元(2013年年底是2000亿加元),基础设施投资规模为101亿加元,占比4.9%。PSP管理的资产规模达940亿加元(2013年年底是770亿加元),已经发展成为积极主动的全球投资者,基础设施资产的长期配置比例为13%。表2-1给出了部分养老基金的基础设施投资、配置和收益率的情况。

欧洲的财务投资者开始对基础设施资产感兴趣的时间要晚很多,但是在过去的数年中已经取得令人吃惊的进步。2013年,据报道有65%的机构做出对基础设施的首笔投资承诺。大多数欧洲投资者平均配置总资产的4.6%到基础设施领域中,与加拿大和澳大利亚的平均投资比例不相上下（2014年10月；Preqin，2014a）。不过，48%的欧洲基础设施投资者的投资比例仍然低于其目标配置比例，表明他们将在最近加大基础设施投资力度。

表2-1 部分养老基金的基础设施投资、配置情况及收益率

养老基金	2014年管理资产规模（2013年年底的数据）	2014年基础设施投资金额	2014年基础设施资产配置比例（中期目标）	2014年收益率（业绩基准）	2012～2013年收益率
加拿大					
OTTP	C$154.5bn (C$140.8bn)	C$12.6bn	7.7%① (n.a.)	11.8% (10.1%) 10.1% (5.9%)②	10.9% (2013)
OMERS	C$70.2bn③ (C$65.3bn)	C$14.4bn④	14.7% (n.a.)	10.0% (7.7%) 12.7% (9.6%)⑤	6.0% (2013)
CPP⑥	C$219.1 (C$183.3bn)	C$13.3bn	6.1%⑦ (n.a.)	16.5%	10.1% (2013)
魁北克储蓄投资集团⑧	C$225.9 (C$200.1bn)	C$10.1bn	4.9%⑨ (n.a.)	12.0% (11.4%)	12.6% (2013)
PSP	C$93.7 (C$76.1bn)	C$6.0bn	6.4% (13%)	9.4% (4.6%)	
澳大利亚					
未来基金	A$100bn (A$89bn) (2012～2013)	A$20bn	7.8%⑩ (7.4%)	13.9% (7.5%)	15.4% (2013) 2.1% (2012)
QIC	A$70.6bn (A$70.3bn)	A$5.8bn (31 March 2015)	n.a (n.a.)	6.8% (拟合优度阿尔法)	10.6% (2013)
IFM投资者⑪（2015年6月30日）	A$57bn	A$23bn⑫	n.a.	10%⑬	8.8%⑭
新南威尔士州超级年级计划⑮	A$40.3bn (A$38.2bn)	A$4.9bn(平衡型)	10%	10.0% (平衡型)	13.7 (2013)
澳大利亚超级年金	A$78.3bn (A$65.3bn)	A$7.8bn⑯	13% (平衡型)	13.9% (平衡型)	15.6% (2013)
大学超级年级	A$42.7bn (A$36.3bn)	A$4.3bn⑰	5%⑱ (n.a.)	13.8% (平衡型)	15.9% (2013)
HESTA	A$28.7bn (A$24.2bn)	A$2.7bn⑲	10%（核心资产池）	13.2%（核心资产池）	14.8% (2013)
澳大利亚电信超级年金计划	A$15.5bn (A$13.5bn)	A$433m	4.3% (平衡型)	15.8% (平衡型)	16.9% (2013)
MTTA超级基金	A$7.5bn (A$6.9bn)	A$779m (直接管理)	15% (Balanced) (n.a.)	12.2% (超级平衡型)	−1.0% (2013)
军人超级年金养老金基金⑳	A$4.9bn (A$4.0bn)	A$603m㉑ (A$320m)	长期：10%（保守），2%（增长型选项）	12.5% (5.6%)	−1.0%/4.9%
欧洲					
ABP㉒（通过APG，2014年的数据）	€343.8bn (€299.9bn)	€5.4bn	3%㉓ (n.a.)	14.5%	6.2% (2013)
PGGM-NL㉔（2013年的数据）	€154bn (€134bn)	€4.5bn㉕ (2015)	5%～6% (n.a.)	n.a.	n.a.

① 基于23%的不动产（含房地产与基础设施）配置比例（头寸目标）计算的估计值，历史投资数据表明基础设施占全部不动产投资的比例约为33%。

② 10.1%（5.9%）只是针对基础设施资产组合。
③ 指净资产。年报中的管理资产规模（AuM）包括第三方资金、债务和其他负债。
④ 代表头寸价值，假设等于投资本金。
⑤ 12.7%（9.6%）针对 Borealis 基础设施资产组合。
⑥ http://www.cppib.com.
⑦ 指占总的净投资的实际比例（投资资产构成的报表）。
⑧ http://www.lacaisse.com.
⑨ 资产组合构成的业绩基准。
⑩ 包括林木资产的配置比例。
⑪ http://www.ifminvestors.com.
⑫ 这是全球和澳大利亚基础设施基金的资产净值，不包括投资者未缴款的出资承诺。
⑬ 在滚动的 3 年期内，减去费用和投资方面的税收，实现 10% 的收益率目标。
⑭ 全球基础设施基金从缴款日期计算的以本币计量的总投资收益率。
⑮ http://www.statesuper.nsw.gov.au/.
⑯ 在未来 5 年这个数字预期会翻倍。
⑰ 包括房地产与基础设施。
⑱ 包括房地产与基础设施。
⑲ http://www2.hesta.com.au/update/2014/04/16/you-have-a-stake-in-some-of-australias-most-important-infrastructure-assets/.
⑳ http://www.militarysuper.gov.au.
㉑ 基于增长型（缺省基金）AND 基金，包括基础设施和房地产。
㉒ http://www.abp.nl/.
㉓ 资产组合按资产类别的战略配置（2014 年年报）。
㉔ http://www.jaarverslagenpggm.nl/.
㉕ https://www.pggm.nl/english/what-we-think/Pages/Three-awards-for-PGGM.aspx.

资料来源：Annual reports (numbers according to respective company's fiscal year, which varies considerably between March 2013 and Dec 2014) plus additional information obtained directly from pension funds.

在本书第 1 版出版之后的过去六年中，很多欧洲投资者进入这个领域。由于篇幅所限，下面只列出少数几家机构。荷兰的两只养老基金——ABP（以 APG 作为其内部资产管理机构）和 PGGM 作为第一层次的、规模最大且最为积极的欧洲基础设施投资者。ABP/APG 2014 年的管理资产规模为 3438 亿欧元（比 2013 年增加 440 亿欧元），目前已经将其总资产的 1.6%（54 亿欧元）投资于基础设施中，目标配置比例为 3%。追随加拿大和澳大利亚的策略，ABP/APG 和 PGGM 最初是投资基金。然而，后来两家机构都建立起团队，有能力对单个基础设施项目做直接投资。

著名的北欧养老金投资者，包括瑞典的平准基金 AP3、AP4 和 AP6，丹麦的 ATP、丹麦人养老金计划、产业工人养老金计划、PKA 和 PFA 养老金计划，芬兰的 Ilmarinen 和 VER，已经参与基础设施基金与基础设施直接投资。在德国，最大的基础设施投资者往往是保险集团，只有个别例外（诸如 BVK）只是通过基金进行间接投资。最大的两家主动投资的保险集团是管理资产规模达 4880 亿欧元的安联集团（Allianz，2015a）和管理资产规模达 2560 亿欧元的 MEAG（MEAG，2015），还有慕尼黑再保险及其子公司的资产管理人 ERGO 保险集团。在英国，诸如英国电信、英国铁路、爱马仕、伦敦养老金管理局（LPFA）和大学超级年金计划（USS）（只是列出少数几个），合计资产规模为 1250 欧元，目前已经将总资产的 1.4%～5.4% 投资于基础设施（2014）（尽管不是所有上述机构都有专门的基础设施投资团队）。⊖ 进一步，英国政府在 2013 年年底启动一项专门的基础设施投资计划，该计划设定了雄心勃勃但可能有些不现实的基础设施投资目标。该计划包括一份 PiP 倡议，组织一批英国养老基金，力求实现项目共同筛选和投资的规模经济。在瑞士，最有特色的是，一些瑞士养老基金联合起来设立了一个基础设施投资平台（IST3），可以与英国的 PiP 媲美。同时，很多养老金基金也单独投资，诸如米格罗、诺华、罗氏、瑞士联邦铁路、瑞士邮政和苏黎世保险的公司养老基金，以及阿尔高州、卢塞恩市和洛桑市的公共养老基金，但只有一家大型瑞士保险集团瑞士人寿建立起了成规模的专业团队。

从 2014 年第一季度起，已经有基础设施投资或计划投资的美国公共养老金基金的当前平均配置比例为 1.9%，目标配置比例为 4%（Preqin，2014b）。随便举几个例子，比如加州公务员退休基金（CalPERS）、TIAA-CREF、阿拉斯加永续基金公司、CalSTRS、密歇根州公务员退休计划、俄勒冈 PERS、华盛顿州养老金计划及世界银行。

中东及亚洲的一些主权财富基金已经重金投资基础设施资产，并计划继续大规模投资且已经建立起相应的团队，例如阿布扎比投资局（ADIA）、阿布扎比投资委员会（ADIC）、中国投资公司（CIC）、科威特主权财富基金、卡塔尔等。2014 年年底，ADIA 的总资产规模为 5890 亿美元，目前将总资产的 1%～5% 投资到基础设施中，而总资产为 900 亿美元的 ADIC，计划重点投资欧洲的市政公司（Sovereign Wealth Center，2015）。

很多投资者分配给基础设施投资的管理资产规模有限，组建和支持一个高水平的足够大规模的内部投资团队所必需的资源，意味着很少有重要投资主体会建立起大型专业投资团队。此外，经验表明，这些投资者也缺乏对接直接投资机会的渠道，因为每年需要投资大量资金。因此，不管怎样，它们都会与各类顾问一起工作，顾问机构帮助它们找项目并执行交易。

⊖ 基于 2014 年年报，USS 的管理资产规模达 503 亿英镑（5.1%），英国航空 117 亿英镑（5%），英国铁路 200 亿英镑（4%），爱马仕 420 亿英镑（5.4%），伦敦市政府 10 亿英镑（1.4%）。

2.1.2 非上市基础设施资产的风险与收益特征

机构投资者对非上市基础设施投资的预期收益率及愿意承担的风险是多少？我们可以获得的数据仍然含含糊糊，而过去的经历几乎不能提供指导。下一节将力求对此有所帮助并提供指导。

基础设施资产的覆盖范围特别广，意味着这些资产的风险收益特征差异很大。如果不明确区分不同的潜在投资产品的差异，很难得出基础设施投资特征的普遍性结论。

尽管如此，为提供在较宽泛的投资组合背景下，关于基础设施关键数据的有用信息，并与其他资产类别进行业绩基准比较，有必要分析并掌握基础设施投资的风险收益特征、波动率，以及其与其他资产的相关性等。问题在于，由于诸如历史收益率、波动率、相关性、违约率等实证数据的缺乏，因此，基础设施投资缺乏单独的、标准化的业绩基准。而典型的统计模型及资产负债研究背景下的测试都需要这些数据。这将导致投资者难以将基础设施作为一个资产类别，实质性地分析或整合进其资产与负债管理分析以及资产组合分析中。这个问题的严重性体现在欧洲保险和职业养老金管理局（EIOPA）曾经做出的一个决定上：由于缺乏数据和透明度，EIOPA 拒绝将基础设施作为一类独立资产进行再估值。㊀ 这一信号非常不利，使得全球基础设施投资者正在致力于遵照监管要求，探索投资基础设施的合适方式。

2.1.2.1 上市基础设施资产：作为非上市资产的对标

作为基础设施风险与收益的实际情况的近似，有一项重要的努力是将基础设施整体作为一个资产类别进行评价，目的是为投资者提供普遍性的参考要点，并使其特别关注资产负债管理。为此，相关研究者通常利用上市基础设施指数（相对数量较少），发布关于基础设施资产的历史风险及绩效特征的研究结果。需要指出的是，这些指数在大多数情况下是由银行构建的，这些银行也是产品提供商。

然而，用上市基础设施资产的数据估算非上市资产的投资者风险，有可能造成不满意的结果。第一，在一般情况下，上市资产与非上市资产有不同的相关性及波动率特征。这不仅体现在基础设施领域中，如在私募股权领域中也是如此。第二，在利用上市基础设施公司构建基础设施指数时，几乎没有纯基础设施项目公司。相反，此时往往包括范围广泛的在基础设施行业内以各种方式活跃的基础设施运营公司或服务公司（见第 1.3.4 节）。因此，这些上市股票中的绝大多数，没有或只具有很少一点前面审慎结构化的基础设施资产所假设具有的资产组合分散化的正面效应。

㊀ 不过，从 2015 年起，EIOPA 在探索引入一种专门针对基础设施投资的标准化处理规则，以确保现行规则（如偿二代）能够合适地考虑长期基础设施投资的特有风险收益特征（EIOPA，2015）。

针对这一背景，我们毫不奇怪表2-2列出的部分研究的结果差异很大，原因在于只是现实数据的估计值（在大多数情况下不可避免），由此必然限制其信息价值。

表2-2 基础设施基金和指数的业绩与波动率

产品类型	来源[1]		机构/作者/指数	考察期间	地区	年度收益率(%)[2]	波动率(%,标准差)[3]
非上市基金	学术研究	2007	Peng and Newell (2007)	1995～2006	澳大利亚	14.1	5.8[4]
		2010	Finkenzeller, Dechant and Shepherd (2010)[5]	1994～2009	澳大利亚	8.2	3.8[2]
		2011	Hartigan, Prasad and De Francesco (2011)	1998～2008	英国	6.5	n/a
		2011	Newell, Peng and De Francesco (2011)	1995～2009	澳大利亚	14.1	6.5[2]
	行业研究	2004	麦格理集团[6]	1995～2002	澳大利亚	19.2	n/a
		2006	康联首域集团[7]	1996～2006	澳大利亚	13.5	n/a
		2010	康联首域集团[8]	2001～2010	澳大利亚	11.0	n/a
		2013	美世/康联首域[9]	1995～2013	澳大利亚	11.8	5.9
		2015	摩根大通银行[10]	1995～2014	全球	7.0	7.5
上市基金	学术研究	2007	Peng and Newell	1995～2006	澳大利亚	22.5	7.9[5]
	行业研究[11]	2015	Duet集团	2004～2014	澳大利亚/新西兰	10.70	29.44
		2015	科恩&斯蒂尔斯基础设施基金	2004～2014	全球	9.63	26.40
		2015	拉扎德全球上市基础设施基金	2005～2014	全球	11.09	14.76
		2015	麦格理基础设施公司	2004～2014	美国	14.95	63.52
		2015	麦格理韩国基础设施基金	2002～2014	韩国	7.52	18.65
上市指数	指数提供商[6]	2015	澳大利亚基础设施指数T	2003～2014	澳大利亚	10.14	16.79
		2015	道琼斯·布鲁菲尔德全球基础设施指数	2002～2014	全球	14.66	14.34
		2015	麦格理全球基础设施指数	2000～2014	全球	8.75	15.28
		2015	明晟全球基础设施指数	1998～2014	全球	2.30	15.98
		2015	标普全球基础设施指数	2001～2014	全球	7.20	15.98
		2015	标准普尔新兴市场基础设施指数	2002～2014	新兴市场	17.22	18.93
		2013	瑞银全球基础设施与市政50指数	2002～2012	全球	12.2	15.0

[1] 除特别说明，所有数据均来自OECD（2014a），第25页。
[2] 基于上市基金与指数的每月收益率（行业研究来源），从设立起年化。
[3] 基于上市基金与指数的每日波动率（行业研究来源），从设立起年化。
[4] Huibers（2012）。
[5] 计算方法：使用一种考虑下行风险而不是方差的算法对资产组合配置进行优化。澳大利亚的数据库使用股票、债券、直接不动产/基础设施、间接不动产等大类资产构建资产组合。
[6] 麦格理全球基础设施指数（NBIM，2013）。
[7] 康联首域集团（2007）。
[8] 康联首域集团（2010）。
[9] 美世/康联首域非上市基础设施指数（NBIM，2013）。
[10] 摩根大通银行（2015）。
[11] 基于2015年10月市值排名的最大规模的基础设施基金，彭博。

自然地，当比较不同研究的结果时，不可能将考察期保持一致。然而，众所周知，所选择的考察时段对研究结果有重要影响。由此，这次综述中的大多数研究的考察时段尽可能都差不多，并且尽可能使用最新数据（围绕 2012～2013 年甚至 2014 年），由此既包括好的投资年景也包括不好的年度，如金融危机期间。如果与本书 2010 年第 1 版中的数据相比，我们就会毫不奇怪考察期内会有较低的平均收益率及较高的平均波动率。

2.1.2.2 非上市基础设施资产：缺乏数据

前面已经分析了上市基础设施资产的数据质量及将其作为非上市基础设施资产的风险收益特征的对标所存在的不足，要找到非上市基础设施资产的合适绩效数据甚至更加困难，更别提在一个有意义的考察期内的数据系列、关于实际风险的数据、收入影响因素、现金流及基础设施投资条件等一般性数据。造成这种局面的原因有多种。首先，也是最重要的，典型的非上市资产缺乏透明度。投资数据通常属于保密信息，投资经理与投资者不会公开有关信息。由此，独立的服务及信息提供商，就像那些在股权投资领域中已经存在很多年的机构，在项目融资领域中的数量要少一些，他们没有能力发布独立的基础设施投资报告，原因是缺乏足够的长期数据（迄今为止，只有澳大利亚有超过 15 年的非上市资产的数据序列）及获取这些数据的渠道。㊀其次，除澳大利亚、加拿大和荷兰的基金与/或直接投资数据之外，至今几乎没有建立起这类数据的采集点，缺乏常见的非上市投资资产的季度报告，同时总体上讲非上市基础设施投资及投资工具的发展历史相对较短。部分原因还在于基础设施行业划分为众多子行业，这些子行业的投资收益特征的差异性非常大，很难进行比较。当将有关资产整合进基金时，难度就会更大。最后但同样重要的是，像其他任何资产一样，面临公开现成市场资料中使用的投资收益数据的可靠性问题，使用的不同假设、数据序列与业绩基准问题，以及缺乏统一的投资收益率报告标准问题。

尽管存在数据不足问题，Peng 与 Newell（2007）是这个学术领域中的先行者，他们认真比较分析了澳大利亚的上市与非上市基础设施资产（澳大利亚的数据质量最好）。在 1995～2006 年的 10 年考察期内，他们比较研究了 16 家基础设施上市公司（总资产为 550 亿澳元）、16 家上市基础设施投资基金（总资产为 270 亿澳元）以及 19 家非上市基金（投资 144 项基础设施资产，总资产为 45 亿澳元）。

㊀ 2014 年年末，明晟发布了 IPD 全球基础设施直接投资指数，是第一个跟踪全球范围内基础设施投资业绩的此类指数。进一步，全球范围内一些最大规模的基础设施投资者正在构建一个共享、互利的有用数据库。

他们发现上市基础设施资产的平均收益率为 22.4%，波动率为 16%；非上市资产的收益率是 14.1%，波动率是 5.8%。一些最近的学术研究（Newell，Peng and De Francesco（2011）；Finkenzeller，Dechant and Shepherd（2010））尽管覆盖几乎同一个地区的同一个时段，但提供了让人吃惊的不同的关于澳大利亚的非上市基础设施资产的平均收益率/波动率数据，分别是 14.1/16.5%（1995～2009 年）和 8.2/3.8%（1994～2009 年）（见表 2-2）。

基于上述原因，关于非上市基金的有限可用数据主要来自澳大利亚的基金。1994 年 5 月～2015 年，收益率的范围从 6.5% 到令人吃惊的 22.5%，波动率在 3.8%～16.2%（见表 2-2）。2002～2014 年，上市指数的收益率范围从 4.0%～12.6%，波动率在 8.6%～13.7%。在我们的视界内，欧洲与北美没有达到同等水平的研究，只是因为经常说的缺乏数据。2014 年年末，明晟发布了 IPD 全球基础设施直接投资指数，是第一个跟踪全球范围内基础设施投资业绩的此类指数。当时，该指数包括 132 项投资（490 亿美元），按投资区域划分的资产分布情况为：澳大利亚为 44%，欧洲为 43% 以及北美为 8%；按行业划分的资产分布情况为：交通占 47%，电力占 24% 以及水务行业占 22%，在过去 5 年的平均年化收益率为 13.4%（我们未得到波动率数据）。

2.1.2.3 风险收益特征与行业部门

大多数研究按行业/部门区分基础设施资产的风险收益特征。然而，这种研究基础设施资产的方法明显不妥，因此，本节将批判性地讨论在风险收益研究中广泛使用的一些分析方法。第 3 章将提供一种更加全面的方法评价特定行业的基础设施项目/资产的风险收益特征。这是一种比行业/部门分类更为合适的分类方法，可以更好地反映这类资产的风险收益特征的广泛分布。

多种多样的基础设施子行业、各自的政府规制程度和种类，特别是看起来可以无限划分的涉及行业与交易特色的交易结构，意味着在任何给定的基础设施行业中都不会有称为统一的风险收益特征之类的东西（Weber，2009）。即使不考虑其他维度，如投资的不同阶段（绿地项目还是褐地项目）、区域及其他因素，情况也会很复杂。尽管如此，还是有很多研究不断重复地按照（子）行业区分风险收益特征及回报率特征（见表 2-3）。

表 2-3　分析子行业风险收益特征的简化例子

基础设施类别	3 年平均股权投资 IRR（%，按澳元）	预期现金收益率（%，按澳元）	风险
社会	9～11	4～12	中等
受规制	11～12	6～10	低

(续)

基础设施类别	3年平均股权投资IRR（%，按澳元）	预期现金收益率（%，按澳元）	风险
铁路	12～13	8～12	中等
机场/港口	11～13	5～10	中等
发电厂	12～14	4～13	高
收费道路/绿地项目	13～15	3～5	中/高
平均	10～15	5～9	中等

注：IRR指内部收益率。

资料来源：AMP Capital (2014b).

表2-3及常见的涉及风险收益特征的类似表格，实际上倾向于过度简化基础设施投资的复杂性，因为它们没有考虑特定行业中资产的多样性。它们认为只要确认特定行业及是否接受规制这两个因素，就足以确定一项资产或项目的预期风险收益特征。这是那些（经验不足的）投资者仍然普遍在犯的严重错误。严格地说，只考虑行业得不到关于某项资产的风险收益的任何结论，分析特定案例很有必要。同样，一个受政府规制的行业并不自动具有低风险特征。受规制的电信行业仍然面临特别高的市场风险，这一点显而易见。不同区域涉及同一个行业的政府规制可能差异很大（如高压电力传输、天然气网络、铁路交通网络）。

合同结构对特定资产/项目的风险收益特征有重要影响。这是因为特定合同结构涉及很多签约合作方，表现为涉及诸多风险因素的特有风险特征。这些风险因素包括但不限于收入与成本、信用、施工、运营与维护、政治和规制风险，以及在合同的诸多相关方之间构建特定的风险分配结构。

因此，是上述影响因素和特征的组合，即特定的合同结构，最终决定一个项目的风险收益特征。由此，表面上实物资产特征完全相同的投资（如道路及发电项目），由于底层的交易结构和风险分配不一样，有可能具有完全不同的风险收益特征（Weber，2009）（见图2-1）。

图2-1旨在再次说明特定基础设施资产的风险收益特征主要并不取决于所在行业，而是很大程度上取决于地域、阶段和项目嵌入其中的合同结构，以及参加项目的私营机构所承担的风险。如此，同一个行业的同类实物资产可以获得的IRR区间，从约5%到高于15%。在最低风险的情形下，即图2-1中的"1.运营类项目，基于可用性付费或FIT机制，无市场风险"显示，一项基于可用性付费机制的PPP结构的运营类资产，其财务杠杆率不是特别高——在一个政治与财政都很稳定的国家中的一家合格公共机构，是私营机构的合同签约方。此时，私营机构很少或没有承担市场（需求与价格）风险。从投资的第一天起到整个合同期结束，该资产都能产生长期、稳定和可预期的现金流，只有当运营商未能按照合同约定维护及运营资产或运

营成本高于预测值时（如资产的老化或磨损显著加速），即出现这两类管理风险时，现金流才有可能减少。

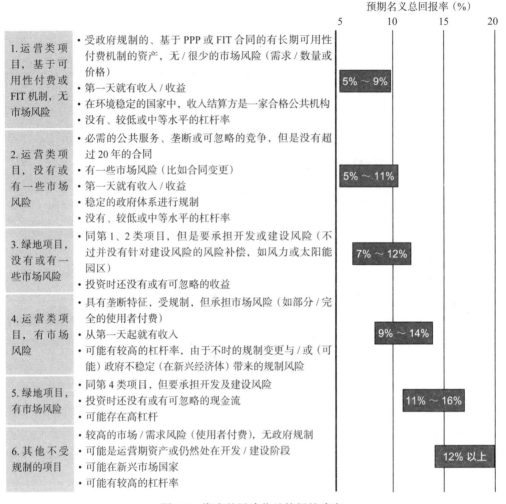

图 2-1 资产的风险收益特征的确定

资料来源：B Capital Partners.

另外，归类为"4. 运营类项目，有市场风险"的特定资产，呈现出更高的风险特征，因为尽管该类资产已经处于运营阶段并受规制，但它承担了市场风险。在很多情况下，市场风险是排在政治/规制风险之后的私营特许经营商/所有者所承担的单一最大风险。因此，尽管这两类资产（褐地项目、受政府规制资产）都处于运营阶段，表面上看起来一样，但是其风险收益特征差异很大（请再次参考 Weber（2009）获取更详细的分析）。

此外，我们经常使用债务违约率量度风险。基础设施投资通常得益于较低的债务违约率。穆迪曾经分析和比较了投资级⊖的基础设施项目债券⊜与非金融企业（NFC）债券 1983～2012 年的累计违约率（见图 2-2）。尽管最初的违约率差不多，但是随着项目逐渐成熟，基础设施项目债券的累计违约率倾向于拉平，而 NFC 的累计违约率继续上升。10 年以后，NFC 的累计违约率比基础设施项目债券高约 50%。

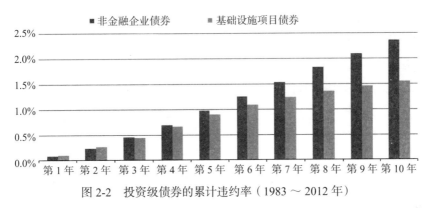

图 2-2　投资级债券的累计违约率（1983～2012 年）

资料来源：Moody's (2012).

关于基础设施项目债券比公司债券表现较好的一个经常被引用的原因，是银行在分析基于项目融资原则的基础设施项目债券时，比分析公司债券更加严格和审慎。换句话说，银行必须主要基于（新）项目公司的未来现金流做出信贷决策，而不是基于特定公司发行人的现有资产，这是因为银行更加熟悉后者或者与其保持了长期的合作关系，决策时需要考虑这种关系（见第 6.1 节）。同时，特定基础设施项目公司比"普通"公司受经济周期波动的影响较小，抗危机能力更强（如自然垄断项目）。最后但同样重要的是，基础设施项目债券的交易价格往往比 NFC 发行人的债券高出 40%～45%，这显示前者可能一开始就被"高估"了，从这个意义上表明它没有完全反映出项目公司的全部风险。

在任何情况下，这些基于长期序列数据的讨论结果，都清晰地表明更加倾向于基础设施投资，不管是股权还是债权形式。

此外，当基础设施债券确实违约时，除了不受规制的与公用设施相关的高级无担保债券，其他基础设施债券的违约补偿率要比普通公司债券高很多（见表 2-4）。这表明大多数基于基础设施交易结构的项目融资债券有更好的（信用）风险特征（见第 6 章）。

⊖ 基础设施项目公司债券中的绝大多数（81%）是投资级。
⊜ 基础设施项目公司债券按照发行规模划分为以下子集：采用项目法人制的受规制的市政项目（63%）和不受规制的市政项目（9%），剩下的其他市政项目（19%）以及剩下的其他基础设施项目公司或非市政类的基础设施项目公司（8%）。

表 2-4　已违约基础设施项目债券的补偿率（1983～2012 年）

部门	高级有担保（美元）	高级无担保（美元）
受规制的公用设施	82.52	59.16
不受规制的公用设施	60.96	41.45
其他	65.93	60.05
基础设施项目债券的平均值	68.72	53.01
非金融企业债券的平均值	49.30	36.50

资料来源：Moody's (2012).

更进一步，基础设施项目债券的波动率低于公司债券，如图 2-3 所示，该图比较了按信用评级的子级加权的波动率。^㊀

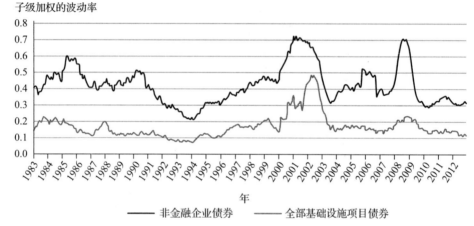

图 2-3　全部基础设施项目债券和非金融企业债券的评级波动率

资料来源：Moody's (2014).

当比较基础设施与其他资产类别的投资业绩时，若缺乏针对基础设施资产的确定的业绩基准，可能会于事无补。考虑到基础设施资产的风险收益特征的分布广度，以及众所周知的为非上市资产设定业绩基准的难度，上述问题就不足为奇了。确定合适的业绩基准，很大程度上既取决于投资者的资产/负债特征，也取决于基础设施投资策略所追求的投资目标（如分红率或资本收益，见第 1.3.8 节）。下一节将试图为设定基础设施资产的业绩基准探索可能的方法（尽管我们对此很清楚，但是这些方法仍然很初级）。

㊀ 子级加权的波动率：通过加总子级加权的下调评级和上调评级构建这个指标，将特定子级的变动数值（比如信用评级从 Aaa1 到 Aaa2）除以变动子级的累计数以计算权重。因为如此构建指标，波动率有时可能会超过 100%。

2.1.3 基础设施资产的业绩基准[○]

机构型财务投资者使用业绩基准比较其投资的财务业绩与整体市场的关系。因此，业绩基准是指与某项具体投资的业绩相比较的相关整体市场走势。一项典型的金融业绩基准是类似上市证券的指数。至于上市基础设施类资产，表 2-2 中所列出的各项指数可以作为投资者的合适业绩基准，具体取决于其特定投资的情况——尽管这些指数用于衡量非上市基础设施资产的业绩时，作用有限。因为前面介绍的各种原因，基于非上市基础设施资产的标准化的实际绩效数据仍然还不存在。因此，投资者缺乏行业性标准对基础设施资产的财务业绩和可持续状况进行业绩比较和监控。由于缺乏此类标准，一些投资者使用很多近似的但其他人并不使用的财务性基准。首项可持续基准还在开发过程中，我们将在第 2.2.3.2 节中做具体介绍。

2.1.3.1 构建／开发业绩基准

理论上，有很多种方式可用于构建非上市基础设施资产的业绩基准。在实践中，投资者面临多重挑战，排名前三位的最为重要的挑战大致是：业绩基准需要依托靠谱的基础数据；业绩基准需要满足特定标准，诸如可复制性／可投资性；投资回报率可以归因。第一，基础数据不充分的原因在于：①几乎没有或只有持续时间很短的公开可获得的业绩数据序列（比如，只有澳大利亚的非上市基础设施资产有超过 15 年的业绩数据）；②基础设施的投资范围很广，同时投资策略也多种多样（包含范围很广的不同的风险收益特征，需要进行分类以比较特定投资／资产的业绩）；③投资者也缺乏相关业绩数据。第二，可复制性／可投资性（业绩基准的典型性要求）是一项同样难以满足的条件，因为前面说的缺乏公开渠道的可交易性资产的足够数据基础，所以构建可复制的、有意义的指数／业绩基准的挑战性依然很大。第三，经典意义上的相对于行业基准的主动管理因素的业绩归因，对于非上市基础设施资产几乎不可能，因为基础设施的投资风格往往多种多样，要确认比较基准要么只能拍脑袋，要么只能是事后诸葛亮。

2.1.3.2 目前使用的业绩基准

出于必要，很多财务投资者会使用一种简单的、直截了当的方法，为其投资设定针对绝对收益预期与／或通货膨胀（CPI）加利差（margin）的业绩基准。[○]

[○] 除非特别说明，本节关于业绩基准的信息来源包括：Weber B.（2013）、EDHEC（2014）、EDHEC（2013）及 CFA 协会（2012）。

[○] 在非上市基础设施投资的早期，机构投资者经常使用上市基础设施资产的指数作为业绩基准，这主要是因为缺乏替代方案。目前，有经验的基础设施投资者不会再这么干。第 2.1.4 节将介绍上市与非上市基础设施资产的相关性。

不过，一些投资者追求更加复杂的方式，在确定业绩基准时考虑总体资产配置目标、投资策略、基础资产的风险特征、业绩预期等。表 2-5 介绍了特定财务投资者所使用的特定业绩基准。

表 2-5 行业使用的业绩基准的例子

投资者	业绩基准
保险公司	
澳大利亚保险公司	绝对收益率（8%）+ 弥补内部管理成本
德国保险公司（主要是寿险公司）	政府债券收益率 + 利差
南欧保险公司（综合性）	不考虑财务杠杆的税后绝对收益率（6.5%）
养老金计划	
英国哥伦比亚投资管理公司（bcIMC）	8% 的绝对收益率，加上按资产、国别及货币风险的调整值
魁北克储蓄投资集团	50% 的标准普尔 500 指数 / 多伦多 TSX 指数 + 25% 的标准普尔 500 指数 + 25% 的明晟远东指数
加州公务员退休计划（CalPERS）	CPI + 利差（5%）
加拿大某公共养老金计划	政府债券收益率 + 利差（4%～5%）
CPP 投资委员会（CPP）	对单笔投资逐笔计算
欧洲公共养老金计划	CPI（调整后的 CPI（HICP）+ 利差（数值不详））
密歇根州政府雇员退休计划（MERS）	巴克莱综合债券指数
安大略公务员养老金计划（OPTrust）	CPI + 利差（5%）
俄亥俄州教师养老金计划（OTPP）	CPI + 利差（4%）+ 主权溢价，其中 CPI 基于国家和投资货币
PSP 投资集团	CPI + 债券收益率 + 股权溢价（经通货膨胀调整的基础设施资产的风险溢价和基础设施资金成本）（2014 年年报）
英国公共养老金基金	CPI（零售物价指数 RPI）+ 利差（5%），适用于所有另类投资
Borealis 基础设施投资公司（受 OMERS 与其他机构投资者的委托）	在运营计划的第一年设定绝对收益率

注：我们并不能确认表中的机构是否还在使用本书出版时所采用的业绩基准。

资料来源：Weber B. (2013) and CFA Institute (2012).

2.1.3.3 基准管理的战略方法

尽管绝对收益率及盯住 CPI 的基础设施资产的业绩基准方便易用，但是投资者如果基于错误的参数选择它们，则可能毫无价值甚至会引起误解，如基于实物特征而不是特定资产的风险收益特征。

专业投资者最终需要采用战略性的、更加靠谱的方法选择业绩基准。为基础设施资产进行业绩管理的战略性方法，需要详细说明业绩基准，应当能够合适地评估是否达到投资策略中的主要投资目标（如特有风险水平下的收益率目标）。这意味着，业绩基准应当和与特有风险收益特征相关的投资策略相匹配（见第 2.1.2.3 节）。

与其他资产类似，为基础设施资产设定业绩基准可以采用如下三步：

- 明确基础设施投资策略，特别是预期目标风险收益特征；如果有需要或更加合适，有可能将特定基础设施投资策略，基于不同的风险类型及相关收益率目标划分为两三项子策略。
- 若可行，可以针对每一项风险选择一项合适的业绩基准并明确利差。
- 测算基础设施资产相对于业绩基准的业绩，如可行，为其找到所属的特有风险类型及对应的业绩基准。

（1）明确基础设施投资策略。理论上，投资者应当将其投资策略建立在其整体长期投资策略和资产配置的基础之上。为此，建议他们考虑表 2-6 列出的与基础设施投资相关的投资标准和问题。这些标准可以帮助投资者明确其基础设施投资策略，最为重要的是可以帮助其梳理相关风险收益特征。投资者应当落实并明确每项投资标准对应的具体实施措施，目的是让其投资策略尽可能精确，并为实际执行（即挑选资产）留下足够的弹性（也就是有足够大的空间）。

表 2-6 基础设施的投资标准：问题与考量因素

投资标准	问题与考量因素
风险特征	我能够或准备承担的风险类型与大小是怎样的
收益特征	考虑到风险特征，年度运营收益率或内部收益率的短期与长期预期值是多少
现金流特征	现金流的时间要求 优先考虑的现金流（如退出时的本金增值或每年的分红率） 利息还是红利分配（考虑税收与/或规制影响）
投资期限	持有期是长期还是短期
通货膨胀保护	采取实际收益率还是名义收益率，主要取决于投资者本身的债务的需求弹性和结构（比如，养老基金、人寿保险还是再保险相关的债务）
ESG 准则	如有，受制于（特定行业）的排除标准（如军方）
投资的阶段性	兼顾现金流特征（绿地项目通常没有即期现金流）与风险收益特征（绿地项目有额外风险）等视角综合考虑
货币	对冲保值的成本
杠杆率	兼顾风险与收益视角进行综合考虑
区域	政治与规制风险、货币风险
流动性	如果特别在乎流动性，从一开始就不应该选择非上市基础设施资产
分散化	明确涉及风险的哪些方面、种类及目的
管控资产	上市资产所要求的常用管控手段 如有，基于何种目的采用哪种管控手段 在哪种环境下需要更多的管控权以及需要何种管控权

除了反映在特定国家、行业、投资阶段、货币等因素中的风险收益特征，特定投资策略的现金流特征通常对投资者特别重要，直接影响其投资期限。实质上，首先可以将投资者划分为分红驱动型投资者（"分红型投资者"）和 IRR 驱动型投资者（"IRR 投资者"）(可以从第 1.3.8 节获取更多相关信息)。

当明确这些问题和考量因素并确定投资标准时，投资者应当注意一些挑选出来的、看起来复杂但是可能很重要且往往被忽略的重要问题，同时要给出清晰的意见。这些问题如下：

- 税后还是税前收益率？这表现为红利或本金收益的股权投资回报往往是税后值，而债券收益（利息支付）是基于票面价值的。对于免税型投资者（如很多养老基金），税前还是税后则不重要。但是，对大多数投资者来说，这确实是一个问题。
- 杠杆率。股权收益率通常受其影响，而债务收益率不受其影响。
- 债务还是股权提供通货膨胀保护？大多数债权，如基础设施与公司债券之类，不盯住通货膨胀。不过，基础设施资产的股本金收益率往往高达100%，给通货膨胀风险提供显著的保障功能，而债务却没有这种功能。
- 绝对还是相对收益率目标？投资者的债务结构，通常决定其期望／必需的未来收益率特征，即是绝对收益还是相对收益。例如，保险公司通常需要锁定绝对收益，因为其本身的寿险保单给客户承诺了固定的支付责任。在可能的通货紧缩环境下，收益率与通货膨胀率挂钩可能会造成负面效应。养老基金的债务，即养老金，却不一样，盯住通货膨胀率上下波动。因此，养老基金特别在乎与通货膨胀率挂钩的收益率。在通货紧缩环境下，其支付责任也相应减少。
- 国别风险。特定投资的收益率高低是否合适，取决于国别风险。当投资目的地与投资者的母国不一致时，需要决定以哪个国家作为基准，是资产所在地还是投资者所在地——两者都可能有很好的理由。

（2）选择合适的业绩基准并明确利差。明确投资策略中的最重要参数后，就应当确认或开发合适的业绩基准，以反映与投资策略最为相关的特征。如果可以，要明确利差以反映风险程度。

投资者对于业绩基准可能有创造性的及不同寻常的观点。作为起点，我们列出以下可选的业绩基准。它们在不同程度上适用于特定投资者，具体取决于其确定的投资策略：

- 绝对收益率
- CPI + 利差
- 不动产（指数）+ 利差
- 债券收益率 + 利差

- 同行比较
- 上市基础设施资产＋利差
- 上市股权＋利差
- 资产混合＋利差

关于这些业绩基准的更多信息，请参阅表2-7。

表2-7 将可选的业绩基准与典型的风险收益特征相匹配

业绩基准		绝对收益	CPI+利差	不动产+利差	同行比较	上市基础设施+利差	上市股权+利差	资产混合+利差	债券收益率+利差
风险收益特征	描述								
低风险（核心资产）	长期、稳定、可预测的分红率，通货膨胀保护	是	是	是	是	否	否	否	是
中等风险（价值增值）	中等/较长期限，一定程度的稳定分红率和资本增值，一定程度的通货膨胀保护	是	否	是	是	是/否	是/否	是	否
高风险（投机性）	短期/中期投资，很少的分红，没有/很少的通货膨胀保护	是	否	否	是	是	是	是	否

通常，投资者期待获得利差来补偿所承担的超过无风险投资（如政治稳定的政府债券）的超额风险。同样，投资者也希望获得利差来补偿所承担的超过业绩基准所对应风险水平的超额风险。如有针对业绩基准的利差，我们则视其为对所选择的业绩基准和事先明确的投资策略所对应的风险收益特征的直接反映。

我们可以最终考虑可比风险的风险溢价，量化得到利差的近似值。例如，处于某个新兴市场经济国家的特定资产的地域/国别风险，可以基于发达国家和发展中国家的利率差异与风险溢价近似估计。货币风险可以通过两国货币之间的套保成本，进而基于两种货币在市场上的利率差异来反映。流动性不足的风险可以用私募股权（或债权）与上市股票（或债券）之间的预期收益率差异近似估算。因此，发达国家的低风险核心资产（比如基于可用性付费的收费道路PPP项目）的收益率预期，显著低于发展中国家的高风险、投机性资产（比如承担完全市场风险的使用者付费类收费道路项目）的预期。

表2-7的矩阵给投资者提供了业绩基准与投资策略相匹配的粗略的、初步的指

导,将低等、中等与高等风险的投资策略与选择的业绩基准进行匹配(关于基础设施投资风险的更详细的信息,请参阅第 5 章)。最为重要的是,该矩阵使用"适合"或"不适合"显示特定基础设施业绩基准与投资策略之间是否合适。并不是所有业绩基准(有或没有利差),都适用于每一种基础设施投资策略,原因在于基础设施资产在很多方面差异很大。

(3)测算基础设施资产相对于业绩基准的业绩水平。根据具体情况,一旦某项或多项合适的业绩基准被选用于衡量特定投资策略的一项或多项风险收益特征,则可以测量资产组合中每一项基础设施资产相对于业绩基准的历史与/或预期业绩。为了让这种方式有意义并达到目的,投资者需要确保所关注的资产的投资特征(最为重要的是由投资阶段、合同结构、货币、行业等因素决定的风险收益特征)与某项业绩基准相匹配。

当测量某项资产相对于业绩基准的业绩时,以下因素可能会相关——如果确实相关,就应该仔细考虑相关问题:

- 匹配业绩基准与计算期间。当计算或比较相对于业绩基准的收益率时,至关重要的问题是确保业绩基准的收益率的计算期间,与要计算的资产/资产组合的回报率的计算期间保持一致。
- 匹配业绩基准与估值频率。对于由非流动性资产组成的资产组合,明确建议投资者不要太频繁地计算其相对于业绩基准的最新业绩,除非可以得到相关资产的最新估值数据。
- 关注成本与收益之间的权衡。在为非上市资产建立业绩基准和估值工具体系时,是采用更多测量时点的时间与资源成本特别密集的方法,还是采用较少测量时点的负担较轻和更为简单的方法,需要进行成本与收益权衡。
- 追踪商业计划。要清楚地解释一项长期投资的早期绩效,确实比较困难。投资者应当将分析重点放在追踪实际业绩对最初商业计划的响应情况(如追踪运营目标、绩效关键指标和对基准财务模式假设的偏离)上。
- 保守地进行重新估值。在绩效明确显现之前,对非流动性资产的估值相对于账面价值过于频繁地调高(或降低),会存在一定的风险(CFA Institute,2012)。

2.1.3.4 不同业绩基准的好处和不足

为非流动性基础设施资产选择理性的、合适的业绩基准并设定恰当的利差,即使可行,也是富有挑战性的。表 2-8 介绍了一些可选择的业绩基准的好处与不足,虽然并非结论性的意见，但是可以指导投资者选择适合其特定组织及投资策略的合适的业绩基准和利差。

表 2-8 适用于基础设施资产的业绩基准

业绩基准	优点	不足
绝对回报率目标（固定）	• 常用的业绩基准 • 易用，如果设定得合理，则可测量且可实现	• 不可投资 • 不与通货膨胀率挂钩 • 因为取决特定投资者的资金成本，故主观性很强 • 依赖历史数据，由于投资市场不时变化，故不太靠谱 • 不可能设定长期绝对收益率目标值
CPI + 利差（真实收益率）	• 常用的业绩基准 • 易用 • 通过定义考虑了通货膨胀因素 • 特别适用于低风险、长期限、稳定的基础设施投资策略	• 不可投资 • 需要从长期视角看 CPI • 如果资产对投资者来说处于不同国家，则有不同的 CPI
不动产收益率 + 利差（真实收益率）	• 通常与通货膨胀强相关 • 特别适合社会基础设施，因为其风险因素和现金流特征相似 • 可以得到长期数据序列	• 不太容易投资 • 不常使用 • 不适合大多数基础设施资产 • 最终价值通常包含较高的估值成分 • 上市不动产的波动率不能反映非上市基础设施资产的情况 • 上市不动产资产与其他上市股票的相关性，超过与非上市基础设施资产的相关性
同行比较（真实收益率）	• 内生地考虑通货膨胀 • 承认阿尔法策略 • 可以实施短期绩效测量	• 如果缺乏数据则不可行 • 应当将同行的资产组合划分为不同的风险收益类别，服务于同行比较 • 缺乏一致性的绩效测量 • 绩效数据通常保密
上市基础设施资产（权益）+ 利差	• 因为数据的可获得性，故易用 • 可投资，如标准普尔、麦格理、道琼斯、布鲁克菲尔德、瑞士联合银行 • 取决于指数包含的资产，部分盯住通货膨胀	• 特别是低风险基础设施资产的市场波动率，与上市基础设施资产（参见不动产）不太一样 • 上市基础设施资产与其他上市股票的相关性，超过与非上市基础设施资产的相关性 • 大多数基础设施指数显著偏重于能源生产型基础设施
上市股权 + 利差	• 因为有数据，故易用 • 投资（有很多指数） • 取决于指数所包括的行业，部分盯住通货膨胀	• 特别是低风险基础设施资产的市场波动率，与上市股权差异很大 • 上市股权与高风险基础设施资产有一定程度的相关性，但与低风险基础设施资产的相关性很低
混合性资产 + 利差	• 部分盯住通货膨胀 • 基础设施资产的风险介于诸多资产类别之间	• 不太容易投资 • 不太经常使用 • 短期相关性可能很低，因为基础设施资产与大多数其他资产的相关性都不强

(续)

业绩基准	优点	不足
混合性资产+利差	• 部分盯住通货膨胀 • 基础设施资产的风险介于诸多资产类别之间	• 难以解释相关性,因为股权、固定收益资产、不动产和基础设施资产的收益因素多种多样 • 其定义可能没有合适地反映实际基础设施资产组合的资产混合情况
债券收益率+利差	• 经常使用 • 有可用数据,易用 • 特别适合低风险的基础设施资产	• 与通货膨胀不挂钩(特别少的例外情况) • 期限错配时,价格挂钩通货膨胀,如滚动购买短期债券

2.1.4 通过基础设施实现资产组合分散化

除了特定投资的风险收益特征,与基础设施相关的另一个要点,同其他资产一样,是分析基础设施资产对投资者整体资产组合的分散化效果。简单说来,实施资产组合分散化的方法,是在资产组合中纳入一些不相关的资产(即资产的价值变动相互独立),或者更具体地说,纳入那些有不同风险收益特征及资产价格不取决于相同经济变量的资产。在资产组合分散化的语境下,经常使用的指标是回报率的相关性。

对于上市基础设施指数进行相关性分析相对容易。这是因为这些指数不仅有超过10年的足够长的跟踪数据记录,更为重要的是,可以按天进行估值,犹如上市股票及债券。因此,它们能提供跨越很多年的丰富的数据点,不像非上市基础设施资产,通常只按季估值。

2.1.4.1 跨行业的相关性

Peng 和 Newell(2007)实施了对非上市基础设施资产数据序列进行分析的最为全面的研究之一。他们在为期11年(1995~2006年)的分析中,使用了来自澳大利亚资产的季度数据,发现基础设施领域中的不同行业之间的相关性很低,除了市政与收费道路之间显示出相关性为0.42(见表2-9)。

表2-9 不同资产之间的相关性矩阵(1995年第3季度~2006年第2季度)

	基础设施资产总体	上市基础设施资产	收费道路	机场	市政	非上市基础设施资产	房地产	上市股票	债券
基础设施总体	1.00								
上市基础设施资产	0.86[①]	1.00							
收费道路	0.85[①]	0.99[①]	1.00						
机场	0.38[①]	0.40[①]	0.26	1.00					
市政	0.82[①]	0.42[①]	0.42[①]	0.14	1.00				

(续)

	基础设施资产总体	上市基础设施资产	收费道路	机场	市政	非上市基础设施资产	房地产	上市股票	债券
非上市基础设施资产	0.31	0.36①	0.36①	0.26	0.16	1.00			
房地产	−0.08	0.03	−0.01	0.36①	−0.21	0.26	1.00		
上市股票	0.15	0.21	0.14	0.54①	0.01	0.06	0.14	1.00	
债券	0.57①	0.38①	0.38①	−0.03	0.57①	0.17	−0.12	−0.21	1.00
通货膨胀	−0.20	−0.22	−0.22	−0.23	−0.12	−0.27	0.10	−0.09	−0.25

①为显著性水平（P<5%）。

资料来源：Peng and Newell (2007).

上述研究得到 RARE（2013）基于上市基础设施资产长达 12 年（2000～2012 年）的绩效数据的最近研究的支持（尽管不是特别强）。这项研究表明除了市政、电力与天然气这些本来就相关的行业之外，大多数资产之间的相关系数在 0.45～0.65，除相关性更低的通信业外（见表 2-10）。

表 2-10 行业之间的相关性矩阵（2000～2012 年）

2000～2012 年	机场	通信	电力	天然气	物流	多元化设施	铁路	海港	收费道路	水务
机场	1.0									
通信	0.30	1.0								
电力	0.63	0.26	1.0							
天然气	0.52	0.14	0.77	1.0						
物流	0.58	0.40	0.61	0.47	1.0					
多元化设施	0.41	0.17	0.79	0.75	0.47	1.0				
铁路	0.55	0.22	0.59	0.62	0.50	0.49	1.0			
海港	0.65	0.18	0.62	0.64	0.49	0.45	0.61	1.0		
收费道路	0.69	0.35	0.64	0.61	0.52	0.46	0.58	0.69	1.0	
水务	0.45	0.19	0.53	0.59	0.36	0.49	0.36	0.51	0.48	1.0

资料来源：RARE (2013).

2.1.4.2 资产之间的相关性

根据 Peng 和 Newell（2007）的研究，在 5% 的显著性水平下，非上市基础设施资产与其他资产类别的相关性较低，与股票、债券、直接购买房地产的相关系数分别是 −0.06、0.17 以及 0.26（见表 2-9）。而上市基础设施资产与股票、债券、直接购买房地产的相关系数分别是 0.21、0.38 及 0.03。这里需要指出的是：

（1）上市与非上市基础设施资产的相关系数只有适度的 0.36（统计上显著），再次突显在资产组合中，上市基础设施资产不能作为非上市基础设施资产的近似替代。

（2）上市基础设施资产只与债券显著相关（0.38），但相关性仍相当低，表明某些上市基础设施资产可以让债券组合分散化；相关数据显示，这种观点得到市政资产的强力支持，这类资产与债券的相关系数适中（0.57）。

（3）与直觉不一致，本研究中使用的上市基础设施公司的收益率与上市股票的相关性很低（0.21），除机场外（0.54）。市政与收费道路之间没有明显的相关性。

摩根大通（2015）使用稍晚（2001～2013）的全球数据，基于美国债券、美国股票、上市基础设施资产和对冲基金的每日数据，以及私募股权、美国核心不动产和OECD核心基础设施的季度数据，做了一项类似的跨期12年的分析（见表2-11）。该研究与Peng和Newell（2007）的部分研究结果差异很大，再次说明数据收集条件的挑战性和所选考察期对研究结果的潜在重大影响。特别是，正如预期，全球上市基础设施资产与美国股票的相关性特别高（0.8），且与美国债券呈负相关（-0.3）。摩根大通（2015）也确认了Peng和Newell（2007）的一些研究结果，即非上市基础设施资产既不与上市股票相关（0.0与0.06），也不与债券相关（-0.2与0.17）。研究未说明这些相关性数据对应的显著性水平是否为5%，是否足以得出它们之间在统计上不相关的结论。非上市和上市基础设施资产的相关系数只有0.1，再次支持之前的研究所得到的关于上市基础设施资产不是非上市基础设施资产的好的近似物的研究结果。

表2-11 资产之间的相关系数矩阵

	美国债券	美国股票	上市基础设施资产	对冲基金	私募股权	美国核心不动产	OECD核心基础设施资产
美国债券	1.0						
美国股票	-0.7	1.0					
上市基础设施资产	-0.3	0.8	1.0				
对冲基金	-0.6	0.8	0.8	1.0			
私募股权	-0.4	0.8	0.9	0.8	1.0		
美国核心不动产	-0.2	0.1	0.3	0.2	0.4	1.0	
OECD核心基础设施资产（非上市）	-0.2	0.0	0.1	0.2	-0.1	0.2	1.0

注：摩根大通全球不动产指数（GRA）追踪以下不同的资产类别。美国债券：巴克莱全球综合指数（美国债券）；美国股票：明晟全球综合回报指数；上市基础设施：麦格理全球基础设施综合回报指数（覆盖全球48个市场的公开上市基础设施基金）；对冲基金：HFRI分散化母基金指数；私募股权：Burgiss私募股权指数；美国核心不动产：BRE/IPD/JPMAM-GRA模拟系列指数；OECD核心基础设施资产：摩根大通GRA研究模拟指数。

资料来源：JPMorgan (2015).

出于比较的目的，将上面两项研究中对上市股票与上市基础设施资产的相关性分析合并考虑：如果在2005年第1季度到2015年第1季度这10年期内，分析不同的、全球性的公开上市基础设施资产指数㊀与上市股票（明晟全球综合回报指数）的相关性，会发现相关系数很高，介于 0.85～0.96（见图 2-4）。㊁如果使用澳大利亚的数据，用标准普尔澳大利亚证券交易所基础设施指数代表上市基础设施资产，用覆盖范围较广的澳大利亚股票指数澳交所 300 指数代表上市股票，则用同一时期的数据得到相关系数为 0.74。㊂这些结果表明，与 Peng 和 Newell（2007）的研究结果不一样，澳大利亚上市基础设施资产与上市股票的相关性很高。这为本书分析这些相互冲突的结果的可能原因拓展了背景。我们猜想主要原因在于考察期和所使用的代表上市基础设施资产的指数不同。

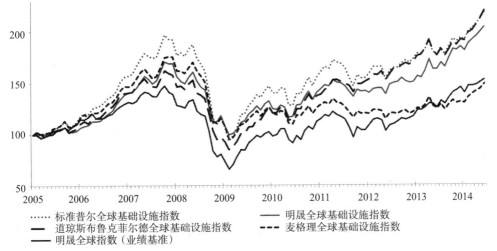

图 2-4　基础设施指数和明晟全球基础设施指数的总回报率（2005 年第 1 季度～2015 年第 1 季度），复权至 2005 年第 1 季度

资料来源：JPMorgan (2015).

上面介绍的两项研究（Peng and Newell，2007；JPMorgan，2015），以及其他研究㊃发现非上市基础设施资产与上市股票和债券，完全没有或有极低的相关性。尽管如此，有一种普遍的倾向会低估波动率与协方差，高估非上市不动产资产的分散化效应，如私募股权、非上市不动产资产和非上市基础设施资产。针对私募市场的研究者达成了广泛的共识，相关性的强度在某种程度上取决于测量频率。换句话说，

㊀ 标准普尔全球基础设施指数、道琼斯布鲁克菲尔德全球基础设施指数、明晟全球基础设施指数以及麦格理全球基础设施指数。

㊁ 11JPMorgan Asset Management-Global Real Assets (2015).

㊂ 12Bloomberg, accessed 12 October 2015.

㊃ 例如，瑞士信贷（2010）、安保资本（2014b）、康联首域（2014）等。

很多数据点（上市资产按天、盯住市价的观察值）与较少的数据点（非上市资产按季度或年度、盯住模型的观察值）相比，前者倾向于有较高的相关系数。这种效果有可能因为非上市资产的价值评估（盯住模型）所存在的序列相关（自相关）因素而增强。也就是说，前一次评估的估值结果可能直接影响未来的估值结果，因此产生特别稳定的回报率。

RARE（2009）更加直接地分析了估值频率对相关性结果的影响。研究结果表明，不论是上市基础设施资产还是上市股票，非上市资产与上市资产的低相关性，可能确实很大程度上取决于测量间隔时间（见图2-5）。实际上，当将测量间隔时间拉长，将取数时点从每月拉长到季度、半年及年度时，RARE发现大部分相关性差异消失了。

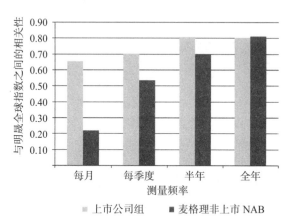

图2-5　上市及非上市基础设施资产与明晟全球指数之间的相关性（2002～2008年）
资料来源：RARE (2009).

相关性测量作为分散化效果近似值的其他因素，还包括回报率的准确定义（如总回报率还是费后净回报率，税前还是税后）及随时间变化相关性的稳定程度（关于这方面的情况，也可以参考 Peng and Newell，2007）。

2.1.4.3　非上市基础设施资产提高风险调整后的资产组合收益率

相关性分析作为资产负债管理研究的基础，其作用、适当性及信息价值特别严格地受限于可以获得的数据质量。不过，我们可以发现上市基础设施资产受股票市场总体波动率的影响。同时，在一个包含股票、固定收益证券、房地产及其他另类资产的范围很广的资产组合中，增加特别保守的非上市基础设施资产，会对资产组合的分散化及风险收益特征产生明显的正面效应。摩根大通（2015）的研究表明，即使在特别艰难的市道中也能如此，该研究评价增加占比分别为2%、5%和10%的分散化非上市全球基础设施资产，对某个传统资产组合的风险收益特征的影响。该研究的考察期为 20 年（1995～2014 年），包括全球金融危机那几年，摩根大通发现非上市基础设施资产会显著提高资产组合的回报率和夏普比率[一]（见表 2-12 和图 2-6）。通常，夏普比率的数值越高，风险调整后的回报率就越有吸引力。

表 2-12　不同基础设施资产的配置比例对现有资产组合的影响

	现有资产组合的配置情况	增加 2% 的全球基础设施资产	增加 5% 的全球基础设施资产	增加 10% 的全球基础设施资产
全球股票	30%	30%	30%	30%
全球债券	60%	58%	55%	50%
房地产	5%	5%	5%	5%
另类资产	5%	5%	5%	5%
全球基础设施	0%	2%	5%	10%
	100%	100%	100%	100%
预期回报率	4.2%	4.4%	4.7%	5.2%
预期收益	2.0%	2.0%	2.1%	2.2%
历史回报率	7.0%	7.1%	7.3%	7.7%
历史波动率	7.5%	7.5%	7.5%	7.5%
估计夏普比率	0.36	0.39	0.43	0.49

注：1. 配置给全球基础设施资产的份额假定来自全球债券的配置份额。
　　2. 长期战略性基础设施资产假定由 75% 的 OECD 核心或核心＋基础设施资产与 25% 的亚洲基础设施资产构成。
　　3. 预期回报率来自摩根大通对各资产类别回报率的内部假设。
　　4. 计算夏普比率时，假设 1.5% 的无风险收益率，基于特定资产的目标收益率假设和历史上（每年）模拟的 20 年内（1995～2014 年）的波动率（每年历史回报率的标准偏差）。
　　5. 表中介绍的资产组合的特征仅用于举例。
　　6. 假设每年对资产组合进行再平衡。

资料来源：Bloomberg, MSCI, Barclays, Burgiss PE, CBRE, IPD, UBS and JPMAM-Global Real Assets.

2.1.4.4　基础设施资产：作为一个资产类别

对于机构投资者而言，本节（第 2.1 节）讨论的问题不是纯学术问题，而是重要的投资决策问题。例如，它们需要找到一种方法，正确地评价基础设施资产，确定业绩基准，纳入资产负债研究模型，真正理解其在资产组合中的分散化潜力，并整合进战略资产配置及风险预算实践中。有一件事情是明确的：需要在这个领域中实施更多的研究。对基础设施资产的定义及分类达成总体共识，以及不同基础设施资

㊀ 夏普比率是指每承受一个单位的波动率或总风险所能获得的超过无风险收益的平均回报率。通常，夏普比率数值越大，风险调整后的回报率越高。

产之间的特有风险溢价,是相关分析中的关键问题。

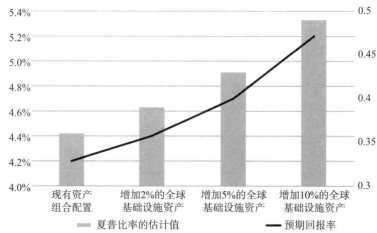

图 2-6　增加配置基础设施资产对资产组合的预期回报率和预期夏普比率的影响
资料来源：JPMorgan (2015).

总体上,基础设施资产的很长的生命周期,以及与房地产或固定收益证券类似的长久期、可预测的稳定现金流,需要通过合同结构进行保障。很多基础设施资产内含通货膨胀保护功能,可以作为有通货膨胀保护功能的政府债券、公司债券、夹层及高收益债券的替代性资产。不过,基础设施资产还可以提供类似私募股权的回报率,承担类似的风险与波动率。为此,基础设施资产与这三类资产具有相似的特征。最终,基础设施资产与这三类资产中的哪一类最为接近,取决于特定基础设施资产,不能一概而论。

尽管基础设施资产并不具有同质性,但是基于有限的可用数据及上述分析,基础设施资产似乎是由房地产、私募股权及固定收益资产组成的混合类资产,可以被视为一类独立的资产类型。不过,我们讨论的其他三类资产内部也不具有同质性。以对冲基金为例,如果展开详细分析,每一种产品都涉及范围很广的投资策略。同时,我们可以说基础设施资产不能被视为其他任何一类资产的子集。将基础设施资产纳入一个较广范围的资产组合,会增加资产组合的分散性,并因此会弱化其风险收益特征。

基础设施资产看起来是房地产、私募股权和固定收益资产的混合物,可以视为一类独立的资产类别。

本章剩余部分的结构为：第 2.2 节将解释为什么以及如何将可持续性问题纳入基础设施投资。第 2.3 节将总体介绍如何实施基础设施投资,重点关注基础设施基金。本书剩余部分将介绍直接投资基础设施。为了逐个分析每一类基础设施资产以评价其风险收益特征，第3章提供了一个分析框架。第5章提供了涉及全部基础设施投资流程的"风险分析指南"。

2.2 可持续性基础设施投资

可持续性基础设施符合所有人的利益。基础设施领域的全球投资，诸如能源生产和传输、供水与排水设施、交通网络及社会基础设施，在决定社会能否成功地应对我们这个时代面临的巨大社会和环境挑战（诸如消除贫困、可持续性地管理自然资源和减轻危险的气候变化等）中，发挥着关键性作用。可持续性基础设施将造福社会公众、政府和投资者，因为各方面都受益于良好运行和良好治理的社会、环境与经济体系：社会公众依赖基础设施，基础设施影响社会公众的生活质量；可持续性基础设施的存在，从长远看可以使政府减少对此类资产的投资，或这些资产将特别有效果或有效率；投资者得益于运行良好、不会过时的资产在整个投资期内为其产生稳定、长期的财务回报率。

接下来，我们将介绍可持续性投资的概念，以及如何将其应用到私营基础设施投资领域中。

2.2.1 可持续性投资的概念

随着各类市场快速形成全球性相互联通，源于食品、饮用水和能源短缺、获取自然资源、气候变化、环境灾难和人口结构变化等因素的环境与社会压力效应，很快将影响全球投资者。可持续性投资考虑源于这些全球性挑战的全面风险与收益，并将其纳入总体投资决策中。下面各节将提供一些关于可持续性投资的起源与历史的信息，提供一个操作性的定义，综述可持续性投资的不同方法以及相关市场数据。

2.2.1.1 可持续性投资的起源

可持续性投资的概念源于20世纪六七十年代的民权运动/反战运动和环境保护运动。当时，学生们希望更有伦理的商业和投资实践，例如呼吁联合抵制那些生产武器的公司，请求为工人提供平等的权利和更安全的条件。就在这个时期，由蕾切尔·卡森的里程碑式的环保书籍——《寂静的春天》（1962）激发起来的对工业污染关注度的提升，促使第一个地球日的设立，以及如1970年成立的美国环保局（US EPA）、1974年成立的德国联邦环保局等诸多国家层面的环保机构的成立，表现为追求更好的环境保护和人身健康的国际性运动。美国1979年发生的三里岛核电站事故，以及1986年发生在乌克兰（原属于苏联）的灾难性的切尔诺贝利核电站事故，进一步提升了大众对与现代工业实践相关的大规模环境和人身健康风险的关注。

1989年，埃克森·瓦尔迪兹游船泄漏事故，致使超过1000万加仑（约4.1万升）原油泄漏，污染了超过2100公里的海岸线，成为评估工业活动中的现实风险的催化剂。同年，由一群数量不多的投资者发起以美国为基地的国际组织——Ceres，其明确的宗旨是提升可持续性的商业和投资实践。1997年，Ceres发起《全球报告倡议组织》(GRI)——目前它已经成为全球范围内各类公司编制可持续性报告的事实上的标准。

不过，直到21世纪，可持续性投资才成为一项主流运动。该运动的里程碑事件如下。

- 2003年：Ceres创建气候风险投资者网络（INCR），旨在为将可持续性标准整合进主流投资分析体系提供商业和信托案例。到2015年，这个网络已经发展为包括100个机构投资者，管理资产规模达11.8万亿美元。
- 2004年：一批行业专家开发出"达姆斯塔特可持续性投资的定义"，包括可持续性投资的3大组件。
  - 经济：基于长期策略获取利润，不搞腐败，不危害基本的人类需求并提升经济价值。
  - 环境：利润来自不断提高的资源生产率、可再生的资源投资、材料的循环和再利用，以及全球和本地环境系统的正常运行（比如，热带雨林、海洋）。
  - 社会与文化：利润来自人力资本（职业教育、工作/生活的平衡等）、社会资本（报酬相当的工作、负责任的企业公民）以及文化资本（文化多样性、公民权利和社会和谐）的开发。
- 2006年：联合国发起《责任投资原则》，一项旨在提升将ESG议题整合进投资分析和决策过程的全球性倡议。该倡议特别成功，截至2015年9月，已经有1378个签署方（资产所有人、投资管理人、服务提供商），管理资产规模高达45万亿美元（www.unpri.org）。
- 2011年：正式成立一个工作组，致力于支持各签署方在基础设施投资领域执行可持续投资政策和流程。支持性工具包括案例研究、在线研讨会、讨论文章和深度指导性文件（www.unpri.com）。
- 2015年：与基础设施投资特别相关，Ceres提出《万亿清洁投资倡议》，提出

44万亿美元的全球清洁能源方面的投资需求，旨在将全球变暖控制在2摄氏度以内，避免出现最极端的气候变化事件。由此，该倡议呼吁投资者显著提高在清洁能源及相关领域中的投资，请求政策制定者执行促进此类投资的政策，包括能源增效、可再生能源基础设施和清洁运输，并就温室气体排放设定限额与价格。

2.2.1.2 可持续性投资的操作性定义

可持续性投资是指与投资分析、决策与管理有关的综合性方法，包括那些可能影响投资回报率的与ESG风险及机会相关的全部因素。它不是一种新的投资方式，不过它旨在拓宽传统风险分析与管理的视野。目标首先是确认这些ESG风险，随后是为了股东和利益相关方的利益，防止、消除和管理这些风险。常见的ESG风险因素的例子如下。

- 环境：气候变化风险（实物和规制风险）、危险废物、污染、资源短缺（饮用水和其他自然资源）以及环境退化。
- 社会：人权、劳动权益、消费者保护以及当地社区。
- 治理：治理结构/管理系统、法律规则、治理关系、腐败以及薪酬结构（管理层、员工、激励机制）。

诸如"（社会）责任投资""可持续性投资"和"影响力投资"这些在金融领域中使用的术语，常常用来描述投资过程中考虑ESG风险实现社会可持续价值的工作流程。（社会）责任投资将伦理视角和诸如公平正义之类的附加价值纳入考虑范围，而影响力投资反映投资者接受高风险与/或低回报率以获取对社会的积极影响。术语"可持续性投资"涉及处于中间路线的投资者，他们专注于降低长期ESG风险并给社会带来正面影响。

Ceres将"可持续性投资"定义为"投资时既要考虑当代受益人的需要，也要兼顾未来受益人的需要"（Ceres，2013）。例如，对于养老基金，这种定义转化为持续发展其能力以实现满足多代人的任务。

可持续性投资

在本书中，我们将术语"可持续性投资"用于描述一种投资方式，该方式明确确认环境、社会和治理（ESG）等因素，同时将其整合进投资过程中，旨在降低风险并抓住机会，由此给社会产生正面的、可持续性的影响。

2.2.1.3 可持续性投资策略

可持续性投资的驱动力源于投资者逐步认识到整合 ESG 因素到资产配置、标的选择、资产组合构建及股东参与和表决等流程中，对于中长期评估一项资产组合的价值和预期风险收益来说很有必要。

有很多可持续性投资的具体策略，主要包括：①正面及负面清单策略；② ESG 整合策略；③主题与影响力投资策略；④股东参与策略（Staub-Bisang，2012）。可持续性（与负责任的）投资涉及的范畴，从传统投资（专注于财务回报率，而几乎不考虑 ESG 因素）到慈善投资（完全不考虑财务回报率），而"可持续性与/或责任""主题"和"影响力"投资处于上述两个极端之间。图 2-7 为适用于所有资产类别的诸多不同的可持续性和负责任的投资方式，提供了图示性的综述。下面还会进一步讨论，包括相关的方法论。该图未包括"股东参与策略"，因为从定义上就可以看出来该策略只适用于上市股票。

图 2-7　在投资谱系中的可持续性投资方式与策略

资料来源：Modified from UN (2015b)。

实施可持续性投资方式的机构投资者，很自然地会集中使用一些投资策略，主要有清单、ESG 整合和主题投资等，这些策略能够提供有竞争力或市场水平的回报率。而那些专注于环境或社会问题、回报率低于市场水平的策略被称为影响力优先投资策略，如有必要，通常主要适于慈善基金会、私人高净值投资者和家族办公室。例如，养老基金这类机构投资者源于要承担受托人及其资产管理人和投资顾问的受托责任，有义务最大化长期经风险调整后的回报率（如美国）(UNPRI，2015)。

第一，清单策略包括负面/排除性清单和正面/优先清单。负面清单旨在避免并由此排除投资领域中的一些行业部门或做法，原因之于它们不符合事先确定的 ESG 标准或基于国际（如 OECD、国际劳工组织等）规范所确定的有关最低标准。这种方法的逻辑是不应该给那些对环境或社会整体造成损害的行业或公司提供资金。与负面清单方法相反，正面清单策略专注于投资那些与行业内其他投资机会相比，有正面 ESG 效应的证券或资产。优先投资策略首先会构建可持续性、可投资的满足特定可持续性标准的投资标的池，然后在这个标的池中挑选财务回报最突出的证券或资产。

第二，ESG 整合策略是指系统地、明确地将 ESG 因素纳入传统投资分析中，目的是降低和消除 ESG 风险。将 ESG 因素纳入投资流程增加了一个有价值的维度。过去的经验已经表明，它并不会对财务回报率造成任何负面影响；相反，很多研究表明它能够给相关资产的长期回报率产生正面影响。⊖

较低的风险、同样的或更好的长期收益率，会产生更好的风险收益特征，即 ESG 投资相对于传统投资的长期经风险调整后的投资回报率。出于这种理性和有说服力的原因，越来越多的投资者目前将 ESG 因素纳入其投资决策中。一本关于如何将可持续性（ESG）风险和机会整合进投资决策过程的入门参考书是《21 世纪的投资者：Ceres 可持续性投资蓝图》(Ceres，2013)。本书将可持续性投资流程划分为 10 个步骤，将可持续性标准整合进全部资产类别和投资策略中。进一步，该书重点介绍将 ESG 风险因素纳入投资流程中的潜在好处。我们将其归纳成如下内容。

将 ESG 风险因素纳入投资流程的收益

环境分析揭示：
- 在产品与业务生命周期全过程中对环境的商业性影响；
- 资产组合对规制变化的适应性、为气候变化准备的预案；
- 可持续的能源和资源利用及温室气体减排的战略；
- 基于适应性策略和可持续性解决方案的投资机会。

⊖ 如果需要全面了解，请参阅美世咨询 2009 年做的重要研究；其他研究还有摩根士丹利（2015）与美国教师退休基金会（2014）。

> **社会分析揭示：**
> - 公司遵守人权、健康、安全和供应链风险的承诺；
> - 投资者知道各类不合规的劳工待遇和社区价值规范；
> - 公司的声誉风险和失去运营牌照的风险。
>
> **治理分析揭示：**
> - 公司管理体制和问责机制的可靠性；
> - 董事会和管理层对社会与环境绩效及商业伦理实践的承诺；
> - 董事会和最高管理层对预期与管理风险的问责制；
> - 针对可持续性、多元化、性别平等和透明度的政策体系。
>
> 资料来源：Modified from Ceres (2013).

第三，主题和有影响力的投资专注于特定投资主题或行业，在追求如水资源保护、支持可再生能源开发、清洁技术或小微金融等专门的环境或社会目标的同时，开发经济上的潜力。主题投资可以归类为影响力投资，此时其主要目的是造福整体社会。不过，其明确的目标是产生与金融市场相一致的回报率。所谓的影响力优先投资是指"优先"聚焦环境或社会问题，如有必要，投资者愿意接受低于市场的回报率。

第四，股东参与策略是指运用股东的权力影响公司行为，不论是通过直接公司参与和对话活动（与高级管理层进行沟通）或代理过程中的股东行为主义，还是根据全面 ESG 指南提交股东提案等。

除股东参与外，其他所有策略可以或多或少地运用全部资产类别，而根据定义，股东参与策略的适应范围，仅限于股权投资。

从全球范围看，符合可持续性的可投资资产的市场规模在过去数年中在显著增长。一直是可持续性投资策略的最大市场的欧洲，从 2002 年的 5000 亿欧元，增长到 2014 年的 13 万亿欧元，增长超过 20 倍（Eurosif，2014；GSIA，2015）。根据 2014 年的《可持续投资年鉴》（GSIA，2015），2012～2014 年，全球可持续性投资市场增长超过 60%，大多数增长来自美国的投资者，其次是加拿大和欧洲（见表 2-13）。这三个地区占全球可持续投资规模的 99%，其中欧洲占 64%，随后是美国占 31%。

此外，图 2-8 介绍了全球范围内按投资规模排序的最主要的可持续性投资策略的情况，规模最大的是负面/排除性清单（14.4 万亿美元），随后是 ESG 整合策略（12.9 万亿美元）、公司参与/股东行动（7.0 万亿美元）。按地域划分，负面清单策略是欧洲的主流策略；按资产规模加权，ESG 整合策略是美国、澳大利亚/新西兰和亚洲地区最为重要的策略。

表 2-13 按地区划分的可持续性投资资产的增长情况（2012～2014 年）

	2012 年	2014 年	增长率
欧洲	8 758	13 608	55%
美国	3 740	6 572	76%
加拿大	589	945	60%
澳大利亚/新西兰	134	180	34%
亚洲	40	53	32%
合计	13 261	21 358	61%

注：增长值的单位是 10 亿美元。

资料来源：GSIA (2015).

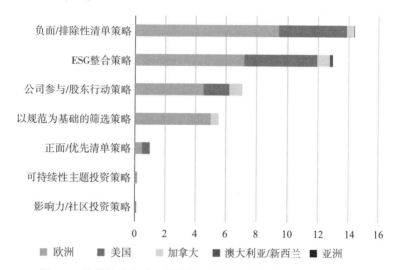

图 2-8 按照策略和地区划分的可持续性投资资产（10 亿美元）

资料来源：GSIA (2015).

2.2.2 为何要投资可持续性基础设施

投资者将可持续性准则运用到基础设施投资领域中的原因有很多，下面将介绍其中的部分原因。提高经济竞争力和社会福利，以及应对气候变化的影响（尽管不是立即就可以估测），可能是投资者长期内考虑的关键因素，也是其主要原因。提升投资的风险收益特征，明显是所有投资者在短期和长期内的首要兴趣所在。

2.2.2.1 提升经济竞争力和社会福利

我们要将上面提及的可持续投资原则应用到基础设施资产和项目中，即在基础设施投资流程中考虑 ESG 因素与特定经济体的竞争力高度相关。这一点特别重要，因为基础设施是解决当今世界一些最具系统性的发展性挑战的重要驱动力，这些挑战包括社会稳定、快速城市化、适应和消除气候变化及自然灾害等。如果某些国家缺乏支持绿色和包容性增长的基础设施，则不仅难以满足尚未满足的基本需求，而且无法提高竞争力（World Bank，2012a）。可持续性的基础设施不仅是经济运行的关键因素，也是数亿民众的民生工程，并且有潜力为实现更加可持续发展的世界做出重要贡献。确实，联合国可持续发展开放性工作组，也认识到基础设施在促进可持续发展目标（SDG）工作中的潜力：在 2015 年的联合国可持续发展纽约峰会上通过的"17 项可持续发展目标"中，其中有两项涉及可持续性和弹性基础设施。这强调了基础设施在驱动可持续发展方面的潜在力量，也应该是任何负责任的机构投资者的利益所在。

例如，一份欧盟的报告估计欧盟境内每年需要投资 2700 亿欧元，用于发展低碳能源供应、能效提升和基础设施，到 2050 年可以提升的额外社会福利，包括每年节约燃料成本 1700 亿～3200 亿欧元，可货币化的健康福利每年高达 880 亿元（European Commission，2013a）。至于全球供水和污水处理行业的投资需求，一份世界经济论坛的报告将缺乏淡水列为影响社会发展的十大全球性风险之首——这十大风险可能导致全球经济、社会和环境系统的崩溃（WEF，2015）。关于这个问题，一份联合国的报告总结说，到 2025 年，发展中国家的淡水需求会上升 50%，全球人口中的 2/3 将生活在缺水压力之下（UN，2013）。

通过加大对可持续性基础设施的投资，私营投资者在帮助满足社会需求方面，正在发挥关键作用。例如，秘鲁政府最近宣布，正在寻求 190 亿美元的私人股权投资，用于完善全国的供水和排水设施（Bloomberg Business，2014a）。

鉴于上述背景，显而易见，机构投资者在全球范围内的可持续性投资，不再是出于市场营销或声誉原因在可持续性方面作秀。相反，它们将可持续性作为全面风险管理的至关重要的因素，以确保在投资的全生命周期中考虑并解决 ESG 问题。例如，很多投资基础设施资产的全球性投资公司，包括一些全球规模最大和最著名的养老基金（安科、APG、ATP、英杰华、加州公务员退休基金、Mirova、安大略教师养老金计划、PGGM）目前将 ESG 问题作为投资流程中的核心因素（参阅第 2.2.3.2 节中的 GRESB 基础设施）。它们视这些风险为实质性风险，对其资产组合的长期经风险调整的财务回报率有重大影响。为此，资产规模为 3070 亿美元的加州公务员退休基金，在 2015 年 5 月宣布，要求其所有投资经理在投资流程中确认并弄清楚 ESG 问题。外部资产管理人将 ESG 风险的程度作为选择与签约外部管理人的重要因素——这个因素还会影响合作关系的维持和管理（Top 1000 funds，2015）。

2.2.2.2 应对气候变化的能力

基础设施投资者越来越看重专门评价特定基础设施资产对气候变化风险的应对能力。例如，欧洲投资银行（EIB）已经开发出一些行业策略，其中包括将成本收益分析、适当的应对性措施应用到因气候变化和极端天气事件频发而造成显著负面影响的地区的基础设施项目中。目前，很多商业银行在经过多年的应对性研究后，也在其尽职调查流程中纳入气候变化风险。

至于私营投资者，由气候变化问题全球投资者联盟（代表来自欧洲、北美、澳大利亚、新西兰和亚洲的机构投资者）组织 84 个投资者（管理总资产规模超过 14 万亿美元）参加的一份调研发现，气候变化风险越来越影响其投资行为。超过 80% 的资产所有者和约 70% 的资产管理人视气候变化为影响整个投资组合的实质性风险，几乎 100% 的资产管理人与 80% 的资产所有者将气候变化风险与机会纳入其尽职调查和投资分析过程（Mercer，2013）。列于首位的气候风险因素是与温室气体排放相关的规制制度的变化、政府支持性计划、对实体资产的影响，以及针对气候变化的公司治理政策等。

2.2.2.3 改善风险收益特征

为降低气候变化风险而采取的应对性措施（如为降低暴风与洪水对资产造成的实体性破坏而采用的保护性工程），为应对稀缺性资源（如水）导致的未来高成本而采用的能效措施，以及遵守当前及未来的环保规制制度等，潜在地导致更高的前端投资成本。由于气候变化的特定长期影响，以及相关成本仍然难以针对特定基础设施资产进行量化，这些高成本的发生面临较大的不确定性。

尽管如此，这些成本看起来可以通过即时成本节约（如降低能源与水的用量）和未来针对这些风险的保护性措施来抵消，而其回报率仍然保持（至少）相同的水准。换句话说，正如前面的分析，这些应对性措施提升了相关资产的风险收益特征。因此，能够有效管控气候变化可能造成的实体性损失与／或遵守目前尚未知的未来规制标准的可持续性基础设施资产，比那些缺乏这些管控能力的资产相比，预计可以获得更高的估值。

其他适用同样（经济）原理的 ESG 风险的例子包括：环境风险（如有害废物、运营中的污染等）、社会风险（如不合规的劳工待遇，与当地社区关系紧张等）、治理风险（如不道德的个人行为、腐败等）。这些例子面临承担显著的声誉风险及失去业务牌照的风险。

总之，可持续性基础设施除了可以提供传统基础设施所具有的同样的功能与服务，还可以给所有三类主要利益相关方提供额外利益：通过为更高的生活质量做出贡献而有益于整体社会，通过改善资产负债表而有益于政府，通过改善所持有的基础设施资产的风险收益特征而有益于投资者。随着私营基础设施投资的市场机会变得如此明显，拥有可管控风险且未来可预期的资产，给长期投资者带来的经济和声誉利益，应当毫无疑义。

2.2.3 如何可持续性地投资基础设施

着眼于市场回报率的同时，有很多种以可持续方式投资基础设施的途径。基于第 2.2.1.3 节中介绍的术语，最为实用并因此成为最有前途的策略是 ESG 整合策略，该策略将 ESG（风险）因素整合进所有行业（参阅第 4.1～4.7 节有关特定基础设施行业的详细讨论）的基础设施资产的投资流程中。"主题投资策略"旨在解决气候变化或资源稀缺等特定主题的可持续性问题，也是一种适当的方法。后者的经济相关性在提高，不过只适用于全部可投资基础设施的一部分，因此不包括特定子行业。这两种策略有共同的目标，即在为社会做出积极贡献的同时降低 ESG 风险。同时，这两种策略可以增加机构投资者获取长期、稳定的市场回报率的机会，同时帮助它们实现履行长期经风险调整后的投资回报率的信托责任。

2.2.3.1 基础设施投资的 ESG 整合策略

实质上，对基础设施的投资，总是要么积极影响环境与社会，或者反过来受其影响。换句话说，其所产生的影响可能是正面的，也可能是负面的。因此，与基础设施相关的 ESG 风险可以划分为两种主要的类型：一是基础设施对环境和社会有显著的影响（普遍性的和全球性的），因此应当以敬畏环境的可持续性方式建设；二是基础设施对 ESG 因素很敏感，比如气候变化造成的实物损害。

基础设施资产运行对环境和社会造成负面影响的例子有：环境退化和污染、人权问题（劳动法问题）、员工与/或当地社区的健康与安全风险、不道德的管理行为（主要指腐败）等。ESG 风险影响基础设施项目与资产的例子主要包括由于气候变化所导致的实物和规制风险，还可能与资源稀缺、自然资源（水、清洁的空气）限制、污染、人口增长和老龄化社会（见第 2.2.1.3 节）等相关。

取决于基础设施资产的类别和区位，相关 ESG 风险或多或少会变成现实。除传统的经济与重点财务因素外，应当尽可能早点将 ESG 因素整合进基础设施投资决策和流程中，争取将 ESG 因素引致的潜在负面影响和财务后果（破坏/损失）最小化。此外，所有项目合作方总是会考虑内在的声誉风险。

从正面看，考虑并降低与 ESG 因素相关的风险敞口，可能会在满足公司和机构的可持续发展目标的同时，提供额外的社会福利以促进可持续发展，并改善资产的风险收益特征。

是否考虑投资传统行业或旨在提高特定可持续性效果（主题和影响力投资，见第 2.2.1.3 节）的基础设施项目/资产，资产所有者及其利益相关方（如养老基金的受益人、政府），不仅要对其拥有或考虑获取的任何一项基础设施项目或资产的财务问题，而且要对其可持续性表现与风险，较多地进行评价、测量、分级并确定业绩基准（部分机构）。为此，下一节将介绍对基础设施投资的可持续性进行评价和评级的一些方法。

2.2.3.2 可持续性基础设施的评价和业绩基准

仅知晓 ESG 问题及其潜在风险并没有什么作用，除非投资者拥有能够有效评估和量度此类风险的工具，并有助于随后采用靠谱的决策以减轻或消除这些风险，或放弃特定投资。目前，还没有在全球范围内达成普遍共识的 ESG 标准，可用于评估基础设施资产或项目的可持续性表现并进行业绩基准管理。不过，形成一种国际协调的 ESG（风险）评价和业绩基准管理方法，符合基础设施领域中所有利益相关方的长期利益，因为利用它比较不同投资的财务和可持续性/ESG 吸引力，有助于做出更多的有效决策。

各种各样的利益相关方发起和支持诸多持续性评价工具（指南、框架、评级体系），并将其提供给基础设施投资者，这些主体包括开发性银行、国际性组织、机构投资者、独立研究机构、学术机构和非营利性机构。这些工具的广度和深度差异较大，并以很快的速度在发展。我们因此建议投资者实施自己的研究，确保用到与其特定需求最相关和最适合的 ESG 评价工具。

尽管如此，本书在下面有选择地介绍了一组我们认为最适合机构投资者的 ESG 评估工具（截至本书出版时可以找到的工具）。其中的很多工具是为特定国家、地区和行业专门开发的，因此含有偏重于针对特定地理区域或行业的可持续性标准。不过，尽管这里列出的 ESG 评价工具在范围和复杂性等方面存在差异，但是其共同的目标都是支持投资者将可持续性（ESG）问题、收益和风险整合进基础设施评价中，进而有助于投资者对相关资产进行业绩基准管理。

如果可行，所有评价工具提供者的共同点是使用一整套标准，对某个项目或资产的全生命周期的可持续性表现进行测量和评级。很多可持续性评价标准类似于目前正在被广泛使用的可持续性/绿色建筑物评级体系，诸如美国的绿色建筑物认证体系（LEED）、英国的建筑研究院环境评估法（BREEAM）以及德国的可持续建筑协会（DGNB）。一些评价工具（或者说其提供者）明确聚焦于风险管理问题，目的是支持投资者确认和评价潜在 ESG 风险（参阅第 5.2.4 节对 ESG 风险的全面讨论）。其他评价工具明确提出其目的是开发一套标准化的可持续性业绩基准管理工具。考虑到大多数工具的有限适应范围，并且这些工具源自早期开发阶段，它们对于适当的业绩基准管理，目前作用有限。

1. 为基金管理人开发的针对 ESG 问题的 CDC 工具包（英国）

对于这套 ABC 评价体系的详细描述长达 184 页，包含大量的评价工具，易于使用，可以针对每一类（ESG）风险类别做出快速评价和业绩基准管理。它还对一些在基础设施领域中特别重要的国际标准进行了详细对照。尽管它主要服务于那些新兴经济体投资的私募股权基金管理人，但是这套工具包也适用于基础设施投资者。它由英国国际开发署下属的开发性金融机构 CDC 开发（www.cdcgroup.com）。请参阅附录 A 提供的评级体系中的样板页。

2. 远景（Envision）可持续性基础设施评级系统（北美）

远景是一套为各类基础设施项目实施可持续性评级的计划、设计和评估工具（http://www.sustainableinfrastructure.org/rating/index.cfm）。它提供了一套评价基础设施带来的社区、环境和经济效益的计分框架，使用 60 项标准或记分项，划分为如下 5 个部分：生活质量、领导力、资源配置、自然界以及气候与风险（见附录 B 提供的全面打分信用清单）。它的目标是评价项目全生命周期内的成本与收益，评估环境效益，实现可持续性目标和争取得到公众认可（远景奖）。远景还希望成为业绩基准管理工具，投资者可以为不同的项目进行自评并比较其可持续性业绩。

远景的开发活动力求在哈佛大学的可持续性基础设施 Zofnass 项目与可持续性基础设施研究所（ISI）之间取得协同。这套评级系统最初为北美范围广泛的利益相关方设计，包括基础设施资产所有者、设计团队、社区组织、环境组织、建筑商、规制者和政策制定者。

3. 商业案例评估与 AtuoCASE 风险评估工具（为远景配套）

基于 Excel 开发的商业案例评估工具（BCE）和基于云端的 AutoCASE 插入式自动化基础设施设计软件，共同将远景的可持续性量度转化为定量的风险基础上的成本收益指标（www.impactinfrastructure.com）。为此，这些工具帮助资产所有者和投资者将可持续性基础设施投资相关的成本与收益进行货币化量度。截至 2015 年 3 月，这些工具还只适用于暴雨项目。不过，开发者正在开发针对高速公路、建筑物和其他类型的基础设施的新模块。BCE 是免费的主要提供给公共部门的工具，而 AutoCASE 是商业性工具。

4. 全球基础设施巴塞尔（GIB）可持续性基础设施评级工具

这套工具为发展中国家的基础设施项目（处于任何阶段）的所有者提供了可持续性评价和评级的度量标准（www.gib-foundation.org）。特定项目的 ESG 业绩根据 GIB 定义的 10 类基准（比如问责制、透明度、应对贫困、资源保护、股权激励、良好的财务机制等）进行打分。该系统会给出一个可持续性评级，帮助投资者确认特定项目的强与弱（相关的 ESG 风险），比较不同项目相对于其他项目和（主观的） GIB 业绩基准的可持续性表现。GIB 目前（截至 2015 年 9 月）基于 GIP 的可持续性基础设施评级的自评工具，正在开发一套新的自愿性的可持续性标准。

5. 全球不动产可持续性业绩基准（GRESB）之基础设施版本（荷兰）

GRESB 基础设施是由投资者创设的评价工具，支持投资者实施系统性评价，旨在为其基础设施资产提供针对可持续性表现且与特定行业相关的业绩基准（www.gresb.com）。它力求为投资者开发和建设一套用于收集、比较涉及全球资产的关键 ESG 因素与相关业绩指标的共同框架。这套框架与诸如 GRI 和 PRI 这类国际报告框架相一致。GRESB 提供包括针对每个 ESG 主题的同行比较的业绩基准报告；另外，投资者也可以选择对特定类型（如地区、行业）的资产进行比较。8 家发起这套系统的机构投资者分别是 AIMCo、ATP、Aviva、APG、加州公务员退休基金、Mirova、安大略教师退休基金及 PGGM，合计管理资产规模为 1.5 万亿美元。

6. 基础设施可持续性评级系统（澳大利亚）

澳大利亚开发的基础设施可持续性评级系统使用包括 6 个主题和 15 类指标的分析框架评估资产或项目（www.isca.org.au）。它的目标是获得对现有资产的评级，或者从设计阶段就将可持续性措施整合进基础设施项目中（请参阅附录 C 提供的主题和指标分类）。尽管在这套评级系统中，尚未包含经济绩效评价，但是目前开发者正在评估是否增加这项功能。

7. 国际基础设施支持系统（IISS）（瑞士）

IISS 的主要目标不同于上面各项工具的目标，它是帮助公共机构提高公共部门的基础设施项目的前期工作质量、一致性和透明度的公共项目管理工具，由此提升政府针对各子行业层次的项目前期工作质量。对 ESG 因素的评价与管理，构成总体项目管理工作的一部分。IISS 由一批国际性开发银行（还包括一些私营部门的投资者和运营商）发起设立并提供资金和技术支持。这些开发银行包括：非洲开发银行、亚洲开发银行、巴西国家经济社会开发银行、南部非洲开发银行、欧洲复兴开发银行、泛美开发银行和世界银行。IISS 由总部在瑞士日内瓦的非营利性的可持续性基础设施基金会负责运作。

上面列出的各项工具支持投资者对其项目和资产的可持续性方面的情况进行评

价，但是这样的工具目前为数不多，并且多数是最近开发的，可以提供或者有计划提供某种形式的业绩基准管理工具。截至目前，它们主要依赖某种形式的"专家委员会"进行自评或（主观性）评价，还没有对可持续性绩效数据进行客观量度。不过，它们可以给出事情发展方向的初步指导。

按照定义，业绩基准管理需要一项"标准"，可以比较单个绿地项目或褐地项目。当前，因为缺乏标准化的可持续性业绩数据，这种标准并不存在，需要收集全球性的跨区域和行业的项目与资产数据。此外，与只考虑风险收益相关的定量性参数的财务性业绩基准不一样，可持续性业绩数据涉及很多方面，且其中只有部分可以被量化。定性数据通常包含观察者的主观偏差。

从总体上看，非上市基础设施资产的业绩基准管理的基础已经建立，特别是在可持续性相关的业绩基准管理方面。不过，它仍然在起步阶段，需要面临很多年的重大挑战。除了业绩基准管理，可持续性基础设施投资还面临一些其他的挑战。

2.2.4 可持续性基础设施投资面临的挑战

尽管可持续性基础设施投资有潜力实现三方共赢的局面（社会、政府和投资者），但是仍然存在一些影响投资者进入特定基础设施行业的障碍。OECD 的一份报告指出了可持续性的低碳投资所特有的三大主要障碍（Kaminker，2013）。第一个障碍源于缺乏有力、稳定、可预测的关于碳定价的环境、能源和气候政策，诸如上网电价之类的可再生能源支持计划以及化石能源补贴。由此，2014 年 9 月，纽约全球气候峰会前夕，合计管理资产规模为 24 万亿美元的 348 家全球投资者，联合发布了一份《全球投资者关于气候变化的声明》。该声明呼吁政府领导提供稳定、可靠和经济上有意义的碳定价，引导和加快低碳与气候保护方面的投资，并逐步取消化石能源补贴（Investor Platform for Climate Change，2015）。第二个障碍关注不经意的政策影响，诸如对清洁能源投资的国内税收抵免政策，并未惠及免税基金或外国投资者的基金。第三个障碍是指缺乏针对可持续性投资的合适的金融工具。例如，新兴经济体的绿色债券市场，旨在为发展中国家的可持续性基础设施投资提供融资，但目前几乎没有能够满足机构投资者评级要求的证券发行（参阅第 7.3.2.1 节，了解更多关于绿色和气候债券的知识）。

可持续性基础设施投资面临的另一个挑战与以下事实相关：机构型资产所有人需要确认不会过时的基础设施的当前成本及其在投资期间（或资产的全生命周期内）的效益（难以量化）。他们需要向其利益相关方（如养老基金的受益人，或与其他资产相关的政府）解释清楚，与传统基础设施资产相比，可持续性基础设施投资至少可以获得同等水平的经风险挑战后的回报率。即时成本节约与资源（如水、能源）节约相关，容易理解也容易归因。更低的长期 ESG 风险，不论是资产的实物风险与规制风险，还是对环境或人产生负面影响的财务与声誉风险，如上所述，都难以被量化，特别是在还没有变成现实的资产的生命周期内或投资期内。我们对于可持续性基础设施的潜在效益的长期价值，诸如更干净的空气与水、良性运行的环境生态系统，更加难以确定。不过，污染及其对社会和人类健康的有害影响越严重，气候变化导致气候灾害发生的频率越高，投资者和利益相关方就越有可能更加重视并归因于不会过时的、可持续性基础设施资产所产生的效益。此外，随着时间的推移，收集到越多与可持续性基础设施的风险收益相关的数据资料，预期的财务收益就越明显。同时，投资者可能会对直接的成本节约越感兴趣（如资源使用效率、补贴等）。

本书首先从普通基础设施投资者的视角分析可持续性基础设施投资，对他们来说，风险分析是投资决策的核心工作，下一步将深入关注如何将可持续性因素即 ESG 风险评价整合进特定行业及与一般和特定项目/资产相关的风险分析中。其中，第 4 章将分析本书关注的各特定行业，第 5 章将分析各类具体风险。

2.3 基础设施投资的方式

机构投资者可以采用很多种方式投资基础设施项目。一种常用的分类方式是上市与非上市投资方式。尽管这两种方式最终都是投资基础设施项目，但是其投资特征具有一些实质性的区别。资产组合的投资特征会或多或少地反映出这些区别（见第 2.1 节的详细讨论）。

2.3.1 上市基础设施类资产

上市基础设施类资产包括范围广泛的投资机会。投资者可以在股票交易所购买股票或债券，也可以投资基金或指数凭证，后面两类资产包含众多基础设施类资产与股票或债券（见表 2-14）。

表 2-14 上市基础设施类资产的投资机会

直接投资上市基础设施类证券（股票与债券）	上市基础设施类投资基金
• 拥有与/或运营基础设施资产的公司（如市政或收费公路运营商）或那些以其他方式在基础设施领域中活跃的公司（见第 1.3.4 节）的股票 • 上述公司发行的债券	• 投资单一上市基础设施项目公司（严格符合这种形式的情况非常少见）与/或"基础设施运营与服务公司"的开放式或封闭式基金/指数 • 投资非上市基础设施资产、"基础设施公司""基础设施类债权（债券或贷款）"的基金 • 投资上市与非上市基础设施资产、"基础设施公司"或"基础设施类债权（债券与贷款）"的混合型基金

上市基础设施类资产的范围，不仅涉及全部行业、阶段和地理区域，而且涉及包括项目开发机构、施工承包商、运营商、供应商、客户及市政服务在内的整个价值链。

2.3.1.1 直接投资

机构投资者与私人投资者一直是上市基础设施公司（特别是市政、通信、交通和能源行业）的股票持有者。实际上，截至 2014 年 12 月 31 日，在彭博全球指数中，市政占比 3.6%，通信占比 4.1%，交通占比 2.9%，能源占比 7.4%。[一]另外，很多称为特许经营公司与建筑公司的基础设施运营公司，已经直接投资基础设施资产长达几十年。一些规模最大的欧洲特许经营公司和建筑公司的业绩表现在过去 15 年（截至 2014 年年末）内各有不同，公司市值的变动范围从损失超过 50% 到几乎增至 3 倍。[二]例如，西班牙营建集团和萨维地产在过去 15 年内的市值分别下跌了 21% 和 45%，而阿伯蒂斯基建公司和万喜集团的市值分别上升了 253% 和 297%。相对来说，明晟欧洲指数在这 15 年内上升了 30%。[三]

投资者还可以选择投资上述行业的公司债券和项目债券（通常实际上由政府做信用背书），或者如免税型美国市政债之类的政府支持证券。基础设施债券是为特定基础设施项目（如英法海底隧道项目）或满足特定标准的一些项目（如由开发银行发行的债券、绿色债券；可以从第 7.3.2.1 节获得更多信息）提供融资的一种典型方式。例如，在英国，PPP/PFI 债券是受欢迎的为公共基础设施项目提供融资的金融产品。基础设施债券的吸引力既来自通常长达 20～30 年的长期期限，这一点对诸如养老基金、寿险公司和主权财富基金这类承担长期债务的投资者特别有吸引力；还来自其利率水平，通常高于各国的政府债券，与政府支持的高级债券的利差高达约 3%（Institutional Investor，2014）。

但是，（高级）基础设施债券的市场表现差异很大，这是因为债券收益率取决于总体利率环境、发行人的信用评级、政府担保和项目特有的风险溢价。不过，用道

[一] Bloomberg, accessed 1 October 2015.

[二] 截至 2014 年 12 月 31 日的 5 年、10 年、15 年内的各公司市值变动情况如下：西班牙阿伯蒂斯基建公司（33%、65%、253%）、西班牙 ACS 建筑公司（-17%、72%、268%）、西班牙安迅思公司（-38%、-14%、0%）、意大利亚特兰大公司（23%、14%、230%）、法国布依格公司（-18%、-12%、-52%）、西班牙营建集团（-46%、-55%、-21%）、德国霍克蒂夫公司（9%、144%、76%）、西班牙萨维地产（59%、-69%、-45%）、法国万喜集团（15%、87%、297%）。

[三] 截至 2014 年 12 月 31 日的 5 年、10 年、15 年内的明晟欧洲指数变动情况如下：53.3%、76.1%、30.3%。

琼斯布鲁克菲尔德全球基础设施广义市场公开债券指数㊀或标准普尔市政债券基础设施指数㊁表示全球基础设施债券的市场表现，数据可靠且可以作为衡量指标。在过去10年或5年㊂以美元表示的年化收益率，前者分别是2.5%和5.0%，而后者分别是4.4%和4.8%。

2.3.1.2 基金投资

在过去10年中，很多基础设施基金和可投资指数挂牌公开上市。在随后的金融危机中，其中很多基金和可投资指数退市或被其他基金吞并。目前，可投资的管理资产规模超过1亿美元的上市股权类基金，包括约250只上市基础设施股权基金。㊃只有少数上市金融产品直接投资非上市基础设施资产。大多数基金是主动管理的开放性基金（如共同基金、信托基金），投资于全球各地的上市基础设施公司。它们专注于赚取分红、资本增值或两者兼顾。有超过100只交易所交易基金（ETF）追踪全球基础设施指数。㊄虽然有些基金专注于特定行业（如市政、通信、交通或油气资源勘探）或特定区域（地区、国家），但是大多数基金则是在全球范围内投资。

规模最大的基础设施股权基金的总市值超过60亿美元，市值超过10亿美元的基金的数量不超过30只，约100只基金的市值超过1亿美元。㊅各类基础设施资产在全球不同的股票交易所挂牌上市，包括纽约、多伦多、悉尼、新加坡、卢森堡和都柏林，合计总市值接近600亿美元。㊆

另外，基础设施指数构成的差异很大。澳大利亚的标准普尔澳交所基础设施指数，只关注交通和市政这两个特定行业的上市公司，但不包括能源行业。标准普尔全球基础设施指数包括市政、交通与能源三个行业，一共追踪75家公司。道琼斯布鲁克菲尔德基础设施指数的成分股来自全球各地（包括新兴经济体），包括所有行业（如能源勘探行业的资产）的专门的基础设施类公司。麦格理全球基础设施指数涉及全球各地的基础设施公司，不过特别聚焦于（权重超过50%）电力生产与配送。㊇明

㊀ 道琼斯布鲁克菲尔德全球基础设施广义市场公开债券指数按照市值加权计算，追踪全球基础设施公司发行的公司债券的市场走势（如电力、天然气、供水与综合市政、油汽存储和交通、机场、道路和铁路、海运码头与服务），www.spindices.com，2015年11月25日取数。

㊁ 标准普尔市政债券基础设施指数按照纳入指数的成分债券的市值加权计算，这些债券由美国各州、地方政府及公共机构发行，www.spindices.com，2015年11月25日取数。

㊂ 截至2015年10月13日；标准普尔指数，www.spindices.com，2015年10月12日取数。

㊃ Bloomberg, accessed on 12 October 2015.

㊄ Bloomberg, accessed 12 October 2015.

㊅ Bloomberg, accessed on 13 October 2015.

㊆ Bloomberg, accessed on 7 October 2015.

㊇ FTSE100, www.ftse.com, accessed 7 October 2010.

晟全球基础设施指数的成分股限于发达国家的大中型公司，其中通信行业的权重超过25%。⊖对上述少数几只有长期追踪记录的基础设施指数的分析，表明投资者使用不同指数涉及的具体资产的差异很大。不论是出于投资目的还是业绩基准管理目的（见第2.1.3节的业绩基准管理），指数的构成和相关权重（如与能源勘探资产相关的能源价格的权重）对投资者都特别重要。

市场上有近50只专门投资上市基础设施债券的基金，其管理资产规模比上市股权型基金要小，几乎全部不超过1亿美元，绝大多数低于5000万美元。很多能源项目通过高收益债券筹集部分资金，在高收益债券市场上占有较高的份额。基础设施公司的债券（如市政、交通、通信和能源行业）在高收益债券指数中占有很高的份额（比如占美银美林全球高收益债券指数的权重超过25%）。⊖贴上标签的绿色债券（即被那些官方认可的专注于气候保护项目提供融资的债券、低碳投资及气候适应性项目）及其他环境保护措施的盛行，使得2013年市场上出现了首只专门投资绿色债券的基金（见第7.3.2.1节）。

上市投资工具允许投资者快速进入市场，并用较少的资金很方便地建立起全球性的分散性资产组合。投资于上市基础设施相关的证券（特别是那些高市值的证券）的基金，通常会有合适的市场交易量和较好的流动性。不过，投资于非上市基础设施资产的基金，典型地具有较低的流动性，通常取决于交易结构中的各种条款（如投资期限、季度或年度赎回条款、锁定期和金额）。在市场自由交易期间，上市产品往往基于基础资产的资产净值（NAV）以较大交易量进行交易。因此，上市产品允许投资者短期内调整其投资策略，不过这一点跟很多机构投资者明确声称的投资理念与目标不一致，它们声称会长期投资基础设施资产，寻求其长期合同现金流匹配长期负债。

与非上市投资工具相比，上市流动性投资工具的缺点是其高波动率以及与其他资产类别的相对较高的相关性，特别是上市股票（见表2-10、表2-11和图2-6）。作为例子，在金融危机期间，上市基础设施投资与全球股票市场同步下跌。2007年10月～2009年6月，明晟全球指数下跌39%，同时标准普尔全球基础设施指数下跌38%。在同一时期，目前最大的10只专注于上市基础设施资产的投资基金的资产净值，相对于其2007年10月31日的最高值下跌了34%。⊖很多基金花了三四年时间才弥补其损失，与全球股票市场的投资者同步，而其他基金一直未能弥补其损失。

⊖ MSCI, www.msci.com, accessed 13 October 2015.

⊖ Bloomberg, accessed on 20 February 2016.

⊖ 这10只基金是：3i基础设施股份公司、科恩－斯蒂尔斯基础设施基金、迪埃集团、HICL基础设施公司、麦格理基础设施公司、麦格理韩国基础设施基金、复兴全球基础设施基金、拉扎德全球上市基础设施基金、LO麦格理基础设施基金-CHF以及PG上市基础设施基金I-A。

这种波动率不仅归咎于每天都可以交易，还因为除特殊情况外，绝大部分对上市基础设施资产的投资，并不包括对那些可能很大程度上独立于经济发展的单个非上市基础设施项目公司的投资，而包括投资于那些在更广的基础设施行业环境中运作的基础设施运营/服务公司（见第1.3.4节）。如此，其投资特征更像前述受经济波动影响的典型的上市公司（见第2.1节）。

但是，即使只投资很大程度上独立于经济发展状况（见第1.3.4节）的具有稳定、安全的合同收入现金流的单个非上市基础设施项目公司的上市基础设施基金，同样会受到资本市场波动的影响（有时非理性），因此有时具有特别高的波动率——尽管这种波动率可以很大程度上归咎于在股票交易所交易的投资工具的盯市要求，要反映每天的投资与经济环境。此外，这一定程度上还归因于此类基金或其底层资产组合中的公司所采用的特别高的杠杆率，放大及很多情况下加倍放大其对资本市场波动的反应与易变性。

在自2007年开始的金融危机中，一些基金管理人及投资者经历了痛苦的现实折磨，很多投资基金的交易价格低于其账面价值（NAV），冲击基础设施资产可以对抗危机的理论。通过使用复杂的金融工程技术（无追索借款、证券化、累积型互换、夹层融资）作为功能单纯的银行贷款及项目债券的补充，而且由于广泛使用信用保险及辛迪加银行贷款，一些高杠杆率的交易面临财务困境，迫使基础设施投资基金及特许经营公司实施痛苦的资产甩卖以降低其杠杆率。Babcock & Brown 与麦格理是当时最为突出的例子，前者由于其资产组合中包含特别高的杠杆率的基础设施资产而陷入破产境地。有时候，一些资产、基金不仅杠杆率很高，而且使用期限短的融资方式，迫使其在金融危机期间进行再融资。最后但同样重要的是，上市机构的管理团队，不论是基金还是具体项目公司，很自然地会特别看重极短期的股票价格，由此可能与资产的长期投资回报率相冲突。然而，这种利益冲突可以通过长期激励机制解决。

总之，上市基础设施投资工具并不具有那些非上市基础设施投资工具的特征。因此，上市基础设施投资工具对整体资产组合的分散化效应，比非上市投资工具要弱（见第2.1.2.2节中的详细讨论）。由于很多投资者对基础设施感兴趣的主要原因是其分散化效应，所以本书剩下的部分将集中讨论非上市资产。

2.3.2 非上市基础设施资产

投资者如果想配置非上市基础设施资产，可以通过私募配售、开放式（永续性）投资基金或有期限的封闭式投资基金，购买单个基础设施公司的股权或各个层次的债权（见表 2-15）。很多新接触基础设施资产的投资者，有可能通过投资某基金来选择投资某资深的投资管理人，由此本节将主要聚焦于如何估值和选择基础设施基金。

表 2-15 非上市基础设施资产的投资机会

直接基础设施投资	基础设施投资基金
通过股权或债权方式，直接投资特定非上市基础设施资产/项目或"基础设施公司"（见第 1.3.2 节）	• 通过股权或债权方式投资特定非上市基础设施项目、运营与服务公司的开放式基金（永续、定期向投资者开放）和封闭式交易结构的金融产品或基金（见第 1.3.4 节） • 通过股权或债权方式，投资特定上市或非上市的基础设施项目、运营与服务公司的混合型基金 • 投资封闭式（有时也投资开放式）基础设施基金（仅限股权）的基础设施类母基金

2.3.2.1 特征与挑战

在过去几年中，针对机构投资者的非上市投资机会的数量及对应的投资范围，不论是直接投资资产/项目，还是通过投资基金以股权或债权等方式进行的投资，都在稳步增长，预期还会有进一步增长（见第 1.1 节关于未上市基础设施投资基金的市场信息）。

非上市投资工具往往需要较大的初始投资，基金投资的费用相对较高，流动性较差。抓住合适的非上市投资机会，特别是直接投资机会，对任何投资者来说，都是最为重要的。如果投资者决定通过非上市工具投资基础设施资产，他们需要选择是进行直接投资还是通过基金或定制的管理/独立账户进行间接投资。如果选择直接投资方式，要求投资者愿意且能够（涉及资源、经验和网络等）执行直接交易。对于越来越多的特大型养老基金和保险集团，直接投资非上市基础设施资产/项目的收益远超过其额外成本（见第 2.1 节）。它们经常与其他投资者合作投资，可能是基金管理人、志趣相同的财务投资者或诸如建筑公司之类的公司。绝大多数财务投资者与这个市场上几乎所有的新投资者，倾向于间接投资基础设施资产，也就是通过各种形式的投资基金或管理账户进行投资。母基金（FOF）结构貌似未能在这个市场上立足，原因在于多层收费导致了很高的总体费用。

越来越多的投资者认识到，直接投资是投资基础设施资产的较好形式。具体原因有很多，其中之一是低费率所带来的较高潜在财务净回报。通常，与通过基金进行投资相比，直接投资对应的费用较低或无费用。不过，通过基金进行投资的费用，应当与专门管理账户与/或单次交易方式所需要聘请的财务顾问的成本进行比较，或者与养一支具备所有必要的基础设施投资经验和技能的专业全职团队的成本进行比较（见第 2.3.3 节）。需要配置的资金多达几十亿美元的机构投资者，比如一些特别大型养老基金，有可能从直接投资模式中获益。不过，对于大多数规模较小的投资者，建议最好通过基金或通过可以更好地匹配其投资需求的投资策略的定制管理账户进行间接投资。这是因为通过基金/管理账户投资也有一些好处，最重要的是，经验丰富、信息网络灵通的管理或顾问团队有能力找到合适的、好的投资机会。这种方法有助于投资者获得投资经验，熟悉资产特征，并降低投资风险，因为投资基金和定制管理账户提供的分散性效应，与直接投资单项基础设施资产/项目相比，总体投资损失或违约率相对较低。考虑到基金市场还不成熟（与私募股权行业相比），大多数基金管理人和投资顾问只有短期业绩记录，挑战不仅在于选择好的基金管理人或投资顾问（这一点就够难了），而且在于要选择那些投资策略与/或能力与投资者相匹配的基金管理人或投资顾问。

然而，基金投资涉及一些直接投资之外的特殊风险。近年已经有不少保守型的机构投资者，不恰当地巨额投资于基础设施基金，最终没有如愿获得基金销售文件中宣称的保守投资目标，却承受了那些知情人都很清楚的高风险。毫不奇怪，特别是在 2007/2008 年的金融市场崩盘中，大部分此类基金没有获得此前宣称的稳定的年现金分红率。这不是该资产类型的错，而是有关基金管理人选错了标的资产。

如果这样说可能更加公平，投资者除了责备基金管理人，还应当事先对基金管理人及其投资策略做更好的尽职调查。对于事先如何对基金管理人及其基金进行评价，以及评价的深度，我们将在第 2.3.2.3 节中专门介绍。

有此教训后，一些新参与这类资产的投资者，由于缺乏知识与经验、数据和业绩基准，可能对是否投资基础设施资产犹豫不决。不过，投资者如果想继续关注此类资产，需要面对并找到以下问题的答案：

（1）考虑资产配置的背景条件，哪类基础设施投资策略可以满足其投资需求？

（2）哪些资产类别可以满足投资需求？

（3）考虑目前的人力资源状况和未来的能力提升，应当采用哪类投资方式？

（4）基金管理人追求或实际执行哪类能够真正满足其需求的投资策略？

（5）投资者是否理解不同的基金管理人如何评价各类投资机会并最终选择哪些投资标的？

（6）投资者是否理解基金管理人和投资者之间存在的各类利益冲突？

（7）投资者是否了解基金投资和定制管理账户的优势与不足？

（8）投资者是否了解与基金管理人、同类财务投资者进行联合投资的重大差异？

（9）在投资流程中，哪些任务可以或应当外包？

本书自始至终力求解答上述问题及很多相关问题。

本节剩余部分将专门介绍非上市基金投资。对管理账户，我们只是介绍其与基金投资的差异。在第 5～7 章中,我们将深度介绍直接投资;在第 3～4 章中,我们将详细介绍各种现有基础设施商业模式及不同行业的情况,帮助读者对这一资产类型有更好的了解。

2.3.2.2 基础设施投资基金的范围

随着基础设施投资基金可投资标的范围的扩大,投资者可以选择的投资策略的种类也在增加,投资者针对确定的投资策略选择最为合适的投资基金的复杂性相应加剧。一般说来,通过投资期限长达几年的最能满足其需求的一个或多个高度分散化或专业化的非上市基金,可以帮助投资者实现分散化效应。为理解这些不同基础设施投资基金的主要差别,表 2-16 列示了非上市基础设施投资基金的范围和差异性特征。表中列出的特征及其差异只是举例,并未给出一份结论性的清单。

表 2-16 非上市基础设施基金的范围和差异性特征

特征	内容
基金规模	1.5 亿～80 亿
货币	欧元、美元、英镑等
期限	10 年、25 年、永续及可续期
投资期	3～5 年,持续(永续基金)
基金管理人	独立、从属于某公司或银行(独立子公司)
基金设立	封闭式、开放式(永续)
地理区域	单个国家、欧洲、美国、经合组织国家、新兴市场、全球
行业/部门	单个行业,如(可再生)能源、港口、社会基础设施、部分行业、PPP(跨行业)、所有行业
投资阶段	绿地、褐地
规制程度	低、中、高
合同保障	长期、中期、短期
投资类型	股权、夹层、债权
团队	现有、新建
目标收益率及其来源	分红率:5%～12%(现金流);IRR:8%～20%(资本升值)
风险特征	低、中、高

与私募股权投资基金类似,基础设施投资基金可能执行不同的投资策略。目前,大型基金定位于通用基金,覆盖范围广泛的标的资产,按照基金募集说明书的要求,统筹维持不同资产(如区域、行业、阶段、风险特征)之间的配置权重。不过,还有一些基金聚焦于更小的范围,例如特定的投资阶段(绿地、褐地)、投资区域(单个国家、欧洲、美洲、经合组织国家、新兴市场经济体)、行业(单个行业,如可再生能源、港口、机场、社会基础设施、部分行业、只投 PPP 项目(跨行业)、所有行业),以及不同规模、期限与结构。这是因为在很多情况下目标交易需要巨额资金,

故基础设施基金规模通常大于 3 亿欧元。只有少数专业性基金是例外，如那些只投资开发阶段项目或小型 PPP 类社会基础设施的基金。这些类型的基金的规模可以小到 1.5 亿欧元。

封闭性基金一般设定期限（目前大多数情况下介于 10～25 年）并有续期选择权，而开放性基金一般采用无固定期限的永续结构。为了让永续基金保持持续的投资能力，可以根据事先确定的条款，向新的或现有投资者募集新的资金。同样，现有投资者只要遵守特定规则，也可以退出投资基金。基础设施基金不存在股权投资基金那样的标准收费结构，因为统一的收费结构不能充分反映不同投资策略的差异性，基金管理人追求不同的风险收益，投资者也需要实现不同的风险收益，基础资产及基金整体条款的差异也很大。我们在第 2.3.2.3 节中会进一步讨论相关情况。

截至本书（英文原书）付印之日（2016 年 3 月），绝大部分基金的期限是 10～12 年，实施范围相对较广的投资策略。不过，可以看到，市场上出现了越来越多的专注型/专门性的专业性基金，聚焦于特定地区、行业、特有风险及回报率标准，可以根据投资者的需求调整投资策略。例如，作为对照，一只专门投资于英国境内的财政可用性付费基础上的二手 PPP 项目的 25 年期基金，与一只增长导向的只投资机场项目的 10 年期基金，尽管这两只基金都投资于基础设施资产，但是第一只基金的特征是长期可预测的合同结构、无市场风险、特别低的政治/规制风险、年度分红基础上的回报率；另一只基金的特征是可以承担较高的市场风险（价格和需求风险），希望几年内快速退出，可以获得 IRR 基础上的回报率。选择第一只基金的投资者不会将第二只基金纳入其投资组合中，反之也一样。

基础设施资产的风险与收益特征的分布范围很广，投资者的投资目标有些时候又很特殊，由此对投资者来说，委托基金管理人或母基金管理人调和基础设施资产及其相关风险，并不总是有效。尽管统筹与分散化可以提供一些好处，但纯粹的特别限定的投资策略也会有清晰的优点。如果某投资者看重低风险资产，只在乎可预测的年度现金分红，但是，若基金管理人将符合这些特征的资产与高风险、资本升值驱动的其他资产混合在一起，对投资者而言将毫无好处。

按照这些方法，对大多数投资者来说，可取的方式是首先明确适合自身需求的清晰的投资策略，随后在基础设施资产池中精心挑选那些恰好聚焦于相关特定领域的投资基金。投资者可以采用的方法是，设立定制的、无自由裁量权的管理账户与/或独立的投资顾问。这种方法有双重好处。第一，通过设立一个管理账户，投资顾问切实执行投资者指定的投资策略的可能性很大，因为投资者可以控制资产组合所购买的具体资产。第二，尽管投资顾问可以提供和基金管理人同样的全部服务，但是他们不能随意做出投资决策，投资者对于投资顾问提交给他的投资机会有最终决定权。尽管这种方法相对于选择基金，显然增加了投资者的工作量，但是额外的付出确实特别值得。下一节将介绍投资基础设施基金时需要考虑的最为重要的因素，还会分析投资者与基金管理人之间存在的明显的利益冲突。

2.3.2.3 评价基础设施投资基金

从前面的介绍中，我们可以清醒地认识到，在基金层面对基础设施投资进行估值和选择是很重要的事情。一般说来，基金投资可以提供分散化效应，基金管理人的投资经验越丰富，就越可以获得更有吸引力的投资机会。然而，除了与投资组合底层基础资产的质量与业绩表现相关的初始风险之外，在投资特定基金之前，还需要评估基金管理人层面可能给投资基金带来的风险。本节提供对有关问题的简要综述，介绍系统性的、严格的基金投资过程的核心内容。图 2-9 介绍了包含尽职调查在内的主要步骤及内容。

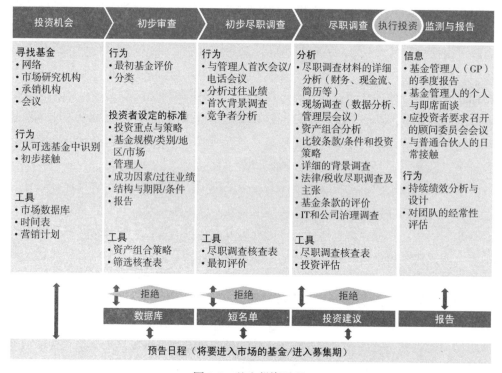

图 2-9　基金投资过程

资料来源：B Capital Partners (2016).

在私募股权领域中，有丰富的公开出版的文献，介绍基金投资通用的尽职调查过程，包括所有的步骤及尽职调查要点（Meyer and Matthonet，2006）。因为除了少数几个方面，基础设施投资基金与一般性的私募股权投资基金的尽职调查过程非常相似，下面的介绍聚焦于基础设施投资基金的特殊问题和风险。不过，后续各小节不是介绍私募股权投资基金或基础设施投资基金的完整的、全面的尽职调查清单，而只是突出介绍与基础设施投资基金尽职调查相关的最为重要的方面。

1. 管理风险

管理风险可能是与基金投资相关的最为重要的风险因素，因为合同将投资者与基金管理人锁定在基金全生命周期内（大于 10 年）。管理风险可能是最难评估的风险，因为既不能被评价也不易被量化。请注意，尽管顾问风险也是同一类风险，但其严重程度完全不同，很显然，顾问合同很容易被终止。另外，由于顾问的建议实际上是非强制性的，所以投资者对投资行为有更强的控制力。归根结底，投资者必须依赖管理人 / 顾问的能力，确认、专业化评估、解决 / 消除影响拟实施或已经执行的交易的所有重大风险（第 3～5 章有更详细的介绍）。如此，花时间与费用对基金管理人 / 顾问进行尽职调查，很有必要。

针对符合意愿的目标领域内确定的投资策略，最为重要的事情是选择最佳基金管理人。为此，不可或缺的最优先的事情是对现有管理人和基金进行全面的总体评价。我们估计现有全球范围内的基础设施投资基金池中有约 425 家管理机构，超过 1000 只未上市基础设施投资基金。

投资者容易迷失或遗漏部分基金管理人。他们往往只被动浏览投资基金（只看那些通过电子邮件或邮寄方式送上门来的基金），而不是主动或系统地在整个市场中精挑细选，特别是那些小的或新的独立管理人经常处于视野之外——尽管事实上有些小的或新的独立管理人可能非常好，可能更好或更适合投资者的投资目标。换句话说，即使投资者选择了考察过的最好的基金，很明显，如果没有在一开始就全面分析市场上的全部可选基金，那么在统计意义上有很高的概率得到次优选择。这一点怎么强调都不为过！

因此，强烈建议那些第一次参与该资产类别的投资者，对感兴趣的投资领域中的全部投资基金实施全面的、主动的研究，或聘请有相关经验的咨询机构。好的投资建议，比如好的法律或税务建议，往往对得起所付出的时间与金钱，因为选择一个投资策略与特定投资者需求高度匹配的高质量的基金管理人，回报很容易超过成本。此外，锁定错误的基金管理人的机会成本也需要考量。

进行基金管理人尽职调查的目的，第一是确认那些投资策略（如风险特征、现金流特点（回报率与 / 或 IPP 驱动）、目标行业、阶段、地理区位、专业化与分散化程度、投资期限）与投资者的投资需求相匹配的管理人。第二是要确认是否存在遵循特定投资策略的足够多的可选投资标的，也就是说，在目标细分市场上是否有足够多的潜在交易机会。此时，要确定所选择的基金管理人（通过其网络）确实有满足特定投资策略的最佳交易。更进一步，需要考察基金管理人的专业团队是否具备实现特定投资策略所必需的特定技能，能否成功地确认、获得与管理合适的资产，为投资者实现相应水平的回报率。例如，针对绿地基础设施项目投资，基金管理人需要具备开发绿地基础设施项目的内行的、有效的经验。这种经验不仅包括能够评价开发阶段的项目，还能绕开竞争性投标所造成的成本上升，获得从项目开发到运营阶段的风险降低所带来的收益。

尽管投资者不能完全消除基金管理人不能获得预期收益的风险，但是如果基金管理人能够满足以下条件，则风险可以显著降低，特别是：

（1）基金管理人能够展示之前在目标领域中的运营与投资经验（业绩记录），包括与特定投资策略相关的已经实现投资退出的项目情况。

（2）管理团队在过去已经成功合作，作为团队及个人已经获得相关（投资）经验。

（3）管理团队可以合理地声称，已经具备必要的经验、网络及资源，未来能够继续在目标市场上找到可以提供价值增值的项目／资产。

在项目分析阶段中，基金管理人经常面临投资压力，会产生大量尽职调查成本。因此，投资者必须确保基金管理人有兴趣、高效且细致地工作，不必计较详细评估特定交易的风险的相关成本。同时，投资者要监督基金管理人，防止仅仅为了尽快构建一个投资组合，而付出过高的资产购买价格。通过交易结构设计，在项目层面与基金层面，确保实现所有参与方的最大程度的激励相容，尽可能减少本节介绍的任何潜在的利益冲突。

最后但同样重要的是，除了从所有正式方面分析管理人，包括 ESG、法律等方面，投资者还应当从一些高水平、可信任的人士那里获得足够多的背景材料，这些材料比基金管理人直接提供的材料更加靠谱。

2. 战略偏离

战略偏离是指基金管理人未能坚守约定的投资策略的风险，例如基金管理人实施的交易，或母基金模式下的单个基金管理人提供过高／过低的风险或不同的现金流，使得实现的当前分红率／IRR 低于最初预期目标。这样可能会给投资者带来严重的意料之外的后果。例如，如果投资者基于内部投资指南或只是因为其流动性状况，必须要有当前收入，则在最初选择这个基金管理人是因为此基金管理人承诺只投资那些一开始就产生当前收入的交易，对这种策略的任何偏离导致在最初几年没有当前收入，进而可能对投资者造成严重后果。在地理区域、币种、行业等方面的偏离，也可能会产生同样的后果，因为基金管理人所采用的新的投资策略已经被委托给投资者认为更适合该投资策略的其他基金管理人。

如果投资者设定了一些特定的投资要求（如与 ESG 问题相关），基金管理人一开始也接受了，但是后来在一定程度上未能遵守，则会给投资者带来负面的税收、规制、道德、声誉及其他后果。尽管按传统观点这可能不构成战略偏离，但是也同样存在问题。因此，重要的是投资者要事先讨论这些要求，确保在合同中或至少在补充条款中明确约定。

3. 期限与退出风险

基础设施基金的投资期限，特别是那些投资早期项目的基金，仍然很大程度上与私募股权投资基金类似，是 10 年或 12 年，再加 2 年或者 4 年的续期。如前所述，这种基金结构只适合于（私募股权类）的基础设施投资策略，主要目的是在随后的 3～5 年后转手，获得投资增值收益，一旦现有基金完全投妥，即为新的投资发起设立后续基金。然而，这种相对较短的投资期限，对那些基于稳定现金流寻找长期基础设施资产的投资者，并不合适。例如，对那些基金条款规定持有资产不得超过 10 年，不得不在 3～5 年后就出让剩余期限还有 20 年的资产，很多长期投资的收益导向型投资者对这种模式不感兴趣。这个问题可以通过使用更长的基金期限或设立永续基金来解决。尽管更长期限的基金或永续基金适合长期分红导向型的投资者，但是目前市场上这类基金还只是例外情况。然而，这样就会产生各种问题，本节后面将更加详细地讨论这个问题。

一些期限相对较短的基金，在 10 年期结束时，为投资者设立了多数表决机制，决定是否将资产转移给第三方，将资产包在股票交易所上市，或重复地或无限期地延长现有基金的期限，回应投资者持有更加长期资产的意愿。有兴趣转让基金份额的投资者有相应的退出机会。投资者自然可以单独或者联合购买基金出售的相关资产，或继续自主运营有关资产或请管理人打理。然而，这些情况并不理想，因为在投资者与基金管理人之间存在利益冲突。这些方式的长期可行性还需要进一步检验。截至目前，几乎没有基金已经成功转换为长期结构。

基础设施投资基金可能并没有最优的基金结构，因为基础设施资产的范围很广，没有哪类结构可以适合所有的资产类型，更不要说投资者风险偏好的差异性非常大了。这本来不是一个问题，只要选择的基金结构与基金的投资策略相匹配即可。一般说来，那些期限较短的类似私募股权的基金，适合资本收益导向型的投资策略。诸如专门的绿地项目基金的目标是投资那些涉及开发阶段或建设阶段的项目，在某些情况下获得类似于私募股权的目标回报率之后即迅速转手。这一点同样适用于直接投资于那些具有典型（私募）股权特征的运营类基础设施公司，它们有类似的市场风险或较高的结构重组要求，且同类交易通常由私募股权投资者执行。相对而言，更长期限或永续结构更适合于收益导向型投资策略，投资于有稳定当期收入的良好运营类资产，例如特定类型的传输和配送网络（电、水、油和气管道）、可再生能源发电厂和（可用性付费基础上）PPP 资产（交通或社会基础设施）。

因此，在考虑投资特定基金时，基金宣称的投资策略是否与投资期限相匹配，是一项必要的判断标准。这里需要重点强调，对基金期限做出的任何实质性改变，需要相应调整费用结构及绩效分享规则，不仅是数量还包括种类，以反映新的期限变化。这可能是一项具有挑战性的任务。

4. 费用

与期限一样，目前基础设施投资基金的收费，也采用与私募股权基金较一致的方案。然而，越来越多的投资者和基金管理人已经明白，这种"一刀切"的模式并不足以反映底层基础设施资产、现金流特征及基金期限的差异。对保守投资机会感兴趣的投资者，一般不愿意支付与私募股权投资基金同样高的费用，却只获取跟债券差不多的回报率，于是开始寻求替代性收费方案。同时，如果不考虑差异很大的资产特征，管理人用于确定和执行优秀基础设施投资所要付出的时间与精力，在很多情况下（特别是涉及特定资产时）与私募股权投资不相上下，例如仍然处于开发阶段或在产生足够回报率之前需要进行重组的资产。

通常，对于期限为 10～12 年、目标回报率是 IRR 达 15%～20% 的基础设施基金，没有实质性的理由不执行私募股权基金的费用结构。在基金投资期（3～5 年），私募股权投资基金一般按承诺资金的 1.5%～2.5% 收取管理费。因为要执行投资活动，投资期通常是基金管理人产生成本最高的时段。基金存续期中剩余的 5～7 年，通常收取投资余额 1.5%～2.5% 的管理费，随着投资的逐步回收，实际支付的费用会逐步下降。资产的成功退出会给投资者带来预期投资回报率。

对于那些期限长达 25 年甚至更长的基金（如永续结构），随着时间的变化，投资本金不会减少或特别慢地减少，不论是依据所付出的实际时间和精力，还是所产生的回报率，管理人都无法论证这种特征或水平的收费结构的合理性。针对这一点，最近 OECD 的一项研究指出："在非上市基础设施股权市场上，一个产生紧张关系的关键领域，一直是投资者与基金管理人关于基金费用种类和费率存在利益冲突的领域。管理人过去对核心基础设施所收取的费用经常过高，类似于私募股权投资基金的费率，不过私募股权投资基金的回报率要高一些"（OECD，2014a）。投资资金根本不会减少或只是慢慢减少的原因，在于投资者乐意永远（或直到 25 年期结束）持有其资产，而没有（提前）出售的意愿。

绩效费也应该调整，以便反应基础资产的特征及特定投资者的投资目标。典型的适用于私募股权投资基金管理人的 IRR 基础上的绩效费（15%～20%，绩效超过特定阀值后也很少能达到 30%），对于期限长达 20～25 年或永续期限、追求稳定收益的基金而言，就算真的有，其适用性也很有限。为何会这样，可以通过上面介绍的投资者的例子解释：其投资目的是想获得与其债务相匹配的长期、稳定、随通货膨胀调整的收入现金流，即使当期可以获得有吸引力的转让价格，大多数投资者也不愿意出让其资产组合中的高收益、长期限的资产。产生这种现象的主要原因是再投资风险，即投资者不能将回收资金很快投入到同等水平的优质资产上。不过，那些旨在获得 IRR 基础上的绩效费的基金管理人有很强的激励尽快出让那些有市场吸引力、高收益的资产。当高质量的资产确实稀缺或市场很快会出现这类资产时，基金管理人特别愿意出让这些资产，因为此时可以卖出好的价格。

好消息是这些利益冲突已经被知晓且可被预测，很大程度上可以通过修改期限或条款解决。一种按一年、两年甚至三年的业绩且基于分红率的绩效费，或综合考虑分红率与 IRR 的绩效报酬，可能更适合这种长期限、买入并持有、分红率驱动的投资策略。基金管理人通过合理设定分红率的阀值，就可避免产生进一步的利益冲突。为了达到分红率的阀值，基金管理人可能会尽早从资产组合中的资产中挤出每一分钱。不过，这个问题也可以被解决：首先，基金的寿命要特别长，因为需要产生持续的分红率，基金管理人无法过分涸泽而渔；其次，设置红利分配的上限，引导基金管理人在基金生命周期内平衡红利现金流，而不是某个时候出售大量资产，或过分挤压基金。

在此背景下，就像典型的私募股权投资基金，在出售整个资产组合直至基金清算后，才向基金管理人支付 IRR 基础上的绩效费，但是，那些期限特别长的基金会在这方面产生问题，因为从激励管理人的视角看，考虑到基金管理人的预期寿命，支付回报的时间可能距离现在太久。更进一步，这对于永续基金而言会产生无法解决的问题。由此，上面建议的按年、基于分红率的绩效费更加可取，可以给基金管理人提供合理的业绩激励。这种绩效费结构逐渐被市场各方所接受。

然而，如果不采用每个确定时期期末容易测算的分红率基础上的绩效阀值，而是以内部收益率（IRR）或净现值（NAV）作为计算基础，计算绩效费就会特别困难。它提出一个问题：在每个支付日如何恰当地对基础资产／组合中的公司进行估值？在实务中，针对这种情况，需要由普通合伙人和有限合伙人共同聘请"独立"价值评估机构，但是这么做不太理想！

然而，投资决策不能仅仅考虑收费水平。作为原则，管理水平比费用较低更加重要。同样重要的是，达成一致的激励机制，应当与投资策略及基础资产相匹配，以确保投资者与基金管理人真正实现激励相容。

5. 流动性风险

与投资私募股权投资基金一样，非上市基础设施投资基金面临有限的流动性及可处置性。然而，这类风险经常被夸大。目前，基础设施资产和基金都有活跃的二级市场。二级市场的投资者很欢迎那些部分或全部金融产品化、产生稳定当期收入的优质资产，经常可以获得比较理想的转手价格。尽管这类资产的流动性不能与市场化交易的股票相比，但是其退出风险是相对的。第一，很多上市基金只有理论意义上的流动性，因为交易量很低。第二，当市场波动时，有流动性的上市基金/资产可能一夜之间价格暴跌，因此即使基金或资产可以交易，等投资者决定出售时，所能得到的交易价格很有可能相对于其 NAV 有很大程度的折价。第三，大多数机构投资者明确表示，希望持有基础设施资产的期限可以长达 10~20 年甚至更长，目的是与其债务的久期结构相匹配。基于这一明确的目标，机构投资者没有理由过分担心这类资产能否每天交易。

6. 可比性/业绩基准

即使在澳大利亚、加拿大及英国这类国家中，基础设施投资的深度仍相对不够，历史也相对较短。如何准确测量与比较/对标现有基金管理人的绩效，成为一个问题。尽管这个领域中有一些最新研究，相对于 6 年前本书第 1 版时的情况已经取得长足进步，但是关于历史交易的可靠的绩效和现金流的数据仍然有限，相对不可靠。根据第 2.1.3 节列出的最常用的却往往仍然是次优的绩效基准，适用于基础性交易的估值方法、绩效与波动率以及相关性数据，其信息价值都特别有限。总之，基础设施领域仍然缺乏国际公认的或标准化的绩效基准，这意味着对资产及特定管理人的经验进行单独分析，仍然更加重要。基础设施资产的范围特别广，行业及子行业内的资产的异质性很高，基于以上原因，难以确定有实质意义的绩效基准。行业正在针对这个问题进行攻关，市场上已经出现首批合理、可靠的建议性方案。

7. 政治/规制风险

基础设施领域中的私人投资从来不会是纯粹的私人事务，通常涉及政府与公众。不同的利益相关方有不同的利益诉求，在投资的生命周期内的介入程度存在差异。利益集团和非政府组织会发出声音，在选举压力下政客可能会考虑短期利益。因此，这些复杂的背景会产生诸多风险（第 5 章将详细介绍并举例）。

对于私人拥有或运营之前由公共部门持有的资产，不论是通过 PPP 方式还是完全私有化的途径运作，仍缺乏广泛的公众接受度，从而会产生一些问题——尽管在英国、澳大利亚及西欧国家中，目前的公众接受度已倾向正面。不过，在英国，反对私人融资计划（PFI）的声音还很盛行，主要意见有：缺乏透明度，增加成本，给未来纳税人积累了巨额表外负债，金融行业获得过高的收益率等（EIB Papers，2010）。类似的反对与困难存在于其他国家及行业中，难以被消除。

更进一步，当涉及这类资产的成本分担与收益分配时，中央政府与地方政府之间的政治争议往往不可避免，这种争议会导致重大项目延期。取决于合同的性质，这种形式的项目延迟会给私人投资者的回报率产生负面影响。针对这个问题，法通保险集团（该公司是列入英国《金融时报》100指数成分股名单的一家英国金融服务公司）的首席执行官奈杰尔·威尔逊（Nigel Wilson）阐明"对经济发展最大的风险仍然是持续存在的政治和规制不确定的背景"。提及英国政府广为宣传的"国家基础设施建设计划"，比"3750亿英镑的意向性清单"还要稍微多一些，威尔逊强调，随着政府领导人及其优先事项随时间而发生的改变，可能存在极端的政治风险。"你可以投资但发现游戏规则已经改变"（Osborne，2014）。

外国（私人）投资者接管核心基础设施资产时，可能会面临严厉的公共批评，并且可能会导致东道国政府对此采取行动。在加拿大，关于"战略性资产"的争论，已经用于设法阻挡一些最近提议的外国基础设施投资行为，例如沃伦·巴菲特的伯克希尔-哈撒韦能源公司，提议并购AltaLink公司，该公司是在阿尔伯塔省拥有重要电力配送资产的电力公司。这项并购招致一些反对的声音，反对者的理由是电力配送资产是"战略性资产"，应当保留在加拿大人的手中（Mintz，2014）。

另一种形式的政治风险，与政府未能履行之前对某项交易的承诺有关，例如，信用担保或与特定服务绩效相关的有保证付款（如公路的财政可用性付费或可再生能源的上网电价）。对于这类政治风险，我们之前总是以为只与新兴经济体及非民主国家有关，但是金融危机和希腊的持续性危机表明，OECD的部分国家也有可能无力或不愿意履行义务。当前，大多数人忽略的一个风险因素是，为包括政治风险在内的各类基础设施交易的各个方面提供保险的保险机构，也有可能违约。

除上述那些方面外，还存在实质性的规制风险，特别是在诸如交通、（可再生）能源传输和供应、供水/污水处理等高度规制的行业中，这类风险大多数缘于政治因素。规制条件的改变，例如降低物价水平的压力，打破垄断/寡头垄断的行业结构提升竞争性，可能对特定交易的收入、成长性及运营收益产生重大影响，可能导致考察过程中的项目对私营投资者失去吸引力。例如，行业游说组织欧洲保险机构的迈克拉·科勒（Michaela Koller）局长说，欧洲保险机构作为长期投资者的角色可以受到新的第二代偿付能力监管规则的负面影响，这是因为新的监管规则要求公司"对其长期投资需要保有不合理的高额资本金"（见第5.2.5.1节）。科勒继续指出："新规则导致保险公司投资长期政府和公司债券以及诸如基础设施项目等增长性驱动的项目资产的成本更高。"（Bloomberg Business，2014b）当投资实施后再改变规制政策，可能会对最初的商业案例产生极端的负面影响。一个突出的案例是，2012年挪威政府拥有的挪威国家石油公司，将挪威天然气输送网络公司Gassled出售给由外国投资者组成的联合体，该联合体成员包括阿布扎比主权财富基金、德国安联保险集团、加拿大养老金计划投资委员会以及加拿大公共部门养老金投资委员会等（Reuters，2014）。在交易完成仅仅几个月后，挪威政府显著地改变了规制政策，导致可获得的回报率下降了90%。另一个同样值得提及的典型案例是英国的机场运营商英国机场集团（BAA），多年来一直运营8个机场，被迫在一个限定期限内，出售至少两个英国机场（见第3章的专栏"私有化的案例"）。

除了导致低于预期的回报率，对卷入政治争议的项目的投资，可能损害投资者的声誉。另一个涉及声誉风险的因素是基础设施项目相关人员（不论是公司管理层还是政府官员，如规制者、立法者、执法者等）卷入腐败事件。

8. 法律与税务风险

基于投资项目及特定国家的规制政策往往规定，在交易执行之前，还需要确认和解决一些法律及税收问题。因此，涉及投资及税收法律的针对任何基础设施（基金）投资进行的专业法律尽职调查，通常很有必要。本书不再详细介绍这些风险，因为投资者面对的不同国家的法律和税收制度差异很大。

优秀的基金管理人能够在早期就预测到所有上述及类似的风险，要么有足够的资源以靠谱的方式解决这些问题，要么会由于不透明或者不确定的利益冲突而面临很多不可控或无法解决的风险问题，决定放弃特定项目。第5章将详细介绍某项投资所面临的全部一般风险及与项目/资产相关的特殊风险。

2.3.2.4 直接投资/共同投资

直接投资基础设施项目，可以使用高度定制化的非常明确的投资策略。然而，这种投资不仅是资金密集型的，还是劳动力密集和资源密集型的。执行直接投资项目，需要众多在基础设施不同领域中有丰富经验的、老练的投资专业人员，具有经过证实的业绩记录以及在相关投资领域及目标市场上有广泛的关系网络。公司内部维持一支水平适当的专业团队的成本巨大，只有那些管理资产规模高达数百亿美元的大型财务投资者，或者传统的战略投资者，才能承担得起这种成本。

大多数财务投资者如果缺乏外部支持，就没有能力实施直接投资，因为他们达不到必要的投资规模以配置足够多的专业资源。由此，有一些专业的基础设施投资顾问，依托定制的管理账户甚至逐单提供服务。这种方法允许投资者控制投资决策，从顾问那里"内包"基础设施交易和管理经验（见第2.3.2节）。还有一种情况，很多基金给其投资者提供共同投资的机会，授权投资者直接跟它们的基金一起投资选定的交易。这两种方法均允许投资者跟随其顾问或基金管理人，了解这个资产类别及投资尽职调查过程的相关步骤。与基金管理人共同投资的一个好处是可以降低总体的成本负担，因为共同投资部分通常不收费，或者至少会减少收费。不过，当与基金管理人共同投资时，可能也会存在一些问题或利益冲突。第一，在大多数情况下，只有投资者首先投资了基金，才享有共同投资的权利。基金的总体投资特征可能并不能与投资者的要求相匹配，可能只有部分资产符合投资者的胃口。第二，当然，基金管理人只会选择并提供那些符合基金投资策略，但规模太大，若基金单独投资搞不定的资产用于共同投资，这不一定符合投资者的策略（选择性偏差）。第三，基金管理人有决定资产杠杆率的自由裁量权，往往会采用高于保守的财务投资者的意愿杠杆率，而财务投资者出于风险控制或更高的资金配置的原因，越来越倾向于用很低甚至无杠杆的方式收购资产。第四，基金管理人通常在基金到期时必须出售资产。如果投资者有更长的投资期限并希望永久持有资产，则只能通过常规的竞争性出售流程购买，除非延长基金的期限（见第 2.3.2.3 节）。

另外一种（可能更好的）共同投资方式是与志趣相投的财务投资者（也有可能是战略投资者），采用"抱团"投资方式，以显著地减少利益冲突。这种方式不需要投资一只采用不合适的投资策略的基金以解决选择性偏差，允许投资者就财务杠杆达成联合协议（单个投资者可以自主采用更高的杠杆率），同时投资者联合体可以在合意的期限内持有资产而不需要考虑基金期限。基础设施投资顾问向那些想采用"抱团"投资方式，但缺乏必要技能和资源的投资者提供服务。

第 2.3 节说明，对大多数投资者来说，投资非上市基金或管理账户，实际上是最明智的熟悉基础设施资产的方式。本节解释了分析基金投资的重要考虑因素，包括如何评估投资管理团队及其投资策略，如何着手分析直接投资，以及特定基础设施基金的主要条款与条件。

不过，问题仍然存在，如果不能理解基金领域的全貌，或者没有充分的能力评估现有底层项目/资产或投资渠道，要选择合适的基金（或母基金）并非小事且不容易实现。不过，对特定项目/资产的相关因素（比如行业、阶段、地理位置、条件与市场等）的了解，可以起到很重要的作用，同样重要的是这些项目与资产相关的交易结构和合同安排（如长期购买/供应合同、政府保证、对特有风险的保险）。这是因为这些条件的存在和特征，很大程度上决定了特定项目/资产的风险收益特征。

按照本书的写作目的，我们将在后续各章为投资者提供进一步的理论知识和实践案例，对于其中一些会进行详细讨论。这些信息让读者能够对基础设施投资的重要方面（包括复杂的（项目融资）结构）有更深入的理解，由此帮助投资者分析资产组合或通道中的特定项目/资产的风险收益特征。这些知识不仅对评价基金管理人的品质有用，最为重要的是，对于选择投资顾问或执行共同投资或随后进行直接投资也同样有用。

第3章 PPP

Infrastructure as
an Asset Class

组织模式

　　基于不同行业、国别或开发阶段（绿地还是褐地项目）的比较、评价、分析基础设施领域中的私营投资现象，虽然经常被观察到，但显然还很不够。不过，在任何投资行为的尽职调查中，我们都需要针对基础设施项目和存量基础设施资产的最为重要的国别、行业及项目特点进行全面分析。为此，第1.3节提供了初步的系统性分析框架，本章将进一步详细说明该框架。

　　由于篇幅所限，本章对于国别特征的分析仅限于第1.1节的内容及贯穿全书的国际案例，不再专门进行系统性的分析。第4章将详细介绍某些行业与子行业的特征。本章重点介绍项目/资产层面的特征，大多数特征如图1-7所示。本章的讨论基于一个适用于全球各地基础设施项目与资产的各类组织模式的普适性的、复杂的"组织模型"——当然我们很清楚，该模式确实存在国别特征上的差异。虽然该"组织模型"重点针对新项目开发，实际上也为存量资产的尽职调查提供了基础。

　　从全球范围讲，主动性投资者对于清晰地确认和界定基础设施项目/资产的不同组织模式及其各自决定因素，有根本性的利益所在和切实需求。他们寻求超越国别因素来描述、分析这些模式。仔细观察，我们可以清楚地发现总体组织模式是由那些独立的、可界定的子模式构成或"决定"的，如图3-1所示，具体子模式包括私有化模式、合作模式、商业模式、合同模式及融资模式。

3.1 私有化模式

　　私有化经常有负面含义。在讨论出让国有资产时，有人常说"出卖传家宝"；在评价过去由公共部门负责生产过程或提供服务的项目的私有化时，有人常说"利润

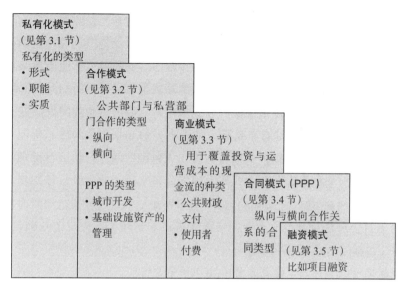

图 3-1 组织模式的决定因素

私有化、损失国有化"。不过,实质上,"私有化"这个术语只是用来描述从公共部门向私营部门转让资产或职能的高度复杂的过程。它可能是一项简单的采购过程,如采购一项之前由公共机构以"自营工程"内部执行的设计、咨询、建设及设施管理服务,或者对某家整合形式的服务提供商实施不同程度的私有化,如德国国家铁路公司、英国的泰晤士水务公司。这种私有化对社会整体带来正面还是负面效应,不能统而言之,应该根据单个案例进行具体分析。

同样的情况也会出现在公私合作模式(PPP)的案例中。至今,"PPP"这个术语还是与很多差异特别大的事情搅和在一起,与私有化之间的误解只是例子之一。

3.1.1 私有化与PPP

私有化与PPP之所以会让人产生混淆,一个根本的原因在于,如果进行国际比较,PPP的历史发展以及人们对PPP实际上是什么的理解,在不同国家表现为特别不同的模式。最早在20世纪60年代,美国曾使用"PPP"这个术语指典型的有私营机构参与的城市开发项目。随后,这个概念扩散到全世界,并形成以下含义。特别是,较大的城市期待有私营投资者参与或提供帮助来开发棕地及废弃耕地,既充分地反映城市设计目标,又让投资者获得商业利益。公共机构通常提供土地,由私营伙伴筹集资金开发、建设和销售不动产及相关基础设施,遵守相关城市设计标准及其他公共需求,即私营投资者自主运作并自担风险。合作关系的构建基于长期视角而非有限的期限，目的是实现有关城市开发的共同理念。合资还是完全由私营公司出资，取决于交易结构。

PPP 随后作为公共部门在社会基础设施及基础设施管理等领域中的一种采购方式而闻名全球。英国在 20 世纪 90 年代推行的私人融资计划（PFI），率先将 PPP 模式标准化，随后以多种方式在全球推广并逐步流行，成为公共部门可选择的采购方式，同时成为私营投资者好的投资机会。这种类型的 PPP 模式的核心特征是：将之前由公共部门负责的公共基础设施项目的设计、建设、融资、维护及运营等构成的综合性服务，按照全生命周期的方式在有限期内转移给私营合作伙伴。其主要目标是提升公共服务的提供效率。不过，另一个很明确的目标（可能重要性有所差异），是解决由于社会公众及其他资产使用者需要或要求尽快实施或改造基础设施项目，所导致的公共部门的资金瓶颈问题。

概括起来，以这种方式定义的 PPP 有以下主要特征：

- 采用全生命周期方法；
- 通过合适的职能分配实现效率提升；
- 基于平衡的风险分配结构将实际风险转移给私营部门；
- 通过结果导向的绩效标准及补偿机制，构建激发私营部门创新潜力的激励机制；
- 利用私营部门的专业经验及资本；
- 在合作基础上的长期关系，特别要遵守合同约定；
- 公共部门设定规则及规制机制。

上述特征描述了在很多国家使用的 PPP 概念，这些国家运用这种采购方式，并基于本国特色对 PPP 模式有所发展。加拿大、澳大利亚及一些欧洲国家对 PPP 的理解，已经达成某种相似的共识，具体见下面这个专栏。

公私合作关系（PPP）

PPP 是公共部门与私营部门为高效实施公共任务而采取的一种长期的合同式合作关系，在一个联合的组织关系中整合必要的资源（如专业经验、设备与设施、资本、团队等），合理分配项目各类风险以反映各合作伙伴的风险管理能力。

资料来源：German Federal Ministry of Transport, Building and Urban Affairs (2003).

基于这种理解，PPP 是公共部门可以选择的采购方式之一，与传统采购方式不一样，不再将某项公共服务价值链中的单项要素进行批量采购（还包括特定部分的

内部供应），而是基于整合性的全生命周期的服务绩效运作。在不动产与基础设施领域中，PPP 整合设计、建设、融资、投资、维护与运营等阶段。这些服务基于公共与私营部门之间的长期合作，需要按照全面的合同条款提供。在理想状态下，公共部门应当履行政府责任及那些至关重要的职责，具体包括：

- 决定需求，即决定需要提供什么及其地址、规模、功能、质量及财政事务；
- 政府审批的方式及流程，未必包括必备材料的准备；
- 组织并确保各机构竞争时"按市场规则"，即目标服务的招标及授权流程进行；若有可能，需要"管控市场"，如对长期 PPP 合同导致的各种垄断状况进行规制；
- 监控私营合作伙伴的绩效。

相对地，私营公司承担在市场经济条件下比公共部门效率更高的全部运营职责。这就需要进行职能包的分解及随后的重构，并根据政府架构及相关资源进行调整及优化。

上述定义还表明，PPP 模式中的"生产还是购买"决策不仅转移相关职能与任务，还特别地包括相关风险。该决策的目的不是转移尽可能多的风险，而是实现风险分配的平衡。从公共和私营伙伴的视角看，项目参与方无法控制的不可预见风险，毫无疑问会导致不合算的方案。

根据本书的理解，这种想法通向 PPP 实际上是什么的核心领域：PPP 是公共部门使用的一种采购方法，首要目的是实现相对于传统方式的效率提升。这些认识必须在项目开发阶段得到确认和系统性运用，并最终通过合同来保障。在合同期间必须可持续，这意味着与理论上的传统方法相比，应当保持其价值，即使在如此长的时期内会发生一些不可预知的事情。

需要指出的是，在很多国家中，系统化的 PPP 标准化流程和对 PPP 概念达成的共识，只存在于特定基础设施行业中（例如，在德国只是在道路交通和社会基础设施领域）。在其他行业中，如供水和污水处理、能源及垃圾处理行业，PPP 及相关理解与术语，在历史上是按照不同的方式发展的。这种经历在欧洲及全球很多国家（如法国、意大利、荷兰、西班牙）具有典型性。

在亚洲、拉丁美洲及非洲，使用 PPP 这种采购方式时，特别是诸如收费道路、供水与污水处理等直接由使用者付费的 PPP 项目，对效率提升的关注，让位于对融资问题的关注。通常由于预算约束，项目开发者明确的优先目标是吸引私营资本来实施基础设施项目，有时会不计成本。中国与印度等高速发展国家的经济发展速度可以与 20 世纪 60 年代及 70 年代处于经济繁荣期的西欧国家相媲美，所以它们可以而且应当能够利用 PPP 方式，满足基础设施建设的巨大需求。与那些具有很低长期增速的国家相比，它们的相关债务可以在更大程度上视为对子孙后代的投资。

欧盟成员国建立了新增债务规则，作为《马斯特里赫特条约》的过度赤字程序（EDP）的一部分。这种规定影响了基础设施投资。一个特别相关的问题是在何种条件下基础设施投资应当被纳入公共债务，还是被视为"表外项目"。在全面实质私有化模式下，基础设施投资通常可以被视为"表外项目"，而在部分实质私有化模式下，特别是 PPP 模式下，在实施职责分配时必须考虑具体的环境。欧洲统计局就此事发布了如下指南。

> **《马斯特里赫特条约》的过度赤字程序（EDP）**
>
> 2004 年，欧共体的统计办公室（Eurostat），决定在国民账户中按如下规定处理 PPP 项目相关资产（Eurostat，2014）：如果某 PPP 项目的建设风险、违约风险或需求风险被清晰地、全面地转移给私营公司，该 PPP 项目的资产不再被视为政府资产，按照《马斯特里赫条约》的标准也不再被视为政府赤字。该决定特别适用于特许经营项目，以及政府是合作方所提供服务的主要购买方时，不需要考虑需求是直接来自政府还是第三方使用者，这适用于某些社会及交通基础设施。从 2011 年起，随着《〈马斯特里赫特条约〉的过度赤字程序协定》的正式执行，欧盟各国政府必须按照欧洲统计处理规则考虑 PPP 项目对政府债务和赤字的影响。至于国民账户，每个欧洲国家可以自主决定 PPP 项目是政府资产还是非政府资产。这一规定降低了为大规模基础设施投资设立表外影子预算的激励因素，提高了欧盟范围内国家债务的透明度。
>
> 如果项目在国民账户中被视为非政府资产，则必须确证建设风险已经全部且全面被转移至私营合作伙伴处。例如，如果政府支付的前提是资产的有效使用状态（如在项目建设完工之后才进行支付），这一条件就已经得到满足。此外，项目发起者还必须考察违约风险或需求风险是否由私营合作伙伴承担。如果政府有权根据私营部门的服务缺失，显著降低其定期支付的金额，则此时可以被视为违约风险已经被转移给私营合作伙伴。如果不是因为私营合作伙伴的行为，市场需求的波动导致私营公司收入的明显变化，可以视为需求风险已经被转移给私营合作伙伴。然而，投资者对每一个具体的案例还需要进行更加详细的分析，判断相关项目是否满足欧盟的规定，考虑所有风险是否被转移给私营合作伙伴及政府提供担保的情况。

"PPP"这个术语在不同国家有不同的含义，甚至有时在同一个国家不同行业中也会有不同的含义。在这种环境下，为 PPP 概念找到某种基本共识的共同基础的唯一方式，可能是将政府与私营机构的每一个或各种形式的合作都视为 PPP，不管是否包含职能私有化还是实质私有化，是政府委托还是自主发起，是基于合同条款还是松散的联合，或是否有私营公司出资等。

如果这样，对公共机构或私营公司执行尽职调查工作就没有特别大的帮助，由此需要对这些具体关系进行精确的描述。这种无组织的方式所产生的严重的负面经济后果，已经引起欧洲投资银行（EIB）的注意。为了应对这种局面，2011 年 EIB 在卢森堡发起设立欧洲 PPP 专业中心（EPEC）。EPEC 力求（至少是在欧洲范围内）对基本概念和术语提供某种程度的协调，并连接欧洲各国的现有 PPP 专业中心。其目标是形成一个可以进行广泛经验交流的网络（第 7.4.3 节将进一步介绍）。截至 2015 年，30 个不同国家的 35 家公共机构成为 EPEC 网络的成员。实现欧洲 PPP 流程统筹目标所取得的一个重要进展是 EPEC 发布《制定 PPP 指南的指导意见》，以及在成员国之间开展涉及能力建设、政策和项目支持等方面的各种活动。实际上，EPEC 的活动与指南，旨在包容各国或不同基础设施行业对 PPP 的不同理解，为未来发展和协调欧洲范围内的采购形式提供一种 PPP 框架。

同时，本书寻求通过不同的方式，以实用及可行的方法来解决这一问题。本书接受由于当前特定的政治、法律、组织原因，所造成的不可避免的现有差异（不考虑前面介绍的历史发展因素），甚至不再试图找到另一个关于 PPP 的定义，因为新定义很有可能比现有各种定义的接受度和实用性更低。相反，本书提供的"组织模式"可以对国际上任何一种复杂的私营部门参与计划（PSP）进行系统性的分析和归类，不论该项目类型是否叫 PPP。实现这个目标是通过将项目分类为私有化、合作关系、商业、合同及融资模式，让其透明化和可比较，并且特别关注内在的风险分配。这种方法可以基于模型描述任何一种形式及 PPP 概念，让其可以比较。这种方法可以描述任何种类的公共基础设施采购形式和定义，由此基于它们的各自特征及使用的私有化类型分析基础设施项目。

下面三节将描述及区分三类私有化模式之间的差异：①形式私有化；②职能私有化；③实质私有化。用于区分这些形式的私有化的核心特征如下。

- 向私营部门转移职责的性质与范围：需要区分不能转移的政府职责与基本生存条件的保障，以及可以转移的大多数运营职责，特别是存在充分竞争及没有证据表明存在市场失灵的领域。
- "供应职责"的承担：这与谁负责决定需求相关，就基础设施资产而言，是指由哪一方决定何地、何时建设，维持能力以及具体的规模与质量要求。

- "产权归属"：本书讨论的大多数私有化形式，因为法律及在很多情况下的宪法原因（禁止转移所有权），相关实物资产的所有权仍然归属于公共部门，即使向使用者提供基础设施的具体职能已经以最大可能的程度被转移给私营部门。
- 私有化的期限：私有化往往限于具体职能转移后的某个特定时期，也就是说，在期限结束时公共部门承担之前已转移的职责，或者再次通过招标将它们转移出去。

图 3-2 按照上面介绍的特征给出了各种形式的私有化的概况。

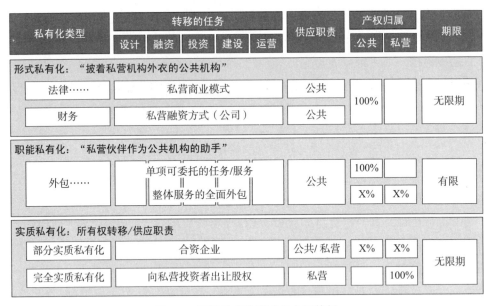

图 3-2　不同私有化模式的主要特征

3.1.2　形式私有化

形式私有化是指将某个行政性质的公共机构改制为一个私法性质的公司，通常采用有限责任公司的形式。公共部门仍然是其唯一的股东。这个过程涉及单纯的法律上的私有化。如果该公司从非公共渠道获取资本，即可定性为财务私有化。在全球范围内，形式私有化是基础设施领域中使用范围最广的私有化形式，存在于所有基础设施行业中。其目标通常是将负责特定基础设施任务的部门从公共机构中剥离出去，组建一个法律上和财务上的独立机构。该部门实现法律私有化后，通常采用公法机构（如特殊公共机构）或其他严格的公法公司的组织形式。然而，形式私有化往往是更进一步的实质私有化的前奏，通过首次公开上市或向战略投资者、财务投资者转让股权，实现部分或彻底的实质私有化。下面我们将简要介绍在不同国家实施不同程度私有化的部分典型案例，有些只是形式私有化，其他则进一步发展到实质私有化（第3.1.4节将对此进行讨论）。

私有化的案例

德国联邦铁路公司（DB AG、DBAG 或 DB）是德国的国家铁路公司，法律上是一家由德国联邦政府持有100%股权的私法股份公司（AG）（形式私有化）。按照"铁路改革"方案，该公司先是通过服务外包，随后于1994年进行形式私有化，作为原国家铁路系统的继承者，组建了西德铁路公司及东德铁路公司。经过1999~2007年的多次后续改革，公司及其股东的长期目标是通过上市实现部分私有化。长期以来，这是一个存在严重争议的政治议题，至今还没有形成决策。其中的一个核心问题是，铁路网络是否应该纳入部分实质私有化的范围，即采用整合模式还是分离模式。

希思罗机场集团（原英国机场管理局）成立于1965年，从1966年以来就一直是希思罗、盖特威克、斯坦斯特德和普雷斯蒂克等机场的所有者。1986年的《机场法》将英国机场管理局进行形式私有化，改制为上市股份公司。此后形成的新公司即著名的英国机场集团（BAA）。作为随后连续进行私有化过程的一个阶段，BAA于一年以后的1987年首次公开上市。2006年，公司被西班牙著名建筑公司法罗里奥收购，从股票交易所退市（第4.1.4.4节还会继续介绍这个案例）。

奥地利公路集团（ASFiNAG）在1982年成立时，是奥地利联邦政府持股100%的下属机构（形式私有化），从负责相关职责的公共机构那里承担整个奥地利高速公路网络的设计、融资、建设、维护与运营的任务，总里程约2100公里。1997年，公司获得产权继续归属于联邦政府的主要道路网络中的全部物业及资产的用益权，以及该网络的收费权。ASFiNAG没有从公共财政得到任何财政支助，转移这些附加权利的目的只是为了提升公司的信用等级。除了形式私有化模式下的传统形式的政府采购，ASFiNAG还参与了奥地利道路网络中的道路PPP项目的投标。与ASFiNAG的原有模式不一样，这些项目采用职能私有化模式。因此，该案例反映了公共基础设施资产管理领域中的多层次私有化概念。

葡萄牙高速公路公司（Brisa）是通过形式私有化模式于1972年成立的一家政府拥有的公司。随后，葡萄牙发起一系列重大投资项目，扩展其高速公路网

> 络。之后，通过在股票市场出售股票，Brisa 的私有化过程继续向部分实质私有化模式推进。公司按照合同负责建设、融资、维护及运营葡萄牙高速公路网络，获得向道路使用者收取通行费的权利。1997～2001 年，葡萄牙政府将其股权分成几个批次，全部转让给私营投资者（第 3.1.4 节将继续介绍该案例）。
>
> 2005 年，法国政府对之前全资拥有的高速公路公司 SANEF、ASF 和 APRR，采用了类似的策略，在首次公开上市后再将政府持有的股份转让给私营投资者（本案例中主要是战略投资者）（第 3.1.4 节将继续介绍这个案例）。

形式私有化的主要目的是摆脱公共预算、集体谈判、行政法令等方面的约束，并且实现比原来的纯公共部门的行政机构的服务效率更高。然而，经验表明，形式私有化如果确实有效果，也只是在特别有限的程度上。

从规制的角度看，形式私有化的公司在形式私有化的行业进行竞争并不可取，通常不会进行公平竞争，市场均衡状态可能会受到干扰。照此，形式私有化应当被视为在不久的将来，实施部分或完全实质私有化的前奏（见下面的内容）。私营投资者对形式私有化的兴趣，限于之后可能实施的部分或实质私有化（参考前面的案例及第 3.1.4 节）。

3.1.3 职能私有化

职能私有化是指将之前由公共部门承担的职能，在特定期限内转移给某家私营公司。当涉及建筑物及构筑物的职能转移时，通常包括设计、建设或诸如清扫与服务之类的基础设施资产管理服务。术语"外包"也已经成为这种形式的私有化。

职能私有化包括 PPP 模式，或者至少包括那些符合本书所使用的定义的 PPP 模式，通过"全面整合性"的 PPP 合同，整合或授权在一个较长的、单独确定的合同期内（全生命周期方式）提供相关服务。因此，在职能私有化模式下，供应职责（见第 3.1 节的定义）及实物资产的所有权通常归属于公共部门。有一个例外是建设 – 拥有 – 运营 – 转让（BOOT）模式，即在有限的合同期内将资产所有权转移给私营部门，主要是出于税收原因（见下面的专栏）。对于合作模式及相关案例，我们将在第 3.2 节中详细介绍；对于商业模式，我们将在第 3.4 节中介绍。

> **雅典国际机场案例**
>
> BOOT 模式的一个著名案例是雅典机场。希腊政府持有雅典国际机场公司

> 55% 的多数股权（主要以土地资产入股），合计持股 45% 的私营股东负责设计、建设、运营并为必要的投资进行融资，直到 30 年的特许经营期（包括 5 年的建设期）结束后转移给政府。1996 年，该项目获得特许经营权。由于该项目的成功，希腊政府在 2009 年通过股票交易所出售部分股份套现其权益。同时，公共机构按股份享有机场产生的部分年度净利润。希腊国会经常讨论是卖出股份获得一次性收入，还是每年获取年度分红。不过，首次公开上市的日期已经确定，政府还没有决定是出售部分还是全部股份（AviAlliance，2014）。

3.1.4 实质私有化

从经济学角度看，只要市场有效，即没有市场扭曲或市场失灵，就可以合理地假设可以将某项职能全部转移给市场机构。不考虑其他方面，这意味着竞争性环境可以为相关功能性服务确定合理的价格与质量，由此确保为特定基础设施资产的使用者提供最优供给。这种情况也可以清晰地表明，至少从市场经济的角度看，相关职能不属于政府的核心任务。然而，实质私有化应当在大部分情况下不可逆，面临所有可能的后果，承受与或好或坏的具体时机相关的好处或坏处。当有迹象表明存在市场失败或市场失灵时，诸如外部性或安全问题，政府才能履行规制职责，只是使用合理手段进行干预。在特定情况下，政府补贴也可能是合适的干预方式，同时最大限度地吸收私营机制的优势。

实质私有化的核心特点是，除了全面的职能转移，为履行那些职能所需要的资产的所有权也会永久性地被转移。这构成政府部门的实质性退出。因此，供应职责通常也从公共部门转移到私营部门，基础设施的供应能力与价格随后也主要由供求关系决定。此时，政府从之前负责与整合型基础设施职能相关的全部实际性事务中退出。因此，与职能私有化相比，即使只是为了清晰地明确私有化运营的特性，实质私有化通常仍需要组建一家新的私营公司（形式私有化也要成立公司）。

根据私有化之后公共部门是否在公司中持有权益，将实质私有化分为部分或完全实质私有化。根据公共部门在合资私营公司中持有权益的具体比例，将部分实质私有化进一步划分为公共部门持有多数股权或少数股权。完全私有化意味着股东中不再包括任何公共机构。因此，只有部分实质私有化，才产生政府与私营部门之间永久的"横向"合作关系（见第 3.1.3 节）。

基础设施领域中经常出现市场失灵，这是政府必须保持某种形式的干预的理由，而纯粹的完全实质私有化（即永久性的 100% 的私有化）在公共基础设施领域中很少发生。实事求是地说，全球范围内最为全面的实质私有化可以在电信与能源行业中找到。即使在这种情况下，公共部门通常仍通过持有一份黄金股，保留对私营公司某种形式的影响。在完全私有化情况下，当公共利益，诸如使用者利益受到威胁时，政府能够且必须通过立法、规制及类似方法施加影响。下面是德国电信私有化的特写，作为全面实质私有化的案例展示给大家。

德国电信公司

德国电信公司，很快从一家按行政方式组建的垄断性公司，发展成为一家有国际化雄心的，富有创新性、活力和竞争性的服务公司。截至2014年，它已经成为德国最大的电信服务供应商，依据当年高达627亿欧元的销售收入，进入全球最大的通信服务公司之列，在超过50个国家有业务，员工达22.8万人（截至2014年12月31日）。其前身是公共部门性质的西德邮政与电信服务局。在1989年德国进行邮政与电信改革之前，联邦邮政与电信服务局是整个行业的总部。

在第一步改革中，西德邮政与电信服务局裂变为三家独立的公司：德国电信负责电信业务，德国邮政负责邮政业务，德国邮政银行负责银行业务。然而，这三家公司仍然共用同一个管理委员会，政治责任与政府职责还属于德国邮政与电信服务部（形式私有化）。

第二步，1995年1月1日德国邮政与电信行业进一步改革，三家公司改制为独立的合资股份公司：德国电信公司及其子公司负责电信服务，德国邮政公司负责邮政业务，德国邮政银行公司负责银行业务。第二步改革还明确在1999年12月31日之前，德国电信公司必须在股票市场上市，实际上于1996年成功上市，目前私营机构持有多数股权。这个过程又分为以下三步：① 1996年11月首次公开上市；② 1999年6月第二次增发；③ 2000年6月第三次增发。联邦政府的持股比例在第一阶段后从100%下降到74%，在第二阶段后下降到65%，在第三阶段后最终下降到58%。2001年5月，该公司通过现金与换股方式，吸收合并美国移动电话服务提供商VoiceSteam与Powertel，进一步降低政府的持股比例。

截至2014年12月31日，德国电信的股东结构如下：公众持股68.3%，德国复兴信贷集团（复兴贷款协会，代表联邦政府持有政府的部分股权）持股17.4%，联邦政府持股14.3%。

交通行业实施实质私有化的其他案例，还包括之前介绍的希思罗机场集团（原英国机场管理局）、较低程度的德国杜塞尔多夫机场集团的案例（这两个案例将在第

4.1.4.4 节中进一步详细介绍），以及德国领先的高速公路服务提供商"高速公路公司"。不过，交通行业的完全或部分私有化项目大多在机场或港口领域中。从某种程度上讲，这是因为与交通运输领域中的其他子行业相比，机场与港口这两个子行业的竞争程度显著要高一些。

如上所述，除能源、电信和特定交通（机场、港口）行业外，基础设施行业很少出现完全实质私有化，在公路交通行业中实际上根本没有出现（除路边服务外）。除了其他原因，可能是因为在道路交通行业中，道路通常是公共资产，全球任何地方都很少将相关土地转让给私营公司。此外，在这个子行业中要想清除垄断，几乎不可能。因此，采用有限期的特许经营模式（BOT 模式）而不转移资产所有权，是私营投资者参与公路项目的合适及常见方式（对适用于道路行业的不同模式的更加详细的介绍见第 3.3 节）。

这种情况也适用于法国（SANEF、ASF 与 APRR）及西班牙（Brisa）。第 3.1.2 节提到，这些公司先是形式私有化的基础设施公司（即政府全资拥有的私法实体），随后进行了实质私有化（即随后通过出让方式逐步将股权转让给私营机构）。然而，严格地说，它们只是出于特定目的而设立的特许经营公司，在有限期限内并不拥有资产，但拥有实物基础设施资产的用益权，即授权公司根据合同要求设计、融资、建设、维护和运营这些资产。特许经营期的长度可能差异很大，为 20～90 年。特许经营期结束后，特许经营公司要将承担的职能交回政府。政府可以选择再度通过招标外包出去。基础设施管理公司（基于特许经营合同负责管理基础设施网络的特定部分）的私有化，必须跟授予特许经营权的特殊目的公司（SPC）区分开来，该 SPC 签约负责特定项目或网络的特定职能。该特殊目的载体在法律地位上一直是且应当保持与管理公司（形式或实质私有化）及其股东（公共或私营）之间的独立状态。按照本书构建的分类体系，考虑到特许经营权的临时性，特殊目的载体最终被纳入职能私有化的范畴。下面，我们将进一步介绍 Brisa、SANEF、ASF 和 APRR 等基础设施管理公司的发展历程，以及它们从形式私有化到实质私有化的私有化过程（见第 3.1.2 节对这些案例的最初介绍）。

Brisa 等公司的私有化案例

1981 年年底，形式私有化后的 Brisa 获得首期特许经营权，授权建设约 390 公里的高速公路。政府直接持有公司 90% 的股份，国有银行 CGD 及公共机构 IPE 各持股 5%。1997～2001 年，政府持有的股权分四批被出售：1997 年出售 35%，1998 年出售 31%，1999 年出售 20%，2001 年出售 4%（合计 90%）。Brisa

曾经的主要股东是：José de Mello 公司、阿伯蒂斯公司、Arcus European Fund I（原 Babcock & Brown 欧洲基础设施基金）。约 35% 的股份将在公开市场上自由交易（Brisa，2009）。2012 年，塔霍河控股集团成功提出对全部 Brisa 股份的收购报价。最终，2013 年 4 月 12 日，Brisa 正式从欧洲证券交易所下市（Brisa，2013）。Brisa 高速公路项目的特许经营权将于 2035 年到期。

在实施部分实质私有化之后，法国政府降低了其在高速公路公司中的股份，对 SANEF 的持股降至 76%，对 ASF 的持股降至 54%，对 APRR 的持股降至 70%。股权转让分多批实施，大多数通过股票交易进行。因此，政府持有股权之外的股票大都是流通股。2005 年年底，法国政府决定通过公开招标的方式向战略投资者或财务投资者出让其剩余股权。最终的结果是：阿伯蒂斯得到 SANEF（1743 公里），万喜得到 ASF（3124 公里），由埃法日集团、麦格理基础设施集团（MIG）和麦格理欧洲基础设施基金（MEIF）组成的联合体得到 APRR（2260 公里）。法国政府共收到 150 亿欧元。

意大利也实施了类似的交易，如对 Autostade 的私有化，以及西班牙对西班牙国家航空公司的私有化。

3.2 合作模式

很明显，在区分私有化模式时，不是所有形式的私有化模式都必定会有私营部门在法律意义上的参加。如图 3-3 所示，在形式私有化模式中，没有私营公司持股，也没有私营部门参与（PSP），而在彻底的实质私有化模式中，却没有公共部门参与，私营部门独立进行市场化经营。因此，公共部门与私营部门之间的 PSP 或伙伴关系，只存在于外包模式下的职能私有化或部分实质私有化模式中，可参见图 3-3 中背景标黑的几种情形。

按照这种分类，横向合作关系与纵向合作关系存在结构上的差别。在职能私有化模式下，涉及合同（纵向）PPP 及机构（横向）PPP。图 3-4 介绍了上述两种属于职能私有化模式的合作关系及部分私有化模式中的横向合作关系之间存在的结构性差异。需要指出的是，职能私有化中的横向合作关系又称为"机构 PPP"（在欧盟 PPP 绿皮书中称为"机构化 PPP"；European Commission，2000a）。不过，为了清晰地区分完全没有所有权或只拥有临时、有限的所有权（职能私有化），与永久性地从公共部门向私营部门转让所有权（实质私有化）的不同模式，本书仍然将部分实质私有化模式称为"横向合作关系"，而不是 PPP。

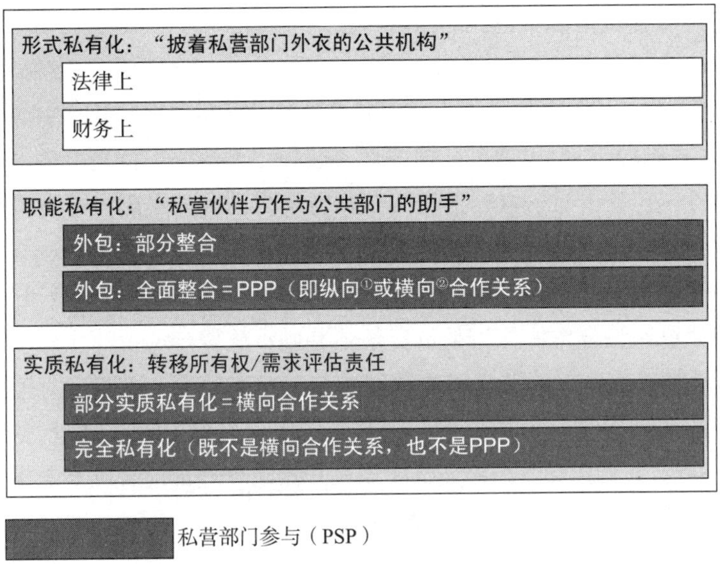

形式私有化：“披着私营部门外衣的公共机构”
法律上
财务上
职能私有化：“私营伙伴方作为公共部门的助手”
外包：部分整合
外包：全面整合＝PPP（即纵向①或横向②合作关系）
实质私有化：转移所有权/需求评估责任
部分实质私有化＝横向合作关系
完全私有化（既不是横向合作关系，也不是PPP）
私营部门参与（PSP）

图 3-3　是否有私营部门参加的私有化模式

①又称为合同 PPP。

②又称为机构 PPP。

合同PPP
机构PPP
部分实质私有化
（纵向合作关系）
（横向合作关系）
公共部门合作方
PPP合同作为服务合同
纯粹的私营性质的特殊目的公司，作为政府的“助手”
购买服务
•纵向合作关系
•PPP项目合同，如服务合同
•职能私有化
•完全没有或只有临时的所有权转移
公共部门合作方1
PPP合同作为服务合同
混合/合资性质的特殊目的公司作为政府的“助手”
私人股权
公有股权（公共部门合作方2）
股东协议
购买服务
•纵向合作关系
•PPP项目合同，如服务合同
•职能私有化
•完全没有或只有临时的所有权转移
•横向合作关系在第二个层次
公共部门合作方1
将公共部门公司的股权转让给私营合作方
混合/合资性质的特殊目的公司在公开市场竞争
私人股权
公有股权（公共部门合作方2）
股东协议
购买服务
•横向合作关系
•股东协议
•部分实质私有化
•永久性转移所有权

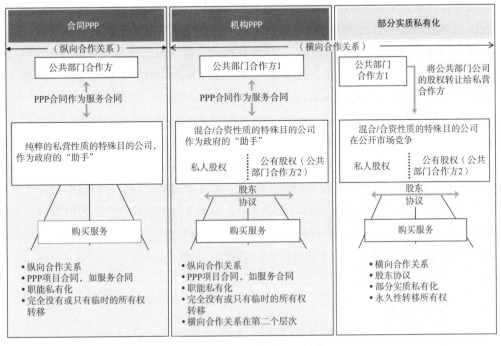

图 3-4　各类合作模式的结构

在合同 PPP 与机构 PPP 这两种 PPP 模式下，都会引入一种委托代理关系，创立一家特殊目的公司以实现 PPP 合同（可能是工作与劳务合同或服务合同）条款约定的特定（项目）目标。与代理人是（纯）私营项目公司的（纯）合同 PPP 不一样，在机构 PPP 中，公共部门保留项目公司的部分股权，无论该项目是由负责项目发包的公共机构出资，还是由另一家公共机构依据特殊目的公司层面由两方签署的股东协议出资。第 3.3 节与第 3.4 节将分别介绍典型的商业模式及 PPP 合同模式。

再看一下图 3-4：图的右边介绍了部分实质私有化模式下的横向合作关系，公共机构与私营公司作为合作伙伴，是负责某项基础设施资产的设计、建设、融资、维护与/或运营的基础设施项目公司的共同股东。在实务中，主要有两种情况可以建立这种合作关系。在第一种情况下，某基础设施项目以 BOO（建设、拥有、运营）合同（见图 3-7）进行招标。招标条件中明确规定了公共部门打算参股中标后由各合作方共同出资设立的项目公司，并签约明确。

在第二种情况下，某家由公共部门/政府全资拥有的既有项目公司，要寻找一家私营投资者作为股东。股权随后要么被转让给通过招标或拍卖确定的某家私营战略投资者，要么通过首次公开上市方式分散化。采用这种方式有很多种原因，最常见的原因是需要资金用于扩建或翻修某项基础设施。进一步的目标可能是试图将私营运营商的专业经验整合进现有组织架构中，并将一些风险转移给私营合作方。

例如，1996 年发生火灾后，杜塞尔多夫机场寻找一个出资占股 50% 的买家，负责改造与升级项目的实施与融资，并与公共机构合作方永久合作运营该机场（详见第 4.1.4.4 节）。在金融领域中，部分私有化模式通常使用诸如股票市场上的兼并与收购、首次公开上市等金融渠道。

在各种横向合作关系中，不论是 PPP 还是部分实质私有化，公共部门通常在更广泛的意义上，控制其对供应职责的影响力，并基于合伙协议约定的持股情况转移职责。因此，公共部门要按照同样的程度承担商业风险。如果引进私营投资的目的是在公私合作方之间实现各种风险和风险领域的清晰划分，通过建立纵向合作关系通常可以取得更好的效果，例如采用第 3.3 节和第 3.4 节介绍的某种 PPP 式的商业和合同模式。公共项目执行机构希望施加的影响，通常可以（有时是应当）在基础性的（PPP）合同中落实。

3.3 商业模式

评价商业模式时，需要考虑的两个核心问题是收入与成本。其中收入问题包括收入的可能来源、收入数量及相应回报机制。以下高度简化的讨论重点关注收入问题。和主要与所提供的基础设施服务相关的成本问题不一样，同样的基础设施服务可以采用两类不同的收入模式："财政付费"与"使用者付费"。通常，这意味着各类商业模式的回报机制，基于直接的使用者付费、公共预算的可用性付费或两者的组合（见图3-5）。对于"使用者付费"模式，关键问题是要区分"直接使用者付费（如使用者交纳的道路通行费）"和"基于使用情况的付费"（如影子收费）。尽管使用者并没有注意到，但是基于使用情况的付费通常构成与某项资产的实际使用情况直接相关的预算支付的结合。与完全财政付费（基于可用性）支付模式相比，这样会增加资产的风险收益特征的复杂性。

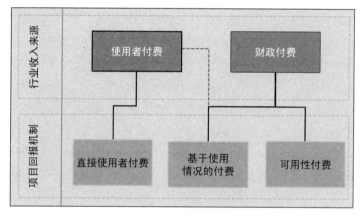

图3-5 商业模式：收入来源与回报机制

上面表明，评价项目的风险与潜在收益时，收入来源特别重要。然而，在很多情况下，如果确有可能，私营合作伙伴也只能在有限程度上决定收入来源及回报机制的具体构成。下面将讨论国际上最为常见的各种商业模式。

3.3.1 可用性付费模式

在可用性付费模式下，基于特定任务和服务协议，私营合作方会定期收到通常由财政出钱并由政府委托方支付的确定金额的收入。例如：
- 基于绩效的付费，与服务要求或服务清单上列明的各类服务相关；
- 基于可用性的付费，仅与可用的构筑物、面积、设施、设备等相关；
- 基于数量的付费，与水、电、气等的消费量相关；
- 基于结果的付费，与合同约定的（最优）目标相关；

固定付费模式主要应用于社会基础设施中。下面各小节将介绍财政付费模式的典型案例。

3.3.1.1 PPP 所有者模式

如果特定国家的法律不允许将基础设施资产的所有权转移给私营部门，诸如学校或其他社会基础设施及道路基础设施的更新、新建和扩建等，则将广泛使用 PPP 所有者模式。这种模式整合交钥匙工程建设、建筑物或设施的更新、随后运营阶段的全面设施管理。其运营期取决于投资规模，可能是 20~30 年。不同于后面介绍的合同模式，建筑物或设施的所有权通常保留在作为委托人或土地所有人的公共合作方手中，或者在项目完工时依法再次移交给公共合作方。

与下面介绍的 PPP 购买者模式类似，取决于资产的可用性，私营合作方每月或每年收到由财政支付的固定收入，覆盖全部投资成本、运营成本以及所有风险溢价与项目利润。私营合作方不承受收入侧的市场（需求与价格）风险。不过，私营合作方承担有限的成本侧的需求风险，因为运营和维护成本取决于使用数量（如重型货车跑的交通基础设施）。当资产使用量显著超过预测值时，可以依据合同中约定的补偿性支付条款减轻风险。例如，在挪威的 E39 项目中，实际交通流量超过预测交通流量的 20%。

在特定项目阶段中，相关风险主要由承包商承担。委托人只保留成本侧的资产变现风险与需求风险。PPP 所有者模式与 BOT 形式的特许经营模式之间的主要区别，是在 BOT 模式下将需求风险转移给私营合作方（如游泳馆、养老院、学生公寓等），属于直接使用者付费的回报机制。

3.3.1.2 PPP 购买者模式

PPP 购买者模式包括交钥匙工程建设及随后运营期的全面设施管理，运营期一般为 20~30 年。在合同期内，建筑物由承包商所拥有。承包商提供的服务包括设计/计划、建设、融资和运营。在合同期结束时，资产所有权将被转移给公共部门发起人（转移/利用）。与 PPP 所有者模式一样，承包商每月或每年收到覆盖全部投资成本、运营人员费用及其他运营成本、所有风险溢价与项目利润的可用性付费。这种费用从公共财政中支付。

在特定项目阶段中，相关风险（设计/计划、建设和融资）主要由承包商承担。通常只有运营期开始前的意外损坏风险（损失或价格风险）被转移给公共部门发起人。公共部门发起人还承担项目合同期内经济上有效使用设施的风险，以及合同期结束时所有权转移后的设施利用风险（变现风险）。

3.3.1.3 PPP 租赁模式

PPP 租赁模式是指承包商以交钥匙方式拥有某项资产，采用不动产租赁方式及通常为 20～30 年的运营期内的全面设施管理的绩效方式。不同于 PPP 购买者模式，公共部门发起人通常要么按合同结束时计算出来的建筑物残值进行购买，要么给予延长租赁期的机会。二者的差异可能体现在对可转让的建筑物的权利、售后回租概念等相关条款上。

承包商提供的服务还包括设施的设计/计划、建设、融资及运营。不过，不同于 PPP 购买者模式，设计与建设不再是合同约定的承包商义务，让资产达到可使用状态是承包商履行合同责任的前提条件。与 PPP 购买者模式一样，承包商每月定期收到从公共预算支付的服务费用。该费用的支付方式通常基于对投资成本（包括融资成本）的部分付清模式。

在特定项目阶段中，各类风险主要由承包商承担。由于不动产租赁合同的结构要依据财政部门发布的有关法令确定，与资产相关的损失风险与价格风险主要由承包商承担。不同于 PPP 购买者模式，除非公共部门发起人执行期末购买选择权，否则资产变现风险/设施利用风险由承包商承担。

3.3.1.4　PPP 租用模式

与 PPP 购买者模式一样，PPP 租用模式包括交钥匙工程建设及随后运营期的全面设施管理，运营期一般为 20～30 年。类似于 PPP 租赁模式，PPP 租用模式在合同期结束时不强制要求将资产所有权转移给发起人，且公共部门发起人有购买或延长租用期的选择权。然而，与 PPP 租赁模式不同，当发起人选择购买时，购买价格不是依据合同约定计算的残值，而是依据执行购买行为时资产的市场价格确定的。二者的差异可能体现在对可转让的建筑物权利或土地与建筑物所有权分离等事项的相关约定上。

与前述各种模式一样，PPP 租用模式适用于私营承包商拥有的需要更新的现有建筑物。承包商提供的服务仍然包括设计、建设、融资与运营。基于所提供的服务，承包商每月定期获得公共部门发起人从公共预算中支付的费用。费用水平不是基于对承包商的投资成本按照全部或部分付清模式计算的，而是基于同类设施的标准市场租金及承包商的运营成本与其他成本计算的。

在特定项目阶段中，相关风险主要由承包商承担。由于合同采用租用协议，出租物的损失与价格风险由作为出租人的承包商承担。除非公共部门发起人执行期末购买选择权，否则资产变现风险/设施利用风险由承包商承担。在特殊情况下，根本就没有购买这个选项，于是这种模式就成为包括设施管理服务的正常租用行为，由此应当归类为完全私有化模式（见图 3-7 中 DBROO 模式的国际分类），而不是职能私有化模式。

3.3.2 基于使用情况的付费模式

基于使用情况的付费模式是财政付费与使用者付费的结合。公共预算支付的收入，必须覆盖项目投资与运营成本，但是会挂钩使用者的需求情况，即特定资产或服务的使用情况。这种模式的公共补偿机制以下面这种付费模式为基础。

- 基于使用情况的付费。该模式可以进一步划分为以下两类：
  - 使用频率，比如道路的影子收费，或与某游泳池、体育馆及其他公用设施的使用者数量相关的付费；
  - 使用强度，比如采用影子收费时，基于载重量及排放量的不同，适用不同的费率。

所有基于使用情况的付费模式的特征是，使用者的消费行为不受价格（变化）的影响，需求风险得以减缓。其原因在于使用者甚至不知道价格水平。消费者并不根据使用数量付费，而是由公共性质的合同合作方在"背后"支付账单。因此，价格风险仍然由委托人承担，不过该委托人也是最初跟运营商谈判确定价格水平的主体。以下各节将介绍常用于交通基础设施 PPP 项目中的基于使用情况的付费模式的案例。

3.3.2.1 影子收费模式

多个欧洲国家，特别是英国、芬兰及葡萄牙，通过影子收费模式转移职能及风险。该模式本质上与可用性付费模式一致。影子收费模式也是财政支付。不过，运营商的收入是与实际交通流量挂钩的"影子收费"，而不是可用性付费模式下的固定费用。在该模式下，承包商承担交通流量风险（使用频率与强度），很自然地会影响其收入侧。相关流量风险低于 BOT 形式的特许经营模式（见第 3.3.3 节），因为只有交通流量风险被转移给了承包商。在英国，由于使用"流量区间"，影子收费模式下的交通流量风险得以减小。一般，交通流量分为四个区间，分别对应特定影子收入水平，实际流量处于哪个区间就支付相应费用。这种安排最终有助于限制转移给私营合作方的交通流量风险。

3.3.2.2 主动管理模式

主动管理模式是可用性付费模式与影子收费模式的组合。该模式允许委托人为私营承包商设立某种激励机制，以获得绩效以及基于使用情况的结果，如涉及道路安全、主动的道路管理或平均行车速度等。我们可以在英国发现这类创新式的补偿机制。该模式允许委托人在实施完全由预算支持的基础设施项目时，可以较好地挖掘物有所值的潜力。

3.3.3 直接使用者付费模式

在直接使用者付费模式下，诸如通行费、使用费、初装费或租金等使用者直接付费的收入，必须覆盖投资与当期运营成本。直接使用者付费模式的特征是市场风险由需求水平决定，而需求水平与预期使用者支付特定费用的意愿相关。费用水平很大程度上取决于特定使用条件下的竞争程度，但是我们需要区分以下情况：

- 强制使用模式。例如，强制连接到供水网络，用户没有其他选择，只能从本地供应商那里获得供水（垄断情况）；
- 准强制使用模式。例如，没有替代方式或替代方式无吸引力，典型的例子是河流上的桥、河底下的隧道，在可以接受的距离内没有其他合适的方式（准垄断情况）；
- 市场竞争环境下的自由选择。例如，使用者可以在多个电话提供商中进行选择，或者可以在路程较短的收费道路与可接受距离内的其他免费道路之间进行选择。

竞争程度最终影响规制干预的强度，两者共同决定项目/资产的风险收益特征。通常，竞争程度越高，基于价格的自我规制的市场有效性就越强。竞争程度越低，对外部规制的要求就越强（见第1.3.10节）。取决于不同的环境，外部规制可以降低或提高市场风险。私营投资者必须自行判断采用何种"情形–规制或竞争"的组合，考虑是否承担较高的风险并获得较高的收入潜力。

在既有财政付费又有使用者付费的情况下，基于绩效或基于可用性的因素，往往作为使用者付费的补充，例如合同约定的罚款，可以被视为根据项目特点设定的规制措施。特别是在垄断环境下，合同罚款可以弥补与供应质量相关的激励机制缺失的不足。另外，较低的使用者付费（如道路交通或学生公寓）不能覆盖服务的实际成本，政府则可以基于社会因素，采用前端拨款、持续性补助或提供担保等形式提供支持。

典型的运用于基础设施PPP项目/资产的直接使用者付费模式是BOT特许经营模式（DBOT）。

BOT特许经营模式包括向私营合作方转移某项涉及设计/计划、建设、融资和运营的特许经营权。这种商业模式可以与上面介绍的任何一种其他模式相结合。因此，项目发起人可以（或不可以）获得资产的所有权。运营期一般在 10～30 年。

这种模式可以在适合采用直接使用者付费方式的所有行业中被找到，普遍被运用于交通、供水和污水处理行业中，也可以在公共不动产行业被发现，如体育设施、游泳池、展览中心、医疗设施、学生公寓或养老院等。项目发起人授权承包商向使用相关设施的第三方收取使用费以补偿各类成本。如果因为需求量不足或明显缺乏支付意愿或能力，项目确实会无利可图，但是从经济 – 社会角度考虑确实值得实施，委托人可以决定为项目的持续运营支付补贴，若项目实施前缺乏可融资性，甚至还可以提供前端补助。

如果项目现金流不能覆盖特许权人的投资、运营及维护成本，仅依靠通行费不能实现项目的经济可行性，则委托人可以在项目建成后向特许权人支付投资补助。

项目合作方之间的风险分配，取决于与 BOT 特许经营模式相关的合同模式，以及单个合同的条款与条件（见第 3.4 节）。

BOT 特许经营模式的特征在于，基于运营阶段承包人通常承担全部或至少大部分的市场（价格和需求）及使用量风险。特许权人有权在特许经营期间收取使用费，尽管这种权利可能仅限于单个 / 特定使用者群体。特许权人能够完全自主地确定收费水平（如通行费）的情况非常少见。管控规制机构的公共部门委托人经常会设定一些限制条件，甚至直接决定使用者付费水平，防止采用使用者付费的基础设施资产形成自然垄断格局。特许权人在测算项目收入时事先知道使用价格（收取的使用费水平），与由公共部门按照有关法规在建成后试通车之前才确定收费水平，存在重要差异。

3.4 合同模式

本书只介绍全球范围内普遍使用的涉及公共基础设施设计、实施及运营的各类合同模式的概况。由于投资者利益的国际关联性，我们将重点介绍尽可能全面使用全生命周期理论的 PPP 合同模式，关注从公共部门向私营公司转移的职能和风险的性质与程度，特别是私人融资（见图 3-2 与图 3-3）。即使按照规制需要，各自的合同特征在全球范围内高度一致，但是在这些复杂的合同模式中，所使用的具体名称特别多样化。不过，在国际化背景下，这些模式往往使用一些字母反映特定合同所转移的服务种类。遗憾的是，这套体系的使用规则还未统一，不同模式的简化表述并未包括转移的全部服务所对应的字母，详见图 3-6 与图 3-7。此处使用的字母所代表的服务如下：

- D——设计
- B——建设
- O——运营或拥有
- T——资产转移
- L——租赁
- R——租用
- F——融资

PPP =（职能私有化，全面整合服务）	
(D)B(F)OT	（设计）建设（融资）运营 转让 特许经营
(D)B(F)OOT	（设计）建设（融资）运营 拥有 转让
DBFO(T)	（设计）建设 融资 运营（转让）
(D)B(F)OOT	（设计）建设（融资）运营 拥有 转让
DBLOT	（设计）建设 租赁 运营 转让
DB(F)ROT	（设计）建设（融资）租用 运营 转让 承包

典型的应用领域包括：
- 社会基础设施
- 经济基础设施

图 3-6　全面整合型的合同模式

（部分）实质私有化	
(D) B (F) OO	（设计）建设（融资）运营 拥有 由特殊目的公司进行融资
BDB(F) OO	购买 设计 建设（融资）运营 拥有 特殊目的公司的股东（购买股份）承担投资责任
DB(F) ROO	设计 建设（融资）租用 运营 拥有 包括设施管理租赁

典型的应用领域包括：
- 社会基础设施
- 经济基础设施

图 3-7　实质私有化相关的（合同）模式

这种对合同模式所进行的系统的介绍，是图 3-6 与图 3-7 的基础，主要应用于社会基础设施和经济基础设施领域（特别是道路基础设施）中。不过，国际经验已经表明，这些基本模式可以被推广应用到所有基础设施行业中，不同行业的特点主要反映在特定项目/资产各自的合同条款中。

图 3-6 总结了在职能私有化领域中所使用的 PPP 合同模式，而图 3-7 介绍了在

（部分）实质私有化领域（即横向合作关系）中所使用的模式。特别需要再次强调的是，这些图并非全面的介绍，因为很多在国际上使用的中间形式的合同模式，具体变化形式多种多样，并未被纳入上述系统性分类中。在很多情况下，它们只适用于某个国家或特定行业。

对常用缩写添加一些字母（在图3-6及图3-7中用括号表示）描述对系统性分类的常见偏离，旨在防止潜在误解。例如，图3-6中的"BOT"模式，是国际上最著名的使用者付费运营商模式，在很多情况下还包括重要的设计/计划职责，以及所有情况下的私人融资。因此，常规使用的缩写不一定完全正确或全面，因为未能反映该模式下所履行的全部服务。其他合同模式也存在同样的问题。因此，在图3-6与图3-7中，在相关模式中增加了代表设计的"D"及代表融资的"F"（直接增加或者带括号）。出于同样的原因，在DBFO/影子收费模式中增加了一个"T"，表明在这种模式下经常发生资产转移，即使其标准国际缩写中并未包括。

图3-8举例说明了在图3-6和图3-7中介绍的PPP合同模式，说明在不同商业模式和合同类型中，所承担的风险和价值链之间的关系。这有助于投资者理解各类基础设施资产的不同风险收益特征背后的原则。虽然我们介绍的模型清单构成及各类模型本身的名称和各自特征主要基于德国的实践，但是可以轻松地将这些主要原则转移运用到其他国家及其各自的法律与合同框架中。

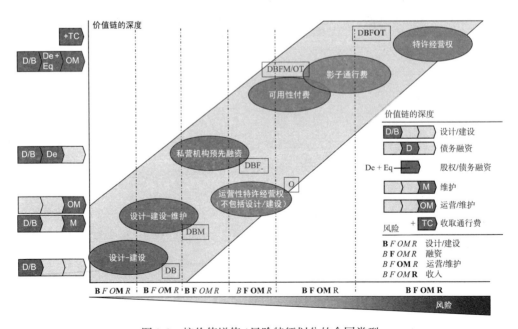

图3-8　按价值增值/风险特征划分的合同类型

资料来源：Weber, Alfen and Maser (2006).

上述所有PPP模式共有的主要特征是全生命周期方法。因此，它们包括设计、建设、融资、运营和变现等阶段。各种模式的主要区别在于合同期之前、期间及结束后的资产所有权归属以及资产变现风险的分配情况。资产变现风险是指在PPP合同结束后，进一步使用、出售、租用、租赁及与其他利用方式相关的风险。依据向私营合作方提供的补偿机制的性质，以及横向或纵向合作关系的结构，这些模型可以与使用者付费的BOT特许经营模式或机构型PPP模式组合使用。基于特定任务或特定行业资产的合同模式，在各种形式私有化模式中有其特殊地位。

3.5 融资模式

在介绍了各类PPP模式、所有者权益、回报机制等内容之后，组织模式中的一个核心决定因素是相关基础设施项目/资产的融资模式及其具体结构。除了所有融资行为中都必需的股权融资之外，项目融资贷款是国际上最常用的债务融资模式。

一种替代性融资方式是债券，其资信状况既与项目本身的经济潜力相关，也与委托人/发行人的资信状况相关。传统的公司融资也可以与部分私有化模式共同使用。对于与融资相关的话题，特别是项目融资，我们将在第6章与第7章中详细讨论。

3.6 小结：多样化的"私有化路径"

上面各节提供的信息表明，实际上有两类不同的私有化发展路径（此处指"私有化路径"）。一类是基于职能私有化的形式，特征是私营部门在某实体性基础设施资产全生命周期价值链中的不同职能与步骤中的参与度逐步提高，因此，又称为逐步提高的"任务私有化"。

另一类路径的起点是某家公共部门性质的机构，该机构执行与某项实物基础设施资产相关的特定职能，寻求引进私营合作方作为股东和资金提供者。当所有权转移时，这种私有化模式最终会导致（部分或全部）实质私有化，又称"产权私有化"。

图3-9用两个方向阐释这两类发展路径：

- 职能私有化，从简单职能的服务外包到复杂地、跨生命周期地使用上面介绍的各种合同形式的PPP模式（任务私有化）；
- 部分或全部实质私有化，一般通过前面所说的将一家公法机构的职能整合并随后进行形式或实质私有化（产权私有化）。

这些路径包括最基础的各种形式的公共部门组成和重组，与术语"新公共管理"相关。

这些走向逐步私有化的趋势，同时伴随着反方向的趋势。此外，在这两种本质上不同的发展方向之间，还分布着一些中间模式。其中的一个案例是前面介绍过的进行形式私有化的奥地利的 ASFiNAG（见第 3.1 节）——该公司还作为公共部门发起人，向战略投资者授予高速公路项目的特许经营权。根据本书介绍的分类方式，该案例可以被视为职能私有化。

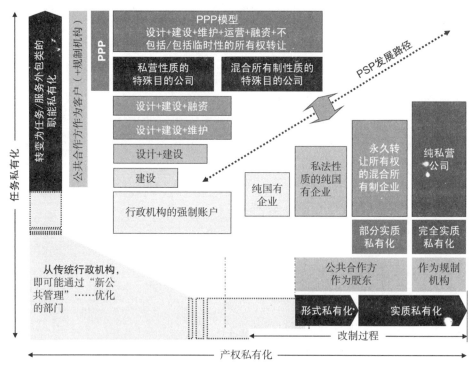

图 3-9　私有化的路径

ASFiNAG 案例

1982 年成立的 ASFiNAG 是奥地利联邦政府的下属公司。从 1997 年起，依托所有权仍然属于奥地利联邦政府的土地及设施的用益权，ASFiNAG 一直有能力获取贷款资金。它还有权向使用者收费。ASFiNAG 负责奥地利整个机动车道及高速公路网络（总长度 2000 公里）的设计、融资、建设、维护及运营。它通过收费券（通行票）筹集专项资金，向总载重量（GVW）超过 3.5 吨的卡车按里程收取通行费，还可以自主收取特别通行费。除了 ASFiNAG 自身提供基础设施管理服务，它还对外招标特许经营项目。例如，作为"PPP东部地区"项目的一部分，ASFiNAG与投资者联合体"图拉"（豪赫蒂夫PPP解决方案有限公司、麦瑞德建筑有限责任公司、SA系统项目公司）签署了一份特许经营权协议，该项目于2006年12月完成融资工作（ASFiNAG，2009）。这是由ASFiNAG授权的首个奥地利高速公路PPP项目。联合体组建的SPC，负责由A5、S1、S2等三条高速路组成的维也纳城市环线的设计、建设、融资与运营。从道路通车时开始，联合体可以获得的收入包括占比30%的影子收费及70%的可用性付费。总之，根据本书的分类标准，ASFiNAG是一家形式私有化的基础设施管理机构，而ASFiNAG通过招标外包出去的项目（如"PPP东部地区"项目）可以被视为职能私有化。

第4章 PPP
Infrastructure as an Asset Class

部分基础设施行业及其子行业的特征

投资者应当熟悉不同基础设施行业及子行业的特征，这些特征决定了投资行为的风险、收益与投资前景（见第 1.3 节）。通过介绍最重要的基础设施行业及子行业的特征，本书旨在帮助私营基础设施投资者对应当关注且需要评估的问题保持敏感。对每个行业的讨论按照同样的逻辑，分为以下五个方面：①特征与组织；②收入来源与价值链要素；③竞争与规制；④私营公司的参与；⑤本书第 2 版新增的可持续性因素。

当投资者分析和考察特定行业的制度、法律和合同环境，对单个投资项目的长期可行性的影响时，上述五个方面是最为相关的问题，对所有基础设施行业都一样。本节的讨论旨在增加投资者对确认与评价特定行业要素、它们之间的相互影响、国别和项目/资产相关特定因素相互作用的常用方法，以及这些因素对单项资产和投资的总体影响的了解（见图 1-6）。

经过慎重考虑，我们才最终选定本书讨论的行业。它们的差异性与多样性足以为读者提供一个尽可能广泛的背景，并且它们与私营投资者感兴趣的投资领域相关。因此，本书第 2 版比第 1 版介绍了更多的行业。除了包括公路、铁路、水运/码头和航空等在内的运输与交通行业，还有供水、污水处理和固废处理（这些行业在第 1 版中就已经存在），第 2 版还包括可再生能源生产（太阳能、风能、潮汐、生物质）、电力和天然气传输网络与存储、包括供热和制冷在内的区域能源系统，以及社会基础设施（涉及的主要基础设施行业可以参考图 1-6）。对上述所有行业的特征和案例的介绍，分布在本书各处。

通过系统性地剖析上面五个方面来分析每个行业，本章力求为行业特有风险提供基本的分析框架。这对每一类基础设施资产的每一项投资都很有必要，不论是债权还是股权。关于基础设施投资风险的深入讨论，请看第 5 章。

4.1 交通运输行业

4.1.1 行业整体特征

交通和运输行业包括各式各样的既相互联系又相互竞争的运输工具与交通方式。在高度发达的工业化国家中，无论是在两个地点之间进行旅行还是货物运输，用户通常可以在汽车、火车、飞机等运输工具，以及在公路、铁路、空运甚至水运等交通方式中选择。尽管所有这些方式都有其自身特点，不过很清楚的是，不能仅仅只分析某个子行业。因此，某个子行业的投资者不能漠视其他竞争性子行业及其相互关系。本章在分析某个子行业之后，会特别分析及讨论一些跨子行业的情况。

4.1.1.1 交通行业的结构

交通行业一般可以分成以下子行业：
- 陆路运输，包括公路及铁路运输（分别见第 4.1.2 节与第 4.1.3 节）；
- 航空运输，包括相关航空服务、机场地面服务及空中交通管理（见第 4.1.4 节）；
- 水路运输，包括通过人工运河、自然水道及有关码头设施提供的国内及国际船运服务（见第 4.1.5 节）。

智能交通与所有子行业都相关，未来可能逐渐影响交通管理方式。智能交通大量使用长途通信数据和卫星服务。此外，智能交通本身就是有吸引力的私营投资机会。（外）太空（特别是通过卫星进行的）运输已经存在了一段时间。不过，目前，这些设施主要用于观察和研究目的，提供长途通信及其他服务，诸如 GPS、气候与其他地理数据服务，而不仅提供狭义的运输服务。尽管私营投资者对卫星领域的兴趣在增加，但是本节提及这个方面的内容主要是为了介绍的完整性，特别是美国天空探索技术公司，显示了私营投资可以为太空交通服务做出贡献。

4.1.1.2 需求结构

在一个逐渐变小的地球上，移动性不仅是一种需求增加的服务，而且成为国内与国际政治议程中最为重要的话题。不可否认，相应的基础设施，诸如公路、高速公路、铁路线、水路及其他船运路线以及机场，仍然是重要的本地问题，也是经济发展的驱动力。同时，诸如必要的移动能力、交通工具的优先性、具体基础设施建设项目的范围及位置等问题，往往会引发很大的争议，更不要说诸如使用逐渐衰竭的自然资源、碳排放这类环境问题等可持续性因素。

因此，新的交通建设项目已经成为（并非不合理）除电厂及垃圾填埋场之外，最难获得批准的公共基础设施项目，特别是在人口密集的工业化国家中，往往有严格的要求、漫长且无法预测的审批周期、很高的潜在后续成本。在工业化国家中，交通行业的发展重点不是大幅度扩建其交通基础设施，而是缩小差距，特别是要进行大量的维护与改建工作，兼顾潜在（自然）资源的使用效率的提升。例如，在德国，对主要道路交通网络的维护成本，占国内交通行业总体预算的比例已经超过 65%（German Federal Ministry of Transport and Digital Infrastructure，2012）。是否及多大程度上寻求私营运营商的帮助，提升现有交通基础设施的维护和管理效率，以及从私营投资者引进资金，是另一些主要的争论点。这个问题发生的背景是预算紧张及公共部门面临的其他重大挑战，诸如如何根据人口结构变化调整社会及医疗保障制度。

尽管如此，但是在所有发达国家中，与其他基础设施行业相比，现有交通基础设施能够承担必要的新增投资的成本及当前的运营与维护成本。在很多情况下，现有交通基础设施还会产生很高的超额收入。

毫无疑问，发展中国家及新兴经济体的需求情况，与发达国家差异很大。这些经济体很大程度上还需要新建基本性的基础设施，潜在投资规模巨大。尽管印度、中国这些有活力的新兴经济体，有足够的经济实力与处于增长中的购买力，为这些投资筹集资金，而欠发达国家的经济实力及购买力都存在缺陷。这些行业的私营投资项目产生的收入主要是本地货币，由于缺乏有效率的本地资本市场，情况更加恶化。

考虑到交通基础设施显著的公共产品特征，政治、法律及制度变化，都是各国私营投资者面临的重要风险因素。国内及地区交通政策、与交通相关的立法或行政责任、行业结构等因素的差异，诸如技术标准、安全要求、环境标准等发生变化，通常会对项目相关成本产生重大的影响。新项目的建成会影响存量项目的交通流量，交通模式的变化或对移动性总体态度的变化则会导致人们对不同交通方式的偏好改变，这些均会对项目收入产生严重影响（收入等于交通流量乘以价格）。因此，这些因素的变化会对项目开发商和资产所有者的收入产生严重的影响。

4.1.1.3 交通项目的发起与实施

几乎在全球各个地方，未来的交通设施需求及具体实施清单，都是通过政治决议及交通行业长期总体规划来确认、协调及规定的。基于成本效益分析方法，相关人员决定具体执行哪些项目及其优先次序。这种方式不仅比较各项具体措施的直接成本，例如投资、运营及维护成本，交通设施使用者的直接收益，即成本、时间节约及舒适度的提升，还比较对就业、环境、健康、安全等方面的各种正面的或者负面的"外部效应"。这类总体规划不仅限于新建项目或扩建项目，还包括根据需求条件对现有网络的维护,至少在发达国家是如此。

可以发现,政府的交通设施优先发展领域,不一定符合私营投资者的收益导向标准。政府的优先发展清单,最多只能作为投资者决策的参考。

4.1.1.4　交通行业的组织结构

几乎在各种情况下,交通行业的总体责任都是由一个中央政府层面的部委负责,具体职责包括需求评价、跨区域的总体规划、对具体项目前期工作和执行的批准与监督、相关立法及预算案的编制以及其他跨各交通子行业的政府职责等。其他政府、准政府及私营运营机构,都在这个层次之下运转。不同国家及子行业的组织结构差异很大,我们将在后续章节中分别介绍公路、铁路、航空及水运。对投资者而言,与特定项目/资产相关的最终责任、规则及规制措施对他们的投资评价及最终的财务成功至关重要。例如,对特许经营协议而言,这意味着重要的是要明确与委托人及其他官方机构之间的相互关系。

4.1.1.5　交通行业的收入来源

无论由公共机构还是私营公司负责实施(见第 1.3.6 节和第 3.3 节),交通基础设施项目都可以通过公共预算或使用者付费来支撑。表 4-1 介绍了交通行业的潜在收入来源。由公共机构负责实施与由私营公司负责实施的区别存在于一般预算收入与交通(行业)及道路交通特定(子行业)的收入之间。公路与航空业的收入一般足够自保,即归集的收入足以覆盖各自的特定成本,往往还有超额收入。而铁路行业通常存在亏损,必须需要政府补贴。这是因为铁路行业的成本特别高,而票价水平通常受政治和社会因素的影响。

表 4-1　交通行业的收入与资金来源

公共预算	• 税收 　○ 直接税(收入税、资本利得税、财产税等) 　○ 间接税(增值税等) • 关税 • 使用费、缴费(社会福利费等) • 缴费(使用费、人头费等) • 其他收入
(交通)行业特定收入	• 行业特定税收、收费、缴费等 　○ 消费者购买商品(比如燃料) 　○ 交通服务(比如航空服务) 　○ 消费者的商品与服务的增值税 • 使用者付费(比如公共交通、铁路、船运的收费等) • 其他收入(比如出让机场或铁路公司的收入等) • 机场或火车站等的零售/特许权/商业

（续）

（公路、高速公路等）子行业的特定收入	• 子行业特定税收、收费、缴费等 　○ 消费者购买商品（比如燃料、机动车拥有税等） 　○ 道路相关服务（比如智能交通服务、交通管理等） 　○ 消费者交纳的商品与服务的增值税 • 使用者付费（比如通行费、缴费券、拥堵费等） • 其他收入（比如私有化收入、加油站或检测区的特许经营费、商业等）

4.1.1.6 智能交通服务

智能交通服务是指在交通行业中使用最新的信息、通信及定位技术，有时采用交互方式提升大交通流量的管理水平。这类解决方案的重要性快速提升，以确保不同形式的交通方式能够永续高效运行，尽可能实现环境友好，对个人及整体经济都能如此。

因此，最近几年这个领域中有大量引人瞩目的技术进步及私营投资。交互性技术被应用于城市及国家范围内的交通管理中，旨在实现不同方式交通流量的优化分配，以及面向未来的交通信息与控制。智能交通技术还在公路运输、公共铁路及汽车运输、船运及航空领域中得到应用。

最为著名的例子可能是欧洲民用卫星导航系统——伽利略。这一独立的、高精度的定位及计时系统，可以被运用到航空运输业的各类导航应用、船运行业使用电子表格进行安全导航、铁路行业的火车导航与跟踪、公路行业的道路选择、危险品运输的跟踪、货物跟踪及其他任务中。不过，包括完全私营基础上的融资等具体事务，在进行诸多尝试后最终却失败了。伽利略系统预计在2020年完成，完全使用公共资金。其开发成本预计约为53亿欧元，将由欧盟预算与欧洲航天局分担。

通常，卫星导航是一个有吸引力的成长性市场。根据欧洲委员会的数据，2012年全球卫星导航行业的产品与服务的市场规模是1410亿欧元，每年的增速是10%（Oxford Economics，2012）。到2020年，该市场规模预计将上升至2400亿欧元。

尽管伽利略系统还未收到源于智能交通投资者的任何资金，但该系统在后续运行中，希望吸引大量私营投资者参与。不过，对投资者而言最为重要的是，智能交通及其未来业务开发是未来交通行业的各子行业中最为重要的创新，以及提高效率的驱动力，因此将显示出巨大的潜力——尽管智能交通并不被视为基础设施，而是交通行业提供的一种服务。

4.1.2 公路运输

4.1.2.1 特征及组织结构

国家公路网络一般划分为多个等级。典型情况是划分为一级、二级，有时还有三级公路网络。一级公路网络主要用于跨区域或中转交通。一级公路网络在形态上与二级及三级公路网络普遍存在差异。例如，一级公路每个方向往往有多条车道，两个方向之间有隔离带，通过高架设施而不是交叉路口实现道路互通，通过专门的进出斜坡通道与二级、三级公路分隔，至少在发达国家是如此。这些公路可以叫"国家高速公路"或"高速公路"。

二级与三级公路网络一般由各种其他道路构成。公路划分取决于使用这些道路的交通方式：跨地区、地区内部、城市间。因此，我们可以将其划分为州级公路或地区公路、地区或农村公路、市政或城市道路。

不同种类的公路，明确对应不同的设计、建设、融资、维护及运营主体。例如，一级公路网络的责任主体一般是相关部委，这些部委下属的公共执行机构负责具体事务。典型的例子是英国高速公路管理局，很多其他国家（特别是英语国家）也采用这种组织形式。

相反，相关公共机构（地区、州、县、市等）负责二级或三级公路网络，尽管投资与融资通常还是由中央政府负责。此时，对于公路的建设、维护与运营等具体执行职责，州/地区级公路与高速公路由联邦州或地区政府负责，地区/农村公路由县或市政府负责，市政/城市道路由城市政府负责，但相应的融资任务则由国家级预算负责。设计职责也是由较高层级的公共机构负责。

在大多数情况下，相关法规会明确公路网络相关责任与功能的分配。例如，作为政府分权式改革的一部分，法国政府决定重新分配国家公路的管理责任。此后，地方政府负责 38 000 公里的国内公路中大约 20 000 公里公路的管理责任。中央政府只保留国家级公路及收费公路的管理责任，不过这些国家级公路及收费公路中的大部分已经以长期特许经营方式由私营公司负责运营（Eurofound，2005；Fayard，Gaeta and Quinet，2004）。

有时，融资及执行的责任划分，可能会在不同利益相关方之间形成利益冲突，具体领域包括长期概念性设计、各方提供的资源、对居民的需求及经济利益的确认等。这些因素经常会显著影响私营投资者的利益。当特许经营协议未能明确特许权人与其他公共机构之间的关系时，问题会特别严重。在特定国家中，联邦政府与地方行政机构之间的关系越不明确，这种情况就越普遍。例如，德国 20 世纪 90 年代首次授予的隧道项目特许经营（罗斯托克的瓦尔诺隧道、吕贝克的特拉沃隧道）：相关城市政府是委托人（特许经营授权人），项目前期费用由德国联邦政府及欧盟预算以补贴方式提供，且德国联邦政府作为规制机构负责批准设计及确定通行费水平。尽管德国最终通过一项协议来明确各方关系，但远没有满足投资者的需要。

4.1.2.2 收入来源与价值链的构成

公路交通基础设施，可以采用财政付费或使用者付费的模式。在大多数情况下，公路基础设施由一般公共预算提供资金（即源于一般性政府收入，见表4-1）。然而，在很多国家中，一级公路网络可以通过公共或私营运营商向使用者收费来提供资金，收费形式是基于里程的通行费（即每公里收多少钱），或基于收费周期使用特定通行票或收费券（即每收费周期多少钱）。这些收入可以被纳入一般公共预算中，或被直接分配给总体交通行业或专项划给公路子行业（参考第1.3.9节）。对于公路行业，"专项"是指：①直接指向具体项目；②间接指向特定子行业（如奥地利的ASFiNAG这类公路基金）或特定行业范畴。

公路行业特定的收入来源（见表4-1），主要由燃油费、机动车税以及使用者付费（通行费、通行票、收费券）构成，经常超过该子行业的各项成本。这些超额收入于是被投入盈利性较差，但政治上更恰当的本地或长距离客运交通项目，甚至交通行业之外的更加受重视的项目中。盈利性公路交通行业的利益相关方通常试图确保超额收入能做到专款专用。不过，第1.3.9节介绍的一般公共预算的拨款规则，禁止这种做法，只允许私营融资的项目可以做到通行费的专款专用。

这两种收费方式一般只针对一级公路网络或特殊项目，如隧道、桥梁或山路等特定路线。与通行票不一样，对二级或三级公路网络收取通行费实际上不可行，在目前情况下还缺乏靠谱的机动车追踪及收费系统。

在奥地利及瑞士高速公路网络中使用的通行票，是一种更加简单的技术解决方案。因为几乎可以在每个加油站买到通行票，所以机动车可以在特定时期内无限次使用通行票适用的基础设施。这种方式不再需要收集及登记相关用户数据。另外，通行票比按里程收的通行费对交通流量的影响程度更低。尽管可以基于车辆种类、拖车数量、排放级别等进行差别收费，但是通行票的收费等级也更简单。私营投资者更希望能使用每周特定日子、每天次数、使用频率等更好的交通流量控制指标，实现更好的差异性收费，但实际上缺乏可行性。基于同样的原因，私营投资者对将通行票作为回收投资与运营成本的方式兴趣不大，因此在私营公路项目中很少采用这种方式。

在实践中，我们只使用按里程收取通行费的方式。然而，收取这类通行费的技术复杂且成本高，特别是对收费率和使用者数据的保护要求很高。针对这个问题有很多技术解决方案，最简单、使用最广的方式是设立收费站。不中断交通流的电子收费系统（ETC）正在快速流行，减少了采用收费站方式所需要的空间及人员。

目前世界上最现代化的、最有效率的系统，可能是德国在 1.2 万公里高速公路网使用的，向重型卡车收取通行费的收费系统。当前，它每年收到的通行费大约为 43 亿欧元。这套系统的开发、实施及（项目）融资基于一项为期 12 年的 PPP 合同，2015 年再延长 3 年至 2018 年 7 月。该系统因为基于卫星系统，所以不再需要设立收费站；不过，初次使用前，车辆需要注册。这套系统也用于二级公路网络的通行费收取。

在更简单的情况下，比如在加拿大，通过拍登记牌注册车辆并通过邮件寄送账单。然而，数据保护立法让这种解决方法不可行，特别是在很多欧洲国家中。像德国采用的方法，交通工具应当安装车载单元，允许在不可追踪的前提下进行收费。系统只能确认逃票车辆的信息。欧洲正在集中精力实现欧洲委员会范围内电子通行费道路系统的数据交互标准化，这是因为欧洲旅行者不希望长期使用不同的系统。⊖
表 4-2 归纳、分析了这些收费方式。

表 4-2　道路基础设施行业不同资金来源的优缺点

资金来源	优点	缺点
直接向道路使用者收费		
通行费	● 直接与使用量挂钩，有弹性（可以根据不同时段、车型等进行差异性收费） ● 容易专款专用 ● 对拥挤路段有经济调节功能	● 执行成本可能很高 ● 政治上可能难以接受 ● 如果道路不拥挤，因为车辆分流会造成道路的经济效益降低
通行票	● 容易执行 ● 容易专款专用 ● 执行成本低	● 与使用量无直接关系
间接向道路使用者收费		
燃油税	● 容易执行 ● 收费成本低	● 只通过燃油消费量直接挂钩道路使用量 ● 政治上难以实现专款专用
机动车拥有税	● 容易执行 ● 收费成本低	● 与道路使用量没有关系 ● 政治上难以实现专款专用

资料来源：Euromed Transport Project (2008)。

公路交通行业的 PPP 模式，可以通过公共资金的可用性付费、基于使用情况付费或直接向使用者收费来筹资。只有在后两种情况下，运营商才承受收入风险（见第 3.3 节）。在这个子行业中，收入风险主要在于交通量及通行费费率，较低程度上还受通行费收费系统的技术风险的影响。换句话说，总体收入风险包括以下风险：

⊖ 欧洲议会及欧洲委员会通过 2004/52/EC 法案旨在实现标准化。

- 各通行费等级对应的实际交通流量小于预测值；
- 实务中无法执行预测的收费水平，这可能会因为无意中迫使用户采用其他方式，规制机构反对，或因政治因素难以执行；
- 通行费收取系统一直保持可用与有效状态，即确保正确记录所有车辆并按收费等级准确分类计征；
- 征收全部应收款项；
- 实际收到所有款项，通过有效的催款系统可追溯地向逃费者及欠费者收款。

因此，投资者应当获得靠谱的交通流量或收入预测，与项目发起机构（特许经营授权人）建立合适的风险分配机制，熟悉针对定价和规划的现行规制制度的详细情况，并建设足够有效的通行费计征和收费系统。对投资者而言，建设收费系统是项目开发阶段中一个重要的成本因素，具体取决于所选择的收费系统的类型。在投资与运营等方面可能会提升总体最优潜力的收费系统的建设成本至该公路项目总成本的10%。不过，在权衡收费计征和收取系统的任何成本控制时，投资商应当清楚这是确保其唯一收入来源的一个核心因素。

表4-3介绍了公路交通行业及相关投资机会的价值链构成。

表 4-3 公路交通基础设施的价值链构成与投资机会

公路	
价值链构成	投资机会
公路网络	
公路基础设施的提供与管理	• 公路/桥梁/隧道 • 排水系统 • 护坡 • 其他工程及附属基础设施 • 包括道路清扫的保养场所
运营	
• 交通管理/控制 • 交通数据收集 • 智能交通服务 • 收取使用者付费 • 燃料、停车及休息区	• 交通管理系统与设备 • 交通数据收集系统 • 智能交通服务系统 • 使用者收费系统（如收费站） • 加油站 • 服务区/休息区 • 宾馆/汽车旅馆

在这条价值链中，最重要的要素与道路网络的提供与管理相关，包括设计、建设和维护多种类型的道路交通工程项目——项目初始投资将流入这些领域。

上面列出的其他价值链要素，诸如交通管理/控制、交通数据收集、智能交通服务、收取使用者付费，属于道路交通运营领域。建设加油站及服务区，构成更广范围的交通基础设施的价值链要素。例如，在德国高速公路行业中，直到20世纪90年代末，这些领域还是由公共部门管理，后来通过招投标程序全部被转让给私营投资者，于是实现完全私有化。目前该公司以"油箱与车锁"的名号运行。

德国油箱与车锁高速公路服务公司案例

该公司是德国高速公路网络约90%的服务区运营商，是前国有企业实行私有化的一个优秀案例。1994年通过形式私有化，一家德国政府持有全部股权的国有有限责任公司成立了，它隶属于联邦政府负责交通和运输的部委。1998年，通过面向欧盟区域的招投标程序，由两家私募股权机构（安佰深公司、安联资本公司）和德国汉莎航空公司组成的联合体，出价约6亿欧元收购了这家公司。2006年年底，在取消模拟股价浮动后，三个股东将公司卖给英国私营公司泰丰资本。6个月后，德意志银行下属的基金管理机构RREEF管理的欧洲基础设施基金，收购了公司50%的股权。2015年8月，该公司被以35亿欧元的价格卖给由安联、慕尼黑再保险的子公司MEAG、安大略省政府雇员退休基金（通过其投资平台Borealis）和阿布扎比的主权财富基金阿布扎比投资局组成的联合体。

从1998年进行实质私有化后，该公司已经投资约5亿欧元，用于服务现代化、扩大服务和休息区的范围，并提升服务质量。该公司目前管理约340家加油站、约370个服务区（包括50家宾馆），仍然是德国高速公路行业的领先服务供应商。最近几年，该公司开始与一些著名的食品服务品牌合作，如百味来、汉堡王、北海鱼店、麦当劳、世家兰铎和拉瓦萨。

由于设计事务所及建筑公司的广泛参与，在设计和建设阶段通常有较高水平的私营价值链元素，但是在很多国家道路基础设施的维护与运营，仍然由公共部门主导，特别是投资始终由公共部门负责。在这些国家中，随着PPP项目的发展，在很多案例中出现了价值链的整合。这是因为这些价值链需要复杂的服务，包括由私营运营商提供的必要投资。

相反，如在法国、意大利与西班牙等国家中，私营公司很久以来就参与公路基础设施的建设、运营、维护和融资。在南非，国家道路网络的价值链的所有方面，都是由南非国家公路有限公司（SANRAL）负责，同时公司运营高度独立于其唯一股东——国家交通部。SANRAL可以从各种渠道筹集资金，包括公共财政为非收费公路拨款，通过授予特许经营收取通行费间接融资。SANRAL还可以在资本市场上发行债券融资（SANRAL，2009）。

如前所述，智能交通服务快速成为公路交通基础设施价值链的一部分。已经广泛运用的服务，包括旨在提高通行安全性及交通流量的交通导航系统。数字交通信息频道（TMC）允许司机获得个人所需的定制交通报告。诸多个人智能交通产品及服务在市场上快速出现，行业已经推出诸如导航及船队管理、交通信息、路况及天气信息、交通事故、封路、司机支持系统等服务。从技术角度看，不停车通行费收费系统也是一种智能交通服务。

4.1.2.3 竞争与规制

公路网络的价格和收费，受供求关系的影响并不充分。在公路交通基础设施领域中，直接的竞争不太可能出现，因为在一般情况下并不存在具有相同特征与特点的类似基础设施。消费者更不可能从几条收费道路中自主选择，犹如在传统有效市场中消费者有条件基于性价比进行挑挑拣拣一样。从政府角度看，对收费公路建立并执行与通行费相关的（价格）规制变得非常重要，特别是因为相关路段不是由公共机构负责收费，而是由垄断环境下的私营运营商负责。

收取的通行费经常被划分为多个不同的价格区间。在不同种类的交通工具之间，通常存在价格差异。具体划分标准包括：车轴数量、载重量、车辆的长度与/或高度、挂车数量，近期很多国家按尾气排放等级进行差别收费。对特定使用者群体（如经常使用道路的通勤车辆及公共服务车辆）会给予特别的价格或折扣，这在南非很普遍，如给失业人员特殊待遇。高峰时段与非高峰时段也可以进行差别收费。所有的收费区间通常应当报相关规制机构批准。

在特许经营协议下，价格水平及结构还受与竞争或规制情况相关的其他因素的影响，例如是对被授予特许经营权的某一路段进行收费，还是对整个路网进行收费；是由特许权人自己收费，还是由公共机构决定和收费再拨给特许权人。收费起始日是从投资阶段之前开始，还是项目进入运营阶段后才开始——不同国家决定收费结构的弹性程度遵循不同的规定。在投资者实施风险分析时，这些因素高度相关。例如，从特许权人的利益出发，在一条新路投入运营的前几年（流量培育期）收取较低的通行费，采用这一"试用价格"提高公路对通行者的吸引力，过一段时间后再提高收费标准。尽管这种做法对项目融资有利，但可能与成本基础上的定价规则或对不同时段的使用者的公平对待原则相冲突。能否灵活运用这些方式，最终取决于各国的规制框架。

通常，世界各国的规制制度的复杂性与刚性差异很大。例如，在英国，特许权人确定通行费收费水平的自主性很高。相反，在德国的"F模式"下，特许权人的收费水平由公共机构依据收费政策决定。这种决策依据普通收费法规，基于成本原则（审查成本构成文件）与公平原则（基于公平对待原则及代际公平原则），但并没有确定通行费水平的明确规则。在首次被授予 F 模式下的特许经营时，投资商面临法律上的不确定性；在 F 模式下授权的未来项目也可能再次发生这种情况，因为截至目前还没有建立清晰的规则。在意大利，众多私营高速公路运营商如果想提高通行费水平，可以与负责授予特许经营的公共规制机构 ANAS 启动协商程序。这一程序会考虑如下因素：①招标过程；②预测的交通流量；③通货膨胀调整；④特许权人的预期收益（Albalate，Bel and Fageda，2007）。

4.1.2.4 私营部门参与

在全球范围内，公路通常被视为"公共资产"，因此由政府机构承担最终责任。特别是由于这个原因，公路本身的所有权通常仍属于公共部门。即使在法国与意大利这些国家中，私营公司仍承担了高速公路网络很高比例的管理任务。这种情况经常被错误认为是私有化（见第 3.2 节），不过仍然只是采用有时间限制的特许经营模式，在合同期结束之后特许经营权将被交回政府。这种安排有助于确保道路交通基础设施总是按政府的优先安排运转，而不只是基于投资者的关切。如此，只有在整个道路网络中，政府与投资者恰好能够就决策标准达成一致的路段或子网络，才会在给定时期内被转移给私营公司负责。

当公共财政越来越难以单独满足交通行业的巨大融资需求时，私营投资者会越来越多地参与这个基础设施子行业。私人融资项目和工程数量的增加显示了这一点。

私营部门参与道路交通基础设施的各种形式及案例已在第 3.2 节及第 3.3 中被系统地梳理、介绍。按照当时的解释，只有 PPP 模式包括职责私有化，即采用可用性支付、基于使用情况的付费与基于特许经营的直接使用者付费（与 BOT 项目一样）模式（没有真正的实质私有化模式），并且投资者与这些模式相关并对此感兴趣。

PPP 模式通常适用于单个项目，一般是造价很高的公路基础设施项目，诸如大桥和隧道、某个路段、公路网络或子网络等，几乎涉及所有公路类型。特别是在整个网络已经收费的情况下，基于特许经营的使用者付费支持的 BOT 方式，一般适用于一级公路网络的某些路段或子网络，诸如意大利、法国、西班牙或葡萄牙等欧洲国家。特别地，子网络的运营对私营运营公司很有吸引力，因为这允许低收入或高成本路段可以从高收入或低成本路段得到收入补偿。如此，可以实现资产组合基础上的收入与成本风险的分散化。不过，我们也可以看到二级及三级道路网络中单个项目采用 PPP 模式的案例，特别是在一般城市与特大城市圈中。

基于使用情况的付费模式目前已经得到运用，如英国、芬兰、德国和葡萄牙。这种补偿机制的某些方面已经在奥地利执行，目的是确保在公共部门发起人与私营运营商之间，更有效率地分配收入风险。PPP 可用性付费模式，在二级及三级公路网络中快速流行，特别是在城市层面。其中，最新的案例包括英国普利茅茨的市政道路、德国利普区 460 公里的市政道路网络，均采用基于绩效补偿机制的长期可用性付费模式。

除 PPP 模式之外，在公路维护及运营服务领域中，正在进行多种形式的努力以推进私有化。在德国，完全私有化的首个案例见下面介绍的 TSI。

> **TSI 案例**
>
> TSI 的私有化过程，最先是形式私有化，将一家传统意义上的国有企业改制为私法意义上的有限责任公司（GmbH）。1996 年，TSI 正式成立，图林根州政府持有其全部股权，并计划进一步私有化。在联邦德国，这项改革是首例，通过与受规制的市场化服务供应商合作，可以减轻公共财政的沉重负担。2002 年，通过公开招投标程序，公司的全部股权被转让给私营公司。TSI 已经发展成为一家提供全方位道路运营服务的供应商，既为公共部门服务，也为私营公司和机构服务。

4.1.3 铁路运输

4.1.3.1 特征与组织

铁路行业是典型的网络行业。铁路行业通常只有一张网络，所有火车都在这张网络上行驶，不存在其他同类网络，由此必然形成需要规制的垄断局面。通常铁路行业被划分为铁路基础设施公司与铁路运营公司，前者拥有自己的网络，后者运营网络或使用网络提供客运、货运服务。因此，毫无疑问，铁路运营公司的数量远远超过铁路基础设施公司。

这两类职责，即提供基础设施与（运输）服务，可以整合起来由一家公司负责，也可以由两家或更多公司分担。在全球范围内存在这两类组织模式及各种混合模式。例如，在德国，德国铁路公司负责铁路基础设施网络及其运营——其唯一股东是德国政府，并且与其他铁路运营公司竞争。法国则不一样，基础设施公司与铁路运营公司明确分离，SNCF 是客运与货运的运营商，而 RFF 负责管理法国铁路网络。不过，两家公司的最终所有权都归属法国政府。

在欧洲，对两类功能进行系统性分离的首个案例发生在英国。该案例虽然广为人知（读者可以从下面的案例中了解），但是基础设施公司——铁路轨道公司的私有化,成为英国私有化历史中特别遗憾的一笔。

> **英国铁路案例**
>
> 在 1994 年之前,国有英国铁路公司负责英国铁路网络的铁路基础设施及运营(客运与货运服务)。1993 年通过的《铁路法》要求对英国铁路行业进行结构重组:①交通运营管理与铁路基础设施分离;②引入受规制的铁路客运特许权制度;③对铁路货运业务实施私有化;④对基础设施实施私有化。作为第一步,新的基础设施管理公司铁路轨道公司,成为包括轨道、信号、电气、车站、货站及商店在内的全部铁路基础设施的拥有者和管理者,并在伦敦证券交易所上市。随后,1995 年,铁路货运业务完全私有化,出现了 4 家购买运营牌照的私营铁路货运公司。它们有自己的车辆,相互之间进行业务竞争。同时,出现了 25 家受特许经营制度规制的私营铁路客运运营公司。
>
> 基础设施(分离)私有化后,铁路轨道公司成为私营基础设施供应商,导致整个私有化过程出现了严重的问题。经历了三次严重的铁路事故后,铁路轨道公司主要出于经济原因削减维护成本,不得不修复几百公里的受损铁路,还得向各铁路运营商支付赔偿。因赔款及投资共同造成的财务危机,2001 年 10 月铁路轨道公司宣布破产。随后,政府在 2002 年 3 月,用网络铁路公司取代铁路轨道公司。网络铁路公司是一家由政府提供担保的非营利性公司,接手铁路基础设施的所有权与管理权。自此,英国的铁路基础设施实际上重新国有化。

尽管通常不会有类似的铁路网络进行直接竞争,但是广义的铁路系统可能包括由一家或多家公司运营的多个网络,实现协同效应。与公路基础设施一样,铁路行业也可以划分为跨区域、跨国境及区域内的铁路线路。所有这些铁路线路可以由相互独立的铁路公司/运营商交互使用。不过,有时由于轨道尺寸、电力系统或信号系统不一样,跨境铁路可能不兼容。区域性铁路一般可以使用跨区域线路,反过来的情况更少一些。这是因为区域性铁路网络一般没有跨区域铁路网络发达,火车不能达到同样的(高)速度。

出于同样的原因,有些国家建设了专用的高速铁路网络,比如法国的 TGV、西班牙的 AVE、日本的新干线等。然而,由于收费差异,在不同的网络之间,更精确地说,是在不同种类的子网络之间,形成了一定程度的竞争,因为使用者可以在两地之间更快速、更舒适的跨区域线路,与效率较差的区域内线路之间进行选择。在很多国家中,区域性铁路运输由特定区域(公共机构)负责,并通过竞争性程序转移给私营或公共铁路运营公司。特定铁路网络被保留在某家占主导地位的公共铁路基础设施公司手中——这家公司也可以提供运营服务，即使会与包括私营运营商在内的众多其他铁路运营公司竞争。这种"拥有-租用模式"在北美被广泛使用。

除了由一个所有者拥有相互关联的网络外，单一铁路线路，不论是否与国家铁路网络连接，均可以由私人拥有。典型的例子有工业铁路及特殊货运线路（特别是从精炼厂至出口码头的原材料运输线路），以及通向机场、交易市场及旅游目的地的捷运线路。

以铁路为基础的本地公共交通系统形成了一个独立的系统。例如伦敦地铁，以及拉丁美洲及亚洲大型城市的地铁网络，表明本地公共交通可以提供私营投资机会；然而，城市交通本身就是一个重要话题，不属于本书讨论的范畴，所以之后不再涉及。

铁路基础设施公司要求铁路运营公司因使用其轨道而支付轨道使用费。收费标准的差异取决于：①轨道类型（如高速铁路）；②运输类型（客运或货运）；③使用时段。由于很多国家只有一家铁路基础设施公司为诸多铁路运营公司提供基础设施，政府规制的确有必要，特别是这家铁路基础设施公司本身也提供客运及货运服务，与其他铁路运营公司形成竞争。

从总体上看来，国际上有以下三类基本的组织模式（OECD/ITF，2008）：

- 纵向整合：基础设施与所有运营服务由同一家公司包揽，这是全球范围内最普遍的方式；
- 纵向分隔：一家基础设施/铁路基础设施公司完全与多家运营商/铁路运营公司分开；英国最早使用这种模式（也最彻底），这是很多欧洲专家推荐的未来模式。
- 两种模式的结合：又称所有者-租用模式，这是北美地区最主流的模式，但在德国等其他国家也不同程度上被使用。

还有第四种更加理论化的模式——纵向整合加横向分隔。此时，诸多公司比肩而立，兼任铁路基础设施公司与铁路运营公司，按照纵向整合的方式运营某些线路或子网络，并不存在直接竞争关系。这些组织模式产生了不同的价值链，对此，我们将在下一节中进行介绍（第 4.1.3.2）。

铁路行业与其他运输方式之间存在竞争关系，但是也以联合运输方式与公路、海运及空运进行连通。在与公路及海运网络的连接点上，使用可移动的基础设施系统（通用货箱）与不可移动的基础设施系统（货物运输中心）装卸铁路运输的货物。这些系统也是值得一提的投资机会，不过此处我们不准备进行详细的介绍。在全世界大部分机场，都建有火车站以实现空铁联运。

铁路行业与能源行业完全不同，但两者之间的相互关系很重要。一方面，运输服务供应商很大程度上受制于能源价格，特别是电力价格；另一方面，能源生产相关的原材料主要靠铁路运输。特别是在商品丰富的发展中国家，能源公司由此组建铁路公司并投资铁路基础设施，目的是减少储藏空间并控制所提炼的原材料的运输成本。

4.1.3.2 收入来源与价值链要素

对相关收入来源进行独立分析是明智的（至少因为欧盟要求铁路基础设施公司与铁路运营公司分离），其效果在加速显现。

一级与二级铁路基础设施的投资（见表4-4）巨大且很少能收回成本，因为将成本转移给旅客可能会导致不可承受的乘客分流。

表 4-4 铁路运输基础设施的价值链要素与投资机会

铁路	
价值链要素	投资机会
铁路网络	
提供和管理基础设施	主要基础设施（基础设施） ● 轨道网络 ● 信号系统 ● 电气系统 附属基础设施（次级设施） ● 路堤 ● 桥梁/隧道的挡土墙 ● 其他附属基础设施
运营	
火车运营 ● 客运 ● 货运	运输车辆 ● 机车 ● 拖车
服务	
● 进站 ● 零售/餐饮 ● 其他服务	● 火车站 ● 行李处理站 ● 必要设施 ● 必要设施

在大多数情况下，各国政府为了服务于公共利益，在更高的程度上满足运输需求，利用公共财政为铁路基础设施的建设、扩建及改造提供大部分资金。铁路基础设施公司自身通常负责服务及维护，主要靠轨道收费产生的收入来支撑。车站也是一样的，依靠铁路运营公司支付的停站费维持运转，越来越多地依靠零售业收入。与机场一样，大型火车站正在发展成为购物中心，吸引开发商与投资者的兴趣。铁路基础设施公司因速度、运输类型（客运或货运）、对相关线路的使用频率及每天使用时段/每周使用天数等因素的不同，收取不同的轨道使用费。

铁路运营公司一般依托直接使用者付费维持运营，即以票价（运费）形式从旅客和货物运输中产生收入（详见第3.3.3节）。特别是在区域性运输中，政府可能对票价提供补贴，如果不这样做，只是通过票价回收运营商的全部成本，票价可能会高得离谱。然而，铁路运营公司也可以选择不通过直接向使用者收费产生收入，而是向区域性运输公司或运输联盟以固定价格提供所要求的能力等运输服务。此时，运输联盟作为自营商，承担需求风险即利用风险，收取客票收入，但通常不能弥补相关成本。此时，铁路运营公司只承担绩效风险，即能否在所有时段按照约定品质提供必要运输能力的风险。

全面垂直整合型的铁路公司，实际上覆盖铁路运输行业的完整价值链，从设计、建设和维护包括所有设备在内的网络，为下属运输部门或其他铁路运营公司运营和管理铁路网络，到提供客运与货运服务（包括装卸服务），在有条件的情况下还提供当地送货服务。这类公司还开发和运营车站并拥有物流公司。由于涉及很高的能源成本，它们甚至可以成为自身的能源生产商及供应商。

不过，垂直分隔型的公司，要么主要作为铁路基础设施公司，主营业务是网络建设、维护及服务，要么作为铁路运营公司，主营业务是客运及货运服务。即使这些公司由政府全资拥有，比如法国，但是这种分隔开放了铁路运营市场的竞争，特别是来自其他交通服务供应商的竞争。

除了上面介绍的铁路行业价值链的主要要素外，智能交通领域近年已经成为一种新的价值链要素。下面将简单列出有关系统，作为自成体系的价值链，由此给投资者提供投资机会，但因为其特征表明它们不属于本书定义的实物资产，因此不再详细介绍：

- 基于计算机的运营支持系统，可以为控制中心提供更多可选择的方案，可以较早确认运营障碍因素，协调采用有关补救措施，向客户提供相关信息。
- 电子运营信息系统（如DELFI），可以使客户在信息提供站或家庭电脑上获得路线、时间及价格信息。
- 动态旅客信息系统，提供准确的大巴与火车到站及出发信息、实时剩余车位信息等。
- 无现金支付系统。
- 需求导向的当地公共交通系统，包括快线管理系统、基于卫星的机动车定位系统或车内数字地图。
- 铁路网络中用于铁路管理的无线控制及安全技术（道路分配与距离控制），例如不需要固定信号。

4.1.3.3 竞争与规制

铁路网络中的竞争，主要与轨道及轨道接入使用费有关。因此，这个行业的规制重点就在这个方面，但是还可能包括诸如牌照发放、安全及行政管理因素等更广范围的事项。规制的最终目的是确保所有铁路基础设施公司，不论其市场地位如何，为铁路运营公司及诸如货代、船代之类的其他授权机构，提供无歧视接入整个铁路基础设施的机会，包括铁路、车站、维护设施、码头及侧轨等。

在一般情况下，部分国家（如比利时、法国及西班牙）由交通部承担规制职责。不过，在德国、英国及美国，有针对铁路及其他网络行业的专门监管机构。在美国，地面交通委员会对各种地面交通领域进行全面规制，包括铁路、公路、水运及管道，但不包括航空。除了价格规制，地面交通委员会还负责审批公司合并、出售及颁发新铁路的设计许可等。在德国，联邦网络局作为跨行业（电力、供气、电信、邮政及铁路等）的专门规制机构，负责对竞争行为及非歧视网络接入服务进行监管。对于铁路网络，即铁路基础设施，主要规制铁路使用费及相关各类服务，以及运营商收取的运费。不过，功能监管及相关规制职能由负责相关职能的部委负责。

表 4-5 列出了按照 2015 年运送的人·公里（pkm）数量排名的 10 家欧洲最大的铁路公司（CER，2008）。

表 4-5　10 家最大的欧洲铁路公司

公司名称	国家	网络长度（公里）	人·公里（百万）
DB	德国	33 426	88 407
SNCF	法国		83 907
ATOC	英国		61 768
FS	意大利	16 723	38 611
RENFE Operadora	西班牙		23 753
NS	荷兰	373	18 231
SBB/CFF/FFS	瑞士		17 018
PKP	波兰	18 942	11 865
ASTOC	瑞典	10 744	11 842
SNCB/NMBS	比利时		10 974

资料来源：CER(2015)。

毫无疑问，表 4-5 只列出了欧洲范围内所有铁路运营公司中的一小部分。此外，在很多国家中都有数量众多的在区域范围内运营的小型铁路公司，因此在相同的线路上很少存在相互竞争。仅仅在德国，在客运领域中就有超过 360 家（小型）铁路运营公司。在其他国家中，也有很多竞争性的铁路运营公司，例如瑞士有 44 家，英国有 53 家，意大利有 40 家，波兰有 60 家（CER，2015）。只有一家国家铁路运营公司的国家的数量特别少，包括芬兰、爱尔兰、立陶宛和斯洛维尼亚（IBM-Business Consulting Services，2006）。这些国家铁路公司实际上在跨区域市场中占据垄断地位。

货运行业则是不同的局面。在不同铁路运营公司之间，甚至在相同的线路上，通常存在激烈的竞争。

4.1.3.4 私营部门参与

铁路基础设施行业有私营公司参与的长期传统。在铁路交通的早期，很多线路是由私营公司建设和运营的，尽管很多后来被国有化。

目前，因为铁路网络基础设施的垄断特征，国家铁路公司通常是国有企业。尽管一些公司已经实施形式私有化，但是大多数公司仍作为国有公司运行。传统观点认为，出于技术与安全考虑，通过将网络与运营职责分离，在某种程度上减轻这种垄断局面并不可行。由于在基础设施（如线路系统）及列车两个方面均出现了广泛的技术进步，这种分隔才变成可能。这就解释了为什么近年来很多国家加快将基础设施与运营分隔，其出发点是确保提高铁路系统的竞争程度及私营投资——目前已经有一些成功的案例。

尽管存在这些障碍，但在铁路运输行业中还是有一些真正的私营公司参与的案例。在运营领域中出现了越来越多的全部或部分私有化的铁路运营公司，参与竞争，并与相关国有铁路运营公司竞争。另外，一些重要的国际性服务供应商，提供全球性铁路服务。不过，铁路基础设施行业是典型PPP模式的发源地，主要采用预算支持的可用性付费模式，更少采用直接用户付费的BOT模式。后者主要用于单一线路，如机场连接线或高速铁路。除城际铁路项目外，整个铁路网络或子网络很少采用BOT模式。

采用包括设计、建设、融资、维护与运营在内的PPP模式的案例，有中国台湾地区的高铁及瑞典的阿兰达快线。

瑞典的阿兰达快线案例

为了在斯德哥尔摩中心车站与阿兰达国际机场之间建设高速铁路连接线（阿兰达快线），1993年瑞典实施了一项建设、运营与维护这段长约40公里铁路的职能招标程序。1995年，该线路开始建设，1999年年底投入运营。除私营资本外，公共部门为项目的必要前期投资提供了巨额资金支持。特许权人（阿兰达公司）依托出售客票的收入提供运营资金，这意味着它要承担收入风险及其他风险。项目公司的最初股东是建筑公司 NCC/Siab（44%）、铁路设备公司阿尔斯通（29%）、能源公司 Vattenfall（20%）及 Mowlem（7%）。2014 年 7 月 9 日，Portare 获得该公司 100% 的股权，从而拥有该项目公司。卖方是麦格理欧洲基础设施基金，它从 2004 年起拥有该项目公司。Portare 由国家超级年金计划、太阳超级年金计划和中国外汇管理局（SAFE）共同拥有。前两家是澳大利亚的养老金基金，SAFE 为中国人民银行管理外汇存储。该项目的特许经营期为 45 年，2040 年到期（Arlanda Express, 2015；Källenfors, 2005）。

在铁路基础设施领域中，最广为人知的项目是英法海底隧道项目。这条英吉利海峡下面连接英国与欧洲大陆的（声名狼藉的）铁路线——目前已经经历多次破产重整。从隧道的英国入口到伦敦的海峡连接线（CTRL），也是按 PPP 方式执行，在一定程度上更加成功。法国雄心勃勃的高速铁路项目，也计划采用 PPP 模式引进私营投资。另一个著名的 PPP 铁路项目，是荷兰的 HSL-Zuid 项目。

荷兰的 HSL-Zuid 项目案例

荷兰政府为建设及运营 HSL-Zuid 项目，同时组织实施了两项 PPP 项目招标，这是一段连接阿姆斯特丹与比利时边界的长度为 125 公里的高速铁路线。第一项招标是 30 年期（2006～2031 年）的线路建设与维护业务，包括 5 年的建设期，被授权给高速基础设施公司（由福陆基建集团、BAM 皇家集团、西门子荷兰、英国投资者 Innisfree 与汇丰银行基础设施公司组成的联合体）。一个重要特征是荷兰政府对附属设施采用传统招标方式，意味着 PPP 项目仅包括主体设施。该项目采用可用性付费模式，私营运营商应当达到 99.46% 的可用性目标。如果没有达到这一目标，支付金额就会减少，如果低于 90% 就会终止合同（Freudenstein and Obieray, 2005）。第二个 PPP 项目是运营该线路的 15 年期的特许经营，被授予由荷兰铁路公司（NS）与皇家航空公司（KLM）组成的高速铁路联合体。该特许经营从 2008 年开始（HSL-Zuid, 2009）。

4.1.4 航空运输

4.1.4.1 特征与组织

航空业受国际因素主导的程度，比任何其他运输子行业都高很多，诸如安全规制、标准及规定、航空器飞行及空域的监控、国家之间的协议、航空公司与机场组成的联盟，以及全球性的需求、航空器飞行和跨区域的枢纽机场。这种全球化背景是这一传统稳定增长的行业，在最近几年显示出明显的脆弱性迹象的原因之一，例如近年的经济和金融危机，SARS 的暴发与恐怖袭击所造成的孤立性的外溢效果。不过，航空业仍然是长期增长性行业。客运量从 2009 年重拾升势，在未来 10～15 年的年增长率为 5%～6%（Airbus，2014；Boeing，2015），由此超过全球经济的总体增长速度。这些预测基于全球范围内不断增长的私人及商务出行需求，是全球劳动分工深化，特别是亚洲及东欧地区预期财富增长的结果。因为持续的市场开放，飞行明显变得更加便宜。反过来，受私有化的驱动，价值链全部环节中的竞争都更加激烈，同时技术创新和空域与地面的管理效率得以提升，包括更加高效的航空交通管制、低成本航空公司市场占有率的提高，以及航空公司与机场运输能力的增强。

对这个判断的反对意见有：主要航空市场趋向饱和，燃料成本提高，空中交通管制成本上升，环保税的征收，因为环保意识公众接受度降低，重大机场项目的审批难度加大，旅客转向其他运输方式（特别是区域内交通方式）。

航空业有很多趋势性特征，事实上需要全球性的重大投资，并由此与所在国家的国别情况高度相关。

- 国际航空公司之间组建联盟，目的是实现规模经济与网络效应。
- 为转机旅客服务的国际航空枢纽成为重点，特别是在重要机场很少的亚洲及欧洲区域，以及点对点航行盛行的多中心美国市场。
- 使用宽体客机提高运输能力，例如在亚洲和欧洲或美国的长途点对点航线使用 A380。
- 通过控制系统的标准化及使用新技术，如欧洲使用的伽利略系统，以及对跨越国境的各空中管制控制区进行更有效率的划分，实现对空中交通管制的协调。
- 低成本航空公司起步于美国，通过英国和欧洲大陆发展到亚太地区，其数量和运输能力都初露峥嵘。此外，传统航空公司采用了低成本航空公司的部分商业模式或成立了低成本子公司。这种商业模式的系统性创新包括：①优化业务流程及资源管理，特别注重开发区域性航空市场的潜力，实现服务范围内的规模经济；②灵活调整以充分利用飞机的运输能力，并且以特别低的票价挖掘现有航空公司未能利用的潜在航运需求——目标客户是那些需要在大中型城市之间进行点对点飞行的价格敏感型旅行者。

- 国内层面的市场开放正在深化，但在国际层面上还存在很多不足。这与"全球空域开放"项目的政治与行政特点有关，例如坚持对国内航空公司运输权的保护，存在补贴，在票价及其他竞争性条件方面设置适用于全部主体的反竞争性条件与安保标准等。
- 竞争正在加剧，原因在于：①时隙分配的优化，例如逐渐改变长期时段占用者的"永久承继权"，执行提高资源利用效率的流程，比如使用或放弃规则，高峰时段定价或按照市场出清价格进行招投标，实现高度竞争性的分配效率；②国际反垄断当局针对控制性市场地位提出要求，由国际航空公司组成的三大主要战略航空联盟快速上位，它们是：星空联盟㊀（27家航空公司，旅客数量达6.4110亿人次/总收入达1790.5亿美元）、寰宇一家㊁（16家航空公司+联合的30家服务公司，旅客数量达5.128亿人次/总收入达1430亿美元）、天合联盟㊂（20家航空公司，旅客数量达6.02亿人次）。

与其他基础设施行业相比，航空运输业整体上存在明显的不同价值链要素之间的分离状况。从国内的变化情况看，目前主要的价值链要素及其全球供应商在很大程度上相互独立。其主要要素如下所述。

- 飞机生产及维护，飞机制造业是航空服务业中资本密集程度最高的领域。
- 航空公司是飞行服务的提供者。
- 机场与机场运营商，可以划分为以下服务供应商：①飞行服务，主要包括航站楼、跑道及地面处理服务；②非飞行服务，包括现代化机场提供的全部商业活动。

私营投资在上述三个领域中都广泛存在。与本章讨论的其他行业及子行业一样，本节主要讨论不可移动的实体性基础设施，即机场而不是服务。

国际性机场一般由政府负责设计、批准、建设及融资。有关地区/城市负责规模小一点的数量众多的区域性机场。尽管私营机构投资了无数的小型机场，但投资者更感兴趣的还是主要国际机场。下面将主要讨论国际机场。

国际机场可以划分为一级及二级机场，一级机场在国际航空运输业中发挥着重要的作用。不过，近年来二级机场取得快速发展，这得益于主要机场的能力限制及

㊀ http://www.staralliance.com/en/about，2015年8月15日取数。

㊁ https://de.oneworld.com/news-information/oneworld-fact-sheets/oneworld-at-aglance/，2015年8月15日取数。

㊂ http://www.skyteam.com/de/About-us/Press/Facts-and-Figures/，2015年8月15日取数。

时隙价格的持续提高。一级机场包括航空枢纽及中转机场，很多到港旅客只是准备转机到其最终目的地。出发机场及目的地机场被归类为二级机场，如果其规模较小，就归类为三级机场。最低层级为四级机场，在大多数情况下只为少数低成本航空公司提供服务。

全球主要机场通常由中央政府、地区政府或城市政府直接或间接拥有。间接拥有意味着某个机场由一家拥有多个机场的高层级公共机构管理。这些机构或机场本身大多是一个私法机构，但是政府往往是其唯一的股东。同时，全球范围内有很多机场被全部或部分实质私有化。

4.1.4.2　收入来源与价值链要素

在多数情况下，机场通过项目内生收入（直接使用者付费，见第 3.3.3 节）和政府拨款运行。机场的付费用户主要包括航空公司及旅客，以及只使用商业服务的到访者。

广义地说，机场运营的收入可以划分为航空收入，包括有关陆侧及空侧地面处理服务收入，以及从地面商业服务获得的非航空收入。这种分类基于下面详细描述的主要价值链元素。航空收入包括飞机起飞与降落收费、航站楼使用费、停机费，以及集中或分散地面服务（如行李处理、飞机加油与维护）的授权经营收入。在部分国家中，旅客还要交机场使用费。

非航空服务提供范围广泛的收入来源。典型的例子包括各种类型的零售业，例如购物（食品及饮料）、宾馆、会议及办公设施，停车、租车，以及其他为旅客和参观者提供的商业服务。近年来，这已经逐渐发展成为机场回收各项成本的重要渠道。犬儒主义者说现代机场只不过是"附带跑道的购物中心"。实际上，非航空服务占机场总收入的比重平均超过 50%，如伦敦希思罗机场之类的机场的占比还要高很多，体现了其风险收益特征。

与其他基础设施行业相比，航空业的价值链特别广泛且复杂。使用前面介绍的基础设施行业中的方法，表 4-6 提供了一种系统的，但是并不完备的对核心价值链要素及其对应投资机会的介绍。价值链的相关服务包括机场（航空服务及非航空服务）、航空公司及航空管制所提供的服务。

航空价值链包括与实际航空运输业务直接相关的所有活动或服务以及相关附属服务，包括但不限于如下几个方面。

- 通用基础设施提供与管理，比如：
  ○ 跑道系统，包括停机坪与滑行道、飞机库等；

表 4-6 航空运输基础设施的价值链要素与投资机会

机场		航空公司	
价值链要素	投资机会	价值链要素	投资机会
航空服务		提供及管理飞机	飞机用于 ● 客运 ● 货运
提供/管理 ● 通用基础设施 ● 重要运营基础设施	● 航站楼 ● 跑道、滑行道、停机坪 ● 飞机库 ● 客/货物航站楼 ● 加油系统 ● 输送系统等		
		旅客服务 ● 售票系统 ● 登机服务 ● 售后服务 ● 登记安保 ● 其他服务	必要的设施、系统与设备
陆侧地面处理服务 ● 旅客服务 ● 货物服务	系统与设备用于 ● 登记及登机 ● 行李处理 ● 引导 ● 接待及登机	货物服务 ● 收货 ● 售后服务 ● 登机安保 ● 其他服务	必要的设施、系统与设备
空侧地面处理服务 ● 客运业务 ● 货运业务	系统与设备用于 ● 飞机、飞行运营及安保 ● 登机及卸载 ● 推行 ● 巴士转运 ● 清扫/饮食	空中飞行 ● 飞行员 ● 旅客服务	必要的设施、系统与设备
		飞机的维护与维修	必要的设施、系统与设备
非航空服务		空中交通管制	
商业服务	● 零售折扣店 ● 酒店 ● 会议及办公设施 ● 租车/停车等	价值链要素	投资机会
		● 空中及地面控制 ● 导航服务	必要的设施、系统与设备

- ○ 旅客航站楼，包括登机门、海关、移民局、预防与安保服务、旅客登记与登机系统；
- ○ 货运航站楼，包括装货与仓储设施；
- ○ 主要的运营基础设施，指地面服务提供机构依赖的机场设施，例如加油系统、行李输送系统等。
- 陆侧地面处理服务，包括行包处理、登记签到等客运服务，以及收货与装货等货运服务；
- 空侧地面处理服务，包括维护、飞行运营及安保职能，以及飞机装机与卸载、内部打扫、餐饮、推送、巴士转运和旅客服务；
- 重要运营类基础设施的提供/管理，指地面服务提供机构依赖的机场设施，例如加油系统、行李输送系统等。

一般说来，航空业的价值链要素，包括与航空公司密切合作以确保稳定的机场运营，以及对客流、货物处理、全部机场基础设施及安保等进行点对点优化。

非航空产品与服务，例如零售折扣店、酒店、会议及办公设施、租车、停车等，主要是在旅客及其随行者离开或到达机场时提供的服务，也可以给机场到访者提供独立于航空服务的特别有吸引力的服务，如会议/办公设施。

最后一个感兴趣的领域是与机场基础设施相连接的设施，包括私人与公共交通的连接设施，比如公路与铁路、停车场及出租车候车处。

在使用最先进的技术特别是智能交通技术方面，航空业特别领先于潮流。运用这些技术主要是为了提高航空安全。例如，欧洲空中交通管理组织"欧洲航管组织"承担泛欧空域的航空运输交通控制职责，使用智能交通技术协调空中交通流量需求及相关航空安全保障。机场还使用导航与控制系统，提高机场区域机动车通行的能力、安全性与效率。

4.1.4.3 竞争与规制

我们可以按照前面提到的一级、二级、三级及四级机场的分类分析机场行业的竞争条件。

一级机场是枢纽机场及重要航空公司的基地机场，例如汉莎/星空联盟在法兰克福机场，芬兰航空公司在赫尔辛基机场，美国航空公司在达拉斯，它们主要与其他国际枢纽机场及相关航空公司或航空联盟竞争。如果枢纽机场的费用提高，基地航空公司会由此提高票价，这样转机旅客通常会另寻他途，选择那些可替代的、价格更低的枢纽机场的其他航空公司所提供的线路。例如，在柏林与纽约之间有不同航空公司提供的八条不同飞行线路。枢纽机场往往还会针对联盟内部或同一条航线展开竞争，例如慕尼黑、苏黎世与维也纳机场在星空联盟内部竞争东欧航线业务。

对于二级或三级机场，在大多数情况下作为旅客的出发、到达机场，竞争条件很大程度上取决于附近机场特别是主要机场的覆盖交叉区域。尽管出发及到达旅客对机场费用的提高特别敏感，但只有当附近有以更低成本到同一个终点的可替代机场时，才会真正影响需求。

机场行业的其他竞争因素包括：连接城市或郊区中心区的私营及公共交通设施、停车场、对航空公司的吸引力，以及某种程度上对旅客的吸引力与舒适度，例如登机服务的便捷性、候机区的娱乐设施等。换句话说，这些竞争因素越好，该机场的竞争地位越强，由此对航空公司，乃至最终对旅客提高费用的空间就越大。

对于四级机场，市场地位通常较低。这类机场特别依赖少数感兴趣的航空公司（大多数是低成本航空公司），因此只能收取很低的费用，有时都不能覆盖成本，需要地方政府补贴。

对于个体交通和当地公共交通带来的联合运输竞争，也需要加以考虑，尽管它主要影响提供国内线路的航空公司以及与邻国的连接航线，进而影响相关机场。

并非所有机场都受价格管制。对起飞与降落、使用航站楼与停机坪进行价格管制的需求，特别取决于相关机场的市场地位。例如，在英国，由英国民航局（CAA）实施价格规制。CAA 评价机场的市场竞争力。如果某机场通过了根据《2012 年航空运输法》所进行的市场竞争力测试，CAA 就会用一项经济许可对该机场进行规制。目前，希思罗、盖特威克已获许可。许可条件包括希思罗机场对航线设置的收费价格上限、盖特威克对其使用者做出的承诺的强制执行，以及对两家机场运营适用性的要求（CAA，2015）。关于希思罗机场控股集团的进一步信息，请参阅下一节的介绍（见第 4.1.4.4 节）。

价格规制可以采用多种形式，分为成本加成法及价格上限法。反过来，这两种方法都可以执行单通道或多通道原则。

成本加成法对节约成本缺乏激励，可能会让公共机构陷入利益冲突中，因为特定机场的规制者往往又是其所有者。基于所有者角色，它们有动力增加更多收入，于是收取相对较高的价格，但是规制角色要求确保价格在合理的较低水平上。

价格上限法激励运营商在特定规制期内，通过提高供应能力来获取利润。由此，与传统成本加成法相比较，价格上限法对提高收入和降低成本的激励效应要强很多。

单通道原则既对航空服务也对非航空服务进行规制，而双通道原则只关注航空服务的价格水平。

4.1.4.4 私营部门参与

在全球范围内，私营部门投资机场的现象普遍存在。从横向合作到通过部分与全面私有化的特许经营，投资方式多种多样。

例如，在德国，最常见的方式是部分实质私有化模式。最早实施部分实质私有化模式的德国机场是杜塞尔多夫机场，最初由北莱茵－威斯特法伦州（NRW）与杜塞尔多夫市政府共同拥有。

> **杜塞尔多夫机场案例**
>
> 1927 年成立的杜塞尔多夫机场公司，目前是德国的第三大机场。1996 年发生造成航站楼受损的火灾后，北莱茵－威斯特法伦州政府因为需要巨额投资，决定向某个私营投资者转让其持有的机场公司 50% 的股权。通过面向欧盟的招标

程序，1997 年由豪赫蒂夫机场公司出资 60%、爱尔兰国有机场运营商里安达航空公司出资 40% 组成的联合体"机场合伙公司"，出资 1.8 亿欧元获得杜塞尔多夫机场 50% 的股权（City of Düsseldorf, 1997）。基于股权收购协议，为完成"机场 2000 年目标"项目，战略投资者应当在较短的时间内让机场完全恢复运营功能。1997～2003 年，"机场合伙公司"投资约 3.9 亿欧元，采取了全面的建设措施。在靠近航站楼的地方，私营投资者实施了面积达 23 公顷的商业停车场项目。这一部分私有化行为让机场很快恢复正常运营。杜塞尔多夫机场公司 50% 的股权后来由 HTA（20%）、HTAC（豪赫蒂夫机场资本公司，10%）及里安达航空公司（20%）三家共同持有。剩下的 50% 股权仍然归属于杜塞尔多夫市政府。非航空服务目前占机场总收入的 37%（AviAlliance, 2015a）。

法兰克福机场是唯一一个通过首次公开上市实现部分实质私有化的德国机场。在改制为法兰克福机场股份有限公司后，它于 2011 年实现了首次公开上市。按照交易所的规则，大约 29% 的股份被转移给众多私人投资者。

全球范围内的机场从公共机构转制为盈利性公司，转制过程往往包括私有化。新的（私营）所有者中很快出现全球性的公司，诸如规模最大的英国机场运营商希思罗机场控股集团（原 BAA）与 TBI[⊖]、麦格理机场集团（澳大利亚）、航空联盟集团及法兰克福机场集团（德国）。

航空联盟集团目前持有包括六家机场股权的资产组合，是一个典型的战略投资者。2005 年，航空联盟集团为 HTA 提供金融服务，引进一些机构投资者建立首批机场投资联合体，合作伙伴为：哈斯丁基金管理公司（澳大利亚）、魁北克退休基金（加拿大）以及复兴信贷银行（德国）。机场联盟集团随后受让 HTA 的股权，其资产组合包括雅典、布达佩斯、杜塞尔多夫、汉堡及地那拉机场的股权（AviAlliance, 2015b）。

不过，法兰克福机场集团将担任战略投资者，以此作为其增长策略的一部分。该公司已经成为一家全球性的机场运营商。法兰克福提供范围广泛的服务，投资了很多项目与机场。例如，它是一家活跃的机场地面处理服务供应商，服务区域拓展到了维也纳、布鲁塞尔、香港、里斯本及杰克逊维尔等；为超过 30 家机场提供安保服务（通过全资子公司 ICTS 欧洲控股公司）。它为土耳其的安塔利亚机场（在该

[⊖] 托马斯-贝利投资公司（TBI）于 1972 年由托马斯和贝利成立于英国，最开始作为房地产开发公司，后来专注于机场，于 2005 年被阿伯蒂斯公司（90%）及 A 西班牙机场国际集团（10%）联合收购。

BOT 项目中，法兰克福集团持有安塔利亚机场国际航站楼公司 50% 的股权）提供航站楼管理服务，为雅典的一个 BOOT 项目提供人力资源管理服务，为秘鲁的利马（一个特许经营期为 30 年且还可以延长 10 年的 BOT 项目，法兰克福集团持有项目公司 70.01% 的股权）提供机场管理服务。

不太多的完全私有化项目中的一个典型案例是英国机场管理局（BAA）。BAA 曾经是或看起来是一个私有化的成功案例，直到英国竞争委员会干预，强制要求 BAA 出售其持有的三家机场。要了解更多信息，请参阅下面的案例。

希思罗机场控股集团案例

1966 年，英国通过《机场管理局法案》，设立了希思罗机场控股集团（原英国机场管理局，BAA），负责管理下面三家国有机场：伦敦的希思罗集团、伦敦的盖特威克机场和斯坦斯特德机场。随后几年，BAA 合并了格拉斯哥国际机场、爱丁堡机场、南安普敦机场和阿伯丁机场。作为撒切尔首相私有化政府资产运动的一部分，《1986 年机场法》推动 BAA 进行形式私有化，组建国有股份公司并在伦敦股票交易所挂牌上市。BAA 的最初市值是 12.25 亿英镑。20 世纪 90 年代早期，BAA 出售了普雷斯特威克国际机场。

2006 年 7 月，法罗里奥集团牵头的一个联合体收购了 BAA，估值为 101 亿英镑（约 200 亿美元）。2006 年 8 月 15 日，曾经是《金融时报》100 指数成分股的 BAA，从伦敦证券交易所退市。随后，BAA 在全球扩张业务，在波士顿里根国际机场及巴尔迪摩－华盛顿马歇尔国际机场从事零售业务（通过子公司 BAA 美国公司），与印第安纳波利斯市政府签署管理合同，运营印第安纳波利斯国际机场（通过 BAA 印第安纳波利斯公司）。

2007 年，在"公平竞争办公室"发布一份关于机场商业活动的调查报告后，英国公平竞争委员会（以下简称"委员会"）对 BAA 开展调查。委员会的主要不满集中在 BAA 的垄断地位导致不能对航空公司及旅客的需求做出回应。2009 年，委员会命令 BAA 在两年内出售其持有的七家英国机场中的三家：盖特威克、斯坦斯特德以及格拉斯哥国际机场与爱丁堡机场中的一家。盖特威克与斯坦斯特德分别是伦敦的第二、三大机场。2009 年 10 月，BAA 将盖特威克机场作价 15 亿英镑转让给全球基础设施基金（GIP）。在全球金融危机期间，投标方难以获得债务融资，转让价格远低于法罗里奥集团的目标价。2012 年，爱丁堡机场也被卖给 GIP，同年 BAA 改名为希思罗机场控股集团。

4.1.5 水路运输

水路运输行业包括主要用于货物转运的港口,以及作为货物运输通道的航道(如河流、运河等)。

除了历史上少数宏大的项目之外,如苏伊士运河,私营投资通常主要集中于港口设施上。本节主要讨论港口投资,不过首先要简单介绍一下内陆航道,这主要是因为内陆航道连接港口和一国的内陆地区。因此,内陆航道的扩建对新兴经济体和发展中国家特别重要,由于特别不完善,故没有私营公司的参与几乎不可能完成。然而,与所需要的相对很高的建设投资相比,内陆航道的收入潜力很小。因此,为吸引私营公司参与,内陆航道投资几乎不可避免地需要公共预算付费。

水路运输有以下主要特征:①从事货物及大宗商品的运输;②是环境友好且低成本的运输方式。特别是内陆水路运输,在能源消耗、噪声与废气排放两个方面,相对于公路和铁路运输都有比较优势。水路运输的每公里/吨能源消耗量大约只有公路运输的 17% 和铁路运输的 50%(European Commission Mobility and Transport,2015)。除了运输功能外,航道还有如下功能:发电、养鱼、休闲娱乐、居民或工业供水、排洪等其他可以产生额外效益及收入的功能。

由于这些功能都与运输行业没有关系,下面不再进一步讨论。存在如此多的功能,可能是航道主要由政府拥有并由公共机构负责运营的主要原因之一。

航道具有真正的自然垄断特征:大多数航道由自然河道组成,只有小部分由人工建造而成,并且航道的使用部分依赖天气。例如,航行往往受高低水位差的影响。多数航道由自然河道组成,并不意味着不需要进一步投资就可以直接利用。恰恰相反的事实是:自然河道首先要采取很多措施才能成为航道,可能包括:挖深水道、建设船闸、升降设施和泵站、截弯取直等。除一些地区外,与公路网络相比,水运网络之间的距离更远一些。

与公路行业的价值链类似,水运行业的主要价值链要素在于为商业用户及较少程度的私人用户,提供管理基础设施。进一步的信息可参阅表 4-7,不过该表未包括在航道上运营的运输服务供应商的价值链要素。

表 4-7 水运交通基础设施的价值链要素与投资机会

内陆(航道)	
价值链要素	投资机会
网络 – 基础设施	
提供与管理基础设施	● 自然河道 ● 运河 ● 桥梁及其他工程项目

内陆（航道）	
价值链要素	投资机会
	• 船闸 • 升降设施 • 其他附属基础设施
运营 • 运输数据收集 • 智能交通服务 • 加油	• 运输数据收集系统 • 智能交通服务系统 • 油库

全球范围内除了少数例外，水运基础设施的必要资金均由公共部门提供。但是，这一点不适于用在航道运营的交通服务供应商的价值链要素上。

可以采用不同的方式向使用航道及相关设施的船舶收费，例如按使用航道的长度收费、按通过水闸的次数收费、收取过桥费等。具体收费金额取决于船舶大小、运输的货物重量及种类，而对于客运船舶的收费金额则取决于其最大载客能力。

先简单介绍一下（内陆）航道：对于私人投资者，内陆航道项目既没有吸引力，在很多情况下也不是可能的投资目标，所以本章的其余部分主要介绍码头项目（前面已经解释）。

4.1.5.1 特征与组织

港口可以分为海港与内陆港。二者的主要区别在于海港一般位于海岸，主要服务于国际贸易。从地区及经济角度看，海港是特别重要的工业基地。相反，内陆港主要位于航道（河流、湖泊或运河）上，用于国内货物运输并作为跟其他运输方式的接口，较少用于国际物流。表 4-8 列出了国际排名前 20 位的大港口。尽管表 4-8 显示出最重要的港口投资已经出现并且将主要出现在新兴经济体（特别是亚洲国家和地区）中，

表 4-8 全球规模最大的 20 家国际港口的名单（World Shipping Council，2013）

排名	港口名称	所在国家和地区	标准型（百万）
1	上海	中国	33.62
2	新加坡	新加坡	32.60
3	深圳	中国	23.28
4	香港	中国	22.35
5	釜山	韩国	17.69
6	宁波－舟山	中国	17.33
7	青岛	中国	15.52
8	广州	中国	15.31
9	阿里	迪拜	13.64
10	天津	中国	13.01
11	鹿特丹	荷兰	11.62
12	大连	中国	10.86
13	巴生	马来西亚	10.35
14	高雄	中国台湾	9.94
15	汉堡	德国	9.30
16	安特卫普	比利时	8.59
17	京滨	日本	8.37
18	厦门	中国	8.01
19	洛杉矶	美国	7.87
20	丹绒柏乐巴斯港	马来西亚	7.63

注：标准箱为 20 英尺（约 6.1 米）长的标准集装箱（代表总的码头处理能力，包括装满的和空的标准箱）。

但是很多重要的尽管规模通常较小的针对特种船舶的港口建设与投资，最近一些年一直出现并且还会出现在欧洲和北美。

图 4-1 介绍了国际海运贸易令人印象深刻的发展过程，并介绍了市场的竞争情况。特别地，为应对过去 20 年内全球集装箱处理量的连续增长，有必要找到合适的方式来落实必要的投资，往往需要吸引私营资本并使用下面介绍的组织模式。尽管金融与经济危机导致 2009 年的总码头处理量有所降低，但是海运行业迅速恢复，此后港口处理量还出现了持续性的增长。

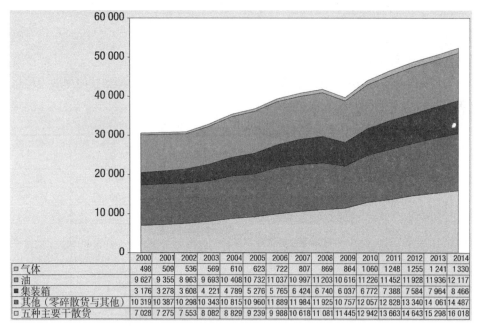

图 4-1　按照货物种类划分的全球海运贸易量（单位：吨·英里）

资料来源：UNCTAD (2014).

按照主要货物的种类，可以将港口/码头分为：①集装箱码头；②干散货（沙/煤）码头；③液体散货（气、油）码头；④零碎杂货（木材）码头。

通常本地港务局负责港口运营，包括港口管理，有时候还负责全部港口基础设施（航道、水闸、防洪堤、公路、铁路等）的建设和维护，并提供专用基础设施（与码头相关），如岸壁与清除场所。港口的主体设施是码头相关设施，包括吊车、堆场、仓库/堆场、生产及处理设施等，由本地港务局或私营码头运营商提供或管理。在很多国家中，港口是国家交通体系的组成部分，由相关部委负责。特别地，其责任包括提供海运连接通道及内陆通道，如航道、公路及铁路等。

适用于全球范围内的港口组织模式的分类依据为：①私营部门的参与程度；

②基础设施的所有者；③主体设施的所有者。这些组织结构如下（World Bank，2007；Euromed Transport Project，2008）：

- 公共港；
- 工具港；
- 房东港；
- 私营港。

公共港是严格意义上的公共基础设施。所有服务均由港务局提供，港务局拥有港口基础设施及码头主体设施（见表 4-9）。港务局收取使用者所付费用并履行规制职责。欧洲和美国的公共港的数量有限，而在很多发展中国家中，公共港的占比约为 70%（Sorgenfrei，2013）。

表 4-9　港口基础设施的价值链要素与投资机会

港口	
价值链要素	投资机会
基础设施与主体设施 提供、管理基础设施与主体设施	一级基础设施 ● 航道 ● 岸壁与防洪堤 ● 公路/铁路基础设施 ● 水闸 ● 保护设施，如防浪堤 二级基础设施 ● 干/浮动船坞（维修） ● 信息系统 ● 加油设施 码头主体设施 ● 包括吊车的码头 ● 存储场地 ● 仓库/堆场 ● 生产/处理设施等
服务 为轮船服务 ● 交通控制及安保 ● 航运服务 ● 拖船 ● 维修	必要的设施
为货物服务 ● 装卸 ● 物流 ● 存储	必要的设施

工具港与公共港的主要区别在于：对于工具港，作为公共机构的港务局拥有全部港口基础设施以及码头主体设施，但是码头上对船舶所提供的服务由私营运营商提供。港务局向私营运营商出租主体设施，由此构成通常的出租人与承租人关系。所以，港务局承担实质性投资风险，并有权针对其提供的服务收费。除提供码头主体设施外，港务局还保留规制职责。

房东港是被最广泛使用的模式。与工具港一样，港务局是港口基础设施的所有者。私营港口运营商基于长期合同从港务局租赁这些基础设施，并建设必要的码头主体设施。这类长期租约通常称为特许权协议，私营投资者/港口运营商向各码头使用者收费，回收投资成本与运营成本。因此，与工具港不一样，私营投资者承担投资风险及设施运营风险。港务局保留全部规制职责，推动整个港区范围的扩张，提供基础性的港口基础设施。

在完全私有化的港口模式下（私营港），港口基础设施与土地均为私有。不过，公共机构可以参股私营港口机构（即横向伙伴关系），旨在确保维护公共利益。

在后三种情况下，私营伙伴承担市场/需求风险（即提供实际上的市场化服务的风险），但是取决于不同的投资规模/租赁协议的条款，会有不同的后果（从工具港到私营港的风险依次提高）。

4.1.5.2 收入来源与价值链要素

通常存在两类与港口相关的使用者付费：基础设施使用费与港口服务使用费（直接使用者付费，见第 3.3.3 节）。港口基础设施使用费包括港务费、码头使用费、滞期费与存储费、装卸及船上垃圾处理费等相关的固定费用等。至于港口服务使用费，不是所有服务都可以自愿选择；入港必须支付特定费用，比如只要进入港口，就要交纳包括领航及拖船、使用道路、铁路设施及与其他码头相关的服务费用。收费标准基于相关船只的规格或大小。

如上所述，港务局（房东港模式）经常向港口运营商/投资者（即特许权人）颁发经营海港中的特定码头的特许权。这样，这些（码头）运营商就可以自行收取装货、卸货、滞留及存储费。另外，港务局（由承担相关责任的政府机构拥有）必须提供港区内的公共基础设施及必要融资。通过发放特许权，港务局可以选择向（码头）运营商收取租用费或租赁费。

港口子行业的价值链高度多样化，从提供一级与二级港口基础设施（见表 4-9，这是本节重点介绍的内容），到在码头上自行造船。至于其他子行业，港口基础设施的价值链可以划分为设计、建设、运营、维护、融资与投资回收。这些职能通常由港口运营商承担，负责拓宽与维护港口航道、吊车、仓储空间等与船运相关的服务。

港口运营商的主要任务是确保货物的快速转运,并为船舶提供其他服务,同时很多船舶要进行货物装卸。

在船运行业中,智能交通系统被广泛使用,特别是在忙碌的国际航道及港区内。取决于不同的功能,这些系统可以用于交通监测、咨询及旨在提高安全性的规制等方面。交通监测是信息系统的组成部分,以向各方提供关键数据。交通咨询的主要特征是航行支持,考虑航线与周边交通,为相关船舶提供信息、建议并推荐航行方案。交通规制服务为该系统提供支持与补充,采用事先设计的方式改变交通流量,力求提前确认并防止潜在危害。

4.1.5.3 竞争与规制

海港(特别)具有明显的国际化特征,意味着仅有国家层面的规制是不够的。因此,本节将介绍逐步完善的规制框架。1997年欧盟发布《海港与海运基础设施绿皮书》,明确为港口及港口服务供应商建立竞争环境的规则。该绿皮书的主要内容包括:①港口及共同的运输政策;②港口及海运基础设施的融资与收费;③港口服务。绿皮书反映了欧盟海港政策目前的重心,包括推动境内港口竞争的市场化与协调发展、对财政补贴及港口收费的规制,以及整合各海港形成泛欧网络(TEN)。

在国家层面上,各欧盟成员国负责确保各海港的正常运行,责任主要包括拓宽与维护海运航道及境内连接通道。

国家层面的集中式规制机构的一个例子是印度的核心港口关税局(TAMP)。TAMP成立于1997年,专门负责印度的12家主要港口。除了规制港口服务的价格,它还对私营港口运营商租用港区土地的租赁费计算规则制定指南。

4.1.5.4 私营部门参与

在港口行业中,所有运营服务都可以被转移给私营公司。私营公司参与的程度取决于港口的组织结构。例如,私营公司在公共港模式下的参与程度极为有限,主要是建筑施工及其他港务局采购的服务。在工具港模式下,私营部门的参与也很有限,投资风险还是由港务局承担。相反,房东港模式下涉及重大私营部门投资,实质性运营风险被转移给私营运营商。

表4-10对港口行业不同形式的私营部门的参与情况进行了概述。

表4-10 港口行业不同组织模式下的私营公司参与的案例

港口类型	公共港	工具港	房东港	私营港
私有化形式	商业化或公司化	职能私有化	完全实质私有化	
基础设施的所有权	公共	公共	公共	私人

(续)

港口类型	公共港	工具港	房东港	私营港
主体设施的所有权	公共	公共	私人	私人
码头运营	公共	私人	私人	私人
案例（部分港口在发展中国家）	科伦坡港[①②]（斯里兰卡）、孟买新港[①②]（印度）、达累斯萨拉姆港[①②]（坦桑尼亚）	吉大港[①]（孟加拉）、马辰港[③]（印度尼西亚）、宿雾港[③]（菲律宾）	鹿特丹[①③]（荷兰）、纽约港[①]（美国）、新加坡港[①③④]（新加坡）	英国[①]与新西兰[①]的一些港口

① World Bank (2007)。
② 在改制为房东港模式的过程中。
③ 亚洲开发银行（2000）。
④ 自1997年起。

在国际上，房东港是最常见的组织模式。主要港口/码头运营商有马士基集装箱码头公司、和记黄埔港口集团及新加坡港务集团，这些机构在全球范围内运营码头。

港口运营商

马士基集装箱码头公司（APM）

APM在2014年的总收入超过44.5亿美元，是总部位于丹麦哥本哈根的马士基集团的一部分，服务超过60条国际集装箱船运航线，在58个国家有码头运营业务。马士基全球码头网络拥有73项资产，为集装箱船运行业提供港口运力、运营经验及基础设施投资。2008年公司在港口及港口项目中的投资为7.23亿美元，2007年的投资规模为8.50亿美元（APM，2009）。2015年8月，APM宣布获得总部位于巴塞罗那的Grup Maritim TCB公司的11项码头资产，该交易将显著改善APM在欧洲和拉丁美洲的全球码头网络，增加年集装箱处理能力（430万标准箱）。APM收购Grup Maritim TCB公司的资产组合的具体交易价格未被披露。APM已经取得西班牙最大的船运和基础设施集团Pérez y Cía的支持，目前由后者控制标的资产（Port Finance International，2015）。

和记黄埔港口集团（HPH）

1994年成立的HPH，是一家领先的港口投资商、开发商及运营商，在遍布亚洲、中东、非洲、欧洲、美国及澳大利亚26个国家的52家港口中拥有319个泊位。HPH还拥有很多与交通运输相关的服务公司。2008年，HPH集团成为业务多元化的和记黄埔有限公司（HWL）的子公司，该公司在全球范围内具有处理8290万个标准集装箱的处理能力。HPH目前拥有港口及物流业的全产业链业务，可以为客户提供包括集装箱保管与维修、集装箱跟踪、普通货物及干散货转运、仓储、航海快运服务及其他相关服务。HPH 集团直接投资于那些服务于很大腹地的枢纽港——它们要么现在已经在支持国际贸易，要么有潜力成为主要的运输中心（HPH，2015）。

新加坡港务局有限公司（PSA）

PSA 的主要业务是提供综合性的集装箱码头服务，包括多目标的码头服务。PSA 的其他业务还有 PSA 海运。1996 年，PSA 的规制职责被移交给新加坡海运及港务局。1997 年 PSA 有限公司成立，主要承接新加坡港务局的码头管理运营及相关业务。2003 年 12 月，PSA 国际成为 PSA 的新加坡及全球业务的投资控股公司。PSA 国际是淡马锡控股的全资子公司。PSA 新加坡集装箱公司及 PSA HNN 是 PSA 国际的旗舰公司。PSA 在亚洲、欧洲及美洲 16 个国家的 27 个港口有业务，2014 年在全球共处理 6540 个标准集装箱。2014 财年，公司报告的合并总收入为 38.3 亿美元，净利润约为 14 亿美元。为满足全球贸易的未来增长及其客户的长期需求，PSA 正在开发巴实潘江港的第三、四期码头，第一批泊位在 2014 年开始运营。当完全完工后（2017 年年底），新的码头将新加坡的每年集装箱总处理能力提高到 5000 万标准箱（PSA International，2015）。

最广泛的私营部门参与，很自然地存在于那些已经实质私有化的港口中，不论是部分还是完全实质私有化。相关部门通常会将原来由公共港或码头运营商持有的股权，通过股权公开拍卖的方式转让给战略投资者或财务投资者，实现部分或完全私有化，或者像德国汉堡港仓储公司（HHLA）的案例一样，通过首次公开上市方式进行。码头运营商 HHLA 在 2007 年上市后，其约 30% 的股权变成流通股，多数股权（70%）仍然属于汉堡的汉萨自由市。首次公开上市的主要目的是在资本市场上筹资以扩建港口基础设施。IPO 募集资金的总量约为 12 亿欧元。

4.1.6　可持续性因素

交通行业可以提升旅客与货物的可移动性，由此会产生巨大的社会经济效益。不过，交通行为也与日益严重的环境外部性相关，最重要的环境和社会影响与气候变化、空气、水和土壤质量、噪声、生物多样性以及土地占用等相关（Tahzib and Zvi jakova，2012）。关于环境、社会和治理（ESG）风险的全面介绍，请参阅第 5.2.4 节。

4.1.6.1 环境问题

交通行业面临气候变化所造成的实物与规制风险,即气候变化引致的极端气候事件可能会影响基础设施资产,而交通行业的各种行为可能会加剧气候变化。诸如风暴、热浪、洪水、海平面和温度上升等自然灾害会影响交通基础设施,而大规模的人口分布变化(迁移安置)和旅游方式变化(陆、海和空)将导致交通利用模式的长期转变。诸如暴雨和暴雪、热浪与极寒等极端天气的频率和强度的预期增加,会造成洪水、道路冰冻、能见度较低和对基础设施的实物损害,有可能导致破坏、交通中断及延迟,以及相关财务损失。与天气相关的事件,占欧洲区域当前公路维护成本的比重高达30%~50%(每年80亿~130亿欧元),而这些成本中的约10%与极端天气事件相关(European Commission, 2013a)。海运港口以及靠近海岸线的道路、机场和其他基础设施,很容易因频率与强度都在增加的近海风暴袭击而承受重大损失。内陆船运可能会受雪融带变化和降水所导致的洪水的影响,而由于极端的低降水量造成的干旱则会影响交通。

哥本哈根与灵斯泰兹之间的高速铁路线

当丹麦计划提升西兰岛上的哥本哈根与灵斯泰兹之间的铁路运输能力时,公共交通局为该项目实施了一项气候变化影响评估,目的是弄清楚在100年的运营期内,未来的铁路线应对气候变化的弹性(Danish Ministry of the Environment, 2015)。评估结果表明,一方面,增加的降水和河道里的水流,将特别显著地影响铁路建设工作。尤其相关的是,需要依据到2100年极端暴雨的强度将增加20%的假设条件,设计铁路的排水能力。因此,哥本哈根与灵斯泰兹之间的新铁路的排水能力比目前的水平要提高30%,以确保让水可以足够快地流走,防止积水损害铁路设施。另一方面,诸如温度升高、海平面提升和地下水位提高等与气候变化相关的环境因素,对正在分析的项目不会产生重大影响。该项目预期将在2018年完工。

个人与公共交通行为正在污染大气。每年几百万吨的废气被排放到大气中,包括铅(Pb)、一氧化碳(CO)、二氧化碳(CO_2,不是污染物)、甲烷(CH_4)、一氧化氮(NO)、一氧化二氮(N_2O)、氯氟烃(CFC)、全氟化碳(PFC)、四氟化硅(SiF_4)、苯和可挥发成分(BTX)、重金属(锌、铬、铜、镉),以及灰尘等颗粒性物质(Tahzib and Zvijakova, 2012)。

交通是温室气体排放的第二大主要来源,占化石燃料燃烧所产生的全部二氧化碳的约 1/4。国际能源署（IEA）估计，为实现将全球变暖控制在 2 摄氏度以内的目标，交通行业占 2050 年全球温室气体排放削减量的贡献比例高达 21%（IEA，2013a）。另外，陆上交通对本地大气污染很大，对发达国家和发展中国家的公共健康都带来了严重风险，因此投资可持续的低碳交通基础设施（如有轨电车系统）可以产生多重 ESG 效应（Ang and Marchal，2013）。

公共与私人交通行为，特别是海运交通，会显著影响地表水和地下水、生物多样性和野生动物。[一]汽车和飞机的废气排放会产生酸雨，而酸雨会破坏建筑物，降低农产品的收益并导致森林退化。飞机、汽车、卡车和火车或者港口和机场航站楼运行中（如除冰）所排放的燃料、化学物质和其他有害物质，可能会污染地下水、海洋和湿地。与海洋运输相关的废弃物、漏油、压舱水和疏浚，会影响海洋环境。废弃物与漏油所造成的环境问题显而易见，不过在某个海域获得的压舱水可能包含有能力破坏自然海洋生态系统的侵入性水生物种。通过弄走水体中海床上的沉积物来挖深航道时（疏浚），可能会破坏海洋生物的多样性；近海交通和船运设施可能会造成土壤侵蚀与污染。高速公路建设或降低机场和港口开发的表面等级，会导致土壤的肥力和产量的损失。交通行业使用的有害材料会导致土壤污染（如用于维护铁路衔接而使用的化学品，以及燃料泄漏）。

交通行业会显著影响生物的多样性：陆上交通的发展，已经导致森林退化和土地贫瘠，进而减少了湿地面积和水生植物种类。限制或清除在公路与铁路边成长的植物，会导致新的物种构成不同于该区域的原生态物种构成。由于自然栖息地的变化和范围的缩小，使得很多动物走向灭绝（例如，公路与铁路切断其迁移路线）。

总之，与某种化学燃料驱动的交通方式相关的公共和私人交通行为，对环境有害并会造成环境衰退。这些问题需要由正在成长中的环境规制机构来解决。交通资产的投资者应当投资可以降低有害排放物的、面向未来的交通设施。

4.1.6.2 社会问题

尽管交通行业可以带来明显的好处，诸如增加移动性、连接不同的群体，但是它也有可能对社会造成重大的负面影响，特别是对人类的健康和安全性以及与文化遗产相关的生存环境。

诸如癌症与心血管病、呼吸道和神经疾病等健康问题都与有毒气体污染相关。颗粒物的排放（灰尘）可能导致呼吸问题、皮肤过敏、眼睛发炎、血液结块及各种过敏症。烟雾会降低生活品质，而酸性沉淀物会破坏历史建筑，影响旅游设施的吸引

[一] 要了解环境影响的详细情况，请参阅：Tahzib and Zvijakova（2012）and Rodrigue（2013）。

力。噪声是交通的内生特征。当音量超过 75 分贝时，会严重损害听力，影响人们的身体和心理状况，从而影响生活品质。提高的噪声水平会对城市环境产生负面影响，表现为土地价值的降低以及土地利用产值的损失（Rodrigue，2013）。

交通设施不仅会影响城市风景，还会影响经济和社会整合（例如，高架铁路和高速公路等新的交通设施会分隔现有城市社区）。此外，主要的交通设施会产生物理障碍、排放物，并且会影响建筑物遗产，由此影响城市生活的质量。

交通基础设施行业较差的职业健康和安全性可能导致损害、项目临时停建和较低的产出能力及相关经济损失，正如由于企业会给顾客造成潜在的损失、很差的社区与工会关系，并且有时难以找到并留住新员工等，所以可能会导致品牌损失（AMP Capital，2013c）。

4.1.6.3 治理问题

可持续领域中的治理问题，包括对商业模式或行业惯例的内生治理问题进行管理，并且与范围很广的相关方群体（政府、社区、客户和员工）存在潜在的利益冲突。具体例子包括合规性、院外活动、安全管理、供应链和资源管理、利益冲突、反竞争性行为、腐败和贿赂。各种形式的交通都面临安全风险，要么是机械故障，要么是人员失误，且会造成致命性的事故。因此，一个关键的治理问题是管理层（例如，管理工作危害和事故）如何与员工、当局和更大范围的公众共同处理健康与安全问题。涉及公众和环境事故影响的规制与公众关系，将损害公司的声誉并进而影响其财务业绩，而海运和物流行业的全球性特征，让各公司承受了更高的腐败风险。此外，在特别激烈的竞争环境下，汽车和航空行业面临很高的工会入会率（Lavigne-Delville，2014）。

4.2 供水与污水处理[○]

4.2.1 特征与组织

水是所有生物的生命之源。没有其他基础设施行业，像水行业一样，投资资金与资金需求之间存在的缺口，是如此生死攸关。获得干净的水是人类的基本需要。这一事实赋予水行业特别重要的地位，特别是在那些天然缺水或缺乏日常用水的地区，尤其是当地水源不适合人类或动物使用的地区。

○ 本书中 Sewage 与 Waste Water 是同义词，都指污水。

在全球范围内，9人中就有1人（约7.5亿人）无法获得安全、干净的水，25亿人（占地球人口总数的1/3多）缺乏适当的排水设施。每年平均有84万人（其中很多是儿童），由于脏的饮用水或污水处理不到位而死亡，发展中国家的大多数疾病被归咎于落后的水、污水处理和排水设施（Water.org，2015）。

水是人类生存、经济发展以及生态系统维护的关键前提条件（OECD，2009）。从对未来20年的社会影响的角度看，全球性的水危机，从全球产出率最高的农田面临旱灾，到几亿人缺乏安全的饮用水，是最高等级的系统性全球风险，可能会造成全球经济、社会和环境系统的崩溃（WEF，2015）。联合国估计，到2025年，发展中国家的淡水需求会上升50%，全球人口的2/3将生活在紧张的供水状态中（UN Water，2013）。

这种珍贵的商品对农业进而对食品供应、工业和商业，同样至关重要。即使是在世界上那些水源丰富的地区，负责供水的机构往往也面临着重大的挑战。尽管各国国内与国际决策者在设定供应目标时雄心勃勃，但是诸如气候变化、不断恶化的环境污染、全球人口的持续增加等全球性问题，不但没有解决，甚至导致供水问题不断恶化。

这些问题在发展中国家及新兴经济体中更为严重，这些地方缺乏最基本的基础设施，意味着如果要有实质性改观，需要的投资量惊人。不过，工业化国家急需对老旧基础设施进行维护，特别是在污水处理领域中，资金支出的规模同样巨大。如果考虑到人口结构变化和移民效应，以及欧盟与其他OECD国家执行得更加严格的水质与环境保护标准，投资需求将更加庞大。

地球上的水，只有2.5%是淡水，并且只有0.3%适合人类使用（UN Water，2014a）。在全球范围内，人类对这种"蓝色黄金"的消费结构分为：农业用途（占70%～75%）；工商业用途（约占20%）；家庭，主要是饮用水（占5%～10%，OECD，2006）。水消费是自然水循环的组成部分——水循环是指在海洋与陆地之间，各种状态的水进行的垂直与水平的循环运动。这个过程包括蒸发、降水、渗透等（见图4-2）。水循环过程受太阳的能量与重力所驱动。在循环过程中，水并不会消失。

人类从水循环中使用的水，来自泉水、井水、湖水、河水或直接从地下抽水，对于不同的水质使用不同的技术与化学处理方式，有时将其保留在水库中。随后通过水处理及供水网络，借助于重力或泵站将水输送给用户，进一步的分配取决于计划的用途。水被使用后作为污水回流到公共系统。

所产生的污水通过下水道被输送到污水处理厂，进行生物或化学处理后，重新进入自然水体循环。对于污水厂污泥等残留物，若有必要，需要进一步处理，不同的成分有不同的用途。大部分雨水渗入地下，有些通过土地、地表及道路排水系统进入排水网络。排水网络采用分流制与合流制两种方式。在分流制下，雨水与污水进入不同的管道。在合流制下，雨水与污水进入共同的管道。

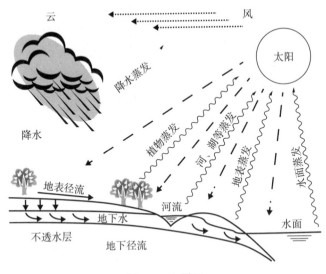

图 4-2 水循环

上面介绍的水循环过程是发达工业化国家所具有的典型情况，在发展中与新兴经济体的城市中目前也有可能是这样的。但是在很多国家中，特别是在农村，严重缺乏相关网络与水处理基础设施，有些地方完全没有这些基础设施。这意味着饮用水的质量经常无法保证，污水未经处理就被直接排放到自然水体中，对人与环境造成负面影响。另外，对于能否将这套系统移植到发展中与新兴经济体的基础设施建设中去，这套系统在工业化国家中能否持续，都还存在争议，目前相关机构正在认真评估。特别是在污水处理领域中，正在开发分布式处理系统，以减轻对需要大量资金投入的输水网络的依赖。

与其他基础设施行业相比，假设在同样的运营成本水平上，供水与污水处理行业的投资成本（指全生命周期成本）特别高，大约平均是能源及其他基础设施行业的两倍。因此，对全球各地的政府来说，筹集资金的压力特别大。根据 OECD 的估计（OECD，2006），2006～2015 年，全球供水与污水处理行业每年需要的投资约为 8000 亿美元，到 2025 年将上升至 1.04 万亿美元。不过，其他相关文献所引用的数据差异很大。与 OECD 的预测相反，一些最新的预测要低很多，麦肯锡在 2013 年预测，2013～2030 年的年度资本需求是 5000 亿～6000 亿美元，甚至到 2050 年每年"仅"需要 1710 亿～2050 亿美元（戴维·劳埃德·欧文在 2011 年的 OECD/全球水大会上引用的数据，2015）。

水行业的挑战还包括无效率的组织管理结构及管理不善导致的严重的技术与经济损失，例如供水与污水处理管网的泄漏（这个问题不只是在发展中国家及新兴经济体中存在）。供水与污水处理管网的平均漏失率在德国相对较低，为7%，但是在英格兰和威尔士为19%，在法国为26%和在意大利为29%，还是很高的（OECD，2011）。20世纪80年代的英国，供水管网漏失率达30%。根据水服务规制局（OFWAT）的数据，2015年伦敦的漏失率约25%（OFWAT，2015），与欧洲其他国家相比确实很高，但是与发展中国家及新兴经济体的普遍水平相当。北美约5万家公共水厂的基础设施的平均使用寿命已经高达100年，亟须更新改造。同样，每年的管网漏失的饮用水水量估计高达26万亿加仑（约98万亿升）（Cohen，2012），用户的节水激励机制一般也不到位。总之，人们亟须采取行动，给政治机构及行政部门施加越来越大的压力。

泰晤士水务公司案例

1989年，撒切尔政府成立泰晤士水务公司，一家国有有限责任公司。该公司主要引进美国养老基金及伦敦投资者的私营资金，用于改造荒废的供水及污水处理系统。伦敦水务网络由3.2万公里的自来水供水管网及6.4万公里的排水管道构成，自从150年前建成之后一直保持较低水平的技术标准，随后被破坏得非常严重。大约30%的饮用水渗入地下，管网水压也不稳定。由于空气进入管网造成污水倒流，致使水质下降。泰晤士水务公司成为被控环保罪次数最多的英国公司。伦敦供水系统私有化之后，服务变得更差，私营供水与污水处理系统甚至进一步恶化。

1999年，德国能源集团RWE购买了泰晤士水务公司。该交易让RWE成为当时全球最大的供水与污水处理公司，在伦敦地区有800万自来水用户及1500万污水处理用户。RWE希望作为一家全球性机构开发全球市场，因此它没有投入急需的资金，只是敷衍了事。

布莱尔政府成立规制机构——OFWAT。OFWAT是英格兰与威尔士供水与污水处理行业的经济规制机构。该机构独立于政府履行职责，目的是让用户实现物有所值。OFWAT设定每家水务公司向其客户的收费标准，强制要求RWE在2005～2010年对供水网络投资7.14亿欧元，对排水系统投资4.7亿欧元，并且不能将这些投资成本转移到用户身上，同时OFWAT设定年投资收益率的上限为6%。RWE认为该收益率水平缺乏吸引力，于是抓住2006年的股市牛市的机会，将泰晤士水务转让给由澳大利亚投资银行麦格理牵头组建的联合体肯宝（Kemble）水务公司。

> 在 RWE 控制期间，泰晤士水务的绩效表现特别差，是水务行业在漏失率和客户服务等方面表现最差的公司之一。2007 年麦格理购买泰晤士水务之后，目标是重新聚焦公司核心的受规制业务，执行一项称为"回归初心"的战略，在公司运营方面取得了长足的进步，扭转了多年颓势。在 15 个月内，泰晤士水务宣布在运营绩效相关的每一个重要领域中都取得了长足的进步，包括供水能力的提升、漏失率的降低、污水横流的减少等。公司的运营成本显著降低（与上一个规制年度相比下降 7%），总体绩效评价得分（OFWAT 使用的全面绩效评估指标）从 342 分提高到了 416.8 分（2010 年 3 月的最高分是 437.5 分）。公司平均每年的资本性支出为 10 亿英镑，其受规制资本价值上升了 19%，从 2007 年 3 月的 65 亿英镑上升到 2010 年 3 月的 77 亿英镑。
>
> 2009 年，官方宣布因 2007 年的旺德尔河污染事件对泰晤士水务罚款 12.5 万英镑（Environment Agency，2009），给前面的好消息蒙上阴影。此后，OFWAT 多次对泰晤士水务公司罚款，OFWAT 的首席执行官凯瑟琳·罗斯 2014 年在 BBC 说："只有公司自身纠正错误，并且确保不是由用户买单，才是公平的格局。"2015 年，泰晤士水务公司连续第 9 年超额完成规制机构设定的漏失率降低目标。自 2004 年以来，泰晤士水务公司的总体漏失率降低了 1/3（OFWAT，2015）。

由于水务行业很高的成本结构，以及确保以社会可接受的价格水平满足人们基本需求的政治企图，所以在全球任何地方，供水特别是污水处理价格很少能够覆盖相关成本（至少指全成本）。不过，在全球范围内出现了一种明确的发展趋势，即提高用户的财务支出以缩小价格与成本之间的差距，价格提升还有助于提升消费者尽力节约水资源的意识。

很高水平的沉没投资成本，以及运营商新增连接到供水网络的用户的平均成本逐步降低（存在规模经济效应），意味着水务行业是一个自然（区域）垄断行业。⊖ 在可以预计的未来，这种情况都不会发生实质性的改变，还看不到创新与技术进步使

⊖ 例如，大坝与水库是典型的取决于规模而存在规模经济效应的设施：规模小的大坝与水库总成本会低一些，但单位库容的平均成本会高很多。类似地，从一个很大的区域将污水输送到一家大型污水处理厂，比输送到两家小型污水处理厂，所产生的排水管网的边际成本优势，使得大型污水处理厂的单位处理成本更低一些。当然，也可能存在规模不经济的情况，由此污水处理厂有时采用分布式水处理设施。例如，在平原地区的排水系统的规模一般比坡地要小，因为平地进行远距离输水更加困难。向自然界排水，一般采用多个排水口，而不是集中到少数排放口排放，一般行政区划边界与地下管道系统的边界保持一致。同时，小的管理单位与大型管理单位相比，具有管理成本优势，特别是在设施比较简单、人口聚集的区域相隔较远、管理关注点及目标存在差异的情况下。

得不依赖供水网络的供水模式的出现。与电信行业相比，水务行业提供了更少的投资/创新机会。电信系统之前也是垄断状态，随着诸多广播服务供应商的出现，形成了激烈的竞争格局。自然垄断意味着政府有必要干预，特别是在基本公共服务领域中。因此，水务行业往往在很大程度上被视为政府应负责任的领域，由此需要实行相对全面的政府规制。

在新兴经济体中，情况大为不同。世界银行的数据显示，与其他基础设施行业相比，水务项目的私人投资的违约与取消率高出 4～5 倍。1990～2014 年，27% 的有私营公司参加的水务项目陷入困局或被取消，能源项目是 5%，交通项目是 7%（World Bank，2015a）。

水务行业的核心特征如下：

- 水务及相关服务是生活必需品。
- 取水及用水是自然水循环的组成部分，这些活动难免对人类及自然界造成不良生态干扰。
- 在全球范围内，（组织化）的水务行业，至少是供水行业，几乎全部采用用户付费模式。不过，目前的供水及污水处理收费，很少能够覆盖相关成本。
- 将全部成本转移给用户，在很多情况下可能会造成价格过度上升，从而引发社会矛盾。因此，水务行业是需要公共财政提供补贴及政府干预的典型领域。
- 水务行业的必要基础设施是高度资本密集型项目；截至目前，只有高度发达国家有能力建立起完善的水务系统，确保向公众提供足够水平的供水服务。
- 特别是（高度资本密集型的）供水与污水处理网络，让水务行业成为需要政府规制的自然垄断行业。
- 在一些国家中，水务行业存在（巨大的）效率提升空间，主要方式有：基础性的理念更新，在有条件的情况下通过引进私营公司和技术创新，对熟悉的处理流程、组织与商业模式量身定制解决方案。

水务行业的典型组织结构是：水务系统传统上由城市、地区及州（省）级地方政府负责。供水系统往往是本地或区域性的，负责取水、制水及输水。与其他公共服务业（如电信及能源行业）的输送距离相比，供水系统的覆盖区域相对较小。尽管水务行业规制一般是在国家层面上被制定的，但供水及其系统的治理一般由城市政府负责。供水及污水处理服务历史上一直是城市政府的责任，中央政府往往提供资金支持，并保留制定行业政策，以及建立法律、政治、经济及组织框架的最终责任。

供水与污水处理系统及其组织结构往往是本地的政治议题及地方政府的责任，而不是按流域进行治理。这种局面不可避免地会导致水务行业内部的效率损失。因此，"流域治理方法"在全球范围内越来越流行，欧盟在供水框架性指令（WFD）中明确表示支持（European Commission，2000b）。

"流域治理方法"考虑所有与该流域相关的水务问题，为全流域的所有住户服务。这就需要超越城市层面的协调，建立流域管理体系，管理水源、取水、漏失及用水等相关事务。建立覆盖诸多城市的区域性水务系统，可以降低成本、分享经验、提高绩效，在不确定的气候条件下提高供水安全，在更合适的流域层面上管理水务系统。进一步说，流域层面的管理可以在水资源设计、需求管理、基础设施建设、融资等方面取得更好的效果。

4.2.2　收入来源与价值链要素

供水与污水处理行业的主要收入来源是用户支付的水费和污水处理费（直接的使用者付费，再次参阅第3.3.3节）。收费结构存在很多差异，可能包括固定与变动部分。例如，在智利，价格可能因地理位置、季节因素及使用数量的不同而存在差异。工商业用户与居民用户之间也可能存在价格差异。发展中国家及新兴经济体的消费者，经常得到直接补贴。在很多非洲国家中，流行一种预付水费制度，用户向预付卡充值后，才能在提前购买的用水量限度内用水（Johannessen，2008）。

还有一种收入来源，由网络所有者向根据需要使用其网络的其他供水企业收取。

提高水价的透明度与公众参与决策，是水务行业的重要议题。过快或过高的水价提高，可能会引致强烈的社会与政治反应。在全球很多地方，都发生过因提价而导致的公众抗议及政治示威，因此，提高水价需要清晰的沟通及公众参与。有充分的证据表明，只要服务靠谱，提供服务的成本合理、透明，社会可接受，用户可理解，即使是低收入用户也很愿意为供水及排水设施付费。这表明，公布服务提升及实现服务提升的必要资金投入等详细信息，是让公众接受水价全面提升的前提条件。

关于水务行业的价值链要素，一个根本的区别存在于供水与污水处理行业之间。相关职责通常由不同机构承担。例如，在高度分散化的德国水务行业中，这两个子行业都存在约6000家城市层级的水务机构。表4-11介绍了供水与污水处理领域中不同的典型价值链要素及投资机会。

表 4-11　供水与污水处理行业基础设施的价值链要素与投资机会

供水与污水处理系统			
价值链要素	投资机会	价值链要素	投资机会
供水		污水处理	
取水 ● 地表水 ● 地下水	取水设施 地表水 ● 水塔 ● 拦河坝 ● 水池 ● 取水厂 地下水 ● 水井	污水排放	（由用户完成的必要投资）
制水	● 制水厂	输水	区域性或跨区域、分流制或合流制系统
储水	自然或人工建造的水库 ● 储水湖 ● 深水池 ● 消防水库 ● 水塔	污水处理	分散式：分散式设施（如油、脂） 集中式：污水处理设施 ● 机械/物理处理 ● 生物处理 ● 化学处理
配水	配水网络 ● 泵站 ● 增压站 ● 压力管道 ● 重力管 ● 控制中心 ● 水质检测站 ● 检测井	污水排放、利用或消除	● 制蒸汽 ● 农业 ● 填埋场 ● 焚烧炉
接水	● 用户服务管道		
收费	● 计量设施		

供水由取水、制水、储水、配水、接水及收费构成。这一价值链从投资建成取水厂开始，取水能力要满足未来的用水需要。取水厂通过管道将原水运到制水厂，经过必要的处理使其达到合适的水质标准。为满足每天不同时段与不同季节较大的用水量变化，需要对制成的净水进行存储。净水随后被配送到家庭、农业、工业及商业等各方面用户的接入点。取决于当地条件，各个环节的顺序可能存在差异，有些环节可能不存在，例如有些地方原水水质就能达到饮用水水质标准。在有些国家中，供水网络基础设施还不完备或根本不存在，往往用水车向有关地区配水。

污水处理价值链由输送（从用户收集后）、处理、排放或消减等环节构成。人们使用水后，需要对排放的污水进行处理。通过区域性或跨区域的分流制或合流制的下水道系统，污水将被送到污水处理厂，被进行物理、机械、生物及化学处理。处理后的水被送回自然水循环中。取决于其成分，残留物可以被用于农业生产，也可以被送到填埋场或焚烧炉。

4.2.3 竞争与规制

水务行业是网络型行业，实际上会形成自然垄断。然而，自然垄断行业并不要求国有化。基于过去的经验，国有化也不一定能确保满足价格、规模等产出目标。不过，政府的确有必要实施某种形式的规制干预。

从经济角度看，供水与排水设施可以被视为有普遍经济效益的公共服务。因此，该行业的经济规制追求以下三个主要目标（Marques，2010）：

- 基于公共服务责任维护用户利益；
- 提升效率和创新能力；
- 确保（供水和排水）服务稳定、可持续和可靠性。

根据这些目标，实际上全球范围内已经建立了三类规制模式，包含较少的国别与地区差异。这三类模式是"英国模式""法国模式"和"公共运营商模式"（有时称为德国或荷兰模式）(Marques，2010）。

英国模式接受各类垄断情况的普遍存在，旨在通过外部规制最小化其负面影响。这种外部规制通常由国家层面的公共机构制定，由本地或区域性的公共机构实施（Kraemer and Jager，1997）。在很多国家中，存在众多不同的规制机构，对供水行业产生影响。例如，在英国就有三家主要的规制机构：环保局（负责水质与水资源）、饮用水检查员（负责提供给用户的水质）和 OFWAT（负责水行业的经济规制）。

典型的微观经济规制工具往往基于利润上限规制或特定时期基础上的价格规制。这两种形式的规制均基于受规制的资产价值（RAB）或绩效点数系统。这些形式的微观经济规制遵循的目标是，允许供水企业获得合理的运营利润。

英国模式存在的一个潜在的问题（特别是对于那些不太成熟的水务基础设施市场），是众所周知的"委托代理困境"。实际上，规制机构与其监控的企业相比，洞察力和信息都存在弱点（称为信息不对称）。这可能导致所谓的"阿弗奇-约翰逊效应"。这种效应描述了由于资本回报率监管可能引起潜在的过度投资，进而产生资源配置失效的风险（Averch and Johnson，1962）。

法国模式通过定期的竞争性招标而不是一家永久性的规制机构，使用以市场为导向的自我规制。这种方法以市政府与供水企业签订的有期限的合同为基础。这些合同确定服务要求和价格水平，通常能覆盖运营、战略设计、投资和融资等方面的成本。特定合同的期限可以长达 25 年。相关特许经营的定期竞争性招标，旨在限制私营投资者从这些合同中所获得的利润水平（Wackerbauer，2003）。

通常，在合同期内，公共机构保留涉及城市技术进步对供水企业行为进行影响的特定权利。英国模式与法国模式的共同点在于，它们实际上都会推动大规模的垂直整合型的供水与施工企业的建立。

在公共运营商模式中，所谓"规制"存在某种误导，因为并不存在由某家规制机构对特定供水企业的外部监管。上面提到的公共利益和规制目标是通过公共机构的股东权利来确保的。公共机构部分或全部拥有此类供水企业，而不是通过外部监管触及这些企业。市政府参与服务提供过程，因此英国模式中的公共机构与供水企业之间存在的信息不对称问题有限（Wackerbauer，2003）。

垄断性网络运营与其他运营服务（有可能存在竞争）的分离，旨在最小化由特定规制者造成效率缺失的风险。网络运营（自然垄断）的规制问题可以通过建立国有公司（形式私有化）解决——这类公司只要通过收取服务费覆盖其成本即可。它们没有设定产生利润的目标。所有其他相关服务可以遵循市场竞争机制。

尽管上面介绍的这三种规制模式构成了水务行业大多数模式的基础，并在水务行业中普遍被接受，但是在全球范围内存在很多处于中间状态的变种。尽管在特定国家中水务行业的横向整合程度有限，只服务少数家庭（如丹麦或芬兰），但是在其他国家有很高水平的横向整合，服务成千上万个家庭（如英国）。因此，特定国家的情况要求选择和调整服务提供方式与规制模式。

4.2.4 私营部门参与

尽管投资成本很高，但是由于存在"准赢不输的赌局"，水务行业对私营投资者有很强的吸引力。这源于特定的需求条件、用户的价格弹性较高、巨额投资和技术挑战的存在（这两个因素降低了潜在投标人的数量），以及相对较低的运营成本与获得效率提升的潜力。伴随相对有效的规制架构而来的是相对较低的收益率，但是在很多情况下还会有一种完全匹配的风险水平。因此，在大多数工业化国家中，水务行业提供了稳定和可靠的收益率，对那些风险规避型的投资者而言具有吸引力（Gurria，2009）。

水务行业中已经出现了不同形式的私营部门参与模式：从完全的公共机构（只将一些单项服务外包给私营公司），到公共机构与私营公司的联合，再到纯的私营公司。如第 3.1 节与第 3.2 节所介绍的，对于私营公司参与的具体形式，我们难以进行国别比较，因为不同国家的定义、术语与基础性结构差异很大。这种情况在水务行业和垃圾处理行业（见第 4.3 节）中特别突出。

目前存在很多纯公共机构的案例。例如，在美国与加拿大，水务行业的基础设施资产由公共机构全资拥有与运营。法国与德国可以设立"治理"（法国）与"控制/所有权"（德国）模式（Graetz，2008）。在该模式中，公共设施属于市政府且没有法人地位。因此，这些主体甚至连形式私有化都还没有展开，但是有独立的预算。这种模式由于过于模糊，现在受到了批评（特别是在欧盟范围内）。不过，在德国还存在形式私有化模式。此时，城市政府有一家称为"Eigengesellschaft"的机构，而另外有一家公共机构作为其唯一股东，是全部资产的所有人及运营商。

还有一种情况是，水务系统本身是纯国有的，但是由一家私营公司向国有机构提供管理服务，以获得管理费和潜在的绩效奖励，这种情形称为"管理合同"模式。

荷兰的水务公司通常采用公私混合所有制，私营公司参与投资而由公共机构负责运营，以分红形式的利润分配比例高达 50%，这种结构可以是某种机构 PPP（如采用有期限的特许权），也可以是某种形式的部分实质私有化，此时合作关系实际上是永续的且公司拥有资产的所有权。德国也存在类似的模式，称为"合作模式"。

诸多模式符合以下特征：对全部资产拥有永久性的完全公共所有权，但是在特定时段有或多或少的整合型的全生命周期导向服务（设计、建设、各种程度的运营与维护），有或无资产投资责任，以及有或无转移使用者付费相关的风险（供水与污水处理收费）给专门针对这个目的而组建的纯私营项目公司。在那些不想将商业风险转移给私营运营商的案例中，"运营合同"与通过"设计－建设－运营（DBO）"模式采购新资产但不涉及私营出资的模式，变得越来越常见。在大多数此类合同模式下，公共机构向用户收费（直接使用者付费，见第 3.3.3 节）或从其他渠道获得收入（公共预算付费），以及向签约方因其服务而支付定期费用（以绩效为基础，如可用性付费）。在法国的"租赁"模式下，私营公司享有对同一业务基于使用情况（以消费为基础）收费的权利，但是这通常不等于用户的实际付费，而是基于实际用量结算（即某种形式的基于使用情况的模式，"影子收费"）。在"设计－建设－运营－融资（DBFO）"模式下，私营合作方也为投资而融资，回报形式为某种可用性付费或基于使用情况的付费（例如影子收费）。

法国的"租赁"模式有一种变形：将公有资产租赁给私营运营商，运营商支付资产使用费，并作为向用户（直接使用者付费模式）收取的供水与污水处理费的一部分而得以回收。

特许经营和专营权协议、资产分离模式，与"设计－建设－运营－转让（DBOT）"计划相似：按照特许经营和专营权设计、建设以及为某个新系统融资，或运营某个存量系统并进行小的改善及向用户收费（直接使用者付费模式）。特许经营往往包括建设新资产的专属权，而专营权在这方面的限制更多。在特许经营和专营权模式下，相关系统的所有权仍然属于公共部门。相反，在资产分离模式下，特许权人在合同结束之前拥有资产。

目前，水务行业的私营部门参与，在全球范围内十分常见，在高收入与中等收入国家，相对来说更加明显。绝大多数已经授权的私营合同主要涉及城市化地区。这种趋势在东亚地区特别突出，在这里一些特许经营、各种形式的 BOT 和服务交易，是由一些国际性私营公司负责的。中国已经成为一个潜在的增长性市场，中国国内的私营机构已经且将会在其他区域继续发挥重要作用，比如拉丁美洲与东欧国家。不过，在撒哈拉沙漠以南的非洲地区、南亚及中东等低收入及贫穷国家，除管理合同模式以外，私营资本参与的兴趣不大，因为政治风险很高，并且对相关服务的支付意愿（或能力）特别低。

2010 年，全球大约 10% 的用户接受私营公司供水。不过，跨国公司研究所一份 2014 年的报告表明，在高收入国家有一种明显的趋势：城市政府将收回之前由私营部门持有的供水和污水处理服务的所有权。根据该报告，2000～2014 年，在 35 个国家有 180 个水务系统由城市和社区"重新市政化"，包括布宜诺斯艾利斯、约翰内斯堡、巴黎、阿克拉、柏林、拉巴斯、马普托和吉隆坡等。在高收入国家中有 36 个案例，仅在美国和法国就有超过 100 个案例。与更加富裕的国家不一样，发展中国家的案例往往发生在较大的城市（Transnational Institute，2014）。有一些不同的原因促成了这种出现在总体层面上的趋势，这可以视为水务行业支持与反对私营部门参与政治干预的持续性周期的一个片段，这种周期会导致有时多、有时少的投资机会。

水务行业只有少数发展良好的跨国公司。全部来自 OECD 国家的约 19 家公司，持有大多数合同，市场占有率高度集中，例如有一家公司在 4 个洲有 2500 万用户（OECD，2006）。

泰晤士潮汐隧道有限公司（TTT）

TTT 是一家受规制的公用事业公司，负责为一条 25 公里长的排水隧道设计、建设和融资，防止未处理的污水排入潮汐性的伦敦泰晤士河。在 2014 年获得项目的设计许可后，主体工程在 2016 年年初开工，预计在 2022 年、2023 年完工。该公司持有由规制机构 OFWAT 决定的收入许可权，通过泰晤士水务公司为该隧道收取付费账单。泰晤士水务公司像目前一样继续为其用户提供供水和污水处理服务。潜在投资者被邀请参加由泰晤士水务公司负责实施的一个竞争性采购程序——竞标 TTT 项目。该流程是组建公用事业公司的一种新方法，因此可以视为私–私合作。

泰晤士水务公司负责确保获得设计许可（指项目开发许可令）和取得用于建设该项目的必要土地。

项目的成本由泰晤士水务公司的 1500 万用户承担，具体方式是按照 2011 年的价格水平扣除通货膨胀因素的影响，每户家庭每年的平均收费增加 70～80 英镑。随着项目的开发与建设，预计将在 2014 年到 21 世纪 20 年代早期之间逐步实现这一收费标准。一旦该项目在 2023 年完工，泰晤士水务就会将该设施纳入伦敦排水网络统一运营并负责日常维护。泰晤士潮汐隧道建设成本中有约 14 亿英镑由泰晤士水务公司负责融资，另外 28 亿英镑由 TTT 公司负责提供，TTT 公司反过来向私营投资者融资，主要是（英国）养老基金，其他还有德国的安联保险和瑞士的投资者。泰晤士水务提供项目开发阶段的资金、让项目具备实施条件并负责各类衔接性工作。

TTT 将与施工企业达成协议，在伦敦东部、西部和中部三个地区建设该项目。项目公司组建后，将接受政府的支持，防控各类异常风险。这将降低项目的成本（Thames Tideway Tunnel，2015）。

4.2.5　可持续性因素

供水和污水处理领域中最重要的 ESG 问题，与气候变化、水资源稀缺、城市化、污染、治理缺失和对人类健康的风险等相关。本节我们将聚焦于投资者关注的供水与污水处理基础设施领域中的可持续性因素，而不是与水务行业相关的一般性可持续问题。

4.2.5.1　环境因素

气候变化会让大气层变暖，并会改变水文循环。气候变化会实际性地改变降水的数量、时间、形式和强度以及流域中的水流，还有水环境和海洋环境的质量。气候变化影响水资源的质量，并因此影响公众健康和安全。

气候变化的潜在影响将进一步给现有供水和污水处理系统造成压力。其具体影响包括：由于积雪场和季节性径流模式的改变造成一些地区缺水，供水与排水系统易受洪水和极端降水事件的影响（如大坝溃堤），由于降水增加及造成的地表径流而使用水系统崩溃；更加频繁的暴雨会增加流向河流和湖泊的径流量，沉积物、垃圾、动物粪便污染物和其他材料会污染水体，由此造成供水不可用、不安全或需要进一步处理。在沿海区域，上升的海平面造成海水入侵淡水区域，进而会影响淡水资源，而干旱会导致河流的淡水供应降低，让水资源变得更加盐化，这两种效应都会导致脱盐需求的上升（EPA，2015a）。

在供水方面，在很多区域的气候变化会导致用水需求的增加，给收缩的供水行业产生额外的压力。这对管理水资源以满足各类利益相关方的需求带来了挑战。这些相关方包括增长的社区、农场和牧场、能源生产者、制造商，最后但同样重要的是敏感的生态系统（EPA，2015b）。

区域性缺水的最严重的近期案例之一，可能是过去五年（2010～2015年）在加州持续的干旱。水库储水只有其正常季节性水平的5%，于是州政府在2015年10月推出有关法规，给受旱灾影响的城市和社区提供紧急救援，包括食品援助和饮用水，并执行适用于全州的强制性限制用水的规定（Gambino，2015）。此外，州政府还专门拨款数亿美元，用于水循环、节水意识的培育和防洪项目。

另外，社会上存在水资源被浪费的现象。由于破旧的基础设施，饮用水和污水处理系统在维护和替换管道、处理厂和关键技术方面面临更大的挑战。即使在发达国家中，目前30%～40%的城市供水因渗漏和落后的基础设施而损失（McKinsey，2009）（还可以参阅第4.2.1节的"泰晤士水务公司案例"）。仅仅在美国，估计日常用水量的14%～18%，或每天有超过2000万立方米的处理过的净水被浪费（CNT，2013）。水的无效利用，进一步加剧了水的短缺，特别是农业，消耗了全球超过70%的淡水。

在污水处理方面，主要的环境风险与污染和环境退化相关。估计全球范围内有超过80%的污水（发展中国家为90%）目前要么未被收集，要么未被处理（UN Water，2014b）。污水被倾倒进自然水体中，诸如河流或湖泊、河口或滨海区域，会对人类健康造成损害，也会对生态系统造成负面影响。而使用污水厂的污泥会对土壤肥力、植物和动物（包括动植物的生物多样性）造成潜在损害（例如，用污水厂的污泥作为农业肥料），过量的污染物会降低陆地和水域的生物多样性（SNIFFER，2008）。此外，污水泄漏造成的城市地下水污染是社会公众和规制机构关注的话题。仅仅在德国，估计每年就有1亿立方米的污水从损坏的排水系统渗入土壤和地下水，主要的地下水污染源于氯和氮的化合物（Eiswirth and Hölzl，1997）。

为了防止或限制环境受损，减少缺水的风险，迫切需要可持续性的供水和污水处理类基础设施资产。面向未来的水务基础设施资产，应当能够弹性应对气候变化的实质性影响，能够调整以适应气候变化的后果（例如，能够应对极端气候条件的水处理厂和污水处理系统），以及能够有效利用资源（例如，淡水无泄漏），并且不污染环境（例如，污水无渗漏）。另外，环境与完整的生态系统能够弹性应对气候变化，降低社区和经济的脆弱性，因此，它们需要受到保护。运行良好的水域、原生态的盆地和海岸提供储水、防洪和海岸保护等功能（IUCN，2009）。

4.2.5.2 社会问题

基于目前的环境，在可以预计的未来，很多地区的水资源将会耗尽。在20年内，水的需求预计将超过供给至少40%（水缺口）（McKinsey，2009）。在异常干旱时期，面临临时水短缺的有关区域的居民，现在已经感受到压力（例如，2014年的加州和圣保罗）。在中国，形势也比较严峻：约700个庞大的城市中的60%没有足够的水，其中有110个城市（其中的大城市如北京和天津）面临较严重的缺水问题（China Water Risk，2010）。最近完工的南水北调管道，应当有助于缓解缺水的状况。

预期的缺水问题，因人口增长和城市化而加剧，表现为人类面临的最为严重的风险：7.5亿人或全世界约1/9的人口，得不到干净的水（UNICEF，2014），因此面临日益增加的健康风险，诸如疟疾、霍乱和血吸虫病，以及由微生物相关水污染而导致的腹泻病，其大多数受害者是儿童。

人们关注的一个问题是不断提高的水价。获得生活必需用水被视为一项基本权利，穷人也不应该被排除在外。例如，美国的水价在2006～2010年，平均上升了90%；在有些区域，水价在同一时期几乎增至三倍。这是因为增加的需求、维护成本，特别是能源、过时的基础设施、错误的计量以及赤裸裸的偷水增加了成本（CNT，2013）。

举例来说，如果因为被污染的饮用水、污水污染了地下水，供水基础设施不能以可承受的价格提供干净的水，而给人群和社区造成健康危害，那么这些供水与污水处理基础设施资产的投资者将面临严重的声誉风险（以及相关的财务损失）。快速提高的水价是很多政治争论涉及的话题。

正如任何基础设施的运营，水处理厂的员工也面临健康和安全风险（以及相关声誉风险），特别是会接触危险物质。这一点特别适用于那些劳工标准和环保法规落后的国家。

4.2.5.3 治理问题

联合国在其首份报告《全球水务行业发展报告（2003年）》中宣称，水危机实质上是公共治理的危机（私营投资者不能改变，不过可以发挥影响），关于如何更有效地治理水问题，社会面临众多社会、经济和政治方面的挑战（UN，2003）。水治理是指建立与水资源和水业服务的开发与管理相关的政治、经济、社会和行政的系统与流程（OECD，2009）。一个国家如何管理其水资源，将显著影响人们的健康、经济发展的状况、自然环境的可持续性以及与邻国的关系（Rogers and Hall，2003）。

一个国家的政治和制度环境，往往会塑造其水务系统的供应与治理模式，并且在不同程度上会影响不同的利益相关方。尽管政府承担水供应的总体责任，但是在很多国家中，私营公司在特定程度上负责管理水、分配资源和组织相关机构提供服务。治理问题涉及用水、取水、储水和排放的决策流程，以及在竞争性用途中进行分配，包括分配用水以维持基本的环境生态系统运营（World Bank，2006）。在很多国家中，与水治理相关的人群和组织的角色、责任不清晰，领土分隔，以及当地行政机构的能力有限，阻碍有效的水管理系统的形成（GWP，2015）。特别是在缺水地区，治理问题源于不同利益相关方的参与，诸如州、地区及社区政府、多方利益相关方/流域机构、社区组织、私营部门和民间团体等。不同的使用者（例如私人家庭户与工商企业）与不同的使用方式（例如私人家庭户、农业、工业、旅游开发、生态系统服务），导致地下水和地表水被过度使用。

水治理问题与该行业的投资者特别相关，主要是因为基础设施投资实际上所具有的长期性。此外，我们还需要考虑一般性的治理问题，特别是腐败的商业和行政环境、虚弱的公共和公司治理结构、管理激励机制和法律规则，包括其可执行性，特别是在新兴经济体中。

4.3 垃圾处理

4.3.1 特征与组织

"垃圾"是放错地方的原材料。这足以说明垃圾处理行业的重要性，因为大多数进入物质循环的物品或早或迟都会成为垃圾。根据欧洲委员会提供的数据，欧洲每年产生25亿吨垃圾，平均每人约产生6吨垃圾。最主要的垃圾生产者是居民户、商业机构、工业、农业、建筑及拆迁、采矿及采石、能源生产等（European Commission，2010）。在德国，根据普遍接受的定义，归类为垃圾的每年人均实际资源消耗量，从20世纪50年代的60千克，增加到目前的约480千克（Eurostat，2013）。印度、俄罗斯、巴西等人口众多、经济增速快的国家将达到同样水平的人均垃圾产生量，由此引发各方面对垃圾问题的热切关注。非洲、亚洲及拉丁美洲的一些小国家也正在经历工业化过程。因此，垃圾处理行业面临特殊的挑战，即由于自然条件和环保压力，必须面对不可回避的资源稀缺性，同时还要确保垃圾得到有效管理。同样，与水务和能源行业一样，面对诸如全球环境保护及资源保护等可持续性因素，全球垃圾处理行业要承受发展与改革的压力。

"垃圾"是一个包罗万象的概念，指那些对其使用者价值低且不会被继续保留的物体、物质、残留物与剩余物。从法律角度看，垃圾包括任何被抛弃的物品。换句话说，任何产生垃圾并希望处理垃圾的人，都应当遵守相关法律规定。

目前，大量垃圾都可以被循环使用或再利用，意味着不需要被送到焚烧炉或填埋场（Umweltdatenbank，2009）。垃圾可以划分为几个类别，如图 4-3 所示。该图表明，最常见的市政垃圾，与/或工业、建筑和渣土垃圾存在差异，有时差异会很大。生产者是指其行为会产生垃圾，以及那些以某种方式改变其性质或构成的接收、混合和处理垃圾的所有人和组织（European Commission，2006）。

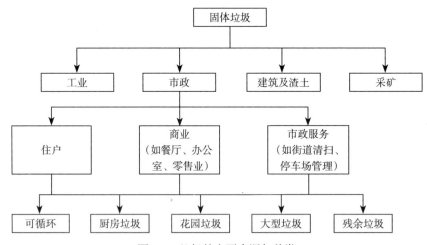

图 4-3　垃圾的主要来源与种类

资料来源：Kleiss (2008). Reproduced by permission of T. Kleiss.

垃圾处理行业的核心职能与责任范围如下：

- 制定垃圾处理的法律框架及相关法令（垃圾的定义、抛弃与处置、循环使用要求、再利用责任、市政成文法、收费立法、对垃圾处理厂的批准程序等）；
- 识别垃圾的数量、种类、成分及源头（分析方法、毒性评价）；
- 战略性的垃圾处理行业设计（本地、区域、国家），包括所有相关方面及垃圾管理各个阶段的概念与计划的开发性行为；
- 垃圾收集、运输、循环及处置，包括对处理过程的监控及填埋场封场后的监控；
- 对防止产生垃圾的各种方法的永续性研究，例如通过建议及咨询。

这些职能可以按照不同的方式被组合，并分配给不同的公共部门及私营公司。对于垃圾处理方式的优先次序已经达成全球性共识（见图4-4）。这种排序将垃圾处理的可选方式从最佳排到最差，旨在促成从环保角度看的最佳垃圾管理模式。在等级排序中，越靠前的垃圾处理方式，对环境及资源保护的影响越正面。

图中排在最前面的是避免产生垃圾，随后是垃圾减量，这两种方式都通过源头控制保护能源与资源。垃圾再利用是指通过重新进入生产过程来减少资源消耗；不

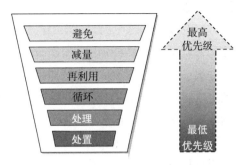

图4-4 垃圾管理方式排序图

资料来源：Adapted from Kleiss (2008).

过，这取决于产品的特征以及适合再利用的材料。是否存在对循环产品的足够需求，指是否有"二级市场"，这也是相关因素。排序图中随后依次是循环、处理与处置。

概括说来，有垃圾产生就说明相关系统及过程未能达到最优。从经济角度看，在垃圾产生及随后的处置过程中耗费资金与资源，实际上毫无意义。可以从自然界中得出的理念，诸如"从摇篮到摇篮"模式，能否被运用到人类的垃圾管理领域中，是一个需要持续研究的问题。按照这种方法，垃圾与食品类似。"从摇篮到摇篮"理念旨在开发高利润的产品，其成分适合在生物与技术链条中循环使用，与此同时对环境与健康产生正面作用。这种理念与"从摇篮到坟墓"模式不一样，后者在产品设计时不太关心资源保护，材料与产品最终都进入填埋场或焚烧炉，甚至在生态圈内积存，不能再利用（EPEA，2009）。这些方法也突显了垃圾管理行业的巨大创新潜力。

欧洲的垃圾处理政策遵循垃圾管理方式排序图的相关原则。环境保护及垃圾管理立法属于欧盟的核心职责。为了在欧盟范围内统筹协调涉及垃圾防控、循环、采用环境友好的垃圾处理方式等方面的要求，从1974年起欧盟就发布了一系列法令及规则，为各成员国的垃圾管理法规建设做出了重要贡献。1997年发布的"欧盟垃圾处理战略"与"垃圾预防及循环利用战略"构成这种发展的战略框架。"废弃物框架指令"是欧盟在垃圾管理方面的核心法规，明确了垃圾的定义、垃圾处理方式与法规涉及的生产者与所有者，以及各成员国在预防垃圾产生、确保采用环境友好的循环利用与处置方式等方面的责任。

20世纪80年代中期，欧洲的大多数国家就已经将垃圾管理方式排序图视为政治信条，作为国内垃圾管理立法的基础。基本的环境政策原则包括：预防原则、污染者付费原则以及合作原则。这些原则反映在产品生产者的责任中，生产者作为污

染者，事先就应当考虑产品在全生命周期内及处置阶段的环境影响及潜在风险（"预防"）。制造商应当与流程中的其他相关方合作，如生产者、运输方、处置与循环利用方以及政府部门（"合作"），建立对环境影响最小化、有关物品循环利用程度最大化的系统（循环、再利用）。

另一项重要法规是《包装条例》。公司应确保所产生的包装废弃物的循环利用率超过法定比例（适用于自己负责处置的公司），或者申报适用于参与双向系统的公司。两套不同体系中的循环利用率相同，只与使用的材料相关。对于废玻璃、废纸、旧衣服、厨余垃圾、包装物、大型垃圾和特殊垃圾，从各个住户处分别收集，由公共垃圾处理机构或私营垃圾处理公司负责循环利用。

发展中国家与新兴经济体通常明显缺乏垃圾管理服务，卫星城特别是农村地区，没有被真正纳入垃圾管理系统。在最穷的国家中，垃圾收集服务仅覆盖城市人口的10%～40%。在中等收入国家中，垃圾处理服务覆盖50%～85%的城市居民。尽管它们也知道垃圾管理方式排序图，但只是简单地将收集到的大部分垃圾送到填埋场，没有采用任何其他可替代的处理方式。一个更加复杂的问题是，这些填埋场通常缺乏必要的密封隔离措施，致使垃圾及其转化过程中产生的污染物直接渗入地下水及附近的自然水体中。

垃圾处理行业的核心特征如下：

- 与环境保护及资源保护特别相关；
- 对垃圾管理方式排序图已经达成全球共识；
- 垃圾作为"有价值的产品"有诸多源头及潜在用途；
- 垃圾处理行业中的垃圾产生数量及垃圾管理体系，存在很大的国别差异；
- 要执行国际层面上的策略，需要国家层面建立起相对严格的法律与制度体系；
- 技术与组织层面都存在很大程度的创新潜力。

基于这些事实，人们将垃圾处理行业视为政府责任就不足为奇了。因此，垃圾处理行业的组织方式，很大程度上由公共部门主导，不过在全球范围内有很多私营公司参与，合理进行组织结构设计会发挥积极作用。如同其他基础设施行业，将政府责任与具体职能进行明确和分离，是一个良好的起点。

用程度不同的全面整合型方式实施垃圾管理服务，不论是国有企业还是私营代理机构，政府外包的只是具体职能。作为发起人，政府转移不出去的责任有确认需求、设置回报模式、监管服务绩效等。不过，政府保留这些责任，并不意味着它应当为其采购的服务直接付费。它可以将向家庭及工商企业收取的垃圾处理费，按照特许经营的条款，直接支付给私营服务供应商（直接使用者付费模式）。

垃圾处理服务属于市政行业，责任落在相关城市政府头上。即使价值链的某个环节已经被外包给私营公司，最终责任还是要由政府承担。欧盟各成员国的垃圾处理行业按照上述原则构建。为家庭及工商企业处理垃圾的责任属于相关城市政府，城市政府之间基于多种原因会建立起合作关系。公共部门可以自主决策是自己干还是外包给私营公司。私营公司按照合同收集可回收材料，比处理普通家庭垃圾更为普遍。公共部门与私营公司之间的合作制度安排，包括特许经营、混合所有制公司、租赁、商业伙伴，以及相关政府持有部分股权等（Gaβner and Kanngieβer，2002）。

英国的垃圾处理

直到新世纪初，英国的垃圾处理市场一直是西欧国家中的特例：一个很落后的市场，填埋方式占比超过70%，原因在于与焚烧炉或垃圾气化等方式相比，填埋方式的当期成本要低很多。在2000~2001年产生的2820万吨市政垃圾中，有79%（2300万吨）进入填埋场。只有12%被循环使用或堆肥，8%被用于焚烧发电。同时，英国的垃圾产出量每年增加3%，是增长率最高的欧洲国家之一（Greenery Theme，2008）。

1999年发布的《欧盟填埋场法令》的目标是"防止或尽可能降低填埋场全生命周期产生的各种污染物对环境的负面影响，特别是对地表水、地下水、土壤和空气的污染，包括温室气体效应对全球环境的影响以及对人类健康的影响"（European Commission，1999）。这项法令要求英国将垃圾填埋比例在1995~2020年降低至65%，2002年6月15日英国发布《（英格兰及威尔士）填埋场条例（2002）》。此后，这项欧盟法令在英国生效。此时，英国才开始严肃考虑运用新的垃圾处理方式，减小对填埋场的长期依赖。尽管英国于1996年年初开始征收某种填埋场税，但该税是英国历史上最早征收的环保税种。

英国目前实施的填埋场税的征税标准是：每吨垃圾的收费标准每年增加8英镑直至2014年。从2015年6月起，税率保持在每吨82.60英镑，2020年前最低要达到80英镑。另外，公用事业公司还要提供特定比例的非化石燃料产生的电力（垃圾中的可生物降解部分所产生的电力符合这个标准）。取决于所运用的技术，每发100万度电可以获得一个或两个单位的可再生能源义务许可证（ROC）。该许可证可以用于交易，但交易价格取决于市场需求。

根据欧盟的法规，从2007年10月起，强制要求垃圾进行预处理，所有无毒的垃圾（包括工商业所产生的垃圾）在进入填埋场之前都要进行预处理（包括物理、加热、化学及生物处理过程），这将显著增加垃圾填埋场的成本。预处理的目的是改变垃圾的特征，以降低其体积及毒性，有利于进一步处理或再利用（Greenery Theme，2008）。

由于以上措施共同发挥作用，以及批发电力的市场价格维持在约 37 英镑/每百万度（2016 年 3 月的电价），使用特定的经挑选后的垃圾发电成为私营投资者感兴趣的业务。只要给机会，私营投资者通常能够识别有价值的投资机会。目前英国垃圾管理市场的总价值估计为 120 亿英镑。按照英国财政部的预测，垃圾管理行业的年增长率为 3.1%，而垃圾回收与循环利用行业的年增长率为 4%（UK Waste，2014）。这种情况再次说明，某个市场对私营投资者是否有足够的吸引力，实际上取决于规制制度。

德国的垃圾分类

德国对垃圾分类收集特别重视。双向系统公司（DSD）运营德国服务区域最广的垃圾分类收集系统。作为九家服务供应商之一，该公司管理获得国家批准的一套双向系统，从事包装物垃圾的收集与循环利用。DSD 自身并不从事包装物垃圾的收集、运输及分类，而是通过招标方式外包给其他垃圾处理公司。为此，德国联邦政府将全国划分为多个服务区，有兴趣的垃圾处理公司可以参与单个区域的服务招标。希望给公司产品贴上"绿点"标识的工业企业，凭此宣示已经通过 DSD 系统进行材料循环利用，所以它们应当向 DSD 交纳相应的贴牌费。

4.3.2 收入来源与价值链要素

与水务行业一样，垃圾处理行业主要采用使用者付费（直接使用者付费模式，见第 3.3.3 节），以及政府补贴方式（财政付费，也见第 3.3.3 节）。收费制度可以采用单层次或多层次体系。多层次体系可以收取基本费用或统一标准费用，收费水平取决于土地面积、每户居住人口、住户数量、垃圾容器数量等多个要素，而单层次结构只与其中的某个要素相关，可以收取（额外的）垃圾容器租用费，也可以根据容器体积、收集次数、收集的垃圾重量或体积等因素收取各类绩效费，还可以在价值链的下游环节收费，具体取决于垃圾处理方式。例如，在焚烧方式下，焚烧过程产生的电力可以出售。再如，圣保罗市采用创新性方式，收集垃圾堆底层的渗滤液所产生的气体，用垂直管道引出来再发电。

垃圾回收利用工厂还可以分离出废金属等可以再利用的原材料，在市场上销售获得收入。存在以下三种主要的垃圾处理厂：机械式处理厂、生物式处理厂及两者组合的机械加生物处理厂（MBT）。MBT 的核心优势在于其可以被合理地构建，以实现很多不同的目标。以下这些活动与《欧盟填埋场法令》和国家循环利用目标相一致：垃圾的预处理，通过机械方式分离出可以循环使用的材料，分离不可生物降解的与可以生物降解的市政固体垃圾，以及包括使用垃圾燃料的能源利用在内的其他职能（DEFRA，2013）。

法国正通过多种方式为市政垃圾处理行业提供资金支持。其中之一是收取国家层面的垃圾税，收到的税款被纳入公共预算。这一税收可以追溯到 20 世纪 20 年代，作为对城市已开发土地征收的税种之一。在农村地区，政府有权根据垃圾收集频率降低垃圾税率。除了垃圾税，还可以根据垃圾处理服务水平征收特别的费用。

在西班牙，根据现行市政财政法规，收费标准提升的议事决策程序在城市层面展开。政府按月对居民、商业机构、办公室及工业不动产，分类征收固定标准的费用。所有拥有相应类型物业的自然人或法人都应当交费（Ganer and Kanngieer，2002）。

表 4-12 综合介绍了价值链的各个环节及对应的投资机会。需要强调的是，不是表 4-12 中所列出的价值链的所有环节都会被实施。在很多发展中国家及新兴经济体中，垃圾处理系统只包括收集、运输与处置环节（Kleiss，2008）。因各个国家的垃圾处理策略及垃圾处理行业发展阶段不同，垃圾处理也可能出现某个中间环节，有时国内不同地区的情况也不一样。价值链的某些阶段可能由一个或多个运营商承担与实施（见第 4.3.1 节）。

表 4-12　垃圾处理基础设施的价值链要素与投资机会

价值链要素	投资机会	价值链要素	投资机会
垃圾收集与处理		垃圾循环利用与处置	
产生 / 分离 ● 工业垃圾 ● 市政垃圾 ● 建筑垃圾 ● 拆卸废料	● 收集盆 ● 分离箱 （如可回收的玻璃、纸张等）		
收集 ● 门对门 ● 街道清扫 ● 广场保洁	● 卡车 ● 街道清扫车 ● 其他机械		
转运 ● 分类 ● 聚集 ● 进一步的预处理	● 收集与分类车间及相关设施 ● 处理站	商业化 ● 循环利用产品	● 合适的设施

(续)

价值链要素	投资机会	价值链要素	投资机会
垃圾收集与处理		垃圾循环利用与处置	
运输		填埋场及处理	
● 普通运输公司 ● 所有者-运营商 ● 其他	● 卡车 ● 火车 ● 船舶	● 收集 ● 填埋场运营 ● 深度处理	● 填埋场 ● 渗滤液处理厂 ● 填埋气体处理厂 ● 可循环使用物品的转化厂
处理		商业化	
● 垃圾焚烧炉 ● 机械处理/生物处理 ● 堆肥 ● 后处理 ● 特殊处理 ● 其他	● 焚烧炉 ● 堆肥厂 ● 循环利用车间 ● 其他处理设施（如批发供热和电厂） ● 分离出可提供能源的材料（如小球）及金属	● 能源 ● 电力 商业化 ● 堆肥	● 输送网络及设施 ● 合适的设施

残留物 →

资料来源：Kleiss (2008). Reproduced by permission of T. Kleiss.

使用塑料袋、垃圾桶及垃圾箱在各个垃圾源头收集垃圾，可以在早期就进行垃圾分类，具体取决于垃圾数量。例如，在很多欧洲国家中，住户垃圾与商业垃圾分为塑料与包装物、废纸、废玻璃、容易生物降解的材料（堆肥）以及其他垃圾。垃圾分类可以在各个住户处实施，也可以在本地收集点（集装箱）执行。各个地区及州所采用的方法存在差异。垃圾收集与随后的转运阶段应当无缝对接。

收集垃圾需要使用重型货车或其他机械设备。垃圾车可以挨家挨户上门向私人住户及商业机构收集垃圾，或者到每个收集站收取垃圾。它将垃圾从各个源头收集后运至转运站。

为了防止灰尘、噪声或气味影响外部环境，转运站一般是封闭式建筑。设置转运站是为了确保收集车不再长途奔跑，并实施预处理，为下一步处理及临时堆放进行垃圾分类。分类及汇聚是为了实现适用材料（如金属）的再利用，为垃圾深度处理做准备。临时堆放是为了将大量垃圾以连续、可控的多种运输模式运送到相关处理设施处。

垃圾处理只是发达国家主流垃圾管理行业价值链中的下一个环节。垃圾处理机构首先要使用合适的交通设施将垃圾运送到相关处理厂。基于运输距离及垃圾体量，运输方式可能包括公路、铁路及水运等。一旦垃圾被运到垃圾处理厂，将使用多种处理方式，力求降低垃圾对环境的负面影响。基于垃圾种类及进一步处理的流程，合适的垃圾处理方式存在很大的差异。例如，高温加热类处理方式，包括燃烧、高温分解、气化及堆肥等，还可以用来发电。例如，焚烧炉产生的热量可以被送到本地供热网络（见第4.6节）。处理后的残留物可以进一步被利用，如果不可以继续被利用就会被送到填埋场。

在发达国家中，处置一般是对那些不能使用前述方式做进一步处理的垃圾所采取的最终手段。很多国家并没有区分处理与处置阶段，要根据垃圾的特定物理及化学特征，以及当地的区域、水文及气候特征，设计建造垃圾填埋场。填埋场建设运营需要很强的设计能力及全面的专业技能。一种常见的方式是将垃圾填到特别构建的坑中，随后用土或其他合适的材料覆盖。此外，还可以将垃圾保存在废弃的采石场或盐矿中，这些场所对地下水的影响较小（Kleiss，2008）。

4.3.3 竞争与规制

与水、电、通信行业一样，垃圾处理行业也属于公用事业，很久以来一直由政府主导。不过，自20世纪90年代以来，这个行业逐步市场化，有些职能被转移给了私营公司。

垃圾收集和垃圾处理是两项不同的活动。经济性的强度决定是否有市场竞争行为发生。极少数国家在收集住户垃圾方面会依托"市场中的竞争"（即连续的市场竞争作为自我规制的一种形式），而在工业和商业垃圾收集环节这样做既有可能也很普遍。不过，住户垃圾收集环节可以通过"获得市场的竞争"（即采用特定期限内的单个项目的招标方式）有效进行，实际的效率目标取决于竞争性招标程序的特征、合同本身及其执行情况（OECD，2013）。

垃圾处理行业需要政府规制的原因在于环境是公共产品的社会共识。包括垃圾在内的其他东西所造成的环境污染，使得未受污染的土地及饮用水已经成为稀缺资源。

因为实际上不可能在清洁环境受益领域中建立排他性机制，所以工商企业与住户没有动力自愿提高环境质量，例如减少垃圾量。如果不向垃圾生产者收取垃圾处理费，环境质量的提高更无从谈起。

垃圾处理行业倾向于形成自然垄断，需要对价值链的各个环节进行分析，考察潜在竞争压力。垃圾处理价值链主要分为收集（收取、转运及运输）及消除（分拣、深度处理、处置及销售）两个阶段。

在收集环节中，存在明显的规模经济及范围经济效应，易于形成区域性自然垄断（German Commission of Monopoly，2003）。除了大都市外，通过竞争"获得市场"比"在市场中竞争"更加可行，由此不再需要外部规制。所以，竞争性的定期合同的公开招标成为垃圾收集环节市场规制的最主流的常用方式。

OECD（2013）指出，相比市政府给本地公共服务商提供的内部条件，能实现较低成本的竞争性招标的必要条件如下：

- 较低的沉没成本，这意味着处于特定商业合作关系中的核心资产的价值，不比该关系之外的核心资产的价值高太多；
- 现任承包商没有信息优势；
- 监测服务质量的难度不大；
- 有足够数量的竞争性投标人。

与垃圾收集环节不一样，垃圾循环利用及处置涉及巨额投资，这些投资所形成的资产具有较高的专用性，即不可逆的"沉没成本"很高。当不同种类的垃圾在同一场所进行处置或循环利用时，存在范围经济效应。当市政垃圾处理领域（特别是焚烧厂、机械或生物处理厂、填埋场）需要进一步市场化时，竞争条件相关的不可逆成本会发挥重要作用。

在垃圾处理价值链的所有阶段建立市场化竞争机制，都不存在实质性障碍，并且这种市场化也不必然有悖于相关环保目标。不论使用何种框架，都应当有利于提升效率并推进创新，结果要使得（预测的）垃圾处理成本降低，并获得更多的政治和公众支持。

同时，垃圾处理行业的公共机构也不能逃避潜在竞争。面对有机会按照同样的竞争规则参与的私营服务商形成的竞争压力，公共垃圾处理公司有动力提高效率并提升市场竞争力。在实务中，我们经常可以发现这种案例。对此，我们将在下一节（第 4.3.4 节）中介绍。

4.3.4　私营部门参与

在全球范围内主要还是由公共机构负责处理住户及商业垃圾，不过私营公司也会以各种方式参与垃圾处理价值链的各个环节。

在诸多欧洲国家中，越来越多的职能被转移给私营公司，特别是在垃圾收集及处理环节中，例如，西班牙的私营公司负责 80% 的垃圾收集、90% 的垃圾处理，德国的私营公司负责 60% 的垃圾收集、90% 的垃圾处理，英国的私营公司负责 30% 的垃圾收集、80% 的垃圾处理，法国的私营公司负责 50% 的垃圾收集、70% 的垃圾处理，处于领先地位。值得注意的是，在如荷兰（30%、40%）、意大利（40%、30%）、瑞典（40%、<10%）等国家中，私营公司的参与程度较低。在芬兰，垃圾收集环节被外包给私营公司，而 90% 以上的垃圾处理保留在公共机构手中（Hall，2006）。

由于垃圾处理行业可以获得大量收入，私营公司参与看起来有盈利的机会。电力供应商涌入垃圾处理行业的原因在于垃圾焚烧与气化有双重功能，即在处理垃圾的同时还可以发电（见第4.6节）。如此，大多数焚烧炉由电力供应商运营就不只是巧合了。这些公司还越来越多地尝试进入上游的收集及运输环节。由于存在（区域性、潜在）垄断因素，私营公司可以单独负责区域内所有市政与商业垃圾的处置。

垃圾处理行业有一些大名鼎鼎的全球性机构，它们在其他基础设施行业中也大多处于领先地位。排在最前面的是全球性机构，诸如威立雅（法国）、苏伊士（法国）。紧随其后的是全国性公司，诸如瑞曼迪斯（德国）、西班牙营建集团（西班牙）。全国性公司的年收入是下一个"层次"的地区性公司的两三倍，地区性公司有Biffa（英国）、ALBA（德国）、AVR/Van Gansewinkel（荷兰）。在很多发达国家中，还有其他规模更小的本地公司。

那些规模较大的公司在发展中国家与新兴经济体中也很活跃。尽管向垃圾处理服务付费的意愿与能力仍然特别低，但是传统上由公共部门主导的垃圾处理行业，正在加快向私营公司开放。

在国际上，垃圾处理行业已经形成很多种向私营公司转移职能的运作模式。例如，通过竞争性程序，将一定期限内的一项或多项职能转移给私营服务供应商。公共机构根据服务合同向私营公司付费，这种形式的职能私有化在国际上称为合同外包模式（见第3章）。

在专营权模式下（见第3章），一家垃圾处理公司可以获得区域性垄断经营权。各个具体案例中转移的职能可能会有差异。公司有权直接向客户收取服务费以回收当期运营成本，因此，这可以被视为特许经营（即职能私有化模式）。由于存在垄断因素，收费通常受到规制。在这种模式下，不需要投资固定资产，但通常需要投资必要的可移动装备，典型的例子如收集垃圾或送往垃圾填埋场。

垃圾处理行业还使用涉及重要投资的"特许经营概念"（也见第3章），比如建设一家垃圾处理厂，如焚烧炉或堆肥厂。私营公司有权向垃圾生产者收费以回收投资成本及当期成本；与专营权模式一样，收费应当受到规制。由于能够向用户收取可以覆盖私营公司全部成本的价格水平，公共部门可以用补贴形式提供项目启动资金。建设一家焚烧厂所需要的投资规模特别大且不可逆，因此运营商往往要求政府基于长期供应合同，确保向焚烧厂提供足够数量及符合要求的垃圾，以有效利用产能。

上述模式都可以构成第3章中介绍的分类方式中的机构PPP模式，或者转移资产所有权的实质性部分私有化模式。机构PPP模式的一个案例是Servus Abfall GmbH & CO.KG垃圾处理公司。2002年，该公司成立于奥地利的格拉茨。市政府下属的 AEVG 公司持股 51%，由三家私营垃圾服务供应商按同等比例出资组建的投资公司持股 49%。在意大利也有很多采用机构 PPP 模式的案例。与上述奥地利的案例一样，它们将国有企业的部分股权转让给私营公司，组成一家新公司来履行相关职能。

在垃圾处理行业中，还存在一些案例，多个垃圾处理公司在同一个区域内自由竞争。此时，这些公司都从公共部门获得在同一区域开展业务的资格，在竞争性市场环境下提供服务，所以没有必要进行价格规制。每一家公司自主向垃圾生产者收取垃圾处理服务费。

据一些之前的文献介绍，存在私营公司与公共机构同台竞争的情况。从市场经济角度看，这种情况很正常。通过增加透明度并建立业绩比较基准，可以在短期内提升市场效率。例如，斯德哥尔摩市议会决定，对于城市的垃圾收集工作，将由公共机构与多家私营公司共同负责。公共部门与私营公司之间的竞争，可以让我们更加清晰地比较市场中各机构的成本（Cointreau-Levine，2000）。

在英国及美国，通过在公共与私营服务供应商之间构建竞争格局，使得成本下降超过 25%。在亚利桑那州的凤凰城，公共机构与私营公司每七年一次，通过招标程序获得经营权。在首次招标中，公共机构输给私营投标方，但是公共垃圾处理公司通过提高效率，随后夺回多个区域。在拉丁美洲的一些国家中，成本下降了 50%。不过，在任何时候都要确保公平竞争。在很多情况下，公共机构或公共部门主导的机构可以获得政府补贴，形成竞争比较优势（Cointreau-Levine，2000）。

4.3.5 可持续性因素

在发达国家与发展中国家中，垃圾管理都是一个发展中的环境问题。每年会产生超过 40 亿吨的垃圾，其中 16～20 亿吨是市政垃圾。2005～2025 年，城市的食品浪费预期将大约翻一倍，进入填埋场的食品导致填埋场占全球温室气体排放的比例从 8% 上升到 10%（ISWA，2012）。人口压力、城市化和 GDP/资本的增长，导致垃圾增加，特别是在发展中国家。根据世界银行（2012b）的估计，亚太地区的垃圾产生量将会翻倍甚至还会更多，从 2012 年的 130 万吨/日上升到 2025 年的 300 万吨/日（World Bank，2012b）。不过，很好地循环使用和处理垃圾（相当于原材料和能源的供应商）是为循环经济做贡献的切入点。

对投资者来说，与垃圾处理相关的主要 ESG 因素是污染、气候变化、治理失控和人员健康风险。对 ESG 风险的全面综述，请参考第 5.2.4 节。

4.3.5.1 环境问题

在填埋场或焚烧厂中处理垃圾，会产生严重的负面环境影响，主要是污染土壤、水或空气。填埋场中腐烂的垃圾会产生不好的气味，还会产生大量的二氧化碳和沼气，可能发生爆炸并促成温室效应。流过受污染的垃圾的水所产生的液体，即渗滤液，是特别有害的化学混合物，可能导致有害物质进入地表水、地下水或土壤。污染会损害水体内外的生态环境，以及喝水的人和动物。有害化学物质进入土壤会影响植物、人和动物。进一步，填埋场可能会招来寄生虫和老鼠，这些东西会传播疾病。

垃圾焚烧炉产生的气体会导致空气污染，促成酸雨；焚烧炉产生的飞灰可能含重金属和其他有毒物质。焚烧塑料会产生二噁英等有毒物质。随着肺吸收的污染物进入身体的其他部分，空气污染会导致呼吸道和其他健康问题。不过，也有积极的方面，即焚烧炉产生的热量的再利用水平在提高，并可转变为可使用的能源，如用于区域供热（见第 4.6 节）。

气候变化可能通过很多方式影响垃圾处理设施（USAID，2012）：暴雨、洪水、上升的海平面和较高的温度会影响垃圾处置场地及流程，阻碍使用道路、港口和能源，还会影响垃圾运营的正常运转。洪水是对垃圾处理基础设施的重要威胁。强降水和风暴会破坏填埋场的基础并导致密闭结构的破坏，让杂物和渗滤液跑出去并污染土壤和地下水。上升的海平面会导致水流进入海岸边和低洼地区的填埋场的坑中，盐水会进一步腐蚀卫生填埋场的防水内衬层。较高的温度会改变填埋场的垃圾降解速度，产生更浓的气体。干旱时间过长会增加起火的风险。

应对性措施是保护人类健康和环境免受污染以及减轻气候变化效应的关键因素。这些措施包括：合适地选址，建设与运营垃圾处理设施以降低气候变化引致的土壤和水污染，采取人身保护和灾难恢复措施，以及通过循环和需求管理减少对设施的需求。在居民区更高频率地进行垃圾收集，可以降低受污染的垃圾对健康所产生的危害（特别是在高温环境下）。此外，建立垃圾分类和循环设施可以减少垃圾数量。应对性措施通常受环保法规规制。

垃圾处理资产的长期所有者可以提前进行准备，以应对上升的环境风险（例如，因气候变化或城镇化所产生的环境风险）和相关法规变化，提前采用必要措施减轻和消除未来环保风险。考虑到与垃圾管理相关的重大环境问题，需要有不污染环境且能应对未来气候变化影响的可持续的垃圾管理类基础设施。

垃圾管理在循环经济中发挥核心作用。在垃圾管理中，资源尽可能长时间地被利用，并且产品与材料可回收且可再生。垃圾处理行业已经开始转型升级，开始从简单的垃圾处理发展为资源管理,由此为经济体系的其他领域提供原材料和能源。在循环经济理念下,目前被送进填埋场(或焚烧炉)的垃圾,可以作为可回收的重要原材料且有重要的经济价值(The Guardian,2014)。此外,欧盟率先建议将可持续性思维嵌入立法框架中(Hayler,2014)。实施循环经济有巨大的经济潜力,在材料节约方面,每年的价值估计超过1万亿美元(WEF,2014b)。

4.3.5.2 社会问题

与垃圾收集和处理相关的社会问题,主要是公共健康和安全。落后的垃圾管理会对人们的健康造成危害。街上未收集的、腐烂的垃圾堆可能堵塞下水道,如果被倾倒到水体中会污染水资源,给住在周围的人造成严重的健康风险。除了健康方面的因素,由于人们希望居住在(及访问)那些干净和健康的区域,而不愿意居住在那些水与空气质量差且存在相关健康危害的区域,由此可能对一个城市的社会结构产生负面影响。因为污水和垃圾处理落后而气味难闻的城市,生活质量很差,难以吸引投资者或旅游者。

另一个重要的问题涉及垃圾处理工人与拾荒者的职业健康和安全风险(以及资产所有者的相关声誉风险),这主要与工作中涉及的有害物质有关。这一点对那些劳工标准和环保政策落后的国家而言,尤其麻烦。

4.3.5.3 治理问题

垃圾管理问题涉及城市治理的诸多方面,被视为城市发展和可持续性的一个总体指标。垃圾管理服务的优先目标和标准,在国家之间和不同的城市化地区之间差异很大。虽然高收入国家专注于最大化垃圾循环水平,而(穷一些)的发展中国家则倾向于为成长中的城市提供基础性的收集、处理和处置服务。

在垃圾管理系统中最主要的利益相关方包括:垃圾收集和处置服务的供应商(公共机构、私营部门或非正式组织)、垃圾管理服务的使用者以及为垃圾收集和处置服务提供制度框架的(国家和地方)政府。垃圾管理公司是重要的(公共或私营)雇主,会消耗很大一部分城市或城镇运营支出。在发展中国家中,垃圾管理还是人们(特别是城市贫民)生活与社会资本的主要来源。垃圾管理体系的治理问题与管理结构、劳工条例、外包流程和腐败等问题相关。

此外,目前在发展中国家中,当地或区域性政府预算的20%~50%被用于垃圾管理(UN ESCAP,2014)。聚焦于源头削减,更高效的收集和运输,能源和材料复原,有毒、有害垃圾减量和循环利用等问题的可持续性垃圾管理策略和基础设施,不仅可以降低直接的垃圾产生量,进而减轻沉重的财政压力,而且可以降低垃圾管理方面的温室气体排放量（通过减少能源使用量并收集填埋场产生的沼气）。在欧洲，目前每年产生的25亿吨垃圾中的36%被循环使用，不过有些欧盟国家垃圾循环利用率仍然低于20%（European Commission，2010）。如果欧盟成功地将循环经济方式纳入欧盟关于垃圾的立法中，这些指标将会进一步提升。

4.4 能源：电力行业

在简单地介绍能源市场的总体情况后，本节将重点介绍电力行业。之后，本节将介绍全球电力市场、行业结构及从发电、输配到存储的价值链。

在发电方面，本节仅介绍可再生能源发电，因为其有吸引力的风险收益特征及其可持续性特征，不介绍用煤、油和热核反应堆发电。

首先，本节将介绍可再生能源发电的各子行业的共同特征，包括技术方面、规制环境和收入来源、价值链要素及私营部门参与情况。其次，本节将系统性地介绍与可再生能源发电相关的各个子行业，即太阳能（主要指光伏发电PV）、陆上和海上风力发电、水电与生物能源发电。

在介绍电力行业的价值链后，本节将详细介绍随各类可再生能源的增加，电网面临如何平衡的挑战，随后将介绍价值链的最后一个要素——电力存储。将前面两节联系起来，本节将介绍可再生能源给传输网络造成的问题，即存储足够的电力（主要是可再生能源）以满足需求并防止系统过载。

4.4.1 行业总体情况

全球一次能源消耗（包括能源损耗）已经超过15.1万太瓦时[⊖]（2014），从1988年以来增加了60%（25年来的复合年增长率为2.5%）。化石燃料（油、煤、天然气）目前在全部能源消耗中占87%，核电、水电和可再生能源占剩下的13%（见图4-5）。国民经济各部门的能源使用情况是：工业部门使用50%，交通部门和家庭各为19%，商业部门使用剩下的12%（见图4-6）。

政府的主要职责是给终端用户提供各种各样的

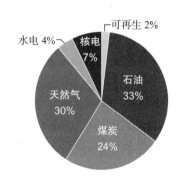

图4-5 按来源划分的全球能源市场（2014年）

资料来源：BP(2015)。

⊖ 太瓦时是能源单位。1个太瓦时=1万亿瓦特。

能源类产品与服务，即电力和区域性加热/制冷服务（从各种各样的能源渠道）以及可用燃料（主要是天然气和液态石油）。这些产品和服务中的每一项都涉及从能源生产到终端消费的专用技术、标准、投入和产出、基础设施与规制政策。价值链要素和商业模式多种多样，由此相关基础设施资产也存在差异。所有这些产品与服务都需要在全球能源市场上被提供，其中涉及诸多公共机构和私营公司。

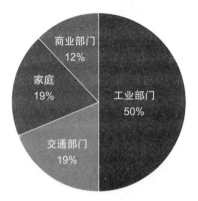

图 4-6　按部门划分的全球能源消费情况（2011 年）

资料来源：IEA(2012a).

尽管这些能源产品和服务是由能源行业中的诸多不同子行业提供的（例如，发电行业，其中又包括各有特征的相关子行业），但是不能将其视为完全相互独立的。例如，热电联产工厂（CHP）既生产电力也提供热气，新的电力转换为气体（P2G）技术将电力转化为可存储的天然气，新的电池技术将传统化石能源主导的交通行业和区域性能源网络电气化，提供新的方式将电力、供热/制冷服务和能源存储业务整合起来。由此，对这些能源行业或子行业中的某个方面感兴趣的投资者，最好不要忽视竞争性行业及其相互依赖关系，这反过来又会影响可再生能源市场。

4.4.1.1　电力市场的全球趋势

电力占每年全球能源消费的约 15%，主要来源是化石燃料（68%）、水力发电（16%）、核电（11%）和虽然数量不大但是在逐步增加的其他可再生能源（5%，主要有风力、太阳能、生物质/垃圾）（见图 4-7）。

根据西门子公司的一份预测，2011～2030 年全球电力消费将增长 75%，其中可再生能源是满足大多数新增需求的增长最快的行业⊖（见图 4-8）。IEA 估计到 2040 年，即使可再生能源补贴下降，可再生能源发电厂也将满足一半的新增全球电力需求，并继续提升其在能源供应构成中的比重。

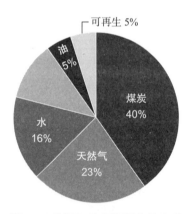

图 4-7　按照初始来源划分的全球电力供应（2013 年）

资料来源：IEA(2014e).

在全球不同地区，各种类型的新生产能力的发展可能存在差异（见图 4-9）。在中国，到 2030 年需求预计将增加 35%，需要巨大的额外生产能力。在全球其他地

⊖　IEA 也给出了类似的预测。

区，新的发电能力对推动这些经济体的发展特别关键。

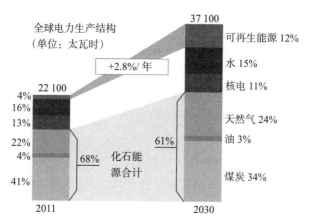

图 4-8　到 2030 年按照能源来源划分的电力生产结构图

资料来源：Siemens(2015a).

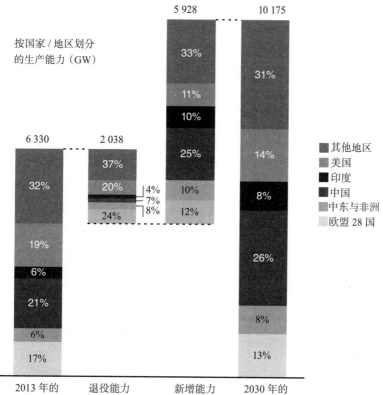

图 4-9　到 2030 年按照地区划分的电力生产能力的变化与预测

资料来源：Siemens(2015a).

综上，全球电力市场的主要趋势如下：

- 全球总体电力需求会有显著增加，而来自 OECD 国家的需求将保持稳定；
- 在全球能源构成中，可再生能源发电会有重要增长（到 2050 年占新增能力的 50%）；
- 新的生产能力需求将从 OECD 国家转移到新兴经济体，特别是中国。

4.4.1.2 电力行业的结构

电力行业的结构仍然主要基于集中式发电厂、单向传输、配送网络（T&D）和最少限度的能源存储能力。不过，可再生能源发电厂（太阳能、风力等）和分布式网络（分布式发电）的使用范围的扩大，以及新的能源存储技术的发展，正在增加网络的复杂性，由此给全球范围的现有行业结构提出了挑战（进一步讨论见第 4.6 节）。

作为生产过程的组成部分，不同的能源渠道按照不同的方式转换为一次能源。传输系统运营商（TSO）通常使用专用的"高压传输网络"从发电厂将电力进行长距离输送（见图 4-10）。传输网络中的电力被销售到市场，并通过配送网络被送到终端用户（或客户）处。配送网络既包括中等电压的区域性配送网络，也包括配送给终端用户的"最后一公里"的低电压网络。配送网络由配送系统运营商（DSO）运营，通常被用于处理所有与终端用户之间的关系（见图 4-10）。如果需要，在进入网络之前可以将电力存储起来。

输电系统运营商与各配送系统运营商共同协调电力调度，以满足整个电网的预期需求。如果电力供应与需求之间不匹配，系统运营商必须增加或减少生产或负荷（可从第 4.4.8 节获取进一步信息）。

三类电力网络（高压、中压、低压）都属于"自然垄断"，新进入者的空间有限且壁垒很高。因此，在大多数国家中，主管部门会对这类服务的提供进行规制，以确保市场参与者有进入机会。

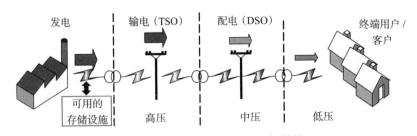

图 4-10 电力行业的当前市场结构

资料来源：Rodríguez-Molina et al.(2014).

在任何地理区域中，电力市场通常都包括批发商（通过传输网络）、零售商（通过配送网络）和最终用户。市场可以跨越国家的边境。三类主要电力交易如下：

（1）双边直接交易。

发电商和消费者通过签订长期供应合同，诸如电力购买协议（PPA），建立直接的关系。消费者也可以是一家公共机构，在特定时期应当承接一定数量的电力。构建这种机制的目的是确保用电方可以得到长期充分的电力供应，而售电方可以得到可预测的现金流。

（2）批发电力交易所。

竞争性的电力生产者在当期市场向零售电力经销商提供电力，后者再以确定价格向终端用户送电。主要的批发电力交易所如下所述。

- 澳大利亚：澳大利亚能源市场运营商（AEMO）
- 加拿大：安大略省的独立电力系统运营商（IESO）和阿尔伯塔省的阿尔伯塔电力系统运营商（AESO）
- 法国：欧洲电力交易所现货市场（EPEX SPOT）
- 日本：日本电力交易所（JEPX）
- 美国：纽约市场、中部市场和加州的 ISO

（3）零售电力市场。

终端用户可以在提供不同价格方案的竞争性电力零售商及绿色能源供应商中进行选择。例如，在英国，可以从很多电力供应商中进行选择，其中有一些是全部提供可再生能源发电的绿色能源公司（Christie，2015）。

4.4.1.3 价值链

电力行业涉及诸多价值链要素，从发电、输配到存储，本节将讨论其中的大多数价值链要素，具体如表 4-13 所示。

表 4-13 电力行业的价值链和投资机会

价值链要素	投资机会
可再生能源发电	
• 太阳能电厂生产与销售电力 • 风电厂（陆上与海上）生产与销售电力 • 水电站（水库与流动的河流）生产与销售电力 • 生物质电厂（木材、农业垃圾、市政垃圾）生产与销售电力	• 光伏电厂 • 集中式太阳能电厂 • 风电场（陆上与海上） • 水电站 • 生物质电站 • 生物质原料存储设施

(续)

价值链要素	投资机会
电力输配	
• 高压电力传输 • 中低压电力配送	• 传输网络 • 中压（配送）网络 • 低压（最后一公里）网络
电力/能源存储	
• 抽水储能（能源销售和系统服务） • 网络管理（自动需求平衡）和质量水平相关的存储（销售系统服务）	• 抽水储能水电站 • 智能电网 • 基于现有和新技术的设施/设备（飞轮、电池等）
电力销售	
• 账单管理 • 收益管理（定价）	• 计量设施 • 客户的自我存储和能效投资

在这条价值链中，最主要的价值增值涉及发电厂的实物提供和管理、调度网络与存储设施项目，包括设计、建设与维护。由此，挑战也主要存在于价值链的这个部分。其他价值链要素在市场项目中被列出，诸如账单与收益管理，这些属于运营领域。

4.4.2 可再生能源发电的跨行业特征

到 2030 年，可再生能源（RES）有潜力满足全球全部电力需求的 50%～90%。在部分国家，特别是那些传统上水电充足的国家中，RES 占全部发电量的比例目前已经很高。例如，在冰岛和巴西，RES 分别提供将近 100% 和 85% 的电力供应（European Commission，2011；REN21，2013a）。更保守的全球预测虽然没有那么激动人心，但也有显著的增长，RES 的占比从 2011 年的 4% 增加到 2030 年的 12%（见图 4-8）。在不同情形中，RES 在能源结构中的估计数差异很大，特定情形基于对未来的国家气候、能源政策及相关政府支持计划的不同假设。

在电力市场中，有很多种类的 RES 用于发电，包括水能、风能（内陆和海上）、生物能（如用生物质发电）、太阳能光伏（PV）、集中式太阳能（CSP）、地热和海洋（波浪和潮汐）。水能（主要为大型水库/大坝）构成当前可再生能源发电的主体（74%）。然而，大多数的增长将出现在三个目前最大的非水能的可再生能源上，即风能、生物能和太阳能光伏（见图 4-11）。为此，本书主要介绍这几类可再生能源。

4.4.2.1 电力生产的特征

每类 RES 的各自电力生产特征都需要被考虑到，包括但不限于不同时间的波动性与平衡、在整体电力网络中的地位。

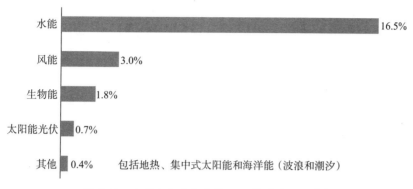

图 4-11　全球电力生产中的 RES 构成（2013 年）

资料来源：REN21(2014).

1. 随时间的波动性

可再生能源发电通常只是增量（incremental），因为它没有内生的储能机制。很多可再生能源发电厂，只能基于所用的可再生能源的实时供应情况向电网供电（特别是风能和太阳能光伏）。㊀因此，在很多发达的电力市场上，风能和太阳能光伏的占比上升，已经导致进入电网的电力波动率上升。风能发电绝对是逐日逐年波动性最高的生产方式。㊁此外，风电场的实际产量很少能超过其全年产能（按时间计算）的 30%。光伏发电虽然按天及按年的产量在一定程度上可以被预测，但是相对而言波动性也较大，主要是因为其变化较快的产出波动性（加速上升），特别是在阴天。水电厂的可用水量取决于季节性的降雨变动情况以及储水能力（水库的规模）。生物质的产量（进料）在夏秋季节很自然会达到顶峰，尽管很多进料能被存储起来以后再用。

2. 电力供应与需求的实时平衡

电网需要不断平衡以确保进入电网的电力数量与终端用户的电力消耗数量相匹配。平衡电网是输电商和配电商的任务，需要预测电力供应与电力需求。因为可再生能源生产（特别是太阳能和风能）断断续续，为了鼓励私营机构投资可再生能源，很多国家都会对这类技术发电给予"优先上网"待遇。当能源供应超过能源需求时（当 RES 处于产量峰值的情况下），非 RES 电力生产商需要排队才能将其电力入网。那些基于长周期的电力生产商（如大型水电站、核电厂、燃煤电厂）若遇到这种情况，则在技术上和经济上会比较为难，可能导致既不能在市场上卖电，由于缺乏大

㊀ 光伏发电比风电生产更加可以预测。

㊁ 例如，每年 12 月德国的风电场提供的电力是全年平均数的两倍，而在 7 月、8 月可能低至全年平均数的一半。

规模储能设施，也不能将其存储下来。同样，在需求高峰期，这些长周期来源也不可轻轻松松地很快提高电力产量。

总之，旨在促进 RES 的能源法律和规则已经实现其目标，提高了可再生能源生产在总体能源构成中的比重。例如，2013 年，德国的 RES 电力产量（约 150 太瓦时）高于核能和天然气的发电量（BDEW，2014）。如上所述，可再生能源的优先配送也会产生负面后果。最重要的是，它影响电力销售（与价格）的可预测性——特别是当电力来自长周期的传统发电厂时，以及电网的最终平衡。

利用大规模电力存储设施可以改善这两个方面的后果。目前相关机构采用了很多行动，包括研究与开发有成本效益的能源存储系统，以"熨平"可再生能源生产的纯增量特征。很多技术已经存在且发展迅速，其中电解氢、燃料电池、抽水储能电站、电池和化学储能是较有前途的技术。但是，储能技术的发展仍然在初级阶段（见第 4.4.9 节与能源存储相关的详细信息）。

3. 发电厂的位置与电网接口

大规模可再生能源电厂（特别是风能和太阳能）需要规模很大的场地，因此通常会远离消耗大部分电力的城市化地区。因此，当评价项目的经济可行性时，需要考虑接入传输网络的成本，对于海上风电项目、处于边远山区的水电项目和处于沙漠地区的太阳能项目，尤其如此。

4.4.2.2 规制环境与收入来源

在很大程度上，可再生能源技术仍然还处在初级阶段，因此还需要规制干预（补贴/激励机制），才有能力与传统电力行业（往往也有补贴）进行有效竞争。2007 年，联合国气候变化框架大会（UNFCCC）制定了"政府提供的适当的风险缓释措施"（见附录 D）。

全球规制机构建立的两项主要支持计划（或机制）是：上网电价（FIT）和与可再生能源证书/积分（REC）配套的可再生能源电量配额制（RPS）。

1. 上网电价（FIT）

通过长期合同提供价格确定性，FIT 给可再生能源生产商构建成本基础上的竞争，并促进融资进而提高可再生能源投资。当授予 FIT 时，政府主管部门要求电力公用事业公司在约定期限内向上网的全部可再生能源发电支付确定的高于市场的价格。相关公用事业公司将这些较高的价格转移给地方政府或中央政府（财政付费，见第 3.3.1 ~ 3.3.2 节，西班牙最早实施），或者给最终用户（直接使用者付费，见第 3.3.3 节，在丹麦、芬兰、法国、德国、日本和西班牙等国使用）。因此，公用事业公司本身并不承担任何价格风险。另外，优先上网机制，可以保证 RES 优先上网。

目前存在两种主要形式的 FIT：固定 FIT 与价差支付 FIT。

固定 FIT 规制机构给生产的所有电力提供长期的（12～20 年）的定价机制（或价格水平）保障。这类计划通常包括"价格偏离"，它是指给新建工厂的保证价格水平随时间而下降的机制。价格水平降低的时点往往是一家新工厂上网或在特定时期连接到某个网络的电力数量达到某个数值时。这些机制旨在鼓励投资者早点进入市场，并考虑随时间流逝设备成本的降低。一些固定 FIT 计划还包含基于绩效的价格，旨在鼓励生产商选择最优区位（对于有潜力的太阳能和风能），由此最大化工厂的产出和效率。

价差支付 FIT 规制机构保证提供相对于市场价格的额外补贴。该额外补贴基于所使用的技术与某地的电力装机容量发放。补贴可以随时间变化（通常是降低）。该机制被应用于丹麦、意大利、瑞典和挪威等国家。虽然在该机制下生产的所有电力都可以高于市价销售，但市场价格存在变动，由此影响电厂运营商的现金流的可预测性。

在价差支付 FIT 模式下，投资者会承担很大部分的市场风险，他们需要更高水平的针对此类计划的风险溢价。其余风险因素与固定 FIT 计划相同。

2. 可再生能源电量配额制（RPS）

RPS 是规制机构要求电力生产/分销公司完成的可再生电量的配额。完成这些配额的方式，要么是自己生产可再生（绿色）能源，要么是从第三方购买可再生能源证书/积分（REC）。当某个电力生产商将可再生能源送进电网时，它要么自己主张获得其环境效益，或者以 REC 形式出售给另一家电力生产商，后者可以用于满足其自身的 RPS 义务。一个 REC 等于 1000 千瓦小时的可再生（零碳排放）能源。图 4-12 解释了这个过程。

收入源于销售电力和 REC，电力生产商/投资者承受两者相关的全部数量与价格风险。可再生能源发电按照没有优先上网政策的市场价格，独立于 REC 被卖进电网，因此要与所有其他能源渠道进行竞争。REC 的有效期是 5 年并在专门的市场上出售。因为 RPS 机制下的公用事业公司要求每年购买特定数量的 REC，所以特定市场的规模总体可以被确定。不过，没有谁保证 REC 会被购买。考虑到 REC 的定价，只有当 REC 的价格超过边际成本时，可再生能源生产商才有利润。在一些国家（包括比利时或瑞典），政府会保障 REC 的最低价格。实际上，REC 的最高价格是特定公用事业公司未能满足规制要求而必须支付的罚款，这一点特别重要。

这套系统支持主管部门追踪和测量可再生能源发电情况与在市场上销售的数量。如果运营商没有履行其义务，会以百万瓦时为基础受到处罚。这套机制目前在比利时、意大利、瑞典、英国、美国 50 个州中的 33 个和智利被使用。美国是第一个执行 RPS 与 REC 的国家。

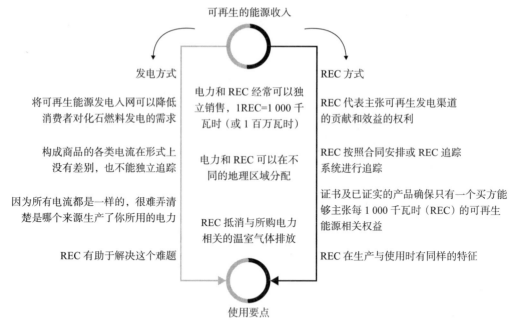

图 4-12　可再生能源证书

资料来源：EPA(2008).

因为支持性机制在区域和时间上差别都很大，建议在必要时研究每个国家／州的数据，以获得关于当前各类支持性项目的最新信息⊖。

4.4.2.3　价值链要素

表 4-14 介绍了整体电力价值链中与可再生能源生产相关的电力价值链要素（也请参阅表 4-13）。

表 4-14　可再生能源发电的价值链和投资机会

价值链要素	投资机会
可再生能源发电	
● 用太阳能生产和销售电力	● 光伏电厂（面板、电缆、变频器） ● CSP 电厂（与光伏电厂类似，带有汽轮机和储热单元）
● 用风能生产和销售电力（陆上与海上）	● 风电场（涡轮机、电缆、变压器）

⊖ 有用的互联网渠道有 IEA/IRENA 的政策数据库（http://www.iea.org/policiesandmea sures/renewableenergy）、RES 法律网（http://www.res-legal.eu）以及欧洲委员会（http://www.ec.europa.eu/energy）。

(续)

价值链要素	投资机会
• 用水能生产和销售电力	• 水电站（大坝、导管、涡轮机、电缆、变压器）
• 用生物质生产和销售电力（木材、农业垃圾、城市垃圾）	• 生物质电厂（汽轮机、电缆、变压器） • 存储设施、汽轮机、电缆和变压器

4.4.2.4 私营部门参与

对于可再生能源生产，除了大型水电站以外，从全球范围看，几乎所有项目都在私营部门手中。这主要是因为这些项目规模较小且这类资产在政治上具有非战略性。

各类可再生能源生产项目/资产的盈利性差异特别大。这主要取决于以下因素：

（1）技术上。生产很大数量电力的能力取决于所使用的技术、生产设施的位置和运营商最大化资产可用性的能力。

（2）经济上。
- 电力生产的边际成本
- 每百万瓦时所产生的收入，这又取决于：
  - 基础性的规制支持机制（如有）
  - 能源市场价格
  - 销售到市场上的最终数量

在固定上网电价（FIT）项目中（见上面解释），投资者的主要风险包括：①开发与建设成本（如果投资者在开发或建设阶段进入项目）；②资源/数量，指电力生产的数量，必须根据每一项技术进行评估；③FIT 计划到期后的能源价格。除了这些，投资者需要确保能源销售取得的预期收入能够覆盖其全部资金成本。

在可再生能源电量配额制（RPS）下，投资者要承担电力销售和 REC（可能存在最低价格）的全部数量与价格风险。此外，投资者还要承担与确定 FIT 机制下的同样的剩余风险。因此，与任何一种 FIT 计划相比，RPS 计划下的资产会面临更高的风险。

4.4.3 太阳能发电

到达地球表面的阳光很多，提供的能量超过 2012 年人类消耗的总能量的 7000 倍（IEA，2014a）。在各类新能源中，太阳能发电厂的能量强度最高（全球平均水平是 170 瓦 / 平方米）。这表明太阳能有潜力成为全球最重要的能量来源。但是，技术障碍（诸如缺乏大规模存储能力，见第 4.4.9 节）及与传统能源的市场竞争，将限制其近期的市场份额。

4.4.3.1 特征与组织

全球太阳能光伏发电产量占 2012 年全球电力产量的 0.5%。西欧（59%）和北美（15%）是两个最大的生产者，但是亚洲正在迎头赶上，2013 年占装机容量的 59%。到 2050 年，光伏发电占全球电力产量的 10%。

截至 2014 年年底，共产生了 177 吉瓦的太阳能光伏产能（从 2008 年以来增加了 10 倍）（Greentechmedia，2015），到 2015 年年底预计还将增加额外的 57 吉瓦（PV-Tech，2015）。

尽管在全球范围内，太阳能很丰富且可预测，其强度（指特定时期在特定表面接收的太阳辐射能源的总量）在地理上有差异，每天和每年也有波动。

光伏电池可以按不同的规模安装（从 1 千瓦到 10 亿瓦），在不同的地方（陆地和现有建筑）以及以不同的目的（当地消费或上网）。目前主要使用以下两类技术：晶体硅（市场占比 85%，高收益、高成本）与薄膜（市场占比 15%，低成本、低收益）。

从 1998 年起，太阳能光伏设备价格每年下降 6%～8%，每瓦的安装成本在过去 10 年下降了 60%（NREL，2015）。截至 2014 年，在全球部分国家中，商业领域部分已经实现平价上网（智利、德国、意大利、西班牙）（ECLAREON，2014）。投资成本仍然很高但是运营成本低，并且原始能源来源（太阳）免费使用。需要特别强调的是，光伏电池的寿命比较短（约 25 年）——取决于光伏的质量（存在显著的差异），收益率可能随时间下降（例如，太阳能电站公司担保一个 25 年期的最低收益）。

太阳能电站的利用方式可以是集中式太阳能电站（CSP）。基本上，CSP 装置集中太阳能光线的能量，将接收器加热到高温。这些热量首先转换为机械能（通过汽轮机或其他机械），随后转换为电力。2014 年的全球装机容量是 4.5 吉瓦（比 2012 年上升了 70%），还有 11 吉瓦在施工中（Evwind，2015），美国和西班牙是 CSP 方面的领先国家。IRENA 发布的一份题为《太阳能光伏》的 CSP 研究报告，解释说 CSP 电站的建设和运营成本预计都将下降，但是还远没有足够的安装量以有助于建立学习曲线。我们在这里还不能详细介绍 CSP，因为 CSP 还不是主流。⊖ 不过，考虑到 CSP 作为新兴的能源存储技术的潜在重要性，我们将在第 4.4.9 节中进一步讨论 CSP。

⊖ 尽管全球有很多集中式的太阳能（热）发电厂（CSP)，但是其总产量仅占全球太阳能发电量的 2.3%（REN21，2013a）。

4.4.3.2 收入来源与价值链要素

通常，收入产生于电力生产者在批发市场上向公用事业公司售电上网，后者在零售市场上将电提供给客户。其他类型的合同安排，如第 4.4.1 节所述，也是有可能存在的。生产的每兆瓦时电力的价格由现行规制计划（如有）所决定，而不是由市场决定。在使用包括 REC 的 RPS 规制机制的国家中，额外的收入可能来自在专用市场上销售 REC（见第 4.4.2）。对于太阳能光伏电站发电在电力价值链中的位置，我们在表 4-13 中已经进行了介绍。

4.4.3.3 竞争与规制

考虑到其相对较高的初始资本性支出，取决于相关电厂的位置和规模，太阳能光伏在真正达到平价上网之前还需要持续性补贴。⊖开发商通过竞争获取有较高的年太阳能发电潜力的土地。不过，在新建或存量建筑上安装光伏发电设施，存在的竞争很少。

规制机构主要监管上网环节，建立支持性机制以鼓励发展太阳能（见第 4.4.2.2 节）。建设和运营还涉及各类主要关注环境规制、遵守国家或国际标准及追踪太阳能板循环使用情况的政府部门。

4.4.3.4 私营部门参与

太阳能电厂对机构投资者而言是有吸引力的投资项目，主要是因为其相对可预测的能源产出和可以匹配其长期债务的长期现金流。可以应用于大多数可再生能源发电厂的主要商业模式和投资机会，包括太阳能光伏（分别见第 4.4.2.2 节和第 4.4.2.4 节中的系统性介绍）。

太阳能发电的平准成本（LCOE）预计在未来数年将继续下降（CleanTechnica，2015），让光伏能源更加有竞争力。根据 IEA，到 2020 年全球光伏电站的生产能力预计将超过 400 吉瓦，几乎相当于截至 2015 年年底已安装能力的两倍（IEA，2014b）。要实现这个目标，到 2020 年全球范围内的投资需求估计高达 600 亿美元。

在未来几十年中，太阳能光伏的需求将从 OECD 国家转移到非 OECD 国家（是能源需求总体转向发展中国家的反映）。届时需要私营投资来满足这一需求。为此，有必要让太阳能光伏尽快实现平价上网，因为非 OECD 国家通常没有能力支撑得起财政支持性机制，吸引可再生能源领域中的私营投资。如果缺乏这些机制，只有当

⊖ 平价上网是指某个时点某种能够发电的替代性能源的平准化发电成本，低于或等于从网络购电的价格。

生产出来的能源能够以投资者要求的覆盖生产成本加风险溢价的价格进行销售，这些国家才能吸引到私营资本。另外一个可能是寻求国际组织的担保（MIGA、世界银行、区域性开发银行或 ECA，见第 7.4 节），以降低私营投资者的风险敞口和风险溢价。

4.4.4　陆上风力发电

风能（包括陆上和海上）是重要的电力来源：2012 年，风能约占丹麦电力消费量的 30%、葡萄牙的 20%、西班牙的 18%、爱尔兰的 15%、德国的 8%、美国的近 4% 和中国的 2%。目前全球的潜在产能已超过全球电力需求（IEA，2013b）。

4.4.4.1　特征与组织

陆上风力发电的技术基础目前已经完全成熟，其在全球很多地区的成本已经能够与传统发电厂相竞争，包括但不限于澳大利亚、巴西、欧洲的部分地区和美国。目前陆上风力发电领域没有重大的技术变迁，盈利能力主要取决于以下几个因素。

（1）生产成本：以场地和某国施工行业的成本为基础（IRENA，2012c）。

（2）场地的品质：不同地方的风力的强度（速度和持续性）差异很大，并且随时间显著波动（按天和年）。

（3）基础性的规制支持机制（如有）（见第 4.4.2.2 节）。

（4）预计能源价格。

4.4.4.2　收入来源与价值链要素

通常，收入产生于电力生产者在批发市场上向公用事业公司售电上网，后者在零售市场上将电提供给客户。其他类型的合同安排，也是有可能存在的。生产的每兆瓦时电力的价格由现行规制机制（如有）决定，而不是由市场决定。在使用包括 REC 的 RPS 规制机制的国家中，额外的收入可能来自在专用市场上销售 REC（见第 4.4.2）。

对于陆上风力发电在电力价值链中的位置，我们在表 4-13 中已经进行介绍。

4.4.4.3　竞争与规制

陆上风力发电与其他所有发电技术相竞争。因相关电厂的位置和规模不同，陆上风力发电可能仍然需要一段时间的补贴，才能真正实现平价上网。对于陆上风力发电而言，位置很重要，所以开发商会通过竞争获取有很高风力强度和稳定性的风电场。

规制机构主要监管上网环节，建立支持性机制以鼓励发展陆地风电（见第4.4.2.2节）。另外，建设和运营还涉及各类主要关注环境规制、遵守国家或国际标准以及风轮机在使用寿命结束后的循环利用情况的政府部门。

4.4.4.4 私营部门参与

陆上风力发电对机构投资者而言是有吸引力的投资项目，主要是因为其相对可预测的可以匹配其长期债务的长期现金流。对于可以应用于大多数可再生能源发电厂的主要商业模式和投资机会（包括陆上风能），我们已分别在第4.4.2.2和4.4.2.4中归纳介绍。

风轮机的维护成本特别高，具体取决于所使用的技术及场地的气候条件。因此，投资者可以考虑投资那些专门负责维护陆上风轮机的服务类公司，尽管按照本书所使用的定义，它们不属于基础设施。

陆上风力发电的波动性显著高于太阳能光伏。为了实现平均电力产出的较少变化并使其更加可预测，投资跨不同风力区域的风轮机实现分散化效应，可能是减少波动性风险的一个好策略（Neuhoff et al., 2006）。

根据IEA，到2018年全球陆上风力发电能力预测将达到500吉瓦，主要参与者是：中国（185吉瓦）、美国（92吉瓦）、德国（44吉瓦）与印度（34.4吉瓦）。到2018年，全球范围内的投资需求估计高达3500亿美元。

4.4.5 海上风力发电

4.4.5.1 特征与组织

与陆上风力发电相比，海上风电的技术基础和市场都不太成熟，只占总风电装机容量的2%。截至2014年年底，已经建成8.8吉瓦的海上风电，其中91%位于北欧水域（GWEC，2015）。

由于海上风力比陆上风力更强、更稳定，但是开发、建设和运营海上风轮机的成本要高很多且更加复杂，因此海上风电比陆上风电的风险更大。维护海上风轮机需要特别小心，因为它们所处的地方面临更加恶劣的条件（盐水、强风），其机械部件可能会受到损坏。此外，海上的干预成本也很高，因为工人需要特殊方式（船、直升机）和安全措施，并且只能在特定天气条件下才能发生。

从海上风轮机到岸上，需要安装新的水下电缆（网络）连接发电的风轮机和陆地上的传输网。如果超过200公里的距离，则这种连接需要传输足够多的发电能力。海上风电场与电网的连接，在技术、规制、经济和基础设施等方面，面临重大挑战。

4.4.5.2 收入来源与价值链要素

通常，收入产生于电力生产者在批发市场上向公用事业公司售电上网，后者在零售市场上将电提供给客户。其他类型的合同安排，也是有可能存在的。生产的每兆瓦时电力的价格由现行规制计划（如有）决定，而不是由市场决定。在使用包括 REC 的 RPS 规制机制的国家中，额外的收入可能来自在专门市场上销售 REC（见第 4.4.2）。

对于海上风力发电在电力价值链中的位置，我们在表 4-13 中已经进行了介绍。

4.4.5.3 竞争与规制

海上风力发电与其他所有发电技术相竞争，目前还缺乏成本竞争力，也未能实现平价上网，并且产出与陆上风电一样不稳定。因此，新项目的开发需要取得特定规制架构下的规制机构的支持。

除了针对海上风电场本身的建设和运营成本的干预措施之外，规制机构主要规范从海上风电场到电网的连接方式，并构建支持性机制让其有实施的可能性（见第 4.4.2.2 节）。海上网络连接与海上风电场本身，通常遵循不同的规制体制，这是因为海上网络连接具有高成本和复杂性的特征。取决于相关国家的规制体制，海上网络的建设一般基于以下三种体制之一：

（1）海上风电厂运营商负责建设网络；建设成本通过基于特定海上风电上网电价的电力销售收入进行补偿。

（2）由 TSO 建设，成本由（更高的）传输费用补偿（法国和丹麦）。

（3）通过招标给第三方授权一份 DBOT 合同——第三方负责建设网络并在投入运营后传输给 TSO（英国）。

另外，海上风电场的建设和运营还涉及各种关注环境规制（特别是涉及水域和动物保护，如鸟类、鱼类等）、遵守国家或国际标准及设备的循环使用情况的政府部门。

4.4.5.4 私营部门参与

与其他可再生能源资产相比，海上风电有风险，而且成本特别高，这两个要素导致它对私营投资者缺乏吸引力。然而，一旦进入运营期，与陆上风电或太阳能光伏相比，它们能产生更加可以预测的长期现金流，因为海上有更加稳定的风力环境。因为政府高度依赖私营部门为海上风电项目提供资金，因此规制制度可能是不同投资者选择在这个国家而不是另一个国家中投资的主要因素。

对于可以应用于大多数可再生能源发电厂的主要商业模式和投资机会，包括海上风电，我们已分别在第 4.4.2.2 和 4.4.2.4 中归纳介绍。对于与海上网络连接相关的其他规制因素，我们已在第 4.4.5.3 中进行解释。

由于部分国家提供强力支持，海上风电预计到 2018 年会有显著增长。不过，成本因素特别重要，因为海上风电的平准化能源成本仍然是陆上风电的约两倍。控制建设、运营和维护成本，特别是维护成本可能是这类处于特别艰苦环境（暴风、水、盐、大风等）中的发电厂的核心工作。

2013～2020 年，欧洲的海上风电预计以每年 CAGR 超过 15% 的速度增长（BNEF，2013）。到 2018 年，全球海上风电将达到 28 吉瓦，提供 76 太瓦时的电力（EWEA，2014）。仅仅在 2014 年，欧洲的海上风电生产能力就增加了 1480 兆瓦，英国占新增能力的 55%，德国占 36%，比利时约占 13%（GWEC，2015）。

尽管如此，我们预计海上风电不会成为全球范围内的重要能源供应方式。市场有可能被英国、丹麦和德国所驱动，法国和瑞典也有重大项目在实施。根据欧洲风能协会（EWEA）的数据，在 2014 年欧洲有 16 个海上风电场在建设中，当全部完工时产能接近 4.9 吉瓦，另外还有 19 吉瓦的海上风电项目已经获得设计批准（尽管还需要考察这些能力中到底有多少会实际建成）。英国有很多正在实施的海上项目，可能会成为全球最大的海上风电市场。中国对海上风电的兴趣也在增加，已经建成约 150 兆瓦，计划到 2015 年建成 5 吉瓦，到 2020 年建成 30 吉瓦（GWPMG，2013）。目前美国只是已经讨论了这方面的工作部署。在近期到中期，除了工业化国家之外，预计其他国家不会开发海上风电项目。

4.4.6　水力发电

水力发电是全球最传统和规模最大的可再生能源渠道，占 2014 年年底全球电力装机容量 1036 吉瓦的 16.2%（3900 太瓦时）。2014 年，有 37.4 吉瓦的新增装机容量，其中只有 1.5 吉瓦来自抽水储能电站和小量径流式电站（IHA，2015a）（参阅第 4.4.9 节关于电力存储的详细信息）。水电站能力预计 2050 年前会翻倍，规模增长主要由新兴经济体的项目所驱动（Ecoprog，2015）。目前规模最大的生产者是中国、巴西、加拿大和美国（IEA，2012b）。水力发电受到严格规制，因为其战略重要性及其对社会的重要影响。

4.4.6.1　特征与组织

虽然水电项目需要巨额的前期投资，但是运营成本相对较低（很低的维护成本、免费且可再生的能源源头——水），大坝有特别长的使用寿命（长达几百年）。根据国际水电协会的介绍，到 2050 年全球很多水电设施需要进行基础设施改造升级（IHA，2015b）。这包括替换老化的机器和电气设备，升级厂房以满足用途的变化（例如，从满足基本负荷到只用于调峰，或反过来）。升级需求带来了很多挑战与机遇，当人们将民用基础设施的长寿命和气候变化的不确定性结合起来时，时常会改变能源结构和造成能源市场波动（IHA，2015b）。

很多水电项目基于特许经营协议而建设，由某家公共或私营机构承担设计、建设和运营电厂的全部责任。电厂（特别是大型电厂）的所有权，通常属于公共发起人。一些战略性水电项目，诸如中国的三峡工程、巴西的伊泰普大坝，由公共机构管理。

4.4.6.2　收入来源与价值链要素

通常，收入产生于电力生产者在批发市场上向公用事业公司售电上网，后者在零售市场上将电提供给客户。其他类型的合同安排，如第 4.4.1 节所述，也是有可能存在的。生产的每兆瓦时电力的价格由现行规制计划（如有）决定，而不是由市场决定。在使用包括 REC 的 RPS 规制机制的国家中，额外的收入可能来自在专用市场上销售 REC（见第 4.4.2）。

依托大坝储水系统的水电站的运营商，可以通过同时兼顾水量的存货/存储以及需求高峰期的电力优化其最优收入状况。对于径流式水电站[⊖]，收入优化依托运营商预测河流水量的能力，以及在水流高峰期最大化利用发电机的能力。

对于水力发电在电力价值链中的位置，我们在表 4-13 中已经进行了介绍。此外，通过防止洪水灾害和作为住户、农场以及工业的可靠水源，水电站还可以靠其他方式增加其价值。

4.4.6.3　竞争与规制

理论上，竞争存在于水源与向市场售电两个方面。在实务中，一旦确定位置，各方对水源的竞争就会很小。用于发电的水量往往通过特许经营协议获得授权。从成本与产出的视角看，水电很容易战胜其他能源来源（与化学燃料电厂相比，没有燃料成本且维护成本相对较低）。不过，诸如太阳能和风力等其他可再生能源所产生的电力可以优先上网，导致水电站的产量按比例缩减。近年来，尽管水电站有低成本的特征，但是规制机构给予其他可再生来源的优先上网待遇，通常不会给予水电站。现实表明，这对水电站的盈利能力已经造成重大挑战。

⊖　径流式水电站系统没有（或有很低的）储水能力，因此发电量直接受河流流量的影响。

与所有类型的 RES 一样，规制机构主要监管上网环节，针对与电网连接相关的事项建立支持性机制（如有，见第 4.4.2.2 节）。另外，建设和运营还涉及各类主要关注环境规制、遵守国家或国际标准以及设备循环利用情况的政府部门。

4.4.6.4 私营部门参与

有些水电项目，特别是大型项目，被视为所在国的战略性项目（洪水管理、水和能源供应），因此由公共机构负责融资和管理，但是也有大量的其他非战略性水电站，特别是规模较小的水电站，向私营投资者开放。通常，水电站项目有很多有利于私营资本的特征，具体如下：

（1）能够产生相对可预测的、长期的、稳定的现金流，因此与投资者的长期债务相匹配。

（2）较低且高度可预测的运营成本。

（3）成熟的技术。

（4）所使用的资源是水，没有额外或变动的成本。

可以应用于大多数可再生能源发电厂的主要商业模式和投资机会，部分也适用于水电站。对此，我们已在第 4.4.2.2 节和第 4.4.2.4 节中进行了归纳介绍。

在工业化国家中，几乎没有潜力开发新的水电项目，除了小型水电站，故多会采用私营投资。不过，在未来几年中，有一些大型水电站可能会进行私有化或出让部分股权。

在法国，一些涉及小型水电站的水电特许经营项目即将全部或部分私有化。在奥地利，水电（占装机容量的 47%）已经私有化，有些投资者愿意在未来出让部分股权。在挪威，水电占电力产量的 98.5%，新水电站的潜在开发量高达 37.7 太瓦时，占装机容量的 30%（NorwegianMinistry of Petroleum and Energy，2008，p. 24）。不过，挪威只有 13% 的产能由私人持有，只允许外国投资者购买产能低于 10 兆瓦的水电站。因此，现有法律框架对外国私营投资者来说不是特别友好。

在瑞士，水电占电力产量的 56%，水电站由私营机构或公共机构持有多数股权的瑞士公用事业公司，按照特许经营协议负责运营。瑞士水电站的开发潜力已经达到最大程度，近期预计不会有新项目启动。不过，有些项目可能会释放出少数股权，有些特许经营协议会很快到期，因此在未来几年中将提供（至少是理论上）一些获取新特许经营项目的机会。

水电站的主要增长潜力存在于亚洲、南美和非洲（IEA，2014c）。这是因为在这些国家水电站的资金需求很大程度上超过这些国家的投资能力，急需寻求私营投资。很多新兴经济体（诸如老挝、尼泊尔和菲律宾）近期专门制定法律框架，吸引私营资金投资新的水电项目。

在 20 世纪 90 年代之前，世界银行是大型水电项目的主要资金来源。不过，20 世纪 90 年代，公众对大型水坝的环境和社会影响的广泛关注，导致世界银行逐步减少对此类项目的资金支持。最近几年，只有 2% 的水电项目通过世界银行融资。为了收拾残局，各个国家的开发银行（特别是巴西和印度）以及私营投资者（在区域性开发银行的支持下），在新兴经济体逐步提高对水电站项目的融资（Gies，2014）。

4.4.7 生物质发电

生物能源目前在全球一次能源中占比 14%，其中的大部分被直接用于加热和烹饪，只有 1.5%（370 太瓦时）被转换为电力（IEA，2015a）。不过，到 2018 年，生物能源产生的发电量（生物发电）估计会达到 560 太瓦时，上升超过 50%，到 2050 年的年发电量可以达到 3000 太瓦时（IEA，2015b）。电力生产者可以通过在火力发电厂直接燃烧生物质（植物性原料）产生生物能源，或者将生物质先转换为生物气体或生物燃料（液体），作为燃料资源储藏起来并在需要的时候用于发电，从而间接生产生物能源。

术语"生物燃料"通常用于描述从玉米、糖类作物和油菜籽等专用农产品及粮食生产的副产品中所产生的液体燃料。因为本节聚焦于用于发电（及供热）的生物能源，所以将主要介绍生物质发电，只是附带涉及生物燃料。

4.4.7.1 特征与组织

在发达国家中，木材产生的生物质通常被磨碎并压缩成木棒，以方便运输、储藏，可以在市场上方便买到的小型取暖器、热电联供（CHP）发电厂和热水锅炉中燃烧。热电联供系统提供电力和可用（剩余）的热能，由此可以提高一次能源的总体效率。当这类系统被用于区域性能源系统的组成部分时，会特别有效率。

沼气发电使用城市、农业和工业的生物质废弃物，通过称为"厌氧消化"的过程产生沼气。这类气体可以直接进入天然气供应网，也可以存储备用。随着沼气发电规模在德国（从 2012 年的 18 太瓦时到 2025 年的 28 太瓦时）和美国（从 2012 年的 9 太瓦时到 2025 年的 21 太瓦时）的快速上升，各类沼气发电技术已经特别发达。2012～2025 年，全球生产规模预计每年增长 7.6%（从 50 太瓦时到 130 太瓦时）。

沼气设施所需的投资很少，运营成本相对较低。这类能源通常便宜，原料成本主要产生在收集与运输环节中。不过，生物材料（原料）的质量和数量差异较大，导致效率的变化/波动。沼气发电厂的盈利能力，主要取决于生物质的供应距离（降低运输成本)、原料的质量和电厂的规模（大型电厂通常效率更高）。

木材类原料构成的生物质的成本低，运营成本与其他热力发电技术相当，并且没有机构提供木材制品的价格走势。虽然欧洲气候基金会预测生物质在欧洲的价格会下降，但是联合国欧洲经济委员会（UNECE）/联合国粮农组织（FAO）预计在未来几年，价格会轻微上升。无论如何，生物电厂的大部分潜在成本降低依托原料成本的降低（TRENA，2012d），但是由于气候之类的诸多不可控因素，原料成本特别难以预测。

总体上，由于需要的投资很低（主要是对现有发电厂进行翻新），生物电厂的发电成本相对较低。燃料成本约占总体发电成本的30%。

4.4.7.2 收入来源与价值链要素

生物能源项目的收入源于在特定网络的批发市场上向公用事业公司销售生物气体、热源或电力，后者再提供给零售市场上的用户。第4.4.1节介绍的其他形式的合同安排也有可能存在，特别是本地的区域性能源系统（还可以见第4.6节）。每兆瓦时的收费价格由适用的规制制度决定。使用与可再生能源证书/积分（REC）配套的可再生能源电量配额制（RPS）规制制度的国家，还可以通过在专门市场上销售REC获得其他收入（见第4.4.2节）。

生物气体可以先被转换成电力后再用于销售，也可以直接被销售给运营商用于本地天然气网络。热能（热水或蒸汽）可以被销售给工业用户，或者向商业/居民建筑供热。工业供热通常被销售给电厂附近的工厂。在双方协议基础上的购买协议（PPA）中，要明确价格和数量。商业和居民供热通常被销售给由当地公共机构管理的区域性供热网络，后者设定热能的价格。不论在哪种情况下，热能都是通过热水或蒸汽的形式被输送，并通过管网配送。通过大规模电厂生产的可再生热能/余热，得益于很多发达国家（包括英国、法国、西班牙和瑞士）的特定上网电价（FIT）制度。

对于生物能源转换为电力在电力价值链中的位置，我们在表4-13中进行了介绍。我们对于以气和热的形式存在的生物能的价值链要素在其各自的价值链中的位置的介绍，具体来说，生物气体见第4.5节，生物质供热见第4.6节。

瑞士雷尼基雅垃圾发电厂案例

雷尼基雅（Renergia）是位于瑞士中部的垃圾发电厂，其每年的垃圾处理能力达20万吨。它利用市政垃圾为3.8万个家庭提供电力，并为附近的佩林纸业公司的造纸生产线提供环境友好型的、碳中和的热力。雷尼基雅实现了热电联供,效率因子很高,约为70%。正面的环境效应很可观:佩林纸业公司将造纸所需要的蒸汽生产原料从重油转换为热力,每年的二氧化碳排放量降低了9万吨。由于采用先进的烟气净化系统,废气排放量显著降低。与之前使用重油的热力生产技术相比,空气污染显著降低。

雷尼基雅项目在2010年开始设计,需要所有相关方的参与,首要且最重要的是当地社区,因为当地居民害怕空气污染,担心车辆进出垃圾焚烧厂会造成交通拥挤。当地社区的居民同意该项目的原因在于,纸厂的管理层保证给该区域提供就业岗位,还有其他一些优惠措施。该垃圾处理厂按计划在2015年1月投入运营。

资料来源:Renergia (2015), management interviews.

温哥华都会区的垃圾发电设施

大温哥华地区(温哥华都会区)的大型垃圾焚烧发电项目,处理该地区约25%的垃圾,为1.6万个家庭提供电力。每年有约28.5万吨市政垃圾转换成94万吨蒸汽和17万兆瓦时的电力,同时实现了经济效益和环境效益。另外,每年回收约8000吨的金属材料。该项目每年售电的收入约600万加元,每年销售金属材料的收入约50万加元。

该垃圾发电设施,名为卡万塔本拿比再生能源项目,在1988年投入商业运营。在已经超过25年的服务期内,该工厂的环保表现堪称典范,经常达到或超过加拿大最严格的规制性排放标准。焚烧厂的管理层承诺环境安全,通过持续性的运营改善和对排放控制系统的频繁升级,连续降低废气排放水平直到目前的很低水平。从项目投入运营时开始,该厂就一直监测周边的烟气排放和空气质量,每月向当地和区域性公共机构报告,包括卑诗省环境部、本拿比市和弗雷泽卫生局。

项目的烟气净化系统收集垃圾焚烧发电过程中产生的细微颗粒物,即飞灰,然后将这些飞灰固化防止渗漏,最终送进填埋场处置。每周相关人员都会监测炉栅收集的底灰,确保可以在温哥华填埋场得到安全处置。经过这些处理流程,每年燃烧28.5万吨垃圾所造成的剩余颗粒物排放,相当于10辆重型柴油卡车的排放量。毫不奇怪,温哥华都会区的垃圾发电项目对弗雷泽低谷地区的细微颗粒物和雾性氮氧化物排放的贡献比例均低于1%,绝大部分源于工业生产、供暖、公路/航空/铁路运输(见如下饼状图)。

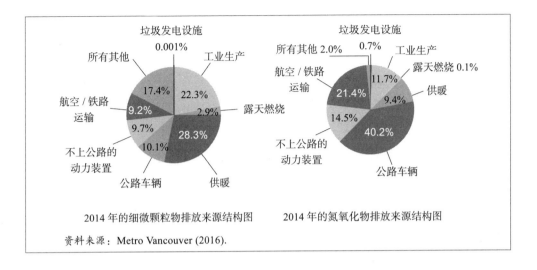

2014年的细微颗粒物排放来源结构图　　2014年的氮氧化物排放来源结构图

资料来源：Metro Vancouver (2016).

4.4.7.3 竞争与规制

原料供应管理对生物电厂特别关键，因为市场不可预测，同时原料竞争可能会非常激烈。当建设或并购某家工厂时，有必要通过长期合同确保上游采购渠道。对于农业、市政和工业垃圾，这基本上属实，因为数量与价格波动性很高（而造成数量与价格波动性很高的部分原因在于供给与需求的高波动性）。2014年国际可再生能源署的生物质白皮书，对涉及的生物质的供应和需求进行了很好的展望，对到2030年全球六个区域的供需平衡进行了估计（见图 4-13）。

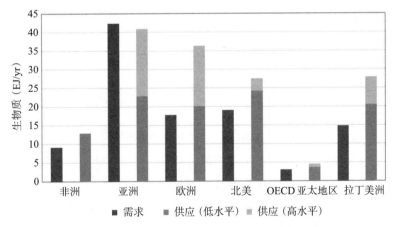

图 4-13　至 2030 年的全球生物质需求与供应估计数

资料来源：IRENA(2014).

对于所有可再生能源（RES），规制机构都会管控上网环节，为所有生物能（如有）产生的能源（电、气和热）提供上网支持措施。此外，建设与运营这类工厂需要获得各种许可，主要集中于环保规制方面，要遵循国内、国际标准及设备回收要求。

4.4.7.4 私营部门参与

在很多地区，生物质和生物能源市场是一个卖方市场。也就是说，可以获得或拥有用于能源生产的生物质的那一方，与潜在的工厂所有者相比，拥有相对较强的谈判地位。在这样的背景下，垃圾处理运营公司（诸如苏伊士环境、威立雅集团）可以进入发电市场，建设大规模的生物能源发电厂。因为拥有可靠的原料供应和上网电价机制（如有），这些项目对投资者而言风险特别低。

有一些因素会影响生物质发电厂的效益，最为重要的是原料的获取和品质（除木制品和垃圾外，其他会受季节性波动的影响，见第4.4.7.3节）。这导致这类工厂的运营获利极具挑战性，因此难以为生物质工厂获得私营融资。

机构型私营资本的参与，貌似主要针对有相对成本优势的大型工厂（装机容量超过30兆瓦），但是需要实现原料的国际性采购。大规模的原料物流设施很复杂，让工厂特别容易受外部因素的影响——某种程度上类似于传统能源渠道。

尽管面对这些挑战，但是生物质电厂预计还会显著增加。OECD国家的累计投资（2014～2035年）预计为3700亿～4500亿美元，全球范围为6400亿～8900亿美元（IEA，2014c，p.162）。在发展中国家中，大部分资金主要被用于为当地居民提供的不上网电力的本地电厂。在OECD国家中，通过专门的支持性机制会促进这种增长，而发展中国家可以采用公私合作模式（PPP）。

4.4.8 传输与配送

在基础设施行业中，传输与配送（T&D）意味着通过专用网络"输送"电力（高、中、低压）、油或天然气。

在电力行业中，通过骨干网络进行的长距离高压调度被称为传输。配送包括区域性的中压调度和面向终端用户的低压的"最后一公里"的交付。不过，传输与配送不仅仅指物理网络（输电线和变电站），还包括用于控制/管理网络及其绩效（需求与供给的设计/平衡、频率与电压控制、持续性供电、计量等）等的系统服务。

三种电力网络（高、中、低压）都是"自然垄断"，容量有限且进入壁垒高。因此，在大多数国家中，相关国家主管部门规制这些网络，包括变电站及其与高压网络的连接口，以确保向所有市场参与者开放。主要规则是传输与配送运营商不应因其垄断地位获利，包括传输系统运营商（TSO），在美国称为区域性传输运营商

(RTO),以及地区性系统运营商(DSO)。也就是说,这些运营商既不应当参与终端市场竞争,也不应该参与其派送的资源的产生或生产环节——这里指电力(同样的规则也适用于油和供气网络,见第4.6节的供气网络)。但是,地区性系统运营商在特定规制体系下,可以且应当按照受控价格水平向消费者提供能源——此时作为最后的提供商。这种情况发生在市场化公司不存在,或私人消费者不愿意跟市场化公司打交道而直接选择地区性系统运营商时。

未受规制的私营网络是上述规则的例外。例如,铁路接触网络的电力线路或大型工业园区(如钢铁厂)的内部传输网络,通常置身于受规制的传输与配送行为之外。

4.4.8.1 特征与组织

我们通常将电力传输与配送理解为将电力从发电厂送到终端用户,更精确地说,是指使用长距离高压电力传输网络,将电力从某个发电厂送到某个区域性的中压电力配送网络,而后者与终端消费者相连接。

在电力价值链中,传输与配送的经济价值的权重很高:在IEA的成员中,传输与配送占总体电力供应成本的25%～40%,不同国家和规制架构下差异很大。[⊖]通常,这些成本中约1/3与传输环节有关,而大多数成本产生于配送环节。

IEA预测在2014～2035年,OECD国家将不得不投资约2.2万亿美元于传输与配送领域中,以应对网络老化及新的低碳政策。传输与配送投资中的75%,预计将会投入配送网络(IEA,2014c)。

瑞士的电力传输与配送系统

瑞士的电力传输与配送系统延伸为25万公里的网络线路(传输与配送层次),电力通过该网络进行输送,从380/220千伏的特高压降低到家庭和商户使用的230伏。

- 第一层次:特高压传输。

该网络运营246条220千伏和380千伏的主干线路,负责从发电厂(包括来自瑞士各邻国)向配送网络输送电力。垄断性的瑞士传输系统运营商瑞士电网公司拥有该网络,该公司的实际控制人是公共机构。

- 第三层次:高压跨区域配送网络。

这些网络的运营电压为50千～150千伏。它们向区域性配送网络和大型工

⊖ 在美国,传输与配送环节的经济份额特别低,大约为14%(EIA,2012)。

业用户输送电力。

- 第五层次：中压区域性配送网络。

这些网络的运营电压在10千～35千伏，向城市、社区和中等工业用户输送电力。

- 第七层次：低压地区性配送网络。

这些网络的运营电压为230伏或400伏，向约520万个家庭用户和小型企业提供电力。第二、四、六层次指"变电站"，它们将电力转换为较低电压。

瑞士第一、二层次的电力网络由瑞士电网公司拥有和运营，包括6700公里的特高压线路（1780公里的380千伏的线路与4920公里的220千伏的线路），通过50个内部连接点和140座变电站相连接。它利用约20万个与中心控制室远程连接的计量点进行监测，根据网络的需要提高或降低电力供应（接通与断开发电厂或从国外进口/出口能源）。9家装机容量均超过100兆瓦的天然气、蒸汽及抽水储能发电厂（PSH）（不是由瑞士电网公司拥有），用以确保备用能力。另外，该网络与瑞士邻国的传输系统运营商有41个跨境接口，帮助平衡电力系统，但是由于涉及邻国之间的输送业务，导致产生了更多的复杂性。

用于平衡网络的"平衡能源"的当期成本，占总体能源产量价值的比例约为0.64%（目前约为2亿瑞士法郎）。在过去5年内，该成本已经显著下降（2009年约为5亿瑞士法郎），成本节约的收益已经被转移给终端用户。

地区性系统运营商/公用事业公司（服务较低层次的大型客户）拥有第3～7层次的网络。在瑞士电力市场上，约有680家地区性系统运营商和经销商（德国有884家，法国有150家，英国有14家）。

瑞士电力需求随时间在增长。最近一些年，电力需求稳定在稍微超过50太瓦时的水平。瑞士电力传输与配送系统的运行质量是欧洲最佳的，用户平均每年的断电时间（SAIDI）约为15分钟，英国约为61分钟（CEER，2015）。[⊖] 每个季度供电频率偏离50赫兹的目标值的时间低于10小时。不过，瑞士的电力输送网络也面临着挑战，部分源于国外增加的可再生能源，需要应对能源生产结构的当前和未来变化（瑞士决定不会关闭其四家核电站，这四家核电站的发电量占目前发电量的36%）。瑞士计划到2024年投资约27亿瑞士法郎，用于更新和扩展其电网（Swissgrid，2015）。

⊖ 瑞士排名第二，在卢森堡之后，但是由于后者的网络规模和复杂性很低，不是合适的比较对象。

1. 传输系统运营商（TSO）

在传输与配送网络中，传输系统运营商的行为很关键，要确保实现境内或跨境的可靠的、稳定的国内与国际能源供应。因此，电网平衡是基础设施安全性的基础。即使在频率或电压方面的小失误，都会影响数量很大的终端用户，造成财务损失。稳定且开放的电网，能够进一步支撑能源交易竞争和市场流动性。[⊖]

备用能力成本占电力网络净运营成本的比例约为61%。考虑到备用能力对于电网稳定性的要求和依赖，传输系统运营商应当同时预测需求与供应，其中提供存储能力的设施在电力网络中发挥着重要作用（可以参阅第4.4.9节）。因此，主要问题是在没有事先通知的情况下能满足峰值用电需求。为此，传输系统运营商需要严格地设计流程确保实现供应要求（例如，维护或升级线路与发电厂）与预计需求水平（提前10分钟、一天或更长时间）的存储之间的匹配。

传输系统运营商面临的主要挑战是应对自然灾害、技术故障和气候失衡，因为这些因素会影响与电力生产和能源消费相关的输送计划。为了将电网失稳或失败的风险降到最低水平，传输系统运营商要与其他所有相关方（具体包括配送系统运营商、发电商和大型用户）进行沟通。

2. 配送系统运营商（DSO）

作为区域性/地区性电力网络的独家所有者和每个用户能源消费的管理者，配送系统运营商承担市场协调人的角色，因此应当以独立和非歧视的方式面对所有经销商。其受规制和控制的主要行为包括：①网络运营（24小时/7天的全天候配送控制和故障管理）；②资产管理（产能规制、投资和维护）；③需求管理（计量、账单和收款、价格与收入控制、新的接入及合同、与交易商的商业关系）。

可以通过优化投资进度、防止与检测网络故障，综合考虑资产和需求管理，从而提升某家配送系统运营商的绩效表现。电力供应的可靠性主要取决于网络维护、对天气变化的反应能力和网络的自动化程度。资产管理行为包括提高地下线路（与架空线路相比，铺设成本高很多，但维护成本较低）的份额和规模，维护变电站与电线杆，还包括砍树，因为树是干扰线路的主要因素。

[⊖] 欧洲国家的单位传输成本（UTT）的平均值为9.4欧元/兆瓦时（ENTSO, 2015），包括TSO成本（约7.98欧元/兆瓦时）和非TSO成本（例如可再生能源证书、规制成本等，合计约1.42欧元/兆瓦时）。在35个欧洲国家中，21个国家的UTT由终端用户承担。在其他14个国家中，UTT则由发电商和终端用户分担。

通常，TSO在UTT方面的成本构成要素为：基础设施（57%）、系统服务（32%）和损耗（11%）（ENTSO-E, 2015）。TSO的净运营成本通常占总成本的65%（以2009年的德国为例）。其构成要素为：备用能力（61%）、净损失（34%）、用于控制电力的用电量（3%）和杂项（2%）。运营维护与资产折旧成本占成本余下的35%。

自动化系统通过检测表/传感器提升对网络故障的检测和排除能力，以及系统的可靠性与成本。通过在客户的交货点安装智能表，可以显著改善电力网络。

配送系统运营商竭力避免断电，因为维修成本、客户赔偿和规制机构将降低其收益率水平和盈利能力。

比较配送系统运营商

澳大利亚能源规制局对13家配送系统运营商进行了比较（AER，2015）。表现最好与最差的配送系统运营商的生产率的差异高达50%，平均每年每个客户的总成本区间从低的400澳元到1500澳元。

特定配送系统运营商的经济基本面取决于很多因素，其中最重要的包括服务区域的人口密度、每个输送点的用电量及线路的长度。

配送系统运营商比传输系统运营商要承担高得多的重大电网损耗效应（线路电阻造成的能源损失）。通过较低的电压输送电力，这种损耗会增加很多。例如，在挪威，平均每位居民的电力消费量全球最高（每年23兆瓦时），配送系统运营商的电网损耗率高达15%（全球平均数为8%）(NVE，2013；World Bank，2015b)。尽管在大多数国家中，电网损失作为系统成本得以补偿，但是规制机构为了消费者的利益，会给降低电网损失提供激励机制。

3. 可再生能源：对传输系统运营商与配送系统运营商的挑战

传统上，燃煤、核反应和燃油发电厂有较低的边际运营成本，构成电网的"基本负荷"，以确保可靠的、可预测的和有成本效益的电力来源。燃油和天然气机组及水电站，由于可以快速启动且发电规模有弹性，可以满足峰值需求（特别是在白天）。以前并不认真考虑环境因素，也不太关注可再生能源发电的局面已经改变。

最近制定的支持可再生能源生产的能源政策和规制制度（主要指欧洲）（见第4.4.3～4.4.7节），已经使按照传统电厂效率分配产能的现象有所改观。最重要的改变如下：

（1）通过提高其边际成本，人为地给火电厂施加外部性（如给碳排放定价或授予绿色证书）。

（2）要求老火电厂停运（特别是燃油、燃煤和核反应的电厂）。

（3）补贴可再生能源（降低其边际成本）。

（4）优先输送可再生能源。

执行上述支持可再生能源的政策和规制措施，对整个系统可以产生如下效应：

- 燃煤、核反应和燃气（如 CCGT）这类传统电厂，不再在其峰值能力和最优生产水平上运营。由此，其生产成本高于其最优生产水平所对应的成本。在新的体制下，高固定成本的核电厂的损失特别大。例如，截至 2013 年，仅德国四家最大的公用事业公司，累计计提了超过 150 亿欧元的资产减值（RWE，2014）。
- 电力市场价格受天气影响。例如，有风的日子就会生产较多的风电，由此可以降低当天的电力市场价格。这会导致额外的市场价格波动。更加重要的是，在晴天，因为光伏能源的发电，欧洲各地的高峰时段的电价会被拉平。在这两种情况下，都会显著拉低高固定成本的火电厂（CCGT 和燃油电厂）的收益，还会拉低那些依赖高低峰值电价差异的电厂的收益，例如作为平衡电网系统的备用电厂的抽水储能电站（PSH）。

传统电力网络根据不同的逐步降低的电压水平划分等级，各自发挥不同的功能。发电端是高电压，消费端是低电压（见上面）。最近几年来，数量增加的分散式可再生能源电厂，直接向中等电压的配送网络送电，而不再接入与所有配送网络都连在一起的高压传输网络。后果是传输系统运营商与配送系统运营商的电压控制能力受到了严重的制约。另外，当发生短路时（例如，一棵树倒在中压电线上），中压网络的强电流会引发严重的事故。

在很多发达的电力市场上，太阳能光伏特别是风能的份额增加，导致进入电网的电量的波动性增加（见第 4.4.2 节）。这里给出一个宏观上的概念：根据得克萨斯电网运营商（ERCOT）2008 年实施的一项分析风力发电不平衡性的研究（BDEW，2014），发现增加 150 亿瓦特的风电场产能，要求至少有 18 兆瓦特的联合循环燃气涡轮机（CCGT）发电机组作为备用电源，以应对电网波动性的增加。同样地，2010 年欧洲风能协会的研究（BDEW，2014）预测，额外的平衡成本高达 4 欧元／兆瓦时，主要用于能力存储，因为风能已经占总发电能力的 20%。

鉴于上述情况，因可再生能源发电导致的波动性提高，要求：①提高存储能力（即火电厂闲置）以应对经常发生的较低的可再生能源发电量；②进行储能和可再生能源产量管理，以拉平可再生能源发电的峰值。

传输网络有足够的容量应对用电峰值。通常，用电峰值期只使用 20% ～ 30% 的传输能力（McKinsey Quarterly，2012）。尽管有如此高额的容量余量，但是要应对主要由可再生能源导致的电力供应的经常性变化与峰值，目前对运营商来讲仍然是一个挑战，因为现在的网络架构没有考虑很多小型分散式的（可再生能源）发电厂，而只是考虑少数大型集中式发电厂，它们只向高压传输网络提供电力。⊖ 为了处

⊖ 在德国、西班牙和意大利等可再生能源占比较高的国家中，电网管理者要求可再生能源电厂可以远程切断，防止在风力强劲或强太阳辐射的情况下造成电网过载。这很清晰地表明电力系统缺乏能源存储能力。

理并有效防止未来由分散式可再生能源发电厂导致的类似问题,传输系统运营商和配送系统运营商需要升级其网络。

4. 智能电网

智能电网是传输与配送领域中的新概念,可以应对上述(很多)挑战。IEA 比较了各种国际性研究,以分析这些系统提升对可再生能源需求的影响,得出的结论是实现这类提升所需要的额外传输与配送成本,在欧洲是 2~5 美元/兆瓦时,在美国是 1~12 美元/兆瓦时。

智能电网旨在优化电力供应与使用的效率和效果。智能电网通过双向网络实现这个目的,在大型发电厂、分布式能源生产点/用户和能源存储系统之间,同时传输电力数据和通信数据(见图 4-14)。通过通信网络额外传输信息的主要目的是实现所有市场参与者的总体目标,并将中压状态下生产的可再生能源整合进电网管理体系。

当前　　未来

图 4-14　电网转换为智能电网

资料来源:IRENA(2013).

智能电网部件包括安装在可再生能源电厂的智能逆变器,可以确保电力削减并精确、快速地提高电压。对于传统电厂,耦合需求变化和预测值可以优化生产管理。在传输与配送层面上,智能应用可以整合市场数据和计量表及传感器数据,后者可以不断地调整以满足任何市场参与方的要求。这些应用被称为"需求回应管理系统"和"自动规制控制系统"。

终端用户可以安装智能电表之类的智能应用。在一些欧洲国家(如德国)中,得益于成熟的计量基础设施(AMI),智能电表系统已经得到充分应用。一套智能电表系统是所有智能电网的心脏,由安装在交付点的一块数据收集计量表、安装在二级变电站的一套数据收集设施和安装在 DSO 场所基于实时消费模式获取详细需求计划的一个软件平台(计量数据收集系统)构成。IEA 的一份最新文件对智能电网的目标、技术、设施及执行指南进行了详细讨论(IEA,2015c)。

由于目前还没有智能电网系统处在施工中,更不要说运营,因此评价智能电网的价值链要素特别困难。所有的估计都只是基于理论性案例。不过,IRENA 在其出版的《智能电网和可再生能源》中报告"对来自四大洲 12 个国家的 30 个智能电表商业性案例进行汇总分析,发现项目收益的平均净现值与成本的净现值的比值接近2:1"(IRENA,2015a)。一项美国的研究得出的结论是,只考虑公用事业的收益,包括智能电网和可再生能源在内的可持续性技术的潜在投资的净现值是200亿~250亿美元(IRENA,2013)。

5. 传输与配送领域中的其他技术创新

除智能电网概念外,还有一些重要的创新有可能提高传输与配送资产的效率和生产率。我们可以在以下几项新技术中进行选择。

- 高压直流(HVDC)系统:与交流传输(AC)线路相比,同样通道宽度的新的直流线路可以传输两三倍的电力。HVDC线路与交流线路相比,可以降低30%~50%的传输损失(Siemens,2015b)。
- 高速数字转换器:替代高压变压器。与目前的变压器相比,它们能够减少90%的能源消耗,占地面积约为1%,更加可靠,更有弹性(McKinsey Quarterly,2012)。
- 城市/农村地区的微电网:由可再生能源与电池提供电力,微电网给专用小型电网供电。它们共同构成自给自足的系统或单位,并可以被整合成更大的智能电网。这些地区性的"干预"有助于平衡整体网络。这些微系统可以显著提升当地电力配送的稳定性,降低未来对传输与配送网络的投资。

4.4.8.2 收入来源与价值链要素

传输系统运营商和配送系统运营商的收入来源完全取决于国家的规制架构。几乎所有规制架构都基于使用者付费和可用性基础上的商业模式的组合(见第4.4.8.3节中关于可用的规制架构的讨论,以及第3.3节中关于不同商业模式的讨论)。

传输系统运营商和配送系统运营商的合格收入,由规制机构按照成本基础或基于受规制资产(RAB)进行计算。传输系统运营商和配送系统运营商向销售公司收取传输和配送费。这些传输和配送费随后通过销售公司/公用事业公司被转移给终端用户。对于向终端用户收取的费用,每年会进行向下或向上调整,以反映传输系统运营商和配送系统运营商的真实(历史)成本。

不考虑网络运营商相关的规制补偿机制,通过技术进步和上面几段描述的创新,可以实现显著的价值增值潜力。表4-15给出了上面介绍的电力价值链的两个主要要素的情况(见第4.4.1.3节)。

表4-15 价值链和投资机会

价值链要素	投资机会
电力输配	
•高压电力传输	•传输网络
•中压/低压电力配送	•中压(配送)网络
	•低压(最后一公里)网络

4.4.8.3 竞争与规制

传输系统运营商与配送系统运营商通常会遵照国家规制机构设定的规制架构进行运营。这些规制架构明确的事项包括但不限于：①涉及所有相关方的角色（发电商、TSO/DSO、大型工业用电户）；②明确各相关方的补偿/收入来源的商业模式；③资本要求（网络更新和扩展）与质量/绩效目标。

为了让传输系统运营商与配送系统运营商在特定规制架构下高效率且有效果地运营，他们需要获授以下特定（区域与/或职责）的独家责任。

- 独立性：独立于其他市场参与方自主运营；
- 区域聚焦：排他性地在一个规模合适的区域内运作；
- 运营权限：在覆盖区域内对所有供应与需求的运营权限与责任；
- 系统可靠性：与电网运行相关的各类网络资产的可靠性的专有权力和责任。

规制的目的是促进电力销售环节的有效竞争，最终目标是保护最终用户，不让有自然垄断地位的供应商对其服务征收不合理费用。由于缺乏竞争，受规制的商业模式通常包括一项激励机制，让网络运营商成为或保持经济上的效率。这类激励方案允许规制机构因服务可及性/质量低于基准或设定目标时，处罚传输系统运营商或配送系统运营商，而在有较高的服务可及性/质量时给予奖励。通常，基于国家/国际基准、按照给定时间间隔确定的服务可及性/质量等级，构成转移给最终用户承担的费用的基础。在有些规制架构下（如希腊、芬兰、意大利、波兰、斯洛维尼亚等），会将传输与配送行业的收费标准，与所输送的电力数量挂钩。这是因为与供应的电力价值相比，传输与配送公司的成本更多地取决于供应数量。输送的电力越少，传输与配送公司的收费单价越高。

1. 行业结构

有三种常见规制模式，可以用于保障所有参与方公平地进入电力市场。

- 所有权分拆（OU）：发电、传输、配送和销售运营由不同的公司独立提供。除法国、瑞士和奥地利等小国家之外，大多数欧洲国家都采用这种模式。
- 独立传输运营商（ITO）：当前的传输系统运营商和配送系统运营商拥有各自的传输与配送资产，但是他们仍然属于一家规模更大、垂直整合型的公司。通过规制机构和主管部门的监管保证传输与配送行为的正常运行，不会造成市场扭曲。这种模式被用于法国和奥地利。
- 独立系统运营商（ISO）：独立系统运营商完全独立，不拥有传输与配送资产。资产仍然属于一家综合性公司或第三方(包括政府)。这种模式被用于美国——美国往往设立区域性电力传输机构(RTO)运营现有网络。

图 4-15 展示了在欧洲有哪些国家采用哪种规制体系。这些体系还可以使用多种形式的组合。

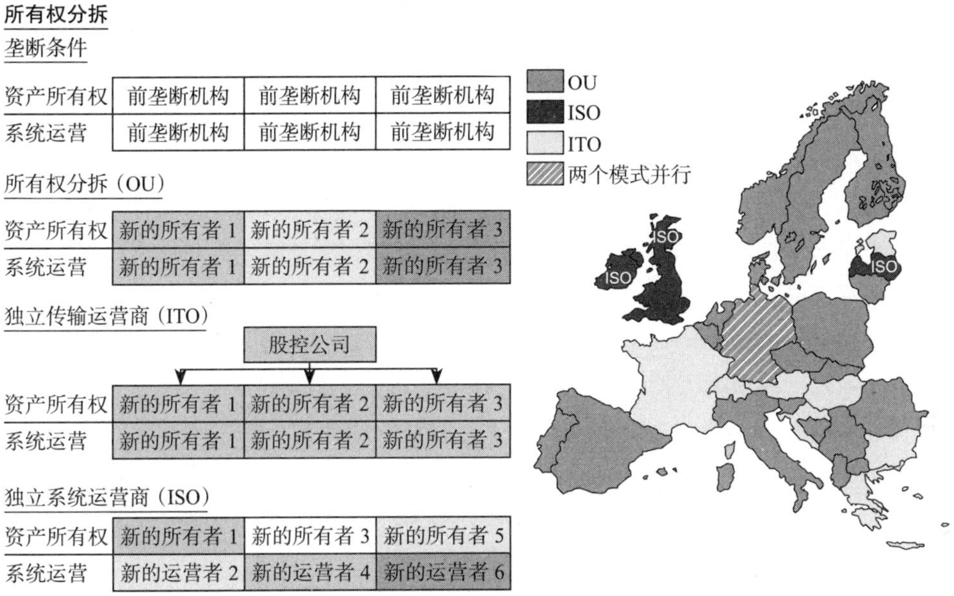

所有权分拆

垄断条件

资产所有权	前垄断机构	前垄断机构	前垄断机构
系统运营	前垄断机构	前垄断机构	前垄断机构

所有权分拆(OU)

资产所有权	新的所有者1	新的所有者2	新的所有者3
系统运营	新的所有者1	新的所有者2	新的所有者3

独立传输运营商(ITO)

股控公司

资产所有权	新的所有者1	新的所有者2	新的所有者3
系统运营	新的所有者1	新的所有者2	新的所有者3

独立系统运营商(ISO)

资产所有权	新的所有者1	新的所有者3	新的所有者5
系统运营	新的运营者2	新的运营者4	新的运营者6

- OU
- ISO
- ITO
- 两个模式并行

图 4-15 欧洲的传输系统运营商

资料来源:Authors' own figure, partially based on the website of the Ministry of Economy, Trade and Industry of Japan (http://www.meti.go.jp/committee/sougouenergy/sougou/denryoku_system_kaikaku/pdf/004_03_02.pdf)。

2. 传输与配送的补偿机制

尽管有很多种不同的方式实施规制,但在大多数国家中都使用两类主流的规制架构:成本加成模式和基于受规制资产(RAB)模式。

(1)成本加成模式。规制机构基于各相关公司的实际成本加上允许毛利,设定传输与配送服务的许可收费水平。不是所有及任何成本都可以被转移给终端用户,只有那些规制机构认为相关的、合适的和可证实的(或某个目标标准)成本才可以被转移给终端用户。例如,任何与维护或扩张相关的新增投资,需要事先获得国家规制机构批准,最终通过电费账单由终端用户买单。

只有极少数国家允许传输系统运营商和配送系统运营商将其全部成本通过提高收费标准无限制地转移给用户。成本加成模式被美国和比利时的传输系统运营商所

采用。公平地说，这两个国家中都实施了各种绩效调整机制。[一]

（2）基于受规制资产（RAB）模式。RAB 模式有多种具体类型。与成本加成模式一样，许可传输与配送收费水平基于各项成本进行计算。而成本同样必须事先获得规制机构批准。资本收益与成本加成模式不一样，是由 RAB 乘以加权平均资金成本（WACC）。WACC 由规制机构设定，适用于标准的或实际的资金结构（债务/股权）。RAB 模式只考虑那些在技术上对传输与配送运营而言是必需的并且由网络运营商拥有的资产。补偿机制可以归纳为以下公式：

$$许可收入 = 许可运营成本 + 折旧 + RAB 补偿$$

在 RAB 框架下有两种主流商业模式：基于激励的模式和"收入 – 价格 – 收益封顶"模式。采用这两种模式的任何一种 RAB 具体模式都会有一些差异。基于激励的模式（例如在德国）的特点是有一个与同行比较的相对基准。规制机构以收入上限的形式设定许可收入，由划分为"无效率的""有效率的"和"与效率无关的"三类成本加总得到许可收入。无效率的和有效率的成本通过国内其他传输系统运营商的同行基准确定。与效率无关的成本是固定成本（雇员、网络成本等）。

在"收入 – 价格 – 收益封顶"模式下，收益的计算基于图 4-16 所介绍的机制。

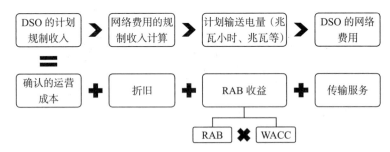

图 4-16 收入 – 价格 – 收益封顶机制

注：DSO 为配送系统运营商；WACC 为加权平均资金成本；RAB 为受规制资产。
资料来源：Modified from EY (2013a).

瑞士对其传输系统运营商瑞士电网公司使用 RAB 模式，我们将其作为一个案例进行介绍。

瑞士电网公司（瑞士的 TSO）：RAB 模式

依据瑞士法律，向用户收取的费用：①基于历史成本信息的预测运营成本、税收和折旧；②基于 RAB 和 WACC 计算的补偿。

[一] 美国的情况见联邦能源委员会 FERC（2015）。

根据法律，RAB 包含三个主要的部分：①固定资产；②净容量和价格偏差（由于与目标设定机制相关的事后成本所造成的各类时间性差异，以及将预计容量调整为实际数量）；③净营运资金。

瑞士规制机构 UVEK 在 2014 年引入一种新的框架，诸如债务与股权部分的风险溢价等所有变量都公开透明。如果要计算任何给定收费年度的 WACC，新的规制架构只要求 UVEK 录入瑞士政府债券的价格数据即可。该框架让计算 WACC 变得透明且容易预测。计算 WACC 的主要假设之一是一种标准化的、事先明确的股权占 40%、债务占 60% 的资金结构。2015 年，WACC 设定为 4.7%，计算依据是股权成本 6.86%（40% 的权重）和债务成本 3.25%（60% 的权重）。从 2017 年之后，WACC 降低为 3.83%（涉及这次计算调整的进一步信息，请参阅 ELCom，2016）。

4.4.8.4 私营部门参与

全球电力需求继续增加，总体上为传输与配送行业提供了好的前景。电力生产模式从集中式到分散式的持续转换，将进一步提高新建、改善传输与配送网络的需求，预计占 2014～2035 年全球电力投资总量的 40% 左右（IEA，2014c）。大部分投资预计发生在中国、英国、美国和印度（见图 4-17）。

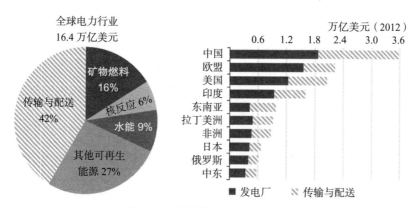

图 4-17 累计全球电力行业投资

资料来源：IEA (2014c), © OECD/IEA 2014, World Energy Investment Outlook 2014, IEA Publishing. Licence: https://www.iea.org/t&c/termsandconditions/.

2014～2035 年预计传输与配送的投资需求高达 6 万亿美元（IEA，2014c）。由于公共资源稀缺，预计需要私营投资填补缺口。从全球范围看，为向新客户提供服务，连接新的（可再生）发电资源（RES），维持或提升对现有用户的服务水准，都有必要对传输与配送基础设施实施扩建与改造。

例如，到2035年全球预计需要净增加320万公里的传输线路。在目前的传输资产（主要在欧洲和美国）中，约有一半已经达到40～60年的技术寿命的末期，这会引发与这类资产替换和翻新相关的投资需求。仅在欧洲，欧洲电力传输系统运营商网络在未来10年（10年网络开发计划，TYNDP）将对5.23万公里的高压电力线路安排约1310亿美元的改造或建设性投资需求。在发展中国家中，传输类基础设施的资金需求庞大，约占全球电力传输领域投资需求的65%。私营投资者更加倾向于投资发展中国家的此类基础设施资产，这些国家需要改善其法律制度和规制架构。

根据爱迪生电力研究所（EEI）的一份最新报告，2013年由投资者拥有的电力公用事业公司和独立网络公司，在传输与配送基础设施领域中创纪录地投资了377亿美元，比2012年增加了14.2%。在传输与配送总投资中，约45%被投入传输项目，55%被投入配送项目。该报告还指出2014年对传输与配送项目的投资会继续增加，预计至少到2017年都会保持2014年的投资水平（EEI，2015）。

一般说来，电力传输与配送适合于私营投资。网络支持可以向用户提供必要的、基础性的资源/服务（对于这类服务总是存在需求）。受规制的商业模式"让这类项目很难赔钱"。传输与配送项目需要巨额资金支出，有很长的经济寿命（高达60年）。在很长时期内的现金流相对可预测，也很稳定，取决于规制机构实施的法律框架。这些与网络相关的技术（不考虑智能电网和未来技术创新，并且通常是成熟技术），是对现有设施的边际性改进，其运营成本也很明确。根据特许经营协议，经规制机构批准的新的必要投资会增加受规制资产，由此传输系统运营商/配送系统运营商增加的成本通过收费水平的提高，被转移给经销商/用户（或者由公共财政支付，如果适用）。总体上，与大多数其他基础设施相比，能源传输网络项目的风险很低。

截至目前，对传输与配送领域的私营投资，主要是通过购买运营商（通常是那些大型老公司）的公开上市股票实施。这些老公司从事跨电力行业诸多子领域的混合型业务，从发电到交易。最近，得益于拆分，只投资于传输与配送类项目的直接投资已经可行（尽管只是在少数国家中），这类投资与公用事业公司所有其他典型的行为和服务相分离。

为此，如果以合适的价格购买，配送系统运营商可能是靠谱的投资，特别是那些有优秀的（区域性）运营者的配送系统运营商。好的配送系统运营商有能力在很多领域中为网络增加价值，并由此从超过绩效基准的部分获得额外收益（可以使用国内其他配送系统运营商的绩效数据作为基准，或者使用绝对门槛值）。此外，对这些

（相对）小规模的配送系统运营商的投资，可以从积聚策略中获益，主要是利用实施资本投资所采购的后台活动和外包服务的规模经济效应。

对传输系统运营商进行投资，需要对国家规制体系有特别清晰的理解，有时可能比投资于配送系统运营商项目面临更多的规制风险（见第5.2.5节）。同时，对传输系统运营商资产的控制权受限，因为这类资产巨大的规模/价值，导致大多数投资者难以获得多数控制权。

投资者要在上述子行业中投入资金，需要适当采用更多的创新性的方式：财务投资者有兴趣投资于连接海上风电场与所在国家电网的新建专门电力线路（称为海上输送项目），例如在英国、德国和丹麦。另一个例子是英国新建的陆上电力线路，可以服务于多个项目。所有这些资产，包括上述海上连接线，均采用DBFO合同模式（见第3.4节关于各类合同模式的介绍），交易对手为英国的规制机构英国燃气与电力办公室（Ofgem）。面对如此长期的特许经营合同招标，诸多运营商之间存在激烈的竞争。

4.4.9 电力存储

公用事业公司（不论是上市公司还是私营企业），是电力存储资产的传统拥有者。为管理峰值需求并优化利用其设施，它们将存储能力视为其发电和传输服务的组成部分。不过，犹如在传输与配送网络的诸多环节都需要进行存储技术创新一样，同样也需要创新所有制模式。

4.4.9.1 特征与组织

电力需求的波动相对来说可以预测，随时间变化呈现周期性模式（按天或按年）。传统上，尽管在启动时间、灵活性和边际成本方面存在差异，但是热能发电厂（褐煤、煤炭、油、气体和核）可以"按需要随时"生产电力。

可再生能源没有内含的能源存储能力（水电除外）。它们只能基于所使用的可再生资源的实时可得性（特别是风力和太阳能光伏），将电力送进网络。⊖因此，太阳能与风能电厂、水能和地热能电厂相比，生产模式的稳定性较差。

尽管存在严重的存储方面的局限性，但是在很多最发达的电力市场中，为提升这个子行业的投资，分散式可再生能源享有优先上网的待遇。从环保角度看似成功的改进措施，也会有一些负面效应。首先，风能和太阳能发电比例的上升，导致送

⊖ 光伏（PV）发电比风力发电更加可以预测。

入电网的电量的波动性在提高。其次，分散式可再生能源发电厂直接向中等电压的分布式网络供电，而不是向与所有分布式网络都相连的高压传输网络供电。因此，运营商的电压控制能力可能严重受限（可再生能源发电量的增加，导致电力供应产生波动，给传输系统运营商和配送系统运营商带来了挑战，以及使客户使用行为产生了变化，相关情况请参阅第 4.4.8 节）。为了处理这些局限性和负面影响，包括可再生能源发电的波动性，迫切需要足够的、大规模的存储能力。

发展大规模能源存储系统，存储生产的过多电力并随时、快速将可用存储"投入"系统，可能是应对上述挑战的部分解决办法。存储系统的基本功能包括：①供应过剩时从网络中取出能源；②将能源存储下来；③在高需求时段，再将能源送入网络。以这种方式，它们为有效管理可再生能源上网量增加所需要的弹性。另外，电能存储有助于精确微调电力特性（频率校准和电压控制），由此提高电网的总体效率和可靠性。

大规模能源存储给电网带来的主要好处包括以下几个方面。

- 让可再生能源在经济上可行：最大化资源生产率，将太阳能或风能在非高峰时段存储下来，供高峰时段使用；
- 像国家的石油存储一样提供"电力存储"：当出现潜在国家紧急状态时，提供关键性的安全网；
- 稳定电力价格：降低由于天气、自然灾害或国家紧急状态等原因造成的重大价格波动的破坏性冲击，拉平高峰期与非峰期能源的较大价格差异；
- 稳定传输与配送网络：拉平能源需求波动；
- 降低对传统发电资产的需求：目前仍然在使用的污染程度最高的电厂（如燃煤电厂），主要满足高峰期需求。

图 4-18 展示了能源存储如何帮助拉平电网的能源需求的载荷波动。

所有电力存储设施都有两个关键绩效特征：①功率等级，指可以瞬时取出或注入能源网络的电力的瓦特数量；②存储能力，指能存储多少能源及存储多久。因为电网用途和位置的存储绩效要求存在差异，所以需要综合使用互补性的存储技术，满足电网的总体存储需求。

各类存储技术运用物理规律将过剩的电力

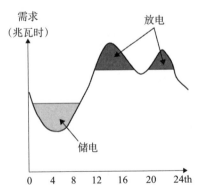

图 4-18 大规模能源存储设施的载荷图

资料来源：ESC(2002).

转换为存储的能源，具体方式包括：化学方式（如电池、燃料电池、电容器）、机械方式/动能（如飞轮、压缩空气、水能）和热能方式（如熔盐太阳能、温水池）。在存储之后，能源基于使用者的需求被释放到电网中。

除了传统（现有）存储技术，还有各种新的电力存储技术处于不同的开发阶段。表 4-16 归纳了最常见的电力能源存储技术。

表 4-16 最常见的电力能源存储技术

技术	描述	成熟度	优势	劣势
抽水储能（PSH），现有	将水从低处抽到可以用于生产水电的高处水库	成熟	商业、大规模、高效率	有限的选址、较低的能源密度①
压缩空气（CAES）	空气被压缩并存储在封闭空间，随后流过燃气轮机将风电效率提高到约 300%	演示到成熟	大规模、低成本、规模弹性	有限的选址、低的能源密度、要求释放时是热空气
飞轮（FES）	通过连接到电动机的大型快速离心器存储和释放能源	演示到成熟	高电力密度、高效率、稳定	高成本、低能源密度
铅酸电池	传统电化学存储方式（不包括车载电池）	演示到成熟	规模弹性、低成本	相对其他电池的低能源密度，25摄氏度以上功能会降低
锂离子电池（锂电池）	高能源密度，电化学存储方式（不包括车载电池）	演示到成熟	高效率、高能源和电力密度	高成本、安全性（过热、起火）
流电池	使用外部容器存储电解液材料的电化学存储方式	开发到部署	可扩展性	高成本（比其他电池更加复杂）
硫化钠电池（NaS）	高温电化学存储方式	开发到部署	高效率、高能源和电力密度	安全性问题，必须保持高温
氢	通过生产氢（从水中分解）的化学存储方式	演示	高能源密度	低效率、高成本、安全性
合成天然气（SNG）	通过生产沼气的化学存储方式	演示	高能源密度，利用现有制气设施	低效率、高成本
电容和超导磁存储器（SMES）	在两个金属板之间或一个线圈中的电场中存储的电磁能	开发到演示	高效率、高电力密度、快速回应	低能源密度、高成本

① 能源密度是指每单位面积或空间可以存储多少能源总量。电力密度是指每单位面积或空间可以存储多少电力。

资料来源：Ecofys, 2014; SBC, 2013.

使用的主要上规模的电力存储技术目前是并且一直是抽水储能电站（PSH）。全球有约 290 座处于运营中的此类电站，总装机容量为 142 吉瓦（DOE, 2015；IEA, 2014d）。2013 年，PSH 占全球已安装的电力存储能力的 99%，占建设中的未来存储项目的 78%。一份 2015 年的报告估计，到 2020 年，将建设超过 100 座新的 PSH 电厂，总装机容量约为 74 吉瓦（在目前全球能力基础上增加 50%），投资规模约为 560 亿欧元（Ecoprog, 2015）。但是，尽管全球（例如挪威、加拿大、美国及很多新兴市场体）PSH 容量会有潜在增加，但是这种能源存储技术的未来发展有限，因为大多数 OECD 国家中最适合（即成本效益好和环境友好）的 PSH 场址都已经被开发。因此，共识是迫切需要开发诸多达到商业开发规模的新的、成本效益好且有互补性的电能存储技术。

从全球范围的装机容量看，相对不太重要的其他现有技术包括：①压缩空气储能技术（CAES），装机容量约为 435 兆瓦；②用于支持电网运行的多种形式的电化学电池，装机容量超过 1 兆瓦的工厂的总装机容量约为 300 兆瓦；③飞轮技术，它在支持电网频率校准方面将逐步发挥更大的作用（按装机容量约为 150 兆瓦）(DOE, 2015)。现在我们仍然不清楚哪种技术会证明有技术优势（如有），进而赢得大规模应用的比赛。

除了上述现有技术，很多存储技术仍在（竞争性）开发中，其中有一些已经被研究了很多年（见表 4-16）。按照潜在功率输出能力，这些存储技术可能会与其他技术存在差异。

- 输出能力低于 1 兆瓦：
  - 飞轮
  - 电池
  - 电容
- 输出能力在 1 兆瓦～10 兆瓦：
  - 飞轮
  - 大规模电池组
  - 泵储热
- 输出能力在 10 兆瓦～100 兆瓦：
  - 流电池
  - 地下压缩空气储能技术
  - 电转气（P2G）
  - 集中式太阳能电厂（CSP）
- 输出能力超过 100 兆瓦：
  - 抽水储能水电站（PSH）
  - 压缩空气储能（CAES）

在实现大规模储能运用的现有技术中，PSH 和 CAES 仍然是最有成本效益的大规模储能系统,有较高的使用次数。[注]超级电容和飞轮适合短期、高频率的储能需要,而电池是适合较低使用频率的、成本最低的解决方案。下面,我们将特别简单地介绍上述技术。

1. 现有储能技术

(1)抽水储能水电站(PSH)。传统的河流补给型水电站和 PSH 都是利用重力释放存在高位水库中的潜在能源以进行发电。与依靠降水的河流补给型水电站不一样,PSH 在晚上或周末从毗邻水域将水抽回 PSH 水库(水位较高),此时可以低成本地使用基本负荷电厂提供的过剩电力。PSH 的效率通常低于传统水电站,因为不得不将水电转变成储水而造成效率损失(效率为 70%~75%)。PSH 的经济性仅与按需要释放能源的能力及平衡电网的附属服务等存储功能相关。

存储功能描述可以存储的能源数量。其效率取决于:①给高位水库注水所需要的时间(循环时间);②每一个注水周期所能存储的电力数量。短的循环时间和高的存储电力代表高效率的 PSH。PSH 的另一个问题是其能量释放速度。

PSH 还为电网的频率校准(通过调整有效功率和快速负荷梯度稳定赫兹频率)和电压控制(通过静态或同步补偿管理无功功率,确保电力从发电厂输送到用户)提供了诸多附加效益。

在目前全球运营中的约 290 座 PSH 中(总装机容量约 142 吉瓦;IEA,2014d),其中 154 座位于欧洲,大多数在丹麦、法国和奥地利,装机容量约为 51.4 吉瓦。北美有 37 座 PSH(美国 36 座、加拿大 1 座),装机容量为 20.6 吉瓦。日本有 36 座 PSH,装机容量为 25.4 吉瓦;中国有 27 座 PSH,装机容量为 23.6 吉瓦。其他地区有 36 座 PSH,装机容量为 21.1 吉瓦,主要分布在亚洲(DOE,2015)。

(2)压缩空气。压缩空气储能技术(CAES)通过膨胀涡轮使用压缩空气替代水释放能量。大气被压缩到约 70 巴(bar)的压力,存储温度为 40~50 摄氏度(华氏 100~120 度),(通常)被存储在自然山洞中。压缩空气与 PSH 类似,需要便宜的过剩非峰值电力。目前假设的压缩空气储能技术的效率稍高于 40%(相对于水,使用空气作为存储介质,本身就缺乏效率),远低于 PSH 的效率。

CAES 技术包括以下两种。

- 透热(现有技术):在压缩阶段提取热量,但是需要在注入涡轮机之前使用天然气重新给空气加热。因此,这类工厂需要靠近火电厂和天然气管网。透热型 CAES 有中等的效率(如果与封闭式循环燃气轮机(CCGT)一样,可以补充热量,效率将高达 55%)。

[注] "使用次数"是指某个储能系统在失去储能能力之前可以充电和放电的次数。

- 绝热（开发中）：从空气压缩过程中补热并在存储后使用，给压缩空气再次加热后注入涡轮机。这种技术的目标是达到 70% 的效率。

CASE 相对于 PSH 的优势在于：①不需要利用重力（只需要压缩空气的存储空间）；②没有重大施工挑战（如有废弃的盐穴、天然气洞穴、储气库）；③与地震或地质灾害相关的风险降低。

CAES 的大规模储能应用的主要局限性在于：需要同时具备大型火电厂、盐穴和天然气来源。CAES 的资金支出与 CCGT 相当。CAES 的主要技术进展体现在储能方式上，例如使用钢制管道存储压缩空气。

目前 CAES 的装机容量可以忽略不计：全球范围内有 5 个运营中的项目，生产能力合计为 435 兆瓦。规模最大的是德国用于存储核电的 321 兆瓦的采用洞穴/涡轮系统的亨斯托电厂（EON, 2015a）。在全球范围内，在建的 CAES 项目仍然很少：9 个项目，新增 800 兆瓦的电力（DOE, 2015）。

（3）飞轮。飞轮储能（FES）是将电力转换为旋转动能并转换回去的机械系统。该系统的构成如下：一个马达连接一个存储电力的旋转体以及一个释放电力的发电机。目前全球范围内有 28 家运营中的电厂（920 兆瓦，其中只有约 150 兆瓦是商业性项目），还有 5 家电厂处于建设中（5 兆瓦）（DOE, 2015）。飞轮储能系统可以快速存储和释放能量，作为提高电力传输质量的频率校准器，效率特别高。

两个最大的项目属于核聚变能源研究项目（分别在德国和英国，每家的装机容量约为 400 兆瓦）。大型的商业应用项目是 20 兆瓦的规模（美国的 2 家工厂），而绝大多数设施是低于 1 兆瓦的小规模电厂（主要是在岛国）。飞轮储能系统还用于实现不间断供电目的（例如，医院和数据中心）。

（4）电池。电池使用电化学储能系统，属于传统储能方式。它可以分为固态电池和流体电池两大类。简单说来，固态可充电电池通过氧化电池的正极产生电子，而负极因逐渐消耗而释放电子。当电极与电网相连时，电子从正极流向负极产生直流电。不同的固态电池技术的差异在于所使用的电解质种类和发生电化学反应的电极（铅酸、采用不同支架的锂离子电池、镍镉电池和硫化钠）。

流体电池与固态电池的区别在于其流体电解液包含可以在储电阶段通过氧化还原反应进行充电的化学成分。能源存储能力和放电速度与固态锂离子电池相当。这些创新性的流体电池相对于固态电池，有明显的优势，最重要的是始终保持充电状态的能力（同时进行充电与放电过程）与灵活的项目设计与组合能力。

在全球范围内，约有 390 座运营中的蓄电池厂（总量约为 580 兆瓦）。如果只考虑规模超过 1 兆瓦的规模以上的蓄电池设施，则主要使用固态锂离子技术（全球约为 146 兆瓦)。锂离子是流行技术,原因在于每单位体积的高存储能力、快速充电周期和较低的环境影响。硫化钠和铅酸电池(装机容量分别为 64 兆瓦和 32 兆瓦)是传统且可靠的技术,需要加热和日常电极维护。

技术先进的电池的价格有可能持续下跌。到 2020 年大型锂离子电池可能是成本最低的电池技术(从 2014 年的 550 美元每千瓦时下降到 2020 年的 200 千瓦时)(EY,2015)。目前有 34 家流体电池工厂(主要在日本和中国),总装机容量为 20 兆瓦,其中有 7 家使用钒氧化技术的工厂规模在 1～5 兆瓦。20 个总规模为 7 兆瓦的项目处于建设中(主要在美国)(DOE,2015)。流体电池储电厂潜在增加的原因在于其单位成本的下降、寿命的延长和安全性的提高(不需要加热,也无废气排放)。㊀

2. 能源存储方案的进展

可再生能源专用的存储技术有电转气技术(P2G)及熔盐集中式太阳能技术(CSP)。因为这些技术能够扩展可再生能源的使用方式,应对其间歇性发电的主要缺点,因此令人关注。这两种技术更加倾向于储能而不只是发电。

(1)电转气技术(P2G):P2G 将电力转换为气体,因为与电力相比,气体可以更加方便地运输和保存。此时,要将气体运输到需要的地方去,同时在气体管道中保存能量。因此,气体作为媒介,以与电子运动不同的化学方法输送电力所含的能量。

P2G 是一个两阶段的过程,使用可再生能源产生的电力,从水中分解氢气(电解水),随后直接以氢气(H_2)的形式存储起来,或与碳(从二氧化碳中分离)结合获得甲烷(CH_4)。这个转换过程的效率适度(电转气的效率为 50%～85%),可以与其他存储技术媲美。甲烷和氢气可以通过 CCGT 或燃料电池再转换为电力(尽管会有进一步的效率损失)。

气体可以通过现有输气管道输送,成本占电价的一小部分,这是因为通过输气管道输送能源的容量大于通过电力管线输送能源的容量(EON,2015b)。从储能角度看,欧洲的现有输气管道是现有电力管网的存储能力的 5000 倍以上。这意味着,利用电转气技术,显著降低了电力存储设施所需要的投资。P2G 技术的主要问题仍然是电解或甲烷化的成本,每兆瓦的成本接近 400 万美元(IEA,2015d)。

德国莱茵电力公司(RWE)的电转气项目

2015 年 8 月,德国公用事业公司 RWE 将位于德国伊本比伦市(北莱因－威斯特伐利亚)的一家最先进的装机容量为 150 千瓦的电转气工厂投入运营,这家

㊀ 不过,2013 年位于奥斯汀市得克萨斯大学的韦伯能源集团的一项研究得出结论,只有系统成本低于每兆瓦装机容量 150 万美元,流体电池(钒氧化技术)的净现值才有可能为正值。

> 工厂是一个（第一次）连接电力、天然气和区域供热系统的新系统的组成部分。这家电转气工厂将可再生能源产生的过剩电力转换为合成天然气（CH_4），首先从水中分离出氢气，然后从二氧化碳中添加碳。在用电高峰时，这些被存储的气体会被送到一家属于本地供热网络的热电联产企业中发电。
>
> 这类工厂让（可再生）能源存储成为可能，对于实现德国宣称的在2030年将可再生能源发电占比翻倍的目标特别关键（从25%到50%）。这家P2G电厂的利用率为86%，在德国同类电厂中效率最佳（RWE，2015）。

（2）集中式太阳能电厂（CSP）。另外一种组合式发电和储能技术是CSP。欧洲和美国已经有多个CSP项目投入运营（全球有25家工厂，总装机容量为1.3吉瓦，其中大多数项目位于西班牙和美国）（ESA，2015a）。CSP用镜子收集热能，将热量集中到一个装满熔盐的锅炉中。被加热的熔盐存储的能量会通过一个热交换器进入一部蒸汽轮机中。

这种技术的主要缺点是要位于有强日照的温暖地带，以限制其能源耗散。沙漠技术（Desertec）项目，是在北非实施的规模最大、最雄心勃勃的可再生能源项目。该项目得到来自不同行业和国家的大型企业的支持，主要利用CSP技术运行（DESERTEC，2015；2015年12月该项目的规模大幅度缩减）。

4.4.9.2 收入来源与价值链要素

通常，能源存储供应商在低需求、低市场价格的时段买入和存储能源，而在需求高峰期、市场价格高的时段卖出，从而产生收入。高价卖出能源的收入应当高于买入能源价格和能源存储成本之和。传输系统运营商与配送系统运营商是例外，因为二者可以将其拥有的储能资产的成本转移给终端用户。

除了上述例外情况，能源存储业务的经济驱动要素包括：①电力价格的套利；②防止网络在高峰供应时切断；③提高供电质量（频率校准和电压控制）；④电网的资本性支出；⑤对终端用户的好处（接入成本、高峰值的用电成本、连续供电等）。在这五项经济驱动因素中，可再生能源运营商可以从前两项获得价值，即可以套利与减少收入损失。传输系统运营商和配送系统运营商可以从提高供应质量与降低资金支出中获得价值与寻求经济收益。终端用户可以从降低供电总成本和降低供电故障风险中获益。得益于终端用户愿意为这些服务买单，商业上的前景正在显现（主要是在美国）。表4-17阐释了价值链上的两项主要存储要素。它们通过下面将进一步解释的五项经济驱动要素，实现不同程度的增值。

表 4-17 能源存储的价值链与投资机会

价值链要素	投资机会
电力/能源存储 • 抽水储能水电站（销售能源和系统服务） • 电网管理（自动需求平衡）与供电质量相关的存储服务（销售系统服务）	• 储能设施（大坝、管道、汽轮机、电缆和变压器） • 智能电网 • 基于现有和新技术的设施/设备（飞轮、电池等）

（1）套利。除了 PSH，通过储能实现对冲能源价格的经济性目前仍然不明朗。现货市场对一次提供大量能源容量支付溢价，因此要想真正实现盈利，套利基础上的项目需要有很大的存储能力。

（2）防止可再生能源的收入损失。能源存储投资在预防可再生能源资产的收入损失方面的经济性，完全取决于可再生能源规制架构和传输系统运营商的工作方法。在有些国家中，如德国，传输系统运营商会补偿在生产过剩期间由于网络中断所造成的可再生能源收入损失。在另一些国家中，如意大利，允许传输系统运营商下达可再生能源电厂关机的指令或降低运行功率。

（3）频率校准。除了传输系统运营商需要改善的结构性电网能力限制，因为供应与需求之间存在不平衡，还需要进行调度管理（典型地发生在有大风的晴天而需求低的时候）。如果从经济角度看，假定因调度指令造成的收入损失不太显著，至少截至目前，则很难证明可再生能源运营商所实施的重大电力存储投资的合理性。

当电力接入电网时，CSP 与 P2G 设施可以解耦发电。它们由此可以彰显和利用这种经济潜力。

（4）电网的资本性支出。对电池、电容器或飞轮等储电设施的投资（不包括 PSH 或 CASE 等发电厂），传统上是由电网运营商承担。传输系统运营商和配送系统运营商可以充分利用并凭此从这类储电工厂获益，因为二者可以降低对新的输电线路和变电站的投资需求。其财务需求（资本性支出）也会相应降低。

不考虑自身的电力系统收益，在很多国家中，允许传输系统运营商通过经销商/配送系统运营商向终端用户收费以回收能源存储投资的系统成本。

同时，大多数国家允许规制机构因系统运行不良而处罚传输系统运营商和配送系统运营商（罚款或降低补贴）。这种特点（与对网络管理者施加的相关压力）可能驱动传输系统运营商和配送系统运营商在存储设施方面的未来投资。

（5）对终端用户的好处。新的商业模式盯住小型可再生能源工厂的需求（如住户光伏设施）。实质上，客户可以租赁或购买与可再生能源发电（光伏或风力）结合的存储能力。客户完全用光自己生产的电力而不需要向电网送电。私人投资者投资并同时拥有发电和储电设施。

美国消费者市场中规模最大的太阳能服务供应商"太阳城"（SolarCity），是一个合适的案例。这家公司负责安装太阳能并提供能量存储服务，为客户提供租赁及融资两种选择。2013 年 12 月，该公司启动"需求逻辑业务"，这是一种"智能能源存储系统"，用于降低商业机构的高峰期需求并在断电时提供电力。在需求高峰期，该系统有能力自动释放存储能源，客户可以减少在用电高峰期高价购电的数量，并由此降低其总体用电费用（*Energy Storage Journal*，2014）。

除非通过太阳城这样的整合者进行投资，否则这个行业几乎不可能提供可以利用的储能资产投资机会。

4.4.9.3　竞争与规制

由于传输系统运营商或配送系统运营商这类运营商是自然垄断者（如前面所述），其拥有的那些储电资产并不存在直接竞争，所以会将其储电成本转移给电力终端用户。PSH 和 CAES 运营商却不一样，它们在市场上售电，面临来自电力批发市场的竞争，实质性限制其套利空间。这制约了其潜在商业规模，并影响 PSH 和 CAES 运营商的商业模式。

在部分国家中，规制机构为维持存储能力会补偿传统电力运营商。不过，这类补偿是例外而不是常规。这与近年新建的封闭式循环燃气轮机（CCGT）电厂特别相关，这些电厂在 2005～2009 年投入运营，连投资成本的折旧都很难回收，因为大多数时间都处于闲置中（RWE，2014）。截至 2014 年，欧盟和美国在能源存储资产方面均没有建立专门的规制架构，尽管众所周知存储在能源市场上具有重要的地位。这是一个重要的制约要素，阻碍存储能力的开发和投资。

目前，大多数存储项目在提供附属服务的同时还可以发电。因此，能源存储难以被整合到现有规制框架中。这是因为它可以通过电力市场的多个不同领域提供价值：它可以如传输系统运营商和配送系统运营商一样提供附属服务（系统调整），也可以发电。具体适用哪些本地规制政策，取决于这些能源存储项目本身的定位。

尽管没有专门的法律规定，但是现行欧盟能源政策规定，如果由特定网络的传输系统运营商和配送系统运营商负责的储能项目是发电项目（如 PSH），则不允许直接用这个项目向电网售电。换句话说，不允许网络运营商通过储能名义套取电价差异，因为它们会与电力行业的私营生产商产生竞争。简而言之，任何将发电机/交流发电机附属于储能系统的项目，都可能得不到法律支持。

网络运营商正在对这个灰色领域进行游说，至少要包含频率校准和电压控制设施（例如，电容器和飞轮；Ofgem，2014）。在制度的另一端，可再生能源运营商正在尽力争取规制制度为附属服务建立市场，作为额外收入的潜在来源（EWEA，2010）。更不用说，能源市场中储能的地位及其规制制度远未清晰。显然需要构建适当的规制框架，让高质量、大规模的能源存储投资在财务上有吸引力（例如，基于可靠性的激励性支付机制、电力质量、从能源存储能力方面获得的能源保障和效率改进），这样电力价值链上的无论哪一类市场参与者就都可以获益。

欧洲储能协会（EASE）强调需要在法律上定义"能源存储业务"，并构建"一个将能源存储业务给电力系统带来的价值增值（弹性和保障供应）进行货币化的市场"（EASE，2014）。英国储能市场可能是为存储建立商业模式的一种方式——这种方式取决于有保证的能源供应的套利（UK Department of Energy & Climate Change，2015）。市场参与者会以特定价格交易特定时期（如一年）的特定存储能力。建立能力交易市场的目标，是给传统发电商的闲置能力提供经济保障，同时吸引储能运营商。英国模式受到可再生能源/储能运营商的批评，声称时间周期太短，不利于新的储能投资。

在美国，联邦能源规制委员会（FERC）通过为研究与开发项目提供资金支持，已经开始着手向能源存储技术开放美国电力市场。FERC还允许大型公用事业公司之外的公司在电力市场上出售辅助性服务（诸如通过能源存储实现的能源可靠性和保障性服务）。

加州已经要求其3家最大的公用事业公司，到2020年投资1.3吉瓦的新的能源存储能力（CPUC，2015），尽管要求将50%的存储能力分配给不隶属于这些公用事业公司的私营运营商（CPUC，2010）。更相关的是，2011年，FERC制定了一套更加先进的针对系统服务的定价机制（FERC Order 755；FERC，2011）。在这套新的定价机制下，存储设施运营商可以获得比传统受规制资源（如热电厂）更高水平的付费，因为后者的速度和精确性与能源存储设施相比要低一些。

电力市场的结构、运营，特别是规制，最终会形成面向开发和投资存储设施的激励机制。但是，只要政治和规制风险仍然很高，以及缺乏对能源存储的全面规制体系，潜在的开发商和投资者以及未来给存储项目提供的研究与开发性支持，都会有所节制（EY，2013b）。

4.4.9.4 私营部门参与

相对而言，PSH是成本低、传统、效率高的储电技术，因此是众所周知的投资领域。除PSH外，能源存储投资的经济性仍然不清晰。

PSH领域还有很大的发展潜力，仅仅在欧洲就有约30吉瓦（Eurelectric，2011）。截至目前，PSH只能有限比例地满足预计的全球电力存储需求：大约占北美的2%、欧洲的5%和日本的10%（ESA，2015a）。目前在建的新PSH项目有31个（26吉瓦）。大多数位于日本（6个，3.3吉瓦）、中国（7个，9.6吉瓦）和其他发展中国家（3个，4吉瓦）（DOE，2015）。截至2015年7月，在北美没有一个新的项目在建（1个签约、6个立项）。除了在葡萄牙和瑞士有6个在建项目外，欧洲其他国家几乎没有新的绿地项目。

尽管PSH在理论上有巨大的投资潜力与开发成本方面的相对优势，但是欧洲对于建新项目的兴趣显著下降，因为：⊖

- 未来的能源成本不确定。潜在的碳排放价格存在不确定性，很多国家禁止使用核电厂，由于未来石油和天然气的供给与需求的不确定，伴随油价与气价的高波动性，将影响所有能源的价格（关于天然气价格，见第4.5.1节）。不过，较低的非峰值能源成本，是抽水回到水库并有盈利地经营PSH电厂的必要条件。
- 盈利性取决于峰期和非峰值电力价格的绝对价差。不过，较低的非峰值能源成本，是抽水回到水库并有盈利地经营PSH电厂的必要条件。随着全欧洲电力价格的进一步下降，这种差价会持续缩小。价格对降雨量也很敏感：降雨越多，能源价格越低。
- PSH的选址需要有高度差，通常会选在山区，不过与其他主流发电厂和用户（位于海边或平原地区）往往距离很远。只有涉及大额资金支出的大规模项目，才有运营盈利的潜力。
- 新的和改建项目陷入冗长的设计–批准流程及邻避主义（不在自家后院）和环境问题，因此很少有适合PSH项目的选址，至少在欧洲是如此。

如上所述，我们相信欧洲的PSH规模的扩大，将特别富有挑战性。此外，那些有最优成本效益的选址，在大多数国家中已经得以开发。

类似地，CASE好像也不能提供可行的解决方案，所以对于机构投资者要重视如下条件：要有大型自然形式的储藏地点，还需要在压缩和膨胀阶段管理极限温度。人造容器仍然太小，不能提供成规模的解决方案，也还没有转向绝热技术。对于后者，给容器绝热的成本还很高。一家美国公司正在测试一项1.5兆瓦的等温CAES电厂，不需要用于存储的洞穴，也不要燃烧天然气再次加热压缩空气。在保温的钢管中以高压状态（200巴）存储水基泡沫，因此只需要较小的存储空间（SustainX，2015）。如果这个具有实验性的案例取得成功，可能是有效率的解决方案，成为大规模存储可再生能源的令人关注的投资机会。

飞轮、电容器和流体电池是重要的技术创新。它们的规模是模块化的，在选址

⊖ 在欧洲开发新的PSH项目的预估成本约为200万欧元每兆瓦，与国际基准（100万～350万美元每兆瓦）相当，与其他可再生能源资产也差不多（AXPO, 2015; IRENA, 2012e）。

方面具有灵活性，因此在调节可再生能源电力领域中大有前途。这些技术特别适合网络管理者用于调节频率响应和存储，虽然它们快速发展，但是被使用的时间还是有限（IEA，2013c）。麦肯锡公司（McKinsey Quarterly，2012）预测，到2020年这些技术的成本会降低到150～200美元/千瓦时，仅在美国就有约100吉瓦的市场需求。换个角度看，100吉瓦相当于现有全部核电站的规模。尽管如此，但是从目前的情况看，我们相信这类技术不会大规模投入运营。

P2G和CSP都将可再生能源生产与存储技术相结合，这将成为机构级规模的可行创新和投资机会，CSP已经在某种程度上达到这种程度。不过，这两种技术都需要进一步的投资和专业技能，因为它们在运营管理方面比可再生能源工厂要复杂很多。

其他引起关注的技术发展是泵送热电存储（通过热泵）和重力气动车。不过，这些存储技术仍然还没有达到可投资状态。

我们仍然不能确定套利是否会成为可再生能源运营商的一种可行的、独立的商业模式。这是因为如果只是依赖套利商业模式，可再生能源运营商可能无法承担安装此类大型储能设施的成本。我们倾向于认为只有电力交易商在其传统商业模式中有经验和渠道能够利用能源套利的好处。

太阳城公司的"以消费者为中心的储能商业模式"定位于零售部分（见第4.4.9.2节的介绍），貌似在无视现有规制框架的基础上运作。它可能会成为一些大规模投资者特别重点关注的投资项目。

另一个有可能更让人感兴趣的投资案例是爱依斯（AES）的能源存储公司的商业模式。该公司是独立发电企业ASE的下属业务公司，是最大的私营能源存储运营商。它为各网络运营商提供综合性的电池储能解决方案（AES，2015）。AES在美国和智利有76兆瓦的运营中的项目。该商业模式依靠与公用事业公司签署的电力购买协议（PPA），按需要提供高峰值的能源。在加州，AES正在建设100兆瓦的电池，以满足电力公司南加州爱迪生公司的全部系统调控需要。最近，荷兰的传输运营商TenneT公司授权该公司建设10兆瓦的储能电厂，2015年年底上线运营，主要用于控制性存储。

总之，我们认为电力市场的结构、运营特别是规制将最终塑造建设和投资存储项目的激励机制。只要政治和规制风险仍然很高，潜在的开发商和投资者以及私人支持的研究与开发活动将仍然有限（EY，2013b）。

4.4.10 可持续性因素

国际能源署（IEA）估计，为了将全球变暖控制在两摄氏度以内并避免气候变化的最坏影响，全球在清洁能源基础设施方面的投资需求将从 2013 年的 2140 亿美元增加到 2020 年的 5000 亿美元，到 2030 年将再次翻倍至 1 万亿美元（见第 1 章）。相应地，全球可再生能源发电的占比将翻三倍，从目前的 20% 到 2050 年的约 60%（IEA，2012c）。此外，进一步利用（不可再生的）化石能源和核能发展，最终将对经济发展产生负面影响。尽管事实上，其中的一些项目（如 PSH），也有可能对环境和社会造成严重的负面影响，但是大规模、全球性地进行清洁、可再生能源发电（RES），对可持续战略特别关键。

接入和投资传输与配送网络，是促进经济和社会发展的必要条件。对新的智能电网及储能设施的投资，看来可以显著地缩小新的传输与配送投资的绝对规模。不论采用哪种方式，都需要密切关注其通常来说相对较少的环境影响。储能设施将对提高电网效率、可靠性和持续性做出重大贡献，弥补风能和太阳能电厂等间歇性的可再生发电厂的波动性产出的不足。能源存储被视为可持续能源系统总体发展的关键要素。

后面各节将按照上面讨论的顺序，依次讨论可再生能源发电（太阳能、风能、水能和生物质能）、传输与配送和存储在整个电力价值链中的环境、社会和治理（ESG）问题。对 ESG 风险的全面介绍，请参阅第 5.2.4 节。

4.4.10.1 环境问题

1. 发电

气候变化会通过多种方式影响发电资产。相关各方需要做出很大的努力以执行各种工程与非工程的应对措施，诸如更加弹性的设计规范、改装或搬迁现有基础设施，目的是让它们能更有效地应对潜在的负面外部影响（由气候变化引起），降低它们对环境的负面影响。分散式（可再生）发电厂可以降低对区域内面临环境危害的大型设施的需求，诸如沿海地区。下面将归纳太阳能、风能、水能和生物能的环境因素。

（1）太阳能。冰雹、刮风、起云和极端温度，都会对太阳能光伏电板的产出造成负面影响。温度升高（例如，50 摄氏度的电池温度与"正常条件"相比，会导致产出下降 12%），云层覆盖（减少 40%～80%）和较高的风速（会增加酸雨地区尘粒沉积和磨损的影响）会显著降低产出（ADB，2012）。集中式太阳能（CSP）系统和设施（与固定安装式太阳能阵列相比，产出提高 30%～45%），容易受强风与风暴的影响（如飓风/龙旋风）。此外，由于 CSP 系统需要大量冷却水，会受到特定区域持续干旱造成的水资源稀缺的影响。

各种工程或非工程的应对措施，可能包括改善固定安装结构下面的被动气流以降低面板温度，在云层变化比较快的地区构建配送系统以提高电网稳定性，在水资源缺乏地区的CSP系统中采用空气或无水制冷技术（ADB，2012）。此外，光伏发电系统的理想选址，应当有较少的云层、降雪、强风或风暴。

尽管太阳能光伏电站不消耗燃料，也不排放温室气体，但是生产太阳能光伏电池是能源密集型的过程，需要大量（主要是化石燃料）能源并使用潜在的有害物质。处理并循环利用很重要，但是在很多发展中国家中，由于缺乏固体废弃物处理设施，只是把光伏电板丢到环境中或燃烧。这个过程中会产生有毒气体和二氧化碳排放，对环境造成污染。不过，2013年斯坦福大学在一份新闻报道中断定，由于效率提升及生产率提高，"在2012年，全球已经安装的太阳能光伏电板的发电量，已经超过生产更多光伏模组所需要的能源数量"（Stanford Report，2013）。这表明太阳能光伏对能源生产和降低温室气体排放，已经产生正面贡献。

尽管如此，仍然需要关注如下问题：大规模太阳能光伏和太阳能设施会占用土地（每兆瓦占地1.5～6.5公顷），并导致栖息地的损失。在诸如非生产性土地等条件差的地方或沿着交通走廊安装这类设施，可能会解决这些问题。此外，在屋顶上安装的小规模系统可以最小化对土地利用的影响（UCS，2014）。

（2）风能（陆上和海上）。低温、下雨、降雪、结冰和冰雹，可能会损害风力涡轮机的叶片并降低产出。风力模式的改变（频率分布、平均速度和时间）会影响涡轮机的表现，并进而影响风电产量（Baker，Walker and Wade，1990）。上升的海平面、冰川融化的浮冰以及风和海浪载荷的影响会破坏海上发电厂的基础，并对其结构造成更多的腐蚀（Pryor and Barthelmie，2010）。由气候变化造成的极端风暴的增加，可能会导致风力涡轮机不得不经常关闭，以防止损害电网或造成过载，后果可能是低于预期的季节性及年度的能源产量（尽管风速总体上有所增加）。

应对性措施包括设计可以抵挡很高风速（甚至是狂风）的涡轮机与结构，更理想的是利用更高风速所产生的能源。通过选择那些在涡轮机有效寿命期内不太受风速变化、风暴潮和海平面上升所影响的场所，可以提供额外的保护。

大规模陆上发电厂每兆瓦的装机容量需要占用12～60公顷土地，但是每兆瓦的永久占地低于1英亩⊖，因为每座涡轮塔的基座很小，因此对土地利用的影响也很小，允许将土地用于放牧、食品生产等其他生产性目的。根据美国国家风电协调委员会的一项研究，因为撞击和气压变化所导致的风力涡轮机对鸟类与蝙蝠群体的影响相对较低，不会对鸟类生存造成威胁（NWCC，2010）。海上风力涡轮机可能会对海洋野生动物造成一些潜在的负面影响，如飞鸟撞击、水下噪声干扰、海床扰动和

⊖ 1英亩 = 4046.86平方米。

向岸上送电的大型电缆所产生的电磁场（Bergstrom et al., 2014）。

（3）水能。气候变化与降雨量和温度模式的相关变化可能会导致地表水蒸发，干旱、洪水和淤积会造成径流降低或提高（Mukheibir, 2007）。冰川融化加速造成的冰河洪水、滑坡和雪崩会严重影响水电基础设施。此外，气候变化还有可能改变降水模式和积雪厚度以及季节性地表径流，进而引发供水短缺的风险。

在水电资产生命周期内可能发生水流变化的地区，采用的应对性措施包括改造上游补给河道、建设补给水库、改造泄洪道、建设更强大的大坝、强化现有大坝，以及实施流域管理策略，后者会综合考虑下游环境和居民用水需求（ADB, 2012）。对于在上游植树造林降低侵蚀、泥石流、淤塞和洪水之类的风险，也应该重点考虑。

水电站对环境的负面影响众所周知，常见的原因在于建设大型水库要淹没土地，可能还包括改变农民和当地居民的购水方式，影响该区域敏感的动植物，需要在原野地区建设传输设施等。尽管与一些大规模项目相关的负面社会和环境影响，可能限制受影响地区的开发水平，但是印度和巴西预计会建设很多新的水电站。

径流式项目，特别是小型或微型水电项目对环境的影响，通常比大坝要小很多，因为它们不会影响下游水流。尽管如此，它们还是有可能会破坏水生环境。

（4）生物质能。极端气候事件（例如，洪水、长期干旱、森林大火、降雨数量、二氧化碳排放增加），可能会严重影响用于运营生物质电厂的原料的供应数量与质量。人们所采取的应对性措施包括：使用更加靠谱的原料，在持续干旱的地区使用比目前更有效率的灌溉系统、对降雨量和温度突然变化的早期预警系统，以及农业保险。此外，与通常的热力发电一样，环境温度的上升会降低发电机、锅炉和涡轮机等设备的效率（US Climate Change Science Program, 2008）。缺水可能会影响燃料加工和冷却过程，可以通过循环使用冷却水解决这个问题（开环/一次性使用，将水送回源头或闭环/循环使用冷却水）(ADB, 2012）。

尽管生物能被视为可再生（碳中和）的能源渠道，但是生物能的生产过程会产生沼气（使用动物或人类的排泄物时），沼气会对大气层造成负面影响。此外，在培育和处理环节（特别是生物燃料），生物质能的生产有可能消耗大量水和能源。在开环冷却系统中将热水直接排放到地表水体中会对水生生物造成负面影响。此外，生物能作物经常与粮食作物竞争土地，通过改变现有野生生物的栖息地而影响生物多样性。生物燃料作物使用的杀虫剂会对当地生态环境造成伤害。不过，如果进行可持续性的管理，生物能生产有潜力对可持续发展和降低温室气体排放产生正面的影响。国际可再生能源机构在2014年的一份报告中指出，到2030年，全球可再生能源供应中有60%是生物质能，其中的40%来自农业垃圾和废弃物，另外30%来自可持续的林木产品（IRENA，2014）。

目前用于测量生物能生产可持续性的计划和标准（特别是生物燃料）的差异很大。因此，诸如由联合国粮农组织（FAO）支持的世界野生动物基金会和全球生物能源伙伴关系（GBP）等组织，一直致力于开发用于提升和评价生物能可持续性的全球性标准。2011年，GBP确认了生物质能的24项可持续性指标。这些指标仅限于制定国内政策。另外，国际标准化组织（ISO）开发了 ISO 12065（生物质能的可持续性标准），提供了一个在评价生物质能项目和资产时分析ESG问题的实用性框架，目的是防止生物质能对环境和社会的有害影响。

2. 传输与配送

传输与配送行业通常无污染，是低碳经济的支柱和神经系统。然而，高压走廊的电磁辐射或风景干扰，也是需要注意的问题。

气候变化引致的环境危害（例如风暴、洪水、温度提高、长时间的干旱）会对架空电缆、地下电缆及其设备造成潜在有形损害和技术故障，对传输网络运营商的运营形成挑战（ADB，2012）。强风可能损害电力线路和配电组件，通过提高热对流冷却架空电缆；暴雪、结冰和潮湿可能影响网络（包括变压器和转换站），并损害线路的完整性。温度升高会导致有能力限制的输电线路的载荷管理问题；传输与配送资产通常会面临洪水或滑坡等造成的实物损害。

应对性措施包括使用多条线路，重新布局，使用更强大的配送电线杆，将架空线路传输转变为地下电缆，以应对强风、风暴、高温和洪水。

安装架空电缆和地下电缆对土壤特别是农田有重大影响。安装和维修地下电缆期间，由于必须挖一条大沟并移走土壤，可能会破坏排水系统和水流通道——如果在农田中还会影响作物生长，对场址的破坏和潜在的永久损害比较严重（特别是高压线路）。此外，地下电缆绝缘层的液体泄漏值得重视，但是由于几十年来一直使用可降解的液体，通常不会导致对土壤、地下水和地表水的污染。对于架空电缆，只有在竖立铁塔或电线杆时需要挖开泥土，不过对树和建筑物的高度会形成限制。架空电缆对鸟类而言有碰撞的危险，可以通过给线路涂上合适的颜色使这种风险最小化。

3. 存储

前面介绍的气候变化对水电站造成的环境危害，也同样适用于PSH和CSP，但是显然并不适用于电池储电。PSH，特别是那些依托大坝项目的PSH，由于其较低的能源密度（按照体积计算的储能量），需要占用很多土地和水，可能会产生环境影响。尽管投资成本可能很高，但是目前人们正在评估一些新的储能理念，诸如使用地下水库，可能有助于减轻此类环境影响，（ESA，2015b）。CAES也存在同样的问题，所产生的环境影响，特别是地质风险，可能很大。从环保角度看，只有找到天然的场所（例如废气的气田），才可以减轻对大规模基础设施运营的需要，或者预计可以运营数百年，采用 CAES 模式才有意义（Bouman, Oerg and Hertwich, 2013）。

飞轮式储能是环境友好型的储能方式，但是不可完全被忽略。对于与 CSP 储能方式相关的环境问题，前面已经进行了讨论。

目前大多数电池储能系统的生产流程采用化学方式且是能源密集型的。因此，我们对于使用现有技术进行大规模储能的可持续性存疑，它涉及为提取原材料进行开采、制造环节的能源消耗及有毒废物的处置。

很多能源存储技术仍然在开发的早期阶段，其中有一些看起来比现有技术更有成本效益和可持续性。例如，源于卡耐基-梅隆大学的一家创业公司，向市场推出一种用于电网储能的大规模电池技术，声称比目前商业规模级产品更加便宜和干净。这种新的电池技术，使用盐水中提取的钠离子——其全生命周期的成本约为可比较的铅酸电池的一半（Bullis, 2014）。同样地，它不会像固态电池一样产生废气或电池损耗。第 5.2.4 节将分析总体 ESG 风险。

虽然面对可再生能源对电力系统所施加的压力，但是能源存储推动可再生能源发展，可以为减轻气候变化效应做出贡献。因为可以降低对碳密集的传统电力生产方式的备用能力的要求，所以能源存储还会带来其他好处。重新设计电网还会降低对新的输电线路的需求和对环境的人力干预。基于以上理由，我们相信务实的投资者不会放弃对各种类型的储能投资机会的关注。

4.4.10.2 社会问题

1. 发电

太阳能电池板的生产会对景观造成视觉冲击，不论这块土地是用于休闲或文化用途、居民居住还是自然遗址，因为通常的大型设施会有很多几何图形复杂且有时有强反射效应的外表面。CSP 系统甚至会对航空运输产生潜在的影响，这是由于其反射光束可能会干扰航道。

光伏设施（特别是 CSP 设施）运营涉及高温，会对员工产生安全风险，同时发电设施产生的电磁场还会影响邻近社区的生活质量。此外，生产光伏电池使用的有害物质的排放，诸如用于清洗半导体部件的溶剂和酸，会对员工带来职业健康风险。风电场的风轮机的噪声污染，通常会引起当地人的抱怨。

水电站的负面社会影响，通常涉及土地征收和（本地）居民的移民。强制移民的效果之一是破坏传统生活方式和本地居民的文化模式。水电站的建设对于那些没有搬迁的居民,也可能产生重要影响:首先,发电站周围的工业活动会造成污染;其次,由外来工人引入的潜在疾病。1997年由世界银行和国际自然保护联盟(IUCN)发起成立的涉及全球各利益相关方的机构——世界大坝委员会,旨在回应对大坝项目不断增强的反对声音,估计全球水电站的建设导致0.4亿~0.8亿人从其原住家园搬迁(International Rivers,2015)。此外,对于位于水电基础设施下游的社区,可能因为季节性径流而导致供水短缺。

使用更多粮食作物生产生物能,可能会对人们的健康造成严重影响,特别是在发展中国家,首先会造成粮食安全形势的恶化、食物和水短缺及相关后果(例如,营养不良、母婴死亡率提高、公共健康恶化等)。由于有味气体对邻近社区生活质量所产生的负面影响,所以气体排放也值得关注。尽管气体可能本身无害,但是可能会招来讨厌的害虫,进而传播细菌和传染病。

2. 传输与配送

高架电线和地下电缆周围的电磁场,涉及电磁辐射与潜在健康问题,值得关注。

地下电缆(优先)埋设在人口密集的城市化区域,在建设或维护期间往往会导致对邻近社区居民的干扰。高架电线会对敏感环境造成视觉影响(例如,原始森林或人口稀少的乡村、考古遗址和悠闲娱乐区等),在特定气候条件下可能会对当地居民造成干扰。公众的反对可能导致新的输电线路建设的长期及成本高昂的推迟,因此公用事业公司需要高度重视,找到合适的线路最小化对自然环境和文化遗址的影响。

3. 存储

对于与水电站和CSP相关的社会问题,我们在前面已经进行了讨论。在电池与氢气存储、使用(潜在爆炸的风险)及处置环节都可能引起公众对安全的担忧。

4.4.10.3　治理问题

1. 发电和存储

诸如发电和储电项目等大型基础设施项目,涉及的典型治理问题可能包括所在国的规制环境、法律规则和商业惯例。建设、运营和管理基础设施项目,通常容易面临治理风险,特别是在缺乏透明度和问责制的情况下。在涉及政府授权的情况下,这些项目还会涉及贪污贿赂。

政治不稳定及其所有已知的潜在治理方面的后果,大概是投资者放弃特定国家的投资机会的主要原因,诸如非洲的太阳能项目(如利比亚、阿尔及利亚、突尼斯等)。如果这些项目有潜力在经济上和社会上支持这些区域的发展,例如满足当地能源需要或通过向欧洲出口能源获得收入,如果放弃则令人遗憾。

2. 传输与配送

传输与配送网络的治理问题，由于传输与配送网络运营商的自然垄断属性，涉及行业参与者的竞争性行为、市场操纵和潜在腐败问题。最大规模的电力传输与配送网络的扩展（及其相关社会经济）将发生在发展中国家，此时潜在投资者需要特别注意规制能力、法律规则和管理透明度。当涉及政府向市场主体颁发许可时，需要一如既往地强调治理问题。

4.5 能源：天然气网络

4.5.1 特征与组织

天然气传输和配送运营商具有自然垄断的性质，基于政府保障和安全原因，因此受到严格规制。受到良好规制的传输与配送网络，通过给工商业和私营用户提供平等接入权，从而给社会提供基本公共服务。

2012 年，天然气占全球能源消费需求的 21%（IEA，2014e），是全球第三大能量来源（排名在石油和煤炭之后），在欧洲排名第二。㊀全球每年的天然气需求量估计是 3.5 万亿立方米，相当于石油消费量的 70%。2012 年，主要消费国或地区是美国（7000 亿立方米）、欧洲和俄罗斯（都约为 4000 亿立方米）和中东（累计约 4000 亿立方米）㊁；大约 41% 的天然气消费用于发电，24% 用于工业生产，20% 用于给建筑物供热（Evans and Farina，2013）。目前天然气约占发电所消耗能源的 1/4（23%）(Allianz，2015b)。

天然气需求的季节性特别强（冬天供热季和高温时的电力高峰期），每天/周都会发生变化，主要受终端用户电力峰值需求的驱动。用户的需求在需要时由可再生能源发电满足（优先配送），剩余部分由封闭式循环燃气轮机（CCGT）发电厂满足。

在全球范围内，天然气需求量一直在增加，而石油的需求量在减少。2012～2025 年，天然气需求量（以 10 亿立方米为单位）的复合年增长率为 2.8%，折合成百万吨油气当量㊂的年增长率为 2.4%，主要是由发电需求的增加所驱动（天然气量的复合年增长率为 3.6%，发电量的复合年增长率为 4.4%）。不过，欧洲的天然气需求在 2008～2014 年下降了约 17%，预计到 2030 年会稳定在略高于 2014 年的水平上。推动天然气需求量下降的主要因素是：①碳排放证书价格的下降，以及总体上

㊀ 欧盟的 28 个成员国，见 Eurogas（2014）。
㊁ 俄罗斯、美国和加拿大的人均天然气消费量最高（BP，2015）。
㊂ 百万吨油气当量是一个能源单位。

碳交易市场的缺位；②显著（且未预期）的燃煤电厂的增加，特别是在英国、德国和西班牙，加上从美国进口的"廉价"煤炭（在美国，与低价天然气相比，煤缺乏竞争力）。这导致了欧洲萧条的天然气需求和低电力价格，由此使得联合循环燃气涡轮机电厂成为亏损业务（CEDIGAZ，2015a）。在可以预计的未来，出于环保原因，欧洲和美国预计都会出现老燃煤电厂停运的现象。这可能恢复电力生产方面的天然气需求。

从地理上看，天然气市场表现出重大的价格差异（不考虑本地配送成本），主要是因为物流成本（从井口到当地配送系统）。例如，2014 年日本的液化天然气（LNG）的到岸价格（CIF，即包含成本、保险和运费的价格）是 16.33 美元/MBtu⊖，与 OECD 国家的原油平均价格相接近，而在美国和加拿大，天然气的价格分别是 4.35 美元/MBtu 和 3.87 美元/MBtu。美国政府预计 2015～2040 年的国内真实即期价格的年增长率为 2.8%（EIA，2015a）。在欧洲，要预测长期价格走势，特别困难（Rogers，2015）。

全球已探明的按现有技术有经济上的利用价值的天然气储量是 187 万亿立方米，预计可以满足约 50 年的需求（BP，2015）。2012 年，绝大多数天然气（86%）来自砂岩或灰岩气田，只有 14% 的供气量来自非传统来源（如煤层气、页岩气和致密砂岩）。从 2000 年起，非传统来源的天然气的年增长率约为 20%，到 2025 年预计份额将进一步增长到 18%（年增长率为 6%）。目前，美国占非传统来源的天然气产量的 80%（Allianz，2015b）。

燃气开发者通常会从油田（油气混生）、气井/凝析油气井中开采天然气。为了满足商业天然气的质量和纯度要求（用于运输），通常需要在井口附近进一步处理。这类上游和中游基础设施资产，传统上是诸如油或气专业公司或勘探公司这类战略投资者的目标。本书不再进一步讨论这类资产，因为它们具有较高的风险特征。大多数机构投资者会回避这类项目，至少不会直接投资。不过，本书重点讨论下游资产，包括天然气行业的运输（管道与压缩/泵站）、存储和配送业务（包括计量和控制室）。这类资产的风险相对较低，我们相信阅读本书的大多数投资者都追捧此类资产。这些项目位于图 4-19 的第 6～10 个层级，该图介绍了整个天然气价值链。

天然气价值链中的传输与配送环节可以划分为三种不同的业务：①传输（高压管道和液化天然气）；②存储；③配送（可以参阅第 4.5.5 节）。

⊖ MBtu 指百万英制的热量单位，相当于约 27 立方米。

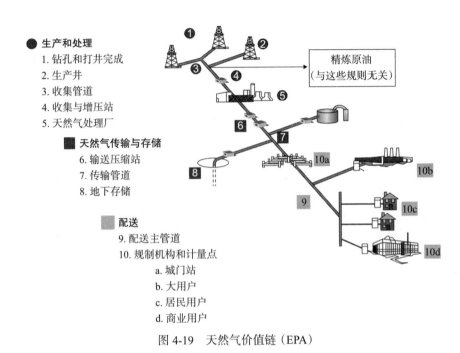

图 4-19 天然气价值链（EPA）

资料来源：EPA(2015c).

4.5.2 传输

长距离、高压力的管道输送和运输，占天然气供应量的 68%，剩下的 32% 作为液化天然气（LNG）通过海运或陆路运输。输送天然气的成本为 1～4 美元 /MBTU，是输油成本的 5 倍多。海运液化天然气的成本为 2～6 美元 /MBTU（Evans and Farina, 2013）。

长距离管道是地缘战略性资产，连接生产者和消费者。在有些情况下，一个国家的消费者依赖在另外一个国家的生产（例如，匈牙利的天然气 80% 以上依赖从俄罗斯进口），让通过管道供气的可靠性成为一个国家安全问题。基于这一点，欧洲正在建设一条新的连接里海和西欧的管道（跨亚得里亚海管道，每年的输气能力达 100 亿～200 亿立方米），旨在获得除俄罗斯之外的另一个天然气供应来源。跨亚得里亚海管道应当在 2020 年完工，投资成本约为 200 亿欧元，由一些石油巨头（英国石油公司、阿塞拜疆国家石油公司、意大利埃尼集团的子公司 SNAM）和一家公用事业公司共同出资，德国意昂集团是项目合伙人。

新的国际性管道的建设，通常是由项目所在国的政府发起的，由主要天然气经销商和生产商共同出资。由于这类项目涉及诸多国外的政策问题（比如最近的俄罗斯与欧盟危机），很多项目被推迟或取消（例如，俄罗斯托克曼气田与巴伦支海之间的连接线；地中海与意大利纳布科之间的南溪线）。此外，全球范围内目前有很多项目正在建设。仅仅在美国，已经批准且在建的项目约有 40 个，预计资本性支出超过 170 亿美元（EIA，2015b）。在欧洲，为解决供气瓶颈并提高互通性，各类研究预测该领域的诸多投资项目的投资需求约为 650 亿～700 亿欧元（Holz，2015）。

液化天然气是输气的可靠方式，特别是从遥远的抽气场所（如从尼日利亚和莫桑比克）到消费市场，但建设长距离天然气管道在经济上是不可行的。轮船的液态（制冷到 -168 摄氏度 /-270 华氏度）输气能力比自然状态可能高 600 多倍。此外，液化天然气在泄漏时不容易引爆。液化天然气技术的优势已经得到证明，从 1964 年起一直在进行商业运营。

近来，因为考虑到供应保障问题，液化天然气基础上的物流已经增加，旨在从不稳定或存在地缘风险的国家（例如，俄罗斯或北非国家）进口天然气，以多元化气源。

4.5.3 存储

天然气存储要实现的目的是缓和气价波动、缓冲季节性供应与需求变化且确保供应（战略性储备）。

天然气通常被存储在地下废弃的天然气／油库或者盐洞、蓄水层。存储设施连接主干管网，利用各种井实现注气、测量、回收、脱水和收集功能。地下储气的技术成熟又安全：全球第一个商业储气设施于 1915 年在多伦多投入商业运营。

地下储气需要很多天然气充满洞穴，还要形成足够的压力（即形成不能取用的垫层气）。因此，垫层气的成本是天然气存储设施的单一最大投资成本，占总资金支出的比例高达 50%（IEA，2014f）。可以回收并进行商业性存储的"工作气"，只是总储气量的一部分。不过，"工作气"需要在储气库被回收利用，目的是防止失压或渗漏进入地质结构中。这种业务的经济性主要取决于精确预测何时回收"工作气"。

尽管欧洲的用气需求降低，但是欧洲的储气能力稳步上升：2010～2014 年的增长率为 17%。到 2025 年约 200 亿立方米的新增能力将建成投产（主要在德国和意大利）（CEDIGAZ，2015b），还有 550 亿立方米在设计阶段（主要在英国和土耳其）。最近意大利开发一座小型废弃储气库（13 亿立方米、40 年特许经营期）的资本性支出为 12 亿欧元加 80% 的债务。

实施这种（貌似反直觉）的项目开发的主要原因是：

（1）天然气销售合同的改变。天然气市场预期将从长期的或取或付合同模式转向枢纽定价模式——前者为合同双方都提供了相对的稳定性和可预测性，后者的价格是现货交易价格。这种枢纽定价模式在美国较为普遍，需要有弹性，因此要在靠近枢纽的地方保持更多储气能力。

（2）新的气源距离遥远。

（3）增加存储可以提高系统的平衡能力。

4.5.4 配送

类似于电力配送，天然气配送系统运营商（美国称为地区配送公司）将燃气配送给终端用户。它们采用两个阶段将气体稀释到较低的压缩率，以满足客户的使用需要。尽管是管理其自有网络，配送系统运营商/地区配送公司不仅要对其自身运行的健康和安全负责，而且要对影响其运行的自然灾害或技术故障做出紧急反应。一个相关的安全性问题是天然气漏损占美国用气量的1.7%左右，主要发生在配送系统运营商的低压网络的泄漏或自然事故中（EIA，2014）。配送系统运营还要确保开放接口并公平计量，支持面对最终用户的市场供气竞争行为。

天然气需求的波动性的增加，主要是由CCGT电厂之类的大型用户引起的，需要配送系统运营商升级其网络/管道，实现交易信息与天然气实物供应之间的整合，类似于智能电网。传统上，从气井提取天然气在设计上力求满足季节性需求（储气的需求不强）。可再生能源发电的增加（见第4.4.2节的讨论），再加上欧洲的天然气气源存在政治风险，要求配送系统运营商采用与过去不同的方式满足OECD国家的需求。智能计量和需求设计，以及与网络的实物和数字连接，如欧洲传输系统运营商的共同信息交换平台Edig@s（ENTSOG，2015；Edigas，2015），可能有助于解决这些问题。

4.5.5 收入来源与价值链要素

在大多数国家中，传输与配送运营商的收入来源主要取决于国家的规制制度。根据这些规则，传输与配送运营商就其传输、配送和系统服务向天然气拥有者（如公用事业公司/经销商）收费，允许拥有者将这些成本转移给最终用户。如此，传输与配送服务通过使用者付费和可用性付费的结合支持融资（见第3.3节关于三类主要商业模式的介绍）。

规制机构会定期设定天然气传输与配送运营商的收费标准，类似于电力传输与配送运营商。收费标准主要由许可收入机制确定，基于特定成本的回收和投资资金的收益（即 RAB，见第 4.4.8.3 节）。在大多数 OECD 国家中，该机制还包括一些调整因素（必要的激励机制），诸如质量、可用性、必要投资水平和系统服务等。

储气收入也会受到规制，因为在很多国家中传输系统运营商必须确保有战略性的国家储备，以获得许可收益（附加于输气环节的可用性付费）。

表 4-18 给出了与天然气相关的价值链和投资机会的概况。

表 4-18 天然气的价值链和投资机会

价值链要素	投资机会
抽气和处理	
• 生产和处理	• 钻孔和打井完成 • 生产井 • 收集管道
• 处理	• 收集与增压站 • 天然气处理厂 • LNG 液化装置 • LNG 船舶 • LNG 终端站 • LNG 再气化厂
传输	
• 传输（长距离）	• 洞穴（地下） • LNG 存储设施 • 配送设施
配送	
• 配送（地区和最后一公里）	• 配送网络（配送主干管道、计量系统）
经销	
• 账单 • 收入管理（定价）	• 计量设施

4.5.6 竞争与规制

OECD 国家的天然气市场的结构与其电力市场类似，只是天然气行业的放松管制和管网分离，在 20 世纪 80 年代和 90 年代早期就已经启动了。因此，生产商可以向经销商、当地分销商或直接向终端用户卖气。传输与配送运营必须确保资源的拥有者只要付出政府确定的传输费用，就可以将气输送给最终用户。国家规制机构负责监控市场，确保竞争机制不受自然垄断主体的损害。

直接竞争往往较小或不存在，因为输气管道连接单一天然气供应商和单一区域性客户服务网络。不过，在生产商和天然气传输与配送公司之间存在成本竞争。

居民和商业天然气行业的竞争程度低于电力行业（至少是在零售环节）。在美国，6670 万居民用户中约有 10% 不是与本地配送公司（LDC），而是与其他经销商签署购买协议。在欧洲，只有少数国家存在实际性的供应商转换（英国和西班牙接近20%）；德国代表了平均水平，2013年为12.7%，其中的20%是因为消费者搬家（Bundesnetzagentur，2014）。

犹如电力输配，位于最后一公里的天然气经销商市场的集中度不高。2008年，美国有超过1500家配送公司（EIA，2008）。2013年，德国有约711个配送系统运营商（Bundesnetzagentur，2014），其中有683家服务的客户少于10万，586家的管网长度短于1000公里。英国有31家经销商，超过10家同时配电（CEER，2013）。相反，在大多数欧洲国家中，天然气市场的上游和中游在一些控制进口的现有供应商／生产商手中，它们决定对配送系统运营商的供气价格。

4.5.7 私营部门参与

目前的趋势是私营投资者逐步进入天然气传输资产领域。近年很多欧洲天然气网络已经由国有企业部分或全部转让给第三方投资者，包括德国、挪威、瑞典、瑞士、奥地利和芬兰。这种发展趋势主要是由前面介绍的在大多数西欧国家发生的天然气生产与输配资产跟相关服务分离的因素所驱动的。

预计2012～2035年全球天然气传输环节的投资为2.633万亿美元，OECD国家和非OECD国家各占50%（IEA，2014c）。

本书认为长距离天然气传输资产（国际性管线）的投资对财务投资者很有吸引力，但是这并不容易实现，因为部分资产面临显著的市场风险与运营复杂性、规模和规制风险。

诸如专用轮船（全球约420艘）、液化工厂（52家工厂，还有92条专供出口的运营中的火车）及再气化工厂（用于进口环节）等与液化天然气相关的物流资产，根据本书的定义不是合格的基础设施资产。尽管如此，但是对于愿意承担风险的股权或债权投资者，它们可能是值得关注的可投资资产。不过，在这个领域中几乎没有纯财务投资者的投资案例，可能是有其原因的（GIIGNL，2015）。液化天然气设施可能对债务投资者特别有吸引力，最近对26个采用项目融资模式的液化天然气工厂的研究表明，平均资本性支出为45亿美元（Ruester，2015）。或取或付类的付费协议，保证提供大多数预期收入（液化天然气工厂的运营商通常不拥有天然气）。

与这项业务相关的两项最主要的风险是市场风险（例如，液化天然气价格降低，邻近的进口液化天然气工厂对运输船舶的竞争）以及国家风险（例如，政治不稳定的国家）。由于后一个因素，投资者偏好位于美国、加拿大和澳大利亚的出口设施和欧洲境内的进口设施。液化天然气工厂在严格的安全和环保规制制度下运营，有很长的审批和建设周期。另外，液化天然气项目的股权投资者兼购买者人数较少，但他们保证购买占工厂生产能力 70%～80% 的售气量。尽管这类购买者保证（付费合同）有助于确保债务融资，但是他们也会导致严重的交易对手风险。

天然气存储可能也对风险投资者的胃口，在安全的 OECD 国家是很好的资产类别，有足够的需求。在债务融资方面，可以很容易地为财务投资者进行结构化设计，尽管大多数投资机会是绿地/早期项目，涉及技术复杂性和交易对手风险。

考虑到规模、参与者数量和商业模式，配送系统运营商是（小型）财务投资者感兴趣的投资目标。

4.5.8　可持续性因素

对天然气传输、存储和配送资产领域的投资者来说，最为相关的 ESG 因素，与包括气候变化、健康与安全、治理实务等环境问题有关。下面，我们将讨论这些问题。对于 ESG 风险的全面介绍，请参阅第 5.2.4 节。

4.5.8.1　环保问题

通常，从气候变化风险的角度看，天然气被视为最干净的化石能源，这是因为其燃烧排放物比燃煤排放物少一半以上，热效率介于 50%～60%（NETL, 2007）。不过，如果考虑在钻井、抽取天然气及管道运输时的甲烷泄漏，结果就不会那么乐观，因为甲烷是比二氧化碳更为严重的全球性温室气体。因此，天然气有明显的使全球变暖的潜力（Tollefon, 2013）。此外，一份 2014 年的 IEA 报告提醒到"天然气应当仅仅被视为迈向更清洁的能源技术的过渡性燃料，除非使用碳捕捉和存储（CCS）技术"（IEA, 2014g）。该报告还指出，基于未来可能的能源使用情形，2025 年后，以天然气为燃料的电厂的排放情况，可能比全球电力行业整体的平均碳密度更高，由此失去其作为低碳燃料的地位。由于在抽取天然气环节，水力压裂法的使用范围快速扩大，该方法需要将大量的水、沙和化学品送入地下深处，确实并没有改善天然气的生态足迹。正如斯坦福大学的一份报告所声明的，水力压裂法对环境和人类健康都造成了风险，涉及本地供水短缺、地下水污染和栖息地破坏等问题（Golden, 2014）。

最后，气候变化（特别是全球变暖）造成的滑坡及水文地质变化也会给地下天然气管网和存储设施的稳定运行造成实质性风险（例如，俄罗斯北部永久冻土的解冻，提高了土壤基础大规模移动的潜在可能性；Anisimov and Reneva, 2006）。

下游活动（例如，天然气传输、存储和配送）也可能造成重大的环境影响，主要是空气污染和对敏感的生态系统的破坏。包括矿山漏气排放（泄漏）、压缩机器的废气排放和运输液化天然气过程中的气体排放等会对人类健康造成威胁。随着越来越多的海上与遥远的开采区域得到开发（例如，北极钻井），液化天然气的运输距离及相关的泄漏、对陆地和海洋生物多样性的负面影响，将会进一步增加。

管道和运输管线的建设需要清除植被，易于造成栖息地破坏、物种迁移、地面沉降和废气排放（如泄漏）等方面的损失。大规模连续性的森林破坏，对很多森林物种造成危害，促进入侵物种的传播，增加大风和风暴对树木的破坏。天然气在农村地区的配送也会造成同样的环境问题（尽管有可能程度较低）。海底管线影响表面沉积物和生物群体，可能导致地势的长期变化（Boesch and Rabalais，2003）。

天然气存储环节的环境问题主要与气库管理及其安全运营有关。由于天然气的主要成分是甲烷，天然气扩散到大气中会造成爆炸。在地下存储天然气时，天然气泄漏可能会导致地下水污染（Miyazaki，2009）。

4.5.8.2 社会问题

天然气传输、存储和配送的社会影响，主要与工人和当地居民的健康及安全相关。天然气管网、传输管道和存储设施的泄漏，可能导致爆炸和火灾。此外，安装配送管道的挖掘工作，会给当地居民造成严重的干扰，特别是人口密集的城市聚居区和环境优美的农村地区。天然气存储设施可能涉及负面景观影响，特别是包括井口阀门总成、收集线路和压缩设施在内的地面设施的视觉影响；另外，压缩站的噪声散射可能也是一个问题（Jellicoe and Delgado，2014）。管网公司需要采用合适的方式，与当地社区保持良好的关系并获得支持。负面影响、事故和感知到的危害会干扰运营，可能以收入损失、声誉损害和潜在的法律赔偿等形式体现为高昂的成本。

管网运营公司专注于确保运营安全性并在其员工中倡导安全性的文化，当地公用事业公司应当专注于客户安全性并采用诸多安全措施防止事故。具体措施包括使用复杂的泄漏检测设备，并向天然气添加难闻气味以方便检测，给客户和当地居民提供安全培训项目，以及采用应急措施等。

4.5.8.3 治理问题

下游行业（传输、存储和配送）的治理问题涉及行业参与者的竞争性行为、不公平的定价、市场操纵和潜在腐败行为。这并不奇怪，由于传输与配送网络是典型的自然垄断的例子，通常控制输送到该区域并配送的全部天然气。所有治理活动的目标是为所有客户提供安全、高效和可靠的使用权。

天然气中游行业的腐败风险普遍存在并有所上升，例如，涉及合同和行政许可的获得，与国有企业组成合资公司，以及考虑特定第三方的请求权。

4.6 能源：区域性能源系统（DES）[①]

区域性能源系统（DES）涉及诸多技术的组合运用，使用包括热电联产、可再生能源发电和供热（包括余热）等不同的能源来源，力求实现供热、制冷、热水、电力和能源存储等的生产与供应的协同效应。区域性能源系统背后的理念是将本地网络中的能源使用者（建筑物和工业设施）汇聚在一起，以便让能源消费者靠近生产地点，防止与传统能源生产、长距离传输和配送相关的能源损失（Johnson Controls，2008）。区域性能源系统主要涉及一些已经使用很多年的成熟技术。

4.6.1 特征与组织

区域性能源系统的核心是使用一套绝热管道网络（通常埋在地下），将多种生产来源的热水/蒸汽或冷水配送到特定地理区域的诸多使用（或存储）地点。另外，它们可以连接并有助于实现电力和热能网络之间的平衡。由此，区域性能源系统为优化热电联产和可再生能源之间的整合提供了一套具有弹性的系统（见图4-20）。

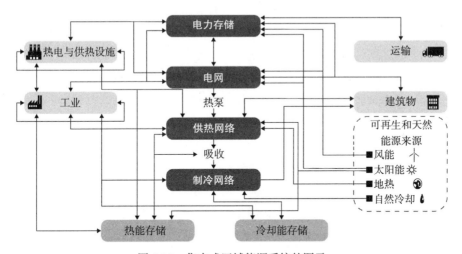

图4-20 集中式区域能源系统的图示

资料来源：IEA (2014h), © OECD/IEA 2014 Linking Heat and Electricity Systems, Co-generation and District Heating and Cooling Solutions for a Clean Energy. Future, IEA Publishing. Licence: www.iea.org/t&c/termsandconditions.

区域性能源系统是支持全球能源传输的优秀工具，主要存在以下四个方面的重

[①] 除非另有说明，本节的两个主要信息来源是联合国环境规划署（UNEP，2015）和国际能源署（IEA，2014h）。

要优势：①高能源效率；②容易整合可再生能源；③支持电力和天然气网络取得平衡的能力；④灵活调整以适应当地条件和供求变化（关于整合可再生能源的挑战性，请参阅第 4.4.8.1 节）。

这些系统在能源用户特别密集的区域（比如城市）有最高的经济性，因为配送每单位能源的平均资金成本较低（需要安装的管道长度）。同时，它们给地方政府提供了一种理想的解决方案：提供有成本效益的方式以满足提高能源使用效率和可再生能源比重并降低温室气体排放的战略目标。成功实施区域能源系统要有"系统性思维"，整合能源、交通、建筑和其他行业实现系统性和新的能源存储解决方案的效益。

除了为建筑物加热和制冷，区域性能源系统为社会整体提供了诸多效益：

- 具有高的能源效率。区块性能源系统可以很好地利用热电联产电厂、垃圾焚烧炉或工业热处理过程中的"余热"。⊖ 另外，区域性能源系统可以将一些建筑物（例如，数据中心）的余热转移到有供热需要的网络中的其他建筑物中。通过这种与大多数传统加热和制冷系统不一样的方式，区域性能源系统可以提高能源效率并减少温室气体排放。

- 更方便地整合利用可再生能源。区域性能源系统可以更方便地整合区域内的诸如地热、太阳能、生物质、余热、风能等可再生能源资源（热与电）。RES 产生的过剩电力可以存储在系统中；让诸如风能和太阳能等供应量容易变化的 RES，可以显著提高在电力系统中的参与率。实现这个目的的方式是将电力转换为热水或冷水，并使用大规模热泵和储热器（IEA，2014b）。"免费制冷"可以利用当地的湖泊或海洋，提供可持续的制冷来源，进而降低用电空调设施对化石燃料的依赖。由此，区域性能源系统通过利用可再生能源和提高能源效率，以支持实现能源安全。

- 支持能源和天然气网络的平衡。由于区域性能源系统有能力、方便整合 RES，在很短时间内利用生物质生产电力与/或气体，所以有助于拉平供应与需求峰值，这是目前电力网络面临的最为严重的问题。

- 容易根据本地条件和供需变化而调整。得益于使用诸多加热和制冷供应来源实现系统的弹性，区域性能源系统可以在全球范围内使用，不过仍然需要根据不同的天气情况和地理条件进行本地化调整。

从全球范围看，大多数区域性能源系统用于提供与室内加热和热水供应相关的

⊖ 从全球范围看，火电厂的能源转换效率在 2011 年是 36%（IEA，2011）。热电联产电厂的总体平均效率是 58%，可以同时将能源转换为电力和供热。最新的热电联产电厂的转换效率可能高达 90%（IDA，2015）。

热能。在寒热的气候下，通常还生产电力。供热网络的规模和负荷可能存在差异。最大的网络是由200兆瓦以上的热电联产电厂提供燃料（既生产热力，还提供电力），例如在哥本哈根、赫尔辛基、奥斯陆、慕尼黑、巴黎、多伦多、克赖斯特彻奇（新西兰）和东京等城市可以发现这类案例。制冷网络，尽管比不上供热系统使用广泛，但最近一直在持续增加，因为在温带气候带发生了快速的城市化过程。例如，在迪拜，70%的电力用于空调，已经开发了全球规模最大的区域制冷网络，计划到2030年通过区域性制冷满足40%的制冷需求，同时降低一半的空调耗能（UNEP，2015）。在全球范围内，2009～2011年，区域性能源系统在欧洲的使用量上升了12%，在中国上升了30%，在俄罗斯上升了50%，在韩国的区域性制冷增加了两倍多。

第一代区域性供热技术可以追溯到20世纪初，最新的第四代系统（预计将在2020年后使用）可以在低温环境中使用，与之前各代系统相比可以减少热能损失，还可以连接有较低能源密度的地区。这类系统可以使用不同的热能来源（包括低等级的余热），允许用户将自己的热能送进网络。热能存储、智能系统和弹性供应，有条件将波动水平高的可再生能源接入网络。

4.6.2 收入来源与价值链要素

通常，在很多气候区和经济体中，区域性能源系统有成本优势，在大多数情况下会使用余热/冷。这可能是在很多国家区域性能源系统没有像RES一样，获得政府补贴而是采用直接使用者付费模式的原因之一。尽管如此，总体区域性能源系统的有些部分有可能得到某种类型的（财政）补贴，由此构成前面所述的两种商业模式的组合，有助于满足私营投资者的"底线"（还可以参阅第3.3节和第4.4.7节）。

例如，苏格兰政府的区域性供热贷款基金，是一项提供低息贷款以帮助克服区域性供热系统存在的高资金成本问题的支持性计划。在丹麦，可再生热源（诸如与区域性能源系统连接的CHP提供的热源）可以免征能源生产环节的税收，而德国为使用生物质原料的CHP和加热锅炉的投资提供低息贷款（RES LEGAL，2015）。一个更加间接的例子是奥巴马总统2012年发布的行政令，要求到2020年全国上网40吉瓦的新建CHP系统（增加50%）。这项行政命令有助于督促州和地方立法支持CHP投资。

更具体地说，区域性能源系统从以下多个来源获得收入：加热和制冷、电力、附属服务、入网费和诸多其他（零散）的收入来源。

- 加热和制冷。销售收入取决于绝对需求及连接到网络的建筑物的载荷等级。

用户的多元化以及热存储可以缓和总体载荷，由此形成有吸引力的加热或制冷模式。每一项服务的价格可能受规制或者是某种程度上的自由市场定价。通常，费率水平包含两个要素：按容量收费与按用量收费。

- 电力。区域性能源系统通常包括一家或更多 CHP 电厂，在供热的同时发电。电力通常被注入配送或传输网络，并通过长期供电协议或在即期市场按市场价格销售。如果它们适用于 FIT 之类的规制支持性计划，则有可能改变收入特征（见第 4.4.2 节）。
- 附属服务。如果位于电网供应压力很大的区域可以获得供应能力补贴，则为传输与配送网络提供平衡服务也可以获得额外收入。
- 多种收入来源。区域性能源系统运营商可能会获得一些额外的补贴收入，例如，适用于可再生/CHP 的供热或发电系统的补贴或碳交易收入。

通过促进降低二氧化碳排放和提升区域性能源保障，区域性能源系统能够提供价值增值。它通过提升效率和系统弹性，实现电力及供热系统之间的衔接与平衡，有能力整合来源广泛的各类能源。

丹麦马斯塔尔的区域性供热工厂案例

马斯塔尔区域供热（DH）工厂，2011～2012 年在丹麦马斯塔尔建成完工，为周边 1550 栋建筑物供热（主要是独栋住宅）。实施该项目是为了使用 100% 的可再生能源提供区域性供热。该系统连接 33 365 平方米的太阳能集热器、一个生物质（木片）锅炉、一家 4 兆瓦的热电联产工厂、一个 1.5 兆瓦的压缩式热泵和 8.71 万立方米的本地储热器。

该区域供热系统很有弹性，不仅可以将剩余电力转换为可存储的热能（电转换为热），还可以将存储的热水变回电力（热转换为电）。另外，该系统可以一年四季进行调整以实现全年最佳绩效。太阳能收集器提供整个夏天的大多数热力和储能。在全年剩余的大多数时间里，由热泵和木片提供补充，在最冷、最黑的冬天，每天使用几个小时的备用废弃/生物燃油锅炉帮助满足热力需求。

丹麦的相关规制政策，支持诸如马斯塔尔 DHS 这类高效率、低碳能源系统，要求市政供热在满足终端用户最低供热成本的同时，还要有助于实现到 2035 年所有电力和供热生产都 100% 使用可再生能源的国家目标。为支持该目标，国家对化石燃料征收重税，而对太阳能生产完全不征税，对使用热泵发电降低税率。

在丹麦，DHS 设施属于非营利性公司。马斯塔尔的 DHS 是消费者拥有的合作组织，以满足马斯塔尔超过 95% 的建筑的供热需要。该 DHS 工厂预计每年减少约 10.5 千吨的二氧化碳排放量。

资料来源：Marstal(2013).

伦敦金融城的热电联产工厂

伦敦金融城的区域性能源系统（DES）使用一家燃烧天然气的电厂，通过连接金融城内 9 座最大的大型综合性物业（作为基石用户）的地下网络系统提供供热和制冷服务，还为私人家庭提供服务。该 DES 按 PPP 模式运作。伦敦金融城公司作为公共合作方和能源服务公司，私营合作方 Citigen 公司负责设计、建设、融资和运营。在铺设 3.6 公里的网络时，Citigen 利用现有地铁线路、地下室和车库，减少挖开公共道路的需要。在实施该计划时，没有出现居民反对的情况。Citigen 承担商业风险，截至目前已经投资 7000 万英镑。其盈利能力取决于向电网的售电量和天然气价格。由于电价低于预期，目前该 DES 亏损运行。

通过每年减少约 3000 吨的二氧化碳排放量，该 DES 帮助伦敦金融城实现其环保政策和社区战略目标。另外，金融城从其物业的能源费用节约中获益，不用再支付与气候变化相关的费用。该系统不需要安装传统锅炉和冷却装置——正是因为不需要安装烟道和冷却塔，从而获得了额外的使用空间。目前，该 DES 主要使用天然气，但可以转换为生物气——一旦成为更可行的选项，其未来更加具有环境友好性。

资料来源：City of London(2016).

4.6.3 竞争与规制

市场规制体系和能源政策的稳定性，可以将供应环节的工厂与电网运营商的风险最小化，激励使用高效、低碳的生产技术，为合理、准确评价一个项目的投资回报率（ROI）提供前提条件，这是推动区域性能源项目的关键。采用的政策措施可以是直接降低区域性能源系统的高昂的前端资本性支出，也可以是降低与系统运营和维护相关的各项成本。本地或国家的政策措施，可能包括给热电联产工厂减免燃料税、制定向配送网络供电和供热的上网价格协议，配送网络运营商有义务从高效率、低碳化的来源购买电力（见第 4.4.2 节）。

区域性能源系统通常与天然气和电力供应商竞争客户（通常是建筑物业主或租

户）。区域性能源系统服务商和当地天然气/电力服务供应商之间的竞争结果，很大程度上取决于规制制度（本地与全国性）。例如，如果城市政府基于能源利用效率或降低碳排放的目的，强制要求建筑物业主接入当地区域性能源系统网络，则会完全消除竞争。此时，地方政府可以实施价格规制保护建筑物业主不受垄断市场的损害。这些收费会受到本地或国家政策的规制，要求区域性能源系统基于替代性技术的成本进行定价（诸如燃气锅炉）。在斯堪的纳维亚半岛、东欧、德国、美国与加拿大的大城市等有成熟的区域性能源系统市场，存在成熟的消费者保护政策。不过，很多相对不成熟的市场（如英国）目前缺乏区域性能源系统规制制度（Business Green，2015）。

金融和财政激励政策，通过给区域性能源项目的环境/社会效益提供回报，也有助于缓和市场失灵的影响。这类政策影响的几个例子如下。

- 丹麦：马斯塔尔太阳能区域供热项目整合了太阳能发电、大规模储能、热泵和生物质热电联产，实施背景是丹麦政府提出的到2035年在供热和发电领域中100%使用可再生能源的政策目标（见前面的马斯塔尔案例研究）。
- 英国：在可再生能源义务证书（ROC）框架下的政策措施，以及促进低碳化和高效发电，是苏格兰法伊夫市图利斯罗素造纸厂的生物质燃料热电联产项目的经济可行性的必备要素。
- 法国巴黎市：该市的气候行动计划考虑选择在贝尔西克里斯佩斯制冷项目中使用的免费制冷技术。

4.6.4 私营部门参与

对于大多数区域性能源系统项目，供热（发电）或制冷工厂的所有权独立于网络配送和供热、制冷或电的存储。全球范围内最为常见的三种区域性能源系统所有权模式分别为：①完全公有；②公私共有；③完全私有（这与在第1.3.4节和第3.2节中介绍的诸多其他基础设施行业的情况一致）。完全公有模式，是最为常见的模式，允许当地政府（或公共机构）在项目开发和运营阶段持有资产的完全控制权，显然不对私营投资者开放，该模式有可能实现更为广泛的社会目标。不过，公私共有（混合）所有制模式，包括公私合资公司、特许经营合同、社区拥有、非营利机构或合作制。而完全私有模式则会给私营投资者提供投资机会。

融资仍然是在全球范围内加速推广区域性能源系统的制约因素。新型区域性能源系统需要高水平的资本性投资，这是因为热电联产工厂的价格更高（与传统燃气涡轮发电机组相比），覆盖范围广的管道基础设施，同时将网络与诸多能源供应和存储系统相连接需要额外的设备。另外，运营费用相对较低。与此同时，网络运营商（经常）不能征收高价格，因为规制约束，与/或对消费者来说在区域加热和制冷（DHC）及替代技术之间存在的价格差异很小。这些因素共同使项目盈利遥遥无期。然而，很高的初始性资金支出，而不是未来（可能较低）的投资收益率，使得很多地方政府无法执行如此被广泛认可的、可持续的本地系统。因此，如果项目能提供与所承担风险相匹配的、合适的收益率，私营投资者可能愿意填补这方面的融资缺口。

所有能源市场都包括批发商、零售商和最终用户，如前面电力市场的案例中已经介绍的情况。不过，区域性能源系统的组织模式，比单独的供电网络更加复杂，因为增加了供热/制冷服务。因此，私营投资者的商业模式高度依赖涉及的各参与方的技术特征与组织结构。组织结构从传统的供需合同，到复杂的包括终端用户、分销市场或生产商的合同安排。例如，热电联产工厂可能涉及双边契约，在按照市场价格给电网运营商输电的同时提供供热服务。在区域性能源系统领域中，三种最为常见的合同模式如下。

- 生产商和终端用户之间的合同结构（私人双边交易）：生产商和终端用户之间的双边合同，通过销售或购买合同（SPA）给生产商提供稳定收入，给终端用户提供可预测的长期能源价格。不过，如果合同要求提供或购买事先确定数量的热量或电力，这种合同结构会限制区域性能源系统的弹性。
- 生产商与市场运营商之间的合同结构（批发市场）：该结构将热电联供工厂（CHP）嵌入区域能源系统，该CHP承担生产商和终端用户的双重功能，允许双向流动。该CHP生产电力与供热/制冷，向市场销售过剩电力，并且在有需要时以市场价格购入能源。过剩的电力可能会提供补充的收入来源。不过，电力价格的波动可能会导致热电联产项目在经济上无吸引力。
- 终端用户和配送合同结构（零售市场）：当与生产商直接建立独立的供热/制冷合同时，终端用户会选择市场上最有吸引力的零售电力供应商。这类合同大多数是单向的合同，不允许消费者向配送网络提供能量。

私营投资者需要分析所考虑的区域性能源系统投资机会的特定合同条件和可能性，以及规制环境以理解具体的商业模式。

4.6.5 可持续性因素

与区域性能源系统的投资者最为相关的ESG因素是环保和社会问题，尽管区域性能源系统有压倒性的明显收益而不是风险。区域性供热（如有）只会产生很少的污染。区域性供热系统使用的垃圾焚烧炉可能会造成污染，产生环境风险，所以投资者也应当关注治理问题。关于 ESG 风险的全面介绍，见第 5.2.4 节。

4.6.5.1 环保问题

区域性能源系统使用水（或气）从源头给终端用户供热或制冷。潜在的负面环境影响更多地源于用于生产热力的一次能源，而不是区域性能源系统本身。例如，CHP 排放废气，特别是二氧化氮和细微颗粒物，所以对此必须仔细监控以限制空气污染和给当地居民造成健康风险。废气处理技术成本很高，因此可能损害小型 CHP 系统的财务可行性。垃圾发电系统涉及典型的与垃圾焚烧过程中的潜在空气污染相关的环境与健康风险（见第 4.3.5 节）。

由于区域性能源系统主要涉及城市人口密集区的地下管网，所以对当地生态系统、生物多样性或当地居民的负面影响很小。然而，不循环使用用于配送热或冷的水的区域性能源系统，可能会消耗大量的水。批评者指出区域性能源系统相对于传统供热系统的二氧化碳减排优势，限于有很高供热密度的地方，诸如城市地区（Local Government Association，2015）。

区域性能源系统可以较好地防止气候变化造成的实物损害风险，诸如极端天气、洪水、风暴或干旱，这些灾害主要影响地面上的建筑物。不过，长期的全球变暖可能造成对供热和制冷服务的需求变化并影响对相关供应能力的需求。考虑到区域性能源系统的现有能源效率和所使用的控制二氧化碳排放与预防污染的先进技术，气候变化不会提高规制风险，因为其潜在效应已经得到控制。

4.6.5.2 社会问题

区域性能源系统的大多数社会可持续问题，与邻近能源中心（大多数通常在人口密集区域）的用户相关。当地居民的健康风险源于废气排放和颗粒物，可能会危害人们的呼吸系统健康（见第 4.3.5 节介绍的与垃圾焚烧相关的健康危害）。另外，将生物质或垃圾运输到区域性能源系统能源中心，可能会造成破坏和噪声，而天然气发电系统并不存在这方面的问题。区域性能源系统的工人涉及与有毒气体和颗粒物相关的运营性健康与安全问题。

一个重要的社会问题是部分客户发现自己正与一个垄断性供热系统捆绑在一起——该系统所产生的热能的价格可能远高于传统供热设施（例如，天然气、燃油、电力）所产生的热能的价格。当化石燃料价格很低时可能是一个严重的问题，这个问题只能通过市场规制解决（见第 4.6.5.3 节）。

4.6.5.3 治理问题

区域性能源系统可以支持政府致力于实现更广泛的社会目标,提供一个弹性系统支持当地能源行业的发展,并且可以调整以适应未来的供应与需求变化(见第4.6.1节)。

垃圾发电系统会产生治理问题,并且面临让社会产生越来越多的垃圾消耗的风险。这反过来会建立一种激励机制,提高而不是降低垃圾产量。同样地,垃圾作为一种资源,会导致电力生产者购买垃圾用于发电,通常要求长距离运输,所以进一步提高了对环境的影响(WWF,2015)。这些潜在的利益冲突,需要由资产所有者和政府机构解决并审慎管理。

市场规制和能源政策的稳定性,是改善区域性能源项目投资的关键(见第4.6.3节)。在城市区域,如果因为提高能源效率或实现温室气体减排等,要求建筑物所有者必须连接到区域性能源系统,那么与当地天然气或电力供应商之间的竞争就会消除,形成一种垄断性的供应局面。这可能会导致终端用户支付非市场价格,这与电力行业基于用户利益推进市场化的趋势背道而驰。资产所有者(政府、私营部门或PPP)需要向受影响的群体解释区域性能源系统的好处和重要性以解决这个问题。不过,非竞争性定价不可持续,会遭到消费者的反对,也会给资产所有者招致负面名声。

4.7 社会基础设施

社会基础设施行业是单独的类型(见图1-6)。此外,该行业是如此不同且国别特征突出,采用之前各章使用的类似分析方法可能效果不佳。尽管如此,本节将对该行业进行综述,目的是给读者提供分析起点。实际上,在有些国家中,社会基础设施归属于"公共不动产",说明它是"不同的物种"。

本书将该行业划分为以下子行业(见图1-6):

- 医疗设施
- 老年住房
- 教育设施
- 行政设施
- 文化中心
- 体育和休闲设施
- 安全设施

下面我们将重点介绍社会基础设施的三个子行业：医疗、教育和行政设施。基于各种原因，它们是与基础设施投资者最相关的子行业。社会基础设施项目/资产中的大多数是在这三个子行业中推进的。此外，从投资者的视角看，这三个子行业涉及最常见的结构性变异并显示其局限性、风险与机会。与其他子行业相比较，它们还显示出最高水平的项目采购流程的标准化，让我们可以突出介绍它们相互之间的差异和相同点。

在对以上三个子行业进行详细讨论之前，投资者需要了解社会基础设施与其他基础设施行业的差异所在。通常，与经济基础设施（见图1-6）相比，社会基础设施显示出低的甚至很低的资产专用性，同时，"与资产相关的任务和服务"的转移具有很高的弹性。它们可以划分为不可转移的任务、可转移的任务和设施管理类服务（通过表4-19和第3.1节可以获得进一步的解释）。

表 4-19　行业的任务与服务

不可转移的任务	可转移的任务	设施管理类服务
● 政府责任与职能	● 非政府责任与职能	● 技术性设施管理 ● 经济性设施管理 ● 基础设施类设施管理 ● 空间分配管理

这里的资产专用性是指资产可以被设计和用于多个目的（例如，行政类建筑物可以被用于任何一种办公用途，体育设施逐渐成为多功能的活动场所），并不需要实施重要的结构性改变，或可以相对容易地进行调整以改变要求和设计参数。

任何基础设施项目都面临不断改变的环境。这主要是因为：第一，社会内部的人口结构变化，导致结构性的与年龄相关的变化。这最终导致对特定服务的公共需求的变化，例如老年住房、医疗设施或教育设施。第二，创新和技术发展对所提供的服务的数量、质量和成本产生了影响，例如安全、医疗和体育设施。第三，变化的规制框架会影响特定社会基础设施资产的使用，例如教育政策。这三种因素经常同时发生，让基础设施需求难以预测。这就是为何在社会基础设施子行业中使用租用模式时，即使相关成本很高，投资者也倾向于致力降低该行业的资产的专用性，以提高使用的弹性。特别地，如果投资者在今后承担建筑物的能力利用风险，情况更是如此（见第3.3节）。

考虑到基础设施项目或资产可能的多样化要求和最终合意的特征，需要诸多有针对性的解决方案。考虑到社会基础设施子行业的特定要求，基于第3章介绍的特定组织模式，表4-20介绍了每一类的关键性特征。黑体字的特征在每个子行业的项目/资产中普遍存在，而加括号的特征较不常见。

表 4-20　社会基础设施概况

	私有化模式	合作模式	商业模式	合同模式	融资模式
医疗设施	实质（形式、职能）	垂直（水平）/管理基础设施**资产和任务与服务**	在全面实质私有化情况下承担**所有任务与服务**的自身风险/PSP：PPP所有者模式、购买模式、租赁模式、租用模式（在垂直合作关系中以资产为基础的方法）	设计、建设、运营、拥有、融资（转让、租赁、租用）	公司融资、项目融资（福费廷模式）/医疗**服务收费**（使用者付费）
老年住房	实质（形式、职能）	垂直（水平）/管理基础设施**资产和任务与服务**	在全面实质私有化情况下承担**所有任务与服务**的自身风险/PSP：PPP所有者模式、购买模式、租赁模式、租用模式（在垂直合作关系中以资产为基础的方法）	设计、建设、运营、拥有、融资（转让、租赁、租用）	公司融资、项目融资（福费廷模式）/长者**服务收费**（使用者付费）
教育设施	职能（私立教育设施是实质私有化形式）	垂直、水平/管理**资产**（和设施管理服务）	PSP：PPP所有者模式、购买模式、租赁模式、租用模式（在垂直合作关系中以**资产为基础的方法**）/在私立教育设施领域的资产提供、任务与服务要承担自身风险	设计、建设、运营、融资、租赁、租用（转让、拥有）	公司融资、福费廷模式/公共预算（在实质私有化模式下的使用者付费和财政补贴）
行政设施	实质、职能（形式）	垂直、水平/管理**资产**（和设施管理服务）	在全面实质私有化情况下承担**资产提供**的自身风险/PSP：PPP所有者模式、购买模式、租赁模式、租用模式（在垂直合作关系中以资产为基础的方法）	设计、建设、运营、拥有、融资、转让、租赁、租用	公司融资、福费廷模式（在实质私有化模式下的公司融资）/公共预算（租赁和服务收费）
体育和休闲设施	实质、形式、职能	垂直（水平）/城市开发和管理**资产**（以及部分任务与服务）	在全面实质私有化情况下承担**所有任务与服务**的自身风险/PSP：PPP所有者模式、购买模式、租赁模式、租用模式（在垂直合作关系中以资产为基础的方法）	设计、建设、运营、拥有、融资、转让、租赁、租用	公司融资、项目融资（福费廷模式）/公共预算（补贴）和**服务收费**（使用者付费）
文化中心	实质、形式、职能	垂直（水平）/城市开发和管理**资产**（以及部分任务与服务）	在全面实质私有化情况下承担**所有任务与服务**的自身风险/PSP：PPP所有者模式、购买模式、租赁模式、租用模式（在垂直合作关系中以资产为基础的方法）	设计、建设、运营、拥有、融资、转让、租赁、租用	公司融资、项目融资（福费廷模式）/公共预算（补贴）和**服务收费**（使用者付费）
安全设施	职能	垂直、水平/管理**资产**	PSP：PPP所有者模式、购买模式、租赁模式、租用模式（在垂直合作关系中以资产为基础的方法）	设计、建设、运营、融资、租赁、租用（转让、拥有）	项目融资、福费廷模式/公共预算

4.7.1 医疗设施

4.7.1.1 特征与组织

对于下面分析的医疗设施（特别是医院）的有关方面，在老年住房领域中也可以找到，因为医疗服务行业提供的很多服务适用于这两个行业。医疗服务行业可以划分为医院、康复中心和护理设施三个部分（见图 4-21）。

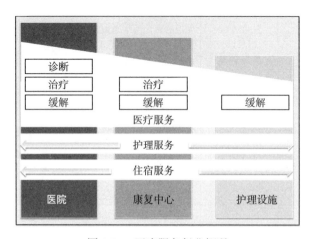

图 4-21 医疗服务行业概况

资料来源：Adapted from Wendel (2001).

目前，上述三类医疗设施均有公共、私营或非营利机构等组织形式。这三类组织有明显不同的目标，组织结构也存在差异。私营投资者通常追求经济目标（追求利润）。非营利运营商通常专注于需求（实质上不追求利润）。公共机构也专注于需求，但是会考虑特定的政治利益。而非营利运营商追求自由选择，通常出于做慈善的目的（Daube，2011）。

由于公共预算的限制，很多之前由公共机构拥有和运营的医院，在过去 20 年内通过实质私有化模式被出售给私营投资者。根据德国联邦统计局的数据，由私营投资者拥有并运营的医院占比从 15.2%（1992 年）上升到 35.4%（2013 年）。在同一个时期中，公立医院的占比从 46.0%（1992 年）下降到 29.9%（2013 年）（Destatis，2014）。在很多欧洲国家中，我们也可以发现同样的趋势。

4.7.1.2 收入来源与价值链要素

医疗设施的收入源于三类服务：一级、二级和三级服务。一级服务包括由医生、医护人员和相关设备提供的所有医疗和护理服务。这些服务类型处于价值链的核心位置。医疗或一级服务需要与支持性服务一起提供，后者称为二级服务，诸如病人住宿或手术室清洁（只是举出两个突出的例子）。这类二级服务包括直接支持病人治疗过程的所有服务（例如，实验室、放射诊断等）。三级服务是指所有支持医院整体运行的非医疗的支持性服务（例如，行政、普通保洁等）(Daube，2011)。

一级和二级服务属于可转移的服务，而三级服务归类为设施管理服务。大多数国家将医疗服务提供的所有服务都视为可转移的服务。这解释了医疗行业走向实质私有化的全球性趋势。

医疗系统的收入来源可以划分为资产提供（大多数国家通过公共预算提供资金）和服务提供（通常由具有国别特征的医疗服务系统/基金提供资金）。在国际上，医疗服务行业的具体融资方式差异很大。因此，投资者需要熟悉医疗服务行业融资的国别特征。第3章对各种商业模式提供了概述，对于解决相关问题很有帮助。对于国际上流行的所有种类的融资模式的深入分析，超出了本书的范围。

4.7.1.3 私营部门参与

为了创造条件提供医疗服务，同时还需要标准化的办公和后勤设施，医院设施需要有特别的建筑功能。这些功能是整合在一栋楼里，还是分散在多栋建筑物中（医疗园区），是由项目发起人（可能包括财务投资者）在项目开发阶段决定的。因此，医院项目是特殊项目。在所有社会基础设施行业中，与行政基础设施等相比，它们可能具有最强的资产专用性。这可以解释为什么实质私有化模式往往是超过形式或职能私有化模式的优先实施的私有化模式。

目前存在一些形式与职能私有化的案例，不过，它们通常没有解决与医疗设施相关的有限公共预算问题。通常，形式私有化是走向资产出售并转向实质私有化的一个步骤。职能私有化模式最适合新建的医院，具体可分为PPP购买、租赁、租用或所有者模式。这种模式提供各种形式的私营部门参与，创造条件实现公共预算中医疗支出的物有所值和透明度。

社会基础设施行业作为一个整体，特别是在医院行业中，向私营投资开放，但并非在所有国家都是这样的，投资者通常可以选择参与某种形式的公私合作"关系"。投资者通常所使用的商业模式是可用性付费计划（见第3.3节的详细信息）。这体现出这样一个事实：社会基础设施是基本公共服务提供职能的组成部分，它们不能也不应该主要基于营利性目的进行运营，医疗服务行业更是如此。因此，公共支持，特别是预算资金，或多或少总是必需的。

4.7.2 教育设施

4.7.2.1 特征与组织

在广义的教育设施中，本节特别聚焦于学校和高等教育设施（见表4-21）。本节不涉及的日托和幼儿园设施，通常也有同样的特征。

教育行业由公共部门组织，多数教育设施也是由公共机构拥有和运营的，

表 4-21 教育行业概况

教育设施	
学校	**高等教育**
• 小学	• 大学
• 中学	• 应用科学大学
• 职业学校	• 艺术和音乐学校
• 成人教育中心	• 其他
• 其他	

只有极少数私营性质的例外案例。所有机构都必须遵循由公共机构设定的正式的教育目标，这是因为向公众提供教育是政府的责任。私营教育机构要雇用专业老师，政府要对学校的课程进行认证，都进一步证实了这个特征。

前面提到的总体人口结构变化，尤其是以下三种重要变化，对教育行业（特别是学校服务）产生了显著影响。首先，年轻人倾向于从农村地区迁移到城市，造成农村地区人口平均年龄的上升，以及当地学校学生人数的下降。因为较低的学生人数，在这些区域提供教育服务的成本无效率的情况将逐渐变得严重。其次，在城市人口密集区却出现了相反的趋势，由于学生人数多需要建设更多的学校。不过，由于第三种重要变化——"发达国家的总体出生率较低"，在城市区域的这种趋势具有普遍性。

教育行业还受到政治教育理念和政策的影响，这些会影响服务的提供，例如全日制学校项目，要求提供餐饮等附加设施，组织年龄小的孩子午睡并且需要额外的工作人员。这种特点的政策变化经常导致对现有PPP合同的有挑战性的合同再谈判，对私营教育设施涉及再认证等问题。

4.7.2.2 收入来源与价值链要素

教育设施主要靠公共预算支持。这一点同样适用于资产提供和服务提供。平均说来，OECD国家每年的教育开支约占GDP的6.1%（OECD，2014b）。在很多发达国家中，父母还付出一些额外的学习费用，用于餐食、书本、补习班和游学等。对于该行业的具体资金提供方式，不同国家存在差异。在欧洲，欧洲统计局发布的教育数据，会比较目前各个国家的教育行业的资金提供方式的发展情况。例如，斯堪的纳维亚国家，包括丹麦和荷兰，与德国及南欧国家相比，有更多的公共支出用于教育服务，财务管理也有很大的自由度。考虑到大多数学生参加公立学校，并且大多数私立学校会得到公共资金补助，私人为教育提供资金还是边缘性的（Eurostat，2012）。

4.7.2.3 私营部门参与

私营机构投资教育行业有两个最佳途径：首先，通过全面私有化方式，此时私营投资者完全拥有和运营教育机构，可能需要公共机构对其提供的服务进行认证。这种模式适用于所有私立学校和大学。其次，通过职能私有化模式，此时公共部门寻求私营投资者/合作伙伴建新的或升级现有教育设施，诸如学校。

英国在 2014 年推行"优先学校建筑项目"，其中有 261 所学校将重建或升级以满足特定公共机构设定的现行标准的要求。该项目预计在 2017 年年底完成。在这 261 所学校中，其中 46 所计划通过新的名为 PF2 的 PPP 模式实施（教育支持机构）。

在德国，截至 2015 年，约有 200 个学校类 PPP 项目，实现的总投资规模约为 23 亿欧元。通常，这些项目包括一个城市的几所学校，以实现对私营投资者有吸引力的投资/效果比率（Education Funding Agency，2015）。

涉及私营投资时，教育子行业的商业模式通常基于可用性付费。前面介绍的医院之类的医疗行业，也采用同样的模式。

4.7.3 行政设施

4.7.3.1 特征与组织

行政设施覆盖范围很广的公共不动产，与不同行政层级的诸多公共领域的机构相关。不论是联邦、州还是城市政府，都要负责如大使馆、政府部门大楼、州办公楼与市政厅之类的资产。因此，投资者需要注意负责特定资产的交易对手。这一点与几乎所有社会基础设施子行业特别相关，因为这些设施靠财政付费，投资者只能从各自特定的合同交易对手那里获得可用性付费。

需求评估、设计、批准、采购、实施、规制和预算的责任，出现在某个行业、联邦或地方层面，具体取决于各国特定的规制制度。

"行政设施"子行业实施严格的以资产为基础的方法，因为这些设施提供的大多数任务和服务属于政府责任范畴，因此无法转移给私营部门（见表 4-20）。

这类设施的建设和功能在公共机构等级序列的所有层次上都特别相似，也就是说，它们属于社会基础设施中资产专用性特征最弱的类别。因此，公共机构可以利用总体不动产市场（特别是标准办公楼设施），根据其特定需要购买、租赁或建设新资产。不过，有些设施，由于其特定功能要求，有特定的典型性目的（如大使馆或部委大楼）或者易于民众到达从而限制了其选址的灵活性。这些需求或所定义的产出目标越精确，项目执行的效果越好。为了高效率地实施该项目，公共机构可以从两个选项中抉择。它们可以从不动产市场购买或租赁现有资产，或根据其特定需要计划、设计和建设新的资产。

这些问题的核心要点是，需求的弹性越高（未来的需求），公共机构要实现这个目标的成本就越高。

4.7.3.2 收入来源与价值链要素

公共行政设施是政府付费与/或（部分）靠服务收费，后者属于政府一般收入（见表4-20）。除了前面介绍的政府付费中的可用性付费模式，私营投资者还可以通过城市或商业开发产生额外收入，此时可用的公共物业规模大于公共设施所需要的场地规模。例如，对公共物业的私营项目开发可能包括行政设施附近的居住、商业、办公或娱乐设施。商业资产的开发风险应当被分配给私营投资者。能够给公共机构提供最高水平的、物有所值的价值的投资者可能会赢得合同。增值服务可能包括（除了设计和施工任务）行政设施的所有设施管理服务。

通过项目融资（采用职能或实质私有化方式采购）或传统公司融资为行政设施进行债务融资，通常比诸如中小学、大学、医院或相关服务设施等其他子行业更为容易。这主要是因为行政设施相对来说并非专用，表现为相对更高的残值作为风险保障。

4.7.3.3 私营部门参与

私营部门参与行政设施的主流形式是实质和职能私有化方式。取决于私有化的程度，该子行业中的所有项目提供的任务（设计、建设、运营、拥有、融资、转让、租赁、租用）都可以适用此方式。

一些欧洲国家的项目实施记录表明，以职能私有化（PPP）模式实施的行政设施，倾向于使用租用模式（见第3.3.1.5）。租用模式特别适用于办公楼建筑，因为在私营投资者与公共机构之间的合同期结束后，利用风险相对较低。

行政设施项目往往是大规模城市开发的一部分，因为为了达到一定的投资规模，难以将多项行政设施项目打捆运作（教育行业打捆是常态）。将诸多城市开发目标组合起来，会产生协同效应。目前存在很多大规模项目的案例，例如联邦教育与研究部项目。

在私营投资的情况下，该子行业的商业模式也通常基于可用性付费。关于涉及公共因素的考量可适用于诸如医疗或教育行业等行业。

4.7.4 可持续性因素

医院、公立学校、公共住房、社区中心和其他社会基础设施是运行良好、公正和繁荣社会的重要支柱，因此，对社会基础设施的投资对全球可持续发展而言至关重要。

对于社会基础设施资产的投资者来说，最为相关的 ESG 因素是建筑物相关的环保问题，以及主要与人口结构变化和城市化、社区关系、公共政策以及利益相关方管理有关的社会与治理问题。对于有些投资者而言，道德因素可能也会发挥作用。对于 ESG 风险的全面介绍，请参阅第 5.2.4 节。

4.7.4.1 环境问题

气候变化可能通过诸多方式影响社会基础设施。强风暴、洪水或上升的海平面可能会直接影响建筑物及其运行——特别是医院和老年人护理设施，需要考虑极端热浪逐渐加重的频率、强度和持续时间对这些设施的安全性和对建筑使用者的内部环境舒适性的影响。

部分社会基础设施必须保持全时段正常运行（如医院的急诊室和手术室），另外诸如用于减轻气候变化风险的建筑物防洪水等应对性措施不可或缺。基础设施投资者乐于拥有那些按照指定用途和地区建设，并有商业计划和回收使用措施的资产。

公共建筑物的所有者面临与气候变化相关的规制风险。建筑物会消耗全球 40% 的能源和 25% 的水。此外，它们具有占全球约 1/3 的二氧化碳排放量（UNEP，2015）。毫不奇怪，通常会有很多规制措施聚焦于减少建筑物的能源使用和二氧化碳排放。在欧盟，《建筑物能源绩效指令》（2010）和《能源使用效率指令》（2012）是与降低建筑物能源消耗相关的主要法规。与资产所有者特别相关的是，依据该法规，到 2018 年年底，所有由公共机构使用与/或拥有的新建公共建筑必须成为接近零能源消耗的建筑物，到 2020 年所有公共建筑要达标。此外，欧盟国家对新建建筑物和现有建筑物的翻修与改造，要制定最低能源绩效标准。接近零或零能源消耗的建筑物需要整合使用节能措施（例如，供热、通风和空调（HVAV）技术）与本地能源生产（例如太阳能电板）。此外，建筑物的建设必须满足约束性更强国家、部门与/或行业特定的规制政策。

由公共机构（例如，行政办公楼、学校等）使用的建筑物的公共或私营资产所有者，需要及时对现有或新建筑物实施必要的能效措施。对建筑物的资源利用效率也适用同样的因素，特别是用水、垃圾处理和供热系统的空气污染。执行环保措施所产生的短期成本，可能由较低的空置率风险和较低的资源使用成本补偿（例如，能源、水），具体取决于全球能源价格、当地水和污水处理价格的变化发展情况。实施能效措施的财务负担要由资产所有者（即政府、机构或私营资产所有者）承担，他们可能或不会（往往基于短期财务因素）决定实施措施。在特定国家中，对政府拥有的建筑物的要求比私营资产更加严格，因为公共部门应当作为私营部门的表率。

机构投资者看中投资新的高能效建筑和改造现有建筑的投资机会，是因为它们可以分享能源低效使用所产生的成本节约（例如，能源、水）。例如，机构投资者的首个投资工具——不动产投资基金，已经在这个领域中成功设立。不过，其挑战在于需要坚持劝说公共建筑的公共或私营所有者达成交易，以同意实施相关措施。

总之，气候保护和资源效率措施会让公共建筑的资产所有者获得回报，在能源、淡水和污水处理价格上升的背景下，显然更是如此。

4.7.4.2 社会问题

诸如人口增长或老龄化社会等人口结构变化趋势，是社会基础设施投资者在投资长期资产时需要考虑的相关因素。面向未来的社会基础设施资产可能需要进行弹性的建筑设计，以确保建筑物的空间可以根据与当地居民的人口结构变化相关的未来需要进行调整。例如，在西方国家（或日本之类），由于老龄化的人口结构，公共教育设施应当合理地设计成多功能空间，在资产全生命周期的不同阶段用于服务不同群体的不同目的（例如，服务于老年人的教育与护理设施）。另外，投资医疗和个人护理设施的投资者要选择合适的场址（例如，病人、员工和供应商可以通过公共交通方便到达）、高效的设计和具有良好维护措施的建筑物，以提供高水平和有成本效益的服务。很高的病人满意度和较低的感染率，可以降低资产所有者的财务与声誉风险。

良好运行和维护的社会基础设施（例如，学校、医疗设施、行政服务）使得社区对新的私人住户和公司产生了吸引力，进而可以为社区未来投资提供必要的税源。社会基础设施通常由公众使用，因此面临源于疾病、受伤或死亡造成的人员伤亡相关的潜在财务与声誉损失。资产所有者需要确保这些资产的使用者有安全的使用环境。

进一步的社会因素涉及员工不能承担实质性风险，而要求获得各种机会。由于这些社会基础设施的存在，可以对当地就业产生正面影响。社会服务领域的职业健康和安全风险相对较低，但如医院护理员感染的风险上升以及监狱的潜在安全风险，都是值得注意的例外情况。

在实施 PPP 模式时，人口结构变化的风险通常由建筑物的公共所有者承担。诸如职业、健康和安全等其他社会风险，由私营的服务供应商（及其投资者）承担。

4.7.4.3 治理问题

社会基础设施资产（特别是采用 PPP 模式的资产）在总体上倾向于与所在社区有很强的联系，影响范围很广的利益相关方。很明显，维持与政府交易对手、当地社区、职员和代表使用者（例如，病人、学生等）所在组织的良好关系，是实施良好运行的前提条件。

此外，长期导向的基础设施投资者涉及一些公共政策因素。例如，如果政府或个人不再有能力支付快速增加的与老年人数量相关的医疗服务和总体医疗成本，则投资者需要考虑对其投资的医疗设施的投资价值会产生何种影响。我们可以将日本作为一个例子。日本的人口数量从 2004 年开始下降，老龄化速度超过全球任何一个国家。2012 年的一份支付报告预测，到 2060 年，日本的人口数量将从 1.27 亿下降到约 8700 万，下降超过 30%，而约 40% 的人口将在 65 岁以上（The Economist, 2014）。由于日本已经承受最高水平的公共债务负担，政府面临不可克服的寻找税源的压力，以偿还其债务，同时还需要为其日益增多的老龄化人口提供养老金和护理服务。

最后也同样重要的是，在社会基础设施领域中还需要考虑道德因素。除了 ESG 因素，有一些机构投资者还要考虑道德因素。例如，诸多教会背景的养老金计划，对其投资适用基于价值观的限制性要求，不得投资监狱、赌博、酒精饮料、烟草、色情和武器等领域。

第5章 PPP

Infrastructure as an Asset Class

风　　险

不论哪种投资行为，都需要评估其潜在收益和风险。只有综合考虑风险与收益，才有可能理性地做出一项靠谱的投资决策。本章从股权和债权投资者的立场出发，重点关注潜在项目或资产及其投资内含的风险。为此，本章根据各类风险的具体内容将所有风险划分为两个主要类型：一般风险和项目/资产特有风险。其中每个大类又分别划分为六七个小类。需要指出的是，尽管这些风险本身并没有区别，但是对于这些风险的分类方法，不同文献提供了诸多不同的方法（Akintoye，2001；Akintoye，2003；Boussabaine，2007；Tinsley，2000；Yescombe，2007）。

在详细讨论每一类具体风险（共有13种）之前，一件重要的事情是要理解专业投资者原则上将如何处理和管控投资风险。如果不采用任何措施，风险可不仅是被观察到的事情。相反，投资者需要按照一种系统性和结构化的流程进行操作，其中最优先且最重要的事情，是要确认所有潜在风险。随后，投资者应分析并力求评估所涉及的风险，如有可能，基于发生概率和财务损失量化风险。一旦任何特定资产的所有风险及其潜在影响得以确认，投资者就可以审慎思考是否以及如何缓解与监控风险，即管理风险。这种针对风险的结构化和系统化方法在文献中被称为"风险管理"（Alfen et al.，2010，p.33；Boussabaine，2007，p.23；Merna，Chu and Al-Thani，2010，p.42）。

我们随后将对13种具体风险进行分析，建议读者应当将这种结构化和系统性的方法铭记于心，即拥有风险管理思维方式。为了让读者更好地理解这种方式，方便对特有风险的讨论，下一节将先简单介绍一下风险管理。

5.1 风险管理

风险管理通常是指为管理各类已确认风险的一系列步骤。本书将这个过程划分为四个步骤：①识别；②分析和评估；③分配；④监控风险。需要严格遵循这四个步骤，在贯穿特定基础设施资产的全部投资阶段按时间顺序不断重复，以确保所有风险照此得以识别/分类、分析和评估、分配以及控制（见图5-1）。为了实施正确的风险缓释结构，最大可能地确保项目/资产和投资随后免受这些已经确认的风险的影响，第一步即正确识别所有潜在风险极为关键。

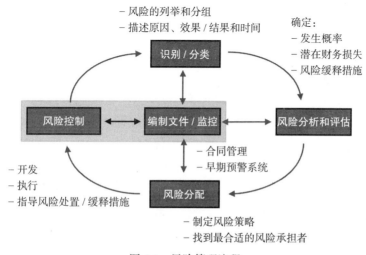

图 5-1　风险管理流程

在第一步的风险识别阶段中，相关主题/技术的专家负责整理特定资产的风险特征，例如使用核查清单，随后尽可能准确地按照原因、效果和时间描述各单项风险。

在第二步中，对已识别的风险进行分析和评估以分析其相关性，风险的范围是否或按何种程度随时间变化，以及如何最好地处理风险。在此过程中，各种工具（包括ABC风险分类法和敏感性分析法），可能被使用。因为风险的评估经常随时间改变，所以其重要性/潜在发生概念经常持续发生变化，以反映其实际相关性与/或新情况的出现。例如，随着施工的推进，完工风险的重要性降低。项目完工之后，将完全从风险清单中被排除。

在评估风险时，要将特定时点某项风险的发生概率乘以该风险发生时的潜在财务损失。这个过程的最终目的是确认所谓的"A类风险"（即对项目影响最大的风险）。出于评估的目的，可能风险发生的具体时间也很重要。此时需要计算潜在损失及承担某项风险的成本（也称为"风险成本"），因为它们与将要进行的每一项可行性研究都相关，并服务于跟每一个交易对手所进行的全部谈判。

在第三阶段中，在对项目或交易进行结构化的谈判过程中，各项风险及其发生时的相关（支付）责任，如有必要将部分或者全部被分配给不同的合作伙伴。这种情况下的"风险分配"意味着某一方同意根据其各自风险策略按照合同约定承担特有风险。理想的状况是，每一项风险均被分配给最适合承担和管理该项风险的特定主体，因为这有可能改变对项目或资产的整体影响及风险成本。上一个阶段中计算的风险成本，对实现有最佳成本效益的项目风险分配和项目全部合作方特别关键。在这方面，所涉及的各方承担某项风险的成本存在差异，理解这一点特别重要。

当达到最佳状态时，各类风险可以根据自身被分配给承包商（包括全部分包商和相关服务提供方在内的私营机构）或各发起人的情况进行分类。在公私合作模式（PPP）的交易结构中，将"可转移的"风险从公共部门转移到私营部门，不仅起到优化项目运营的作用，而且通过让公共部门得以引入私营部门在风险管理方面的优势，为获得额外的效率提升提供了可能性。高效的管理能够进一步降低项目成本，并由此提高项目的可融资性和运行质量（对银行/贷款人来说，能更加确信债务将还本付息，即所要求的本金偿还和利息支付能实现；对股本金提供方来说，则可以提高股本金回报率）。不过，一般来说，转移给私营合作方的风险越多，项目的融资成本就会越高。因此，当根据为项目/资产获取最佳效益的方式，决定如何将项目/资产总体上所包含的全部风险分配给"最佳持有人"时，涉及各方面的统筹平衡问题。

然而，不论每个具体情形的特征如何，就PPP结构而言，公共部门通常承担法律风险与政治风险，而私营部门承担与项目设计、技术、建设、运营和融资有关的风险。市场（价格和需求）风险可以被分配给某一方，或由两方分担。实际分配方案取决于具体PPP项目、特定资产和各参与方的谈判能力。与不可抗力相关的风险，通常由双方共同承担（见第5.2.6节）。

最后，仅仅识别、分析和评估某个项目/资产的风险还不够，必须在第四阶段全过程监测和控制风险，因此，应当将系统性地追踪风险作为合同管理的一部分。一旦各项风险被清晰地定义且分配到项目合同体系中的各项目合作方，承担相关风险的当事方应当负责处理与缓释该风险（即限制、预防或转移该风险，或购买足额保险）。为此，合同合作方必须开发、实施和掌握合适的控制工具。为了让所有合作方有履行各自责任的兴趣，需要各方合意达成一项与风险分配过程相匹配的激励机制（见第5.1.1节）。

上面的信息表明，要清醒地处理风险，系统性地发挥风险管理所提供的潜能，特别是防控那些难以计算的不可预见风险。基于"有备无患"的原则，这是确保项目实现最优结构化（即低风险）的重要工具。

正如上面的设想，本章将所有风险分为两组：一般风险与项目/资产特有风险。一般风险很大程度上独立于特定项目/资产，因此不受项目参与方即委托人或承包商的直接影响（这一表述仅仅有条件地适用于市场风险，见第5.2.1节）。一般风险可能在项目生命周期中的任何时候发生。相反，项目参与方可以直接影响项目/资产的特有风险，并且可以在项目不同阶段独立评估这些风险（如适用）。

表5-1列出了一般风险的主要类型，包括影响每一项风险的最相关的因素，以及可以承担该风险的不同合作方。表5-2从特定的债权与/或股本金提供方的角度，分解项目生命周期中最为重要的项目/资产的特有风险（如适用）。第5.2节和第5.3节将分别介绍单项风险并讨论影响该项风险的关键因素。第5.4节将简单地介绍行业特有风险。

表5-1　一般风险

一般风险	风险描述	风险分配
1. 市场风险（第5.2.1节）	销售量降低（需求风险） 所提供的产品和服务的价格变化（价格风险） 原材料/初级产品的获取（供应风险） 如原材料等生产成本的提高（价格风险）	运营方 专门的项目公司 委托人[①]
2. 利率风险（第5.2.2节）	采用浮动利率协议的利率变化的风险	专门的项目公司 债务提供方
3. 汇率风险（第5.2.3节）	项目产生的本币收入与项目的成本/贷款的计价货币之间的汇率变化	专门的项目公司 债务提供方
4. 环境、社会和治理（ESG）风险（第5.2.4节）	环境风险：气候变化、资源稀缺、环境退化、环保规制政策的变化等 社会风险：人权、劳工权益、员工和当地居民的健康与安全风险、消费者保护、公众反对该项目等 治理风险：腐败的商业行为、落后的公共和公司治理结构、管理激励机制、虚弱的法律规则、政府与相关方的关系等	国家政府 专门的项目公司 委托人
5. 政治、法律和规制风险（第5.2.5节）	立法/（放松）规制的变化 国有化/没收 征用 违反合同/特许经营协议 货币转移 货币划转和转换 税率和税法的改变 公众接受度	委托人 专门的项目公司 各发起人 债务提供方 多边机构 出口信贷机构（ECA） 保险公司

（续）

一般风险	风险描述	风险分配
6. 不可抗力（第 5.2.6 节）	罢工 战争/恐怖行动 地震和其他自然灾害 因气候变化造成的日益严重的极端天气事件	委托人 专门的项目公司 保险公司

①对于 PPP 资产，委托人通常可以等同为国家政府。

表 5-2　资产的特有风险

资产的特有风险	风险描述	风险分配
1. 设计、建设和完工风险（第 5.3.1 节）	委托方对设计的修改 设计和施工阶段的延误导致的成本上升 不能归因于设计错误的施工成本超支 交通/基础设施的可使用性	总承包商 专门的项目公司 委托人①
2. 技术和履约风险（第 5.3.2）	使用满足运营要求的知名供应商提供的经过实践验证的技术 适合的气候或土质（对于大型工厂的建设）	生产商 运营方 专门的项目公司
3. 融资风险（第 5.3.3 节）	签约日与融资条款之间的合同条件的变化	专门的项目公司 债务提供方 各发起人
4. 辛迪加风险（第 5.3.4）	组成辛迪加/落实贷款的能力	债务提供方
5. 运营风险（第 5.3.5）	过高的运营/维护成本 运营中断 选择运营方/合作方	运营方
6. 合同与交易对手风险（第 5.3.6 节）	未获得批准、许可和特许经营合同 合同和协议的有效性与可执行性 司法系统的功能弱 合同合作方提供产品、服务或付款的能力	全部合同参与方 国家政府 专门的项目公司 各发起人 债务提供方 多边机构 出口信贷机构（ECA） 保险公司
7. 变现风险（第 5.3.7 节）	将项目转回给委托人	各发起人 专门的项目公司

①对于 PPP 资产，委托人通常可以等同为国家政府。

为清晰起见，在风险管理过程中的全部四个阶段中，下面的讨论均不涉及那些可以导致失职、违约甚至清算的单项风险，不论是单独还是共同。

为了更好地综述某项目或公司的各项个别风险及累积总体风险，可以使用**风险矩阵**。在风险分析过程结束时编制风险矩阵，是为了对识别出来的全部风险（连同它们发生的可能性）进行分类和量化（见图 5-2），因此可以为每个项目/资产与/或公司计算风险评分。这个过程允许以一种相对结构化的方式比较不同的项目/资产，并且在以后划分为不同的风险级别。投资者和银行也可以将这种模型用于内部风险分类，尽管这样做相当复杂，并且工作量很大。

风险类别	风险描述	风险后果	公差	概率	风险的价值	可转移的	不可转移的
			特有风险				
技术							
运营				100%		85%	15%
	运营中断的风险	更高的运营成本、更高的人工成本	−10%	10%	8.50%	7.23%	1.28%
			0%	15%			
			5%	25%			
			15%	35%			
			20%	15%			
经济							
法律/税收							
			一般风险				
政治/司法							
价格变动							
需求							
利率变化							
货币							
环境							
不可抗力							

图 5-2　风险矩阵：风险分数计算举例

风险总是在项目执行过程中发生变化，例如运营成本可能高于或低于预计值。随着时间的推移，我们可以将获得的额外的信息纳入风险矩阵，以改进风险量化。

在风险矩阵中将某项风险归类为"可转移的"或"不可转移的"并不总是结论性的。例如，土壤污染风险，除非被某项前期研究完全排除，否则无法合理地全部被转移给私营合作方。然而，土壤污染风险可能在风险矩阵中被归类为"可转移的"。细节展示的合适程度，应当因时而异。

原则上，应当基于项目开发者的经验（如适用）、风险分布的可能性、项目/资产的性质、市场承担风险的意愿和公共利益，确保实现适当的风险分配。为了促成风险估计和对冲的改善，在融资的结构化过程中，要考虑这些风险发生的可能性和潜在影响等各种敏感性情形。

基于这些分析，如果需要融资且该资产之前尚没有实现融资，则需要决定是否采用项目融资的方式。如果这些分析确认该项目在经济上可行、财务上可持续并承担可接受的风险水平，那么各发起人的工作团队（通常得到财务顾问的帮助）和融资银行（一家或数家）会一起开发、设计事先模型化的融资结构（见第6章）。

5.2 一般风险

5.2.1 市场风险

（项目）公司无法影响相关市场（商品、原材料价格等）的波动（第1.3.1节关于术语"项目公司""（项目）公司"与"公司"，以及第6.1节对大多数基础设施项目的总体法律结构的解释，其中涉及项目融资）。因此，市场风险被归类为一般风险。它们是很多（如果不是大多数）项目融资成功或失败的决定性因素。

市场风险通常由（项目）公司承担。这些风险与以预计销量（需求风险）和计划价格（价格风险）销售所生产的产品和提供的服务，以及原材料和其他生产要素的充足供应（供应风险）和采购价格（价格风险）有关。因此，特别重要的是，应当尽最大可能控制市场风险。让这一点成为可能的途径是：① 在投资之前仔细分析和研究市场；② 在项目早期阶段签订长期最低采购和供应合同。

运用市场研究分析与计算未来市场风险时，重要的是确定客户购买该项目／资产公司所提供商品的实际可替代性的程度，即是否存在竞争（例如，可选的电信运营方）或事实上的垄断（例如，在供水或供电的情形下）。根据经验，计算市场风险往往未能充分考虑潜在客户能够获得的替代的行动、产品或服务，未能正确评估其未来行为，包括价格敏感度。这意味着项目发起人（第6.1节对"项目发起人"的介绍）或资产、公司的出售方给出的预测需求，要视情况而定（但往往过于乐观），例如未能认识到潜在用户能够通过使用现有替代路线或交通方式回避收费公路或隧道的程度（例如，欧洲隧道以及德国对重型货车征收通行费）。

关于通过长期合同减少风险：在投资之前，与产品／服务的采购方／供应方就特定条件下的最低采购量或供应量达成一致，降低项目公司涉及的与产品／服务的提供或采购相关的市场风险。具体形式可以是制定长期购买或供应协议，或由值得信赖的主体提供最低购买／付款保证（见第1.3.9节）。价格往往固定在一个具体的范围内。我们在收费道路、石油和天然气（大宗商品）、可再生能源领域中能够找到例子，其中生产商可以获得按法定上网电价（第4章有详细介绍）购买所生产的全部产品的保证（通过优先配送法规）。通常，公司会达成长期购买协议。

长期购买协议通常用于原材料和大宗商品（诸如电力采购或石油供应）。在大多数情况下，可以采用交货量协议，其中各客户向生产商保证在特定时期按特定价格的最低水平的使用量或最低容量购买。此外，客户需要按合同上规定的数量进行付款,而不论客户实际上(完全)或没有使用这个数量的产品。这种保证可以确保项目运营方不仅免受市场风险的影响,也免受那些可能阻止交货的其他风险的影响。

对于PPP项目,公共机构可能通过支付固定绩效费而提供购买保证。例如,如果收费公路的实际流量未能达到议定数量,公共机构可能同意向运营方支付补偿款,或者公共部门以可用性为基础向运营方付款,以完全消除运营方的市场风险。对于公共服务、监狱或医疗服务等领域中的项目,公共机构也可以与私营服务提供方缔结服务协议。就最低采购数量或最低使用量达成一致,并把价格固定在一个具体的范围内,有助于在投资前为项目运营方提供一个可靠的计算基础。除了显著降低私营合作方的需求风险之外,这为客户和消费者提供了对所提供产品的长期可用性的保证,反过来也避免了提供方对风险溢价的诉求。

那些涉及纯粹的使用者付费的项目/资产,将承担更高的市场风险。为了实现风险的结构化和分配,该风险可以被全部留给私营投资者,或由私营部门和公共部门以前面介绍的多种形式分担。从宏观的经济性角度看,单项市场风险由委托人保留多大程度(风险共担)更为合适,必须基于每个项目的具体情况审视,并与所有参与方讨论。在尽职调查过程中,由独立顾问执行的研究,为股本金提供方及债务提供方(银行)提供了评估市场风险的基础。

按照上述对客户而言相同的方式,必须确保项目/资产能够从其供应商处获得有充分保障的必要资源(原材料的实物可得性、价格风险)。对于那些采购物品主要由原材料构成的投资项目,意味着应当保证必要原材料的充足供应。例如,采矿公司要有相应的矿床,而发电厂项目需要充足供应的气、油或生物质,包括垃圾发电厂。这不仅要求总体上有证据显示有充足数量的原材料,还需要证明原材料的可用性、质量和地理或地质位置(如果适用)。基于这些因素,包括生物质和废弃物的原材料在特定时间内能够以合理的价格获得和交货,这一点最为重要。例如,视矿山或油田的位置而定,开采和供应的成本可能有显著差异。那些在最大程度上固定了价格的长期供应协议,诸如客户所使用的合同架构,是经实践验证的降低风险的方法。由独立顾问(尤其是地质学家)实施的研究,涉及有关原材料来源的存在及质量,以及开采和供应所涉及的成本,为项目各发起人提供了相应的风险评估的基础。

为交付原材料而建设的基础设施和物流设施的可用性,以及最终产品的分销/运输,也需要进行评估,包括供应商和客户的信誉这类问题。这种形式的供应方保证,对于众多PPP项目/资产并非必需。例如,在服务业中,风险因素并不取决于实物上稀缺的商品或技术设备,而主要涉及人工成本。对原材料或技术设备的依赖,仅存在于工业行业的企业中,如能源或供水、风力发电或垃圾处理。在这些情况下,缔结长期供应协议能够保证项目/资产自始至终获得油、气、淡水、风力发电机或充足的垃圾，以满足垃圾焚烧炉的运营，从而提高项目盈利运营的可能性。

投资者和融资银行需要尽量可靠的计算基础，以及基于供应和需求侧的涉及预期现金流（用于股息支付或债务还本付息）的长期计划的可靠性。深入的分析只能基于详细的价格/数量信息。出于这种考虑，债务提供方通常坚持要缔结长期协议（理想的情况是长于贷款期限），该长期协议规定产品销售的数量和质量，以及原材料供应量及相关价格。

为了更好地解释个别风险，本书一直会使用两个案例，介绍在绿地项目尽职调查/风险分析的不同阶段所涉及的风险：一是伊斯肯德伦项目（Iskenderun），它是发展中国家的"传统的"项目融资案例，在结构上涉及针对市场风险的部分政府保证；另一个是瓦尔诺隧道项目，它是没有第三方市场风险担保的PPP结构的项目融资案例。

伊斯肯德伦项目（土耳其）

这家投资规模为14亿美元的1210兆瓦的燃煤发电厂，位于土耳其东南部的地中海海滨，靠近伊斯肯德伦市，是当时该国规模最大的硬煤发电厂。该电厂包括两个燃烧进口煤的605兆瓦的机组、煤处理设施及输电基础设施等，负责满足当时土耳其约8%的用电需求。1996～1997年，土耳其政府一共为5个能源项目提供了支持。在仅39个月的建设期之后，该电厂于2003年11月投入运营。

1999年3月，土耳其国家电力局（TEAS）与项目公司ISKEN缔结了一份20年期的电力采购协议，按照照付不议机制确保采购后者每年发电量的85%。项目公司按每单位发电量获得固定价格，该价格覆盖运营、维护和能源成本及所用资本的最低回报率及债务还本付息。这种长期协议为私营投资者消除了大部分不受待见的市场风险。在20年期结束时，这家发电厂将仍然保留在项目公司手中。为了确保该电力采购协议的可融资性，即为融资银行所接受，土耳其国家电力局同意与项目涉及的各方就合同的实质性条款进行重新谈判，尤其保证电力采购数量及在发生不可抗力情形下的预防措施。这导致价格结构的变化，以及延长采购协议期限的条款。土耳其国家电力局在该电力采购协议下的所有付款义务为固定的美元金额，并由土耳其财政部副部长出面担保。涉及ISKEN的各种合同关系由土耳其法律进行规制，而纽约州的法律适用于各参与银行。项目公司与世界上两家最大的煤炭供应商——RAG贸易公司和莱茵布朗燃料有限公司签订了长期煤炭供应协议。

根据这些协议，供应商负责煤炭的采购、装运和运输，在项目码头移交煤炭。根据电力采购协议，煤炭的成本包含在计算电力价格的原材料因素中。为了确保提供原材料供应，供应商可以从多个认可来源获得煤炭。煤炭供应协议中列出的责任足够灵活，能够满足国家电力局在电力供应方面的要求。为了满足在沿海浅水区域将煤炭从运煤船转载到驳船的要求，项目发起人与当地合作伙伴共同成立了一家独立的运输公司。考虑到 ESG 因素，伊斯肯德伦项目要遵循当时的世界银行/国际金融公司的环保标准。我们没有得到关于当时标准的任何信息。

资料来源：From various public and private confidential sources.

罗斯托克市（德国）的瓦尔诺隧道

瓦尔诺隧道项目，是根据《德国联邦高速公路私人融资法》实施的德国首个私营机构投资的道路项目。该隧道连接汉萨同盟的罗斯托克市的瓦尔诺河的东西两岸。由布依格公司组建的项目公司"瓦尔诺罗斯托克有限公司"作为私营投资者和运营方，向隧道使用者收费（通行费）。该项目于 1999 年 12 月 1 日开始施工，2003 年 9 月 12 日投入运营。瓦尔诺隧道项目使用沉管式隧道施工法（该技术在德国远未普及使用），将 6 节防水的混凝土构件放在瓦尔诺河的河床上。包括进口和出口，该隧道的总长度为 790 米，宽度为 22.5 米，有 4 条车道，高度为 8.5 米。

汉森同盟的罗斯托克市与项目公司缔结的 30 年期特许经营协议约定，在 30 年期的特许经营期内，基于每当量小车 1.50 欧元（按 1995 年的价格）的平均起步通行费，可以覆盖其融资和日常运营成本，实现项目的可运营性。项目公司与罗斯托克市共同确定了一个在社会和经济上均可接受的通行费水平，只对使用隧道征收通行费，而不对进出通道和连接线路征收通行费，尽管后者也是总体项目的一部分。那些服务于固定的公共交通路线的公共汽车可以免费使用该隧道，不给乘客带来额外成本。考虑到市内交通大量使用瓦尔诺隧道，对数量众多的固定通勤用户提供了折扣。

不同于得到土耳其政府担保支持的、包含固定的长期购买协议的伊斯肯德伦项目，瓦尔诺隧道项目完全是使用者直接付费，投资者面临很高水平的市场风险，因为收入完全取决于隧道的实际使用情况。为抵销交通流量低于预期的影响，有限程度的价格上涨，才有可能在政治上可行且在法律上可实施，但从项目角度看也不是特别理性。

资料来源：Amongothers, Hehenberger, 2003.

5.2.2 利率风险

除了前面介绍的传统的与市场相关的风险外，金融市场的波动也会影响某项基础设施项目/资产或公司的财务状况。这主要与利率风险有关，对于使用外币的投资项目，还涉及下一节将讨论的汇率风险。

构成传统项目融资要素的商业银行贷款（不包含第7.4节介绍的开发性银行），通常期限不超过10～12年，在大多数情况下采用由两部分构成的浮动利率：

- 基准利率，即银行在资本市场上再融资所付出的成本，该成本取决于基准利率。根据贷款的计价货币，基准利率可能是3个月期或6个月期的欧洲银行同业拆借利率（Euribor，欧元）或是伦敦银行同业拆借利率（Libor，美元）。
- 利差，是指根据当前市场情况、行业标准、贷款人的收益率预期及其对项目/资产的评估结果而收取的利率。绿地项目与处于运营阶段的资产或公司相比，随着项目进展及预先确定的关键财务指标（财务条款）的实现，其利差通常下降，以反映项目风险的逐步降低。

利差可以是固定的，如此则可以事先计算，而基准利率随全球资本市场的波动而变化。因此，项目/资产可能面临高额的额外融资成本，即由于利率支付高于预期导致项目现金流受到负面影响的风险，尤其是在利率上升的时期内（利率风险）。在大多数情况下，利率风险由（项目）公司承担。

缓释利率风险的方法是在整个贷款期限内按固定利率借款，或者在特定时期内采用固定利率。这意味着，这段时期结束时需要重新协商利率，或运用利率衍生工具对冲风险（套保）。这两种措施都能让（项目）公司在中期到长期内固定其利息支付，从而实现未来现金流的稳定。第7.7节用利率风险和汇率风险作为例子，更详细地探讨了衍生工具的机制。

对于期限长的项目/资产（从一开始就长达25～30年），利率风险也源于商业银行通常不愿意单独提供期限超过10～12年的贷款的事实。因此，项目贷款往往被分成多笔贷款和多个计息期（例如，两笔10年期的贷款再加上剩余期限）。在每段计息期结束时，要重新协商利率水平。取决于资本市场的状况，新贷款可能或多或少更为"昂贵"，从而影响项目/资产或公司的盈利性。在PPP模式下，项目发起人可能会事先与委托人达成一致，即这笔潜在的更为"昂贵的"后续融资的成本（利率风险），应当全部或部分通过绩效费的相应提高，直接被转移给公共项目的开发主体，由此将项目的利率风险在多个参与方中分散。项目公司也可能基于委托人支付的绩效费的正面效应，以获得经协商的更好的利率条件。在传统项目融资模式中，在不同的参与方之间分担再融资利率风险，通常有可能，但不那么常见。为了缓释这种利率风险，开发性银行往往提供占贷款较高比例的长期融资，这反过来会引导商业银行以优惠条件提供长期资金。

5.2.3 汇率风险

除利率风险外，如果提供的贷款与项目收入的计价货币不同，项目/资产往往面临汇率风险。这种情况尤其适用于使用软货币国家的项目。例如，由于项目/资产的特征（收费公路的收入、供水或供电的价格），项目收入以本币（软货币）计价，而项目的融资与/或部分运营成本，以诸如美元和欧元等硬通货计价。

降低汇率风险的方式之一是，获得以本地货币计价的贷款，贷款规模与以本地货币计价要支付的成本保持一致，特别是在本地货币是软货币的情况下。这种结构的缺点是，由于缺乏流动性与/或本地货币很弱的外部价值，本地市场的资金供应通常特别有限，导致利率水平很高。当设计项目或交易的结构时，项目收入最好用硬通货计价，在理想状态下，应与贷款货币使用同一种货币，或通过项目合同中的价格调整或汇率对冲等方式，与相关硬通货的走势挂钩，以确保贷款能还本付息。例如，对于位于软货币国家的发电厂项目，电价往往在一定区间内与本币和贷款货币（即美元）的汇率波动挂钩。尽管具备这种特征的解决方案在技术上可行，但在政治层面上能否接受通过涨价对重大汇率波动做出反应，或考虑发展中国家的平均国民收入水平，决定了这类方案的现实可执行性。例如，2005年春季，阿根廷的电力供应商被迫撤销已实施的价格调整。在为可再生能源提供法定上网电价保证的很多（较低收入）国家中，类似的问题是公用事业公司必须为可再生能源支付更高的价格（由于法定上网电价的存在），它们必须接受且允许将成本转移给终端用户。

从东道国政府获得利率风险的担保可以提供最大程度的保护，但是面临与政府信誉和项目对东道国的重要性等相关的政治风险。汇率风险通常由项目公司承担并实施套期保值。

与利率交易一样，市场上有对外币交易进行汇率套保的金融工具，主要涉及外汇期货和外汇期权（见第7.7节）。

5.2.4 环境、社会和治理（ESG）风险

如第2.2节中介绍的，环境、社会和治理（ESG）风险会考虑到非财务性风险（外部风险）因素——它们可能会影响某项基础设施资产的财务业绩。当ESG风险成

为现实，除了潜在的财务损失，通常对项目/资产及其股东会产生严重的声誉损失。在进行特有风险评价时，需要考虑的 ESG 风险因素取决于特定投资策略和特征，以及所涉及的项目/资产的具体特征（基础设施行业、商业模式、区位等）。为了评价与特定基础设施投资相关的总体 ESG 风险的特征，所有三个方面（环境、社会和治理）的风险都需要单独评估。

ESG 风险通常相互关联。例如，一个破坏生态系统（造成环境风险）的大型基础设施项目/资产，可能会同时招来当地社区或利益集团的抗议。当政府审批成为某项基础设施项目实施的必要前提条件时，在环境与社会风险的背景下，往往会出现与治理问题相关的腐败问题。因此，在特定基础设施投资中，所有三个因素都需要被仔细考虑，特别是在法律很落后的国家中。

将 ESG 风险作为评估基础设施项目或资产的一部分，可以降低风险。关于环境风险，重点是降低由于资产的实物损坏与未能遵守环保法规所导致的财务风险和相关声誉风险。诸如很差的劳工权益等社会问题，或由于不道德的管理行为导致腐败等治理问题，可能会对项目的各合作方产生负面的经济后果及持续很久的声誉损害。

表 5-3 说明了与基础设施项目相关的 ESG 风险。下面将详细讨论这三类风险因素。

表 5-3 与基础设施投资相关的部分 ESG 风险

环境风险	社会风险	治理风险
气候变化（实物和政策风险） 资源缺乏（例如水和其他自然资源） 环境退化 污染（例如危险废物、玷污）	人权、劳工权益 安全和健康风险 消费者保护 当地社区与/或土著人群对项目的公开反对	与政府批准、许可相关的腐败问题 公共和公司治理结构 管理层薪酬水平、激励机制 当地法规 政府和相关方的关系

取决于特定基础设施行业与资产的实际地点，所涉及的 ESG 风险因素在范围和相关性方面差异很大。对于与特定行业相关的 ESG 风险，我们已经在第 4 章中进行了讨论。对所有地区的相关 ESG 风险进行系统性分析超出本书的范围，本书各处涉及的案例旨在提供一些参考。

5.2.4.1 环境风险

由于有限的自然资源的消耗和对生态系统可承受的不可逆的损害，诸如淡水消耗和垃圾变质，环境风险已经成为一个越来越重要的话题，制约现有基础设施满足人口增长和人类发展的不断增长的需要的能力。与环境相关的风险可能会潜在地导致额外成本、项目延迟甚至彻底阻碍完工。风险可能源于对环境产生影响的基础设施资产（例如，对环境造成污染），或源于环境对资产的影响。后一种情况可能直接源于气候变化所造成的风暴、洪水等自然灾害而损害已建成的基础设施，或间接源于环保政策或规制制度的变化，从而导致无法获得所有必要的政府批准，也有可能源于已经改变的环境条件，如强风暴。以可持续方式建设的基础设施，与其他基础设施相比，能够更加高效地使用资源，并考虑可预测的将对其造成影响的规制制度的变化，其适应性更强，可以面对未来的变化。另外，这样的资产可以更容易地降低或消除对环境（包括自然资源和野生动物）和社会的潜在负面影响。

与基础设施相关的常见环境风险的例子包括以下两个方面。

- 针对基础设施资产：气候变化带来的实物损坏风险；由于环保规制制度变化所产生的政策风险（例如，碳排放税）。
- 由基础设施资产所产生的风险：气候变化风险（温室气体排放）；稀缺资源的不可持续性使用（淡水等）；对生态系统的破坏（例如实物和供水、气候与疾病控制、土壤养料的循环和农作物授粉）；对生物多样性和生态系统的负面影响；对重要生物栖息地、湿地、地表水、农地和森林的负面影响；化学和其他危险废物；水污染；气体排放（空气污染），包括灰尘；通常意义上的违反现行环保规制制度。

投资者越来越关注气候变化对所有行业的基础设施的潜在严重影响（从实物损坏和规制视角看），以及对这些资产的风险特征、预期收益和未来价值的相关影响。因此，下面从环境风险中专门挑出气候变化风险进行全面介绍。

气候变化

气候变化是一项严重性逐渐增加的全球性风险，会对基础设施投资者产生很高的潜在影响。投资者的长期资产特别容易遭受与气候变化相关的实物损坏风险和政策风险。可持续发展国际学会将基础设施的气候变化风险定义为"基础设施系统对气候灾难（洪水、飓风、干旱等）的风险暴露和受损风险。风险暴露是指基础设施位于气候灾害敏感区域，而受损风险取决于基础设施对气候灾害的敏感性及其调整能力（涉及技术与财务两个方面），以最小化这类灾害的负面影响"（Boyle，Cunningham and Dekens，2013，see also www.IISD.org）。另外，基础设施的适应能力是指基础设施系统以及时、有效的方式预测、吸收、容纳或从灾害事件中恢复的能力（IPCC，2012）。

基础设施资产承受上面介绍的两类与气候变化相关的风险：实物损坏风险

(直接因极端天气的频率和强度增加涉及的实物损坏风险,如洪水、飓风、干旱、海平面上升等)和政策风险(与碳排放税收、补贴、上网电价等相关的气候和能源政策变化的不确定性)。实物损坏风险和政策风险,对特定基础设施资产的收益率及其估值都会产生严重的负面效应。

对于因气候变化导致的基础设施实物损坏风险,在全球范围内的关注度逐步上升,并且很多地方、区域和国家政府制定了各种调整计划与规定,以应对极端气候造成的当前和未来影响,诸如海平面上升、河流洪水、长期干旱和极端热浪等。这些气候灾害肆虐从沿海道路、码头到内地发电厂、建筑物和供水系统等所有行业的基础设施,置新建和现有设施于风险中。

极端气候的直接破坏只是气候变化对基础设施和社会所造成的诸多实物损坏风险中的一类。其他还包括相对海平面的上升、河流洪水、长期地区性干旱和极端热浪等。在未来几十年中,由于气候变化,这些灾害预计都会增加(US Department of Transportation,2011)。最近几年,与气候相关的灾害的快速增加(见图1-5),已经导致对基础设施可估测的巨大负面影响,也反映在保险费率的上升方面。例如,在美国,在过去10年中,严重的断电事故(超过5万用户)的次数快速增加,从2003年到2012年与气候灾害相关的断电次数已经翻倍(见图5-3)。

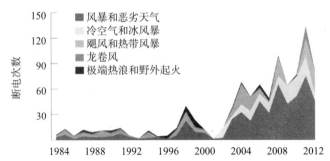

图 5-3 由于极端气候事件造成的美国主要断电事故的数量(主要指单次受影响的用户数量超过5万)

资料来源:Kenward and Raja (2014).

气候变化风险对特定基础设施资产造成的实物损坏程度,取决于特定条件。例如,建造在海滨的道路、桥梁和码头,比位于内地的同类项目/资产相比,更容易受严重风暴增多的影响。由于持续干旱导致的淡水缺乏,不仅会影响供水和污水处理系统,还会影响水电厂、传统火电厂与核电站,它们在运营时需要大量的冷却水。

> 除了气候变化对资产所造成的相关实物损坏风险，我们还需要关注政策风险，如逐步增加的环保规制政策和政府针对温室气体排放、碳排放或针对特定行业的投资补贴变化等相关要求。能源和交通行业的资产/项目，与其他基础设施行业相比，更加容易受到气候政策风险的影响。

因此，特定环境风险跟政治和规制风险更加相关。对于这一点，我们将在与化石能源资产和可再生能源规制相关的讨论中重点分析（见第 5.2.5.2 节和第 5.2.5.3 节）。

此外，运营基础设施资产涉及重大的声誉风险，一方面是不遵循环保规制政策，另一方面（更严重的）是会对环境造成负面影响，不论是损耗自然资源，还是因破坏生物多样性或侵害野生动物而破坏生态系统。NGO 环保主义者甚至反对那些虽然在法律上不存在问题，但是在某种程度上对环境造成损害的行为。负面的媒体关注可能会导致严重的声誉损失，对此，应当着力避免。对于在公开股票交易所上市的基础设施公司，这一点特别重要，因为可能对其市值造成负面影响。

在进行特定投资之前，需要仔细评估这些因素。环境可行性研究通常由这个领域中的专家实施，主要目标是确保在项目施工之前，也是在提供重大股本金和债务融资之前，最小化潜在的环境风险和相关声誉风险，具体涉及空气与土壤污染、在项目建设阶段使用危险的建筑材料或对自然保护区的保护等因素。获得政府批准是相关流程的必要环节。

尽管环境风险是全球性议题，但是它们对基础设施的特定影响可能是本地问题。因此，投资者应当尽可能弄清楚地区或城市层面涉及环境风险的信息，以获得与基础设施项目/资产的特定区位相关的最准确和最详细的信息。对于重大的国际项目，世界银行/国际金融公司发布的环境标准，长期以来已经成为公认的框架。很多国际机构投资者和证券发行人采纳了这些标准，因此只能投资、发行或承保符合 ESG 标准的项目/资产——这样做不只是为了降低财务风险，还包括声誉风险。

瑞士再保险集团的可持续性风险分析框架

瑞士再保险集团是全球第二大再保险集团，在超过 25 个国家有分支机构。由于瑞士再保险集团特别重视管理可持续性风险，该公司位列全球最可持续发展的公司之列。⊖可持续性风险及相关的声誉风险涉及商业活动，这些商业活动可以产生切实的经济利益，同时会损害环境并对社会造成破坏性效应。瑞士再保险

⊖ 例如，瑞士再保险集团是 2015 年道琼斯可持续发展指数中可持续发展方面的 RobecoSAM 保险行业领袖（http://www.swissre.com/investors/ratings/sustainability_ratings/）。

集团的可持续性风险分析框架（SRF）用一套示范性的、清晰的方法应对这些可持续性风险。特别地，该框架评价某公司的政策对社会的潜在负面环境影响，及对公司相关声誉风险的影响。该框架具体包括以下要素：① 涉及敏感性行业或证券发行的八项政策；② 敏感性商业风险评价流程，是针对个案评价的尽职调查工具；③ 排除的公司和国家。

瑞士再保险集团将这个框架适用于所有商业交易，包括（再）保险和投资。八个敏感性行业和议题是：国防行业、石油和天然气、采矿、大坝、动物测试、森林与木材、核武器开发以及压倒一切的人权和环境保护政策。这些行业的交易必须要实施敏感性商业风险测试，最终分别适用于三个选项：按常规实施、有条件实施或放弃该交易。在 2008～2013 年这 5 年间，涉及敏感性业务风险评价的交易数量翻倍，从 90 个到超过 200 个。其拒绝的交易对手，包括致命地雷的生产商，系统性、长期性和严重违反人权的可确认的共犯，因对环境造成重复性的、严重的和不可消除的破坏而受到处罚的主体，以及核武器开发者（Swiss Re，2015）。

例如，瑞士再保险集团对于发展中国家属于敏感行业之一的水电站（大坝）建设项目的风险评价，包括以下风险标准：项目治理、环境和社会因素（以及针对这些因素的缓释措施）、大众认可程度及融资。关注点涉及所有因素。特别地，我们发现在项目治理方面存在"严重缺陷"，诸如没有遵守公认标准（诸如 IFC 的绩效标准；see IFC，2012），在取得环保许可证时涉及不完整/武断的流程。这些问题受到了公众的强烈批评。另外，该项目的财务可行性受到一些潜在私人资金提供方的质疑。由于这些原因，瑞士再保险集团拒绝给该项目提供再保险。

可持续性风险分析框架并不直接解决本书涉及的所有重要 ESG 风险因素，诸如由于规制政策改变（例如，可再生能源规制政策，由于极端天气事件导致的实物损坏性质的气候变化风险，由于洪水、干旱导致的供水变化）影响其可持续性而陷入困局的（化石能源）资产。不过，利用该框架分析这些风险作为经济可行性评价的组成部分，适用于瑞士再保险集团的每一笔交易。这些风险的情况会反映在特定保险条款的定价上。

普遍意义上的环境因素和特定意义上的气候风险，均会对基础设施项目/资产评估的诸多方面产生影响，包括：设计、建设和完工风险、技术风险、融资与辛迪加风险、运营风险和残值风险等。旨在最小化特定项目或资产的环境易损性的应对性措施可能包括：让资产更加坚固的结构性措施，以及诸如应急流程之类的与灾害预防相关的政策措施。与这些措施相关的前端投资成本，例如让基础设施适应气候变化的净成本，经估算将造成总的前期投资成本增加 1%～2%（European Policy Center，2012）。气候变化造成的长期不确定性，可能导致对难以确证的结构性应对措施的额外投资的即时需求。不过，具有气候弹性的基础设施应对措施，应当使长期成本更低，因为它们有助于防止对基础设施的损害和干扰。从这个角度看，相对于可能影响全生命周期成本的其他因素，总的适应性成本看起来很小（World Bank，2012b）。

此外，由于可持续性基础设施可以产生与传统基础设施至少同等水平的收益率，并且对特有风险有更强的适应性，这表明可持续性基础设施在提供类似水平的回报率时风险更小。可持续性基础设施的风险调整后的收益率比传统基础设施相对更高，由此可持续性基础设施资产应当有更高的估值和较低的借款利率。实质上，可持续性基础设施较低的风险特征，是基础设施资产的价值驱动力。此外，在这方面，在开始执行投资时，为确保某个基础设施项目/资产满足所有相关的当前和未来标准所产生的额外成本，也会得到较好的补偿。

与政治风险类似，环境风险本质上也涉及多个方面。取决于环境风险的受限制的程度（例如，环境审批程序可能由公开合作方控制），环境风险通常由（项目）公司和公共机构发起人共同承担。

5.2.4.2 社会风险

社会风险通常与环境风险或治理风险有关。在有可能永久性改变或破坏当地生态系统的地区，建设基础设施项目（环境风险）可能会招致利益团体的严重抗议（社会风险）。较差的劳工权益和较高的职业危害风险（社会风险）通常是管理不善的后果（治理风险）。

大型基础设施项目的社会风险主要与人权、劳工权益以及工人和当地居民的健康和安全风险相关。这些风险表现为公众与非政府组织对项目的反对，以及与负面媒体报道相关的声誉风险。与基础设施项目/资产相关的社会风险的例子包括：

- 与大型建设项目相关的一般性安全风险；
- 工人和社区暴露于危险物质中的风险；
- 偏远地区的工人的恶劣居住条件；
- 童工，强制劳动；
- 对土著居民和文化遗址的负面影响。

社会影响的差异不仅与基础设施行业相关（能源、交通等），也与特定项目/资产的规模和位置相关：在环境或文化敏感区域建设的大型项目/资产，与位于城市化地区的规模较小的项目相比，前者的风险更高。

5.2.4.3 治理风险

从广义上讲，治理是指管理特定类型的组织或项目的过程和规则。基础设施项目/资产的 ESG 风险，涉及政府关系的方方面面，特别是政府批准、许可证和特许经营（与第 5.2.5 节密切相关）。治理风险的例子包括：

- 腐败的商业行为；
- 未能获得适当的许可和认证；
- 给承包商和分包商不恰当的付款；
- 薄弱的公共和公司治理结构；
- 管理层的激励机制与项目发起人的利益不相容；
- 未能获得利益相关方的必要参与和支持。

类似于环境与社会风险，由于基础设施资产的种类、规模和区位差异，治理风险也存在差异。例如，在劳工法落后、缺乏规制与监管的国家，工人的职业危害也会更加严重。不论是在某项基础设施项目的设计、审批、施工阶段还是运营管理阶段，治理风险通常都与管理不善相关（公司、承包商或分包商层次）。通常，在法治落后的发展中国家，投资者应当重视治理问题及相关声誉风险。

5.2.5 政治、法律和规制风险

政治、法律和规制风险是涉及多方面、广范围的风险类别。它可能位列与市场风险相关的最重要的风险类型之中。它起源于地方政府和司法管辖区在较长的生命周期内，通过立法，放松规制，国有化，没收和征收，不授予必要的批准、许可证和特许经营权，甚至违反特许经营等行为，对某项目开发或某项资产运营产生影响。对于那些盈利（几乎）完全依赖政府付费的行业，这类风险造成的后果特别严重。这个类别的其他风险还包括对资金流动的限制（兑换与转换风险）、付款冻结和不可支付日、税率改变以及政府机构违反合同规定等。司法系统的效能和合同不能强制执行，也有可能产生严重的问题，特别是在那些完全缺乏成熟的宪法体系的国家中。

鉴于上述情况，不言而喻，政治、法律和规制风险与新兴经济体尤为相关，一些新兴经济体的法律文化和行政系统相对不发达，即使是那些有着宪法保障的国家也不应当低估此类风险。例如，在发达国家中，可能由于联邦机构内部的利益冲突、其他官僚机构的阻力，影响税收体系、投资规制、环境规制以及与投资鼓励/补贴相关的法律变化，造成严重风险。对于一些特定的例子，我们将在第5.2.5.1～5.2.5.3节中讨论。

取决于所涉及的各参与方的能力，这些风险被分配给诸多合作方（公共部门、项目公司、信贷与投资保险机构、多边机构、出口信贷机构，见图5-1和第6章）。包括多家实力强大的合作方和国际担保机构的联合体，在政治不确定性增加时，可以提高影响各自国家有关当局的能力。当地银行的参与，及时申请并获得所有必要的批准，也可以在投资的早期阶段有助于限制政治风险。

除了上面简单介绍的风险，公众接受程度是成功实施新建基础设施投资的关键因素。影响公众接受程度的因素有很多，诸如环境保护、噪声污染、历史建筑保护，以及公众对私营投资者参与可能导致的劣质产品质量、价格提高、失去工作或通常会有较高的依赖性等未经证实的担心。从私营部门的资金提供方的角度看（股权或债权），公众接受度不高可能会严重危及特定项目。公共机构的早期参与并采用导向清晰、公开透明的信息披露政策明智可取，至少可以最少化那些往往未经证实、因缺乏了解而造成的各种反对意见。

有很多措施或方法可以消除或控制新兴经济体的政治风险。在项目融资中，多边银行和机构的参与提供了事实上的保护伞（尽管只是在相对意义上），诸如欧洲投资银行（EIB）、欧洲复兴开发银行（EBRD）、非洲开发银行、亚洲开发银行或世界银行及国际金融公司（IFC）与多边投资担保机构（MIGA）等附属机构（见第7.4节）。这种保护伞功能主要是通过这类银行与当地所有类型项目的融资的政治关联性，而不是通过法律上可强制执行的条款发挥作用。政治风险对东道国信用评级的任何损害，都可能显著地降低未来获得这类重要的开发性融资来源的可能性。

除了这些多边银行，项目开发者也可以寻求政府和私营出口信贷机构（ECA）的参与，它们在某种程度上运营或提供某种保险。通过提供出口贷款担保，作为（间接）促进出口的举措之一，支持本国公司的出口交易。取决于不同的出口交易，这些承保人所承担的政治风险可能在承保的商品类型、对被保险事件的定义、所提供的保险金额和条款等方面存在差异。

对直接外国投资的保险，提供了针对政治风险的特殊保护。这与为非商业性风险提供的长期投资保证相关——所有工业化国家、一些大型的私营保险集团及世界银行的下属机构多边投资担保机构（MIGA），均可以提供此类保险。上述三个选项所提供的保险本质上覆盖同样的政治风险。最后，金融危机充分显示出，保险提供方足够分散，是缓释保险人本身集中性风险的明智行为。第7.4.4节将提供促进出口和出口信用保证的详细信息。

项目或投资结构中包含这类风险防范措施，有助于提高政治安全性水平，从而改善这类投资的财务测算的计算基础。因此，参与项目融资的私营银行往往要求这类投资担保，并获得由保单提供的求偿权，作为所发放贷款的担保。

对冲政治、法律和规制风险，不只在那些宪法保障程度相对较低的国家是可取的。在那些政治稳定性和规制制度稳定性相对较高的地区，对于在政治上和经济上敏感的行业（如金融、媒体、基础设施），采用资金保护措施是明智的。这是因为这类投资需要各种各样的政府许可，项目发起机构很大程度上依赖于从相关政府机构获得的在法律上可执行的批准。顺着同样的思路，在政治稳定的经济体中，投资者会依靠一致性的、稳定的规制制度。违反政府许可或规制制度的改变，特别是当影响以前的投资项目时，可能会对现有基础设施资产及设计中的未来项目产生重大风险。

关于有重要经济影响的非预期规制制度改变的一个相对较近的案例，在一个让人出乎意料的地方——挪威出现了。挪威是一个特别稳定，有 AAA 评级的国家。2012 年，一个由外国机构投资者组成的联合体，从挪威政府手中购买了挪威国家天然气管网公司 Gasled。仅仅在交易达成后的几个月内，挪威改变了其天然气管网的规制体系。咔嚓一刀，允许新的所有者收取的费用标准下降了约 90%！毋庸置疑，这种幅度的费用削减对项目的收入从而对其经济性将产生重大的影响。这个案例有趣的是，在某种程度上还有点讽刺意味，挪威这样的特别富裕的国家作为项目合作方，也会形成政治风险，因为该国有足够多的资金，不太在乎是否得罪外国投资者。

在随后的三个小节中，我们将更加详细地分析投资者需要特别关注的三类政治和规制风险。

5.2.5.1 偿二代

从 2016 年 1 月起，欧盟（EU）对保险公司建立了一套被称为"偿二代"的风险调整基础上的资本规制制度。制定该规制制度的意图是降低保险公司的偿付风险（2007 年金融危机期间发生了此类风险），要求欧盟范围内的保险公司在其资产负债表上始终要持有经风险调整计算得到的资本规模。保险行业担心这项新法令及其他规制制度会让欧洲的保险公司对基础设施资产的投资变得成本高昂，原因在于新法令对股权和长期债权投资设定了很高的资本要求。

基于这个框架，除特别大型的保险公司之外的几乎所有其他保险机构，在投资基础设施资产时都适用标准模型中的市场风险子模块。同一个类别的投资还包括对冲基金、私募股权（PE）和风险投资（VC）等。在标准模型中，基础设施类股权被视为"第二类股权"，由此不考虑所涉及资产的特有风险状况，统一适用 49% 的资本要求。诸如在德国这类安全性很高的国家，即使是那些相对低风险的基础设施资产，如20年有保证的固定上网电价支持的太阳能光伏发电站，其风险和现金流特征类似于政府债券，适用49%的资本要求。

基础设施债权资产的资本要求，均适用于利差风险子模块，而不考虑是债券还是长期贷款。根据投资工具的期限和信用评级进行计算，长期限、非主权性债权由于很高的资本要求而受到限制。这种处理方式没有考虑到债权类基础设施资产恰恰需要有这些特征，而寿险公司也需要这类资产匹配其特别长期的负债。对于没有评级的基础设施债权，适用的利差风险介于A–与BBB–评级的债券与贷款之间（JP Morgan，2013）。

由于这些规制制度，很多对投资基础设施项目或资产的股权、债权特别感兴趣并由此支持国内政府进行必要的基础设施融资的保险公司，将控制这种投资行为。这一点对股权投资影响尤为严重，有可能使得很多涉及公众利益的基础设施项目难以落实融资。

2013年3月，德国保险联盟（GDV）发布了一份文件，建议在偿二代的资本要求中，将基础设施资产划分为一种独立的风险类别，将其风险因子设定为20%，而不是目前的49%。欧洲保险和职业养老金局（EIOPA）驳回该建议，理由是缺乏数据证实这类投资比该风险类别的其他投资有更低的风险（Chief Investment Officer，2014）。

5.2.5.2 可再生能源规制制度

全球投资者对大比例增加清洁能源资产的配置，显示出强烈的兴趣。不过，根据彭博财经新闻（BNEF，2015），全球清洁能源投资规模正在缩小。这种犹豫源于多个因素，其中包括"偿二代"（见第5.2.5.1节）和影响能源行业的相关国内和国际监管规则的不确定性。更具体地说，后者与针对可再生能源投资的规制框架的潜在变化有关。下一步，在所有国家中，降低对可再生能源的财政支持都预期甚至明确要求，可再生能源风电能够实现平价上网，甚至在不依靠政府补贴的条件下实现盈利。其明确的目标是降低消费者与/或公共预算所承担的对这类支持性项目的财务压力（取决于各自国家的规制制度）。虽然从中期看，这是正确的事情，但是令人遗憾的是，这种变化和降低恰逢能源价格波动性很高的时段。

尽管几百年来在所有行业中，事先宣布法律和规制制度的改变且不溯及既往，已经成为惯例，但是在过去几年中有一些国家针对可再生能源发电的规制制度溯及既往（西班牙是一个最为突出的例子）。由此，这样做不仅给投资者造成了经济损失，而且更为重要的是，降低了投资者对发达国家的总体信心，这毫无疑问会导致不敢投资的现象。

> **可再生能源的规制制度的改变**
>
> 由于慷慨的、预算支持的上网电价机制和促进可再生能源投资的政策，西班牙在 2007/2008 年经历了一个太阳能光伏投资的景气与繁荣期。不过，这些政策对于政府预算不可持续，随后发生的金融危机更是雪上加霜，导致西班牙政府溯及既往地削减上网电价，并改变针对太阳能和风能投资的相关政策。结果，2008～2012 年光伏行业的就业人数下降了 75%（从约 4.2 万下降到 1 万人），投资者对这类政府政策框架可信度的信心降低了（del Rio and Mir-Artigues，2014）。
>
> 另一个例子是澳大利亚。尽管全球性的政策趋势是更加支持可再生能源而不是化石能源，澳大利亚却在 2015 年撤销了已有的碳排放收费制度，目前正在争取降低其 2020 年可再生能源发展目标，以及取消当前对采煤业利润征收的 30% 的税收。这毫不顾及政府已经通过对可再生能源补贴投入超过 170 亿美元的事实。这些政策改变对一些可再生能源项目造成了威胁，包括一项由私营公司实施的 3.4 亿美元的风电场投资（Bloomberg，2014）。另外，这些改变传递了相互冲突的信号，可能污染澳大利亚的环境，因为煤是污染最为严重的能源。
>
> 英国的 FIT 计划（制订于 2010 年），是设计用于促进英国境内的可再生能源开发的一系列措施（其中还包括针对不同主体的可再生能源责任和合同）的一部分。该 FIT 计划针对小型农场、厂商和个人，旨在支持小规模可再生能源发电项目（低于 5 兆瓦），激励提高总发电量，并为向电网输送的供电量（非就地使用）提供其他激励机制。电力补贴通过消费者的账单实现。作为该计划的一部分，英国政府设定了对低碳能源补贴的预算限额，称为 LCF。
>
> 2015 年 7 月，政府宣布到 2020/2021 年，预计 LCF 预算将超支 20%，部分归因于参与 FIT 项目的开发商和机构投资者超出之前的预计，并且改变了批发能源价格。这促使政府推出针对 FIT 项目的成本控制措施——2015 年 8 月发布的一份旨在防止预算超支的咨询报告（DECC，2015）。2015 年 12 月 17 日，政府对该咨询报告的回复文件中最终决定将 FIT 计划延续到 2016 年 1 月，不过首先会降低并逐步取消针对低碳能源发电的 FIT，已经上网的 FIT 不会受到影响。建议的政策措施包括更加严格的退出机制（随时间变化而削减 FIT）和设置限额（一旦某一项发电技术在英国达到其总发电能力），最终到 2018/2019 年完全退出发电 FIT 计划。如果这次政策咨询的进一步分析表明，这些措施仍然不能控制预算，政府还计划从 2016 年 1 月起终止新申请人的发电 FIT。所有现有设施，以

及在 2015 年 8 月已经完成 FIT 影响评价的项目,不受所建议的价格水平和预算限额的改变的影响。对于各种各样的小型投资者、创业型投资者和个人投资者正在推进的可再生能源开发项目,这些政策改变所造成的后果特别严重。削减后的开发限额,可能很快在 2016 年用尽,再加上下一步的价格降低,已经显著改变了很多基础设施开发项目的经济前景。

5.2.5.3 闲置(化石燃料)资产

根据牛津大学闲置资产研究项目小组的定义,闲置资产是指"因为各种原因,遭受意料之外的或过早发生的资产减记、贬值或转换为债务的资产"(Ansar A.et al.,2013)。闲置(化石燃料)资产的主要风险是能源公司不能够再利用全部已探明的储备,因此必然会对其资产负债表造成损害,并对公司估值和股东价值造成负面影响。

闲置资产的风险由很多因素造成,诸如潜在的政策改变(碳定价、空气污染规制)、改变的社会准则(例如,当前的化石能源撤资运动)和清洁能源技术的成本降低(风、太阳能光伏等)。一份 IEA 报告估计,如果执行削减碳排放将全球温度升高控制在 2 摄氏度以内的政策,全球已经探明的化石能源储备中有 2/3 可能不会再被使用("不再被烧掉")(IEA,2012c)。其中有一种情形预计,到 2035 年,有 1200 亿美元的电力行业的新化石能源发电资产、1800 亿美元的上游石油和天然气资产及 40 亿美元的采煤业投资,将成为闲置资产(IEA,2014g)。

美世咨询(2015)认为,煤炭业的平均年利润将降低 18%～74%。汇丰银行 2013 年的一份报告警告,未来减轻气候变化影响的行动,将让化石燃料公司(特别是石油和煤炭公司)的价值减值幅度高达 60%～80%(Spedding,Mehta and Robins,2013)。政府限制能源使用、向碳排放征税以缓和气候变化,表明上述估计是正确的,那么降低对该行业的资产配置,可能是完全理性的并符合投资者的信托责任。

然而,闲置资产的风险是双重的。最直接的后果见前面的讨论:拥有的资金密集型长期资产及化石燃料储备,可能因为规制制度的改变而大幅度贬值。另外,当前所有者和新进投资者不清楚针对化石能源资产的规制制度改变是否及何时会实施。如果投资者"过早"放弃化石能源资产,远早于相关资产发生重大贬值时,由此会失去赚钱的机会,同时投资者也会承担未能实现最高收益的未履行信托责任的风险。减持行为的反对者提醒注意,如果仍然存在很多买方,出售某项证券并不会实质性地降低其价格(The Economist,2015a)。此外,我们尚不清楚出售行为会对公司行为造成何种影响。

压力集团在督促投资者撤出化石燃料资产方面已经取得越来越多的成功。最值得宣传的日子是总资产接近 9000 亿美元的挪威主权财富基金，同意出售价值 90 亿美元的煤矿和含油沙资产（The Economist, 2015b）。在全球范围内，有很多大型养老基金已经如法炮制，或正在考虑这么干。

有趣的是，我们需要观察是否到了临界点。随着为阻止气候变化实行更加严格的规制制度，在一段时间以后，投资者基于信托责任和实现最大短期收益率而维持其化石能源资产头寸，将变得越来越困难。

5.2.6 不可抗力

不可抗力是指超出各相关方控制能力的特殊事件或环境，诸如战争、恐怖事件、罢工或由法律术语"天灾"描述的诸如地震、极端天气事件或其他自然灾害等事件，会阻碍一方和多方按照合同约定履行其职责。在项目分析阶段中，需要特别重视这些风险，因为它们可能导致所投入的资金损失殆尽。例如，在陷入困境的地区，诸如战争蹂躏的国家，基本上不可能吸引投资者及实现项目融资。在西欧国家中，得益于该地区地缘和政治稳定性，与这些风险的关系不大。在有些案例中，私营保险公司以及较少的公共保险机构承保不可抗力风险。剩余的风险由（项目）公司与/或公共部门承担。

因极端气候导致的不可抗力的预期增多（由气候变化造成，见图 5-3），可能会增加日常成本或降低基础设施投资的收益率，这是因为资产在全生命周期中都置身于自然环境中。除了运营中断造成资产的收入损失风险，如果针对自然灾害事件的年度支出增加，则承保极端气候事件的保单的价格会快速上升。例如，在美国，超过 90% 的与自然灾害（2003～2012 年）相关的保险损失，源于如热带气旋、强雷暴雨、热浪和干旱等气候相关事件（见表 5-4 和第 5.2.4.1 节关于的气候变化风险的介绍）。不断上升的保险费率应当是这些情况变化的符合逻辑的结果，尽管我们没有找到公开数据支持这一点。

表 5-4 美国 2003～2012 年的自然灾害[①]

（2003～2012 年）					
				保险损失	
	保险事件的数量	恶性事故数	总体损失 （10 亿美元）	合计 （10 亿美元）	10 年平均水平 （10 亿美元）
地震/海啸	29	6	1	0.3	0.03
热带气旋[②]	46	1 975	378	204.0	20.40
强雷暴雨[③]	775	1 630	169	107.0	10.70

(续)

	(2003～2012年)			保险损失	
	保险事件的数量	恶性事故数	总体损失（10亿美元）	合计（10亿美元）	10年平均水平（10亿美元）
热浪/干旱	21	425	48	20.0	2.00
山火	253	112	15	8.0	0.80
冬季事件[4]	114	765	22	13.0	1.30
河流洪水/山洪暴发[5]	162	245	23	4.0	0.40

[1] 截至2013年7月。
[2] 包括由飓风和其他热带气旋导致的洪水泛滥；包括国家洪水保险项目的损失。
[3] 包括龙卷风。
[4] 包括冬季风暴、冬季灾害和暴风雪。
[5] 不包括由热带气旋和飓风引发的洪水破坏损失。

资料来源：Munich RE, Geo Risks Research, NatCalSERVICE.

5.3 项目/资产的特有风险

项目/资产的特有风险与上面介绍的一般风险有所不同，部分或全部参与方可以影响这些风险，在大多数情况下还可以购买保险（通过购买特定保险来保障或依托合适的合作方的介入，见表5-2）。此外，一般风险可能在项目或资产的整个期限或全生命周期中发生，而项目/资产的特有风险在不同程度上可能在项目或资产的某些阶段中发生，取决于项目/资产的特有风险的影响程度及其发生的可能性。

在风险评估与缓释方面，最重要的原则是：各方之间的全部合同的构建，都应当确保让最有能力评估、控制和管理特定风险的某一方主体，承担最小化该项风险影响的责任。

尽管前面已经介绍了一般性的ESG风险（见第5.2.4节），但是这里强调的是它通常伴随项目/资产的其他特有风险出现。自然地，其他特有风险与一般性的ESG风险存在比较突出的重合。因此，我们建议在实施对项目/资产特有风险（例如，技术风险、运营风险）的尽职调查时，要专门处理有关ESG风险。为此，我们在下面会介绍一些例子。

5.3.1 设计、建设和完工风险

设计、建设和完工风险往往只与开发性项目（绿地项目）有关。对于那些已经

进入运营阶段的褐地项目,这一类风险不相关或不那么重要,例如能力扩张或重要的更新改造投资。

为了确保项目实施时机合适,以及基础条件与技术上的可行性,在项目的设计阶段需要开展重要的前期组织和工程任务。相关方对于影响项目实施阶段的所有因素都必须详细审查(见第 6.4.2 节),并且必须获得所有必要的批准和专家评估,执行高效率的项目管理,以确保项目在预算和时间上得到妥善的安排。

项目的施工合同通常会被授予总承包商,总承包商可以将单项施工任务分包给各分包商,但总承包商要对项目发起人和融资人承担整体项目的全部完工风险(见第 6.3 节对各方角色的解释)。因此,在评估总体设计、建设和完工风险时,总承包商的经验和信誉是影响因素。如果总承包商对该项目的完工缺陷或推迟完工承担责任,或总承包商在建设阶段提供初步融资的话,总承包商的信誉和财务资源也能发挥重要作用。对设计、建设和完工风险的分析,考虑的因素还应当包括未来产能扩张,以及为提供电、气、水和其他基础性产品而需要的配套公路、电线或管道等。

为了评价建设和完工风险,项目的发起人与其他资金供应方要求由专业的工程师办公室提供独立评估。此举旨在确保:

- 预测的项目成本符合实际(例如,建设阶段的成本超支或者由于额外成本、推迟完工造成的成本超支;任何额外的支出通常由股本金提供方承担);
- 项目能够按计划完工;
- 在项目完工后,项目的预计经营业绩可以实现;
- 能够按计划实施所有产能扩张或提高利用率。

未满足要求的绩效标准或由于内部设计的变化导致的成本提高的风险,由总承包商承担,因为总承包商是控制和管理这类风险的主体。通常,所有资金提供方(债权和股权)希望由总承包商或项目开发商提供完工保证。

(公共)委托人承担设计变动或由于委托人自身导致的审批过程拖延所造成的额外成本的风险。

在设计、建设和完工阶段,需要考虑的与 ESG 相关的项目/资产特有风险包括:

- 项目选址面临气候变化所造成的环境危害的风险;
- 由于以前的资产、工业活动或项目施工造成的建设场地的土壤污染风险;
- 项目的环境影响评价得到负面/不满意结果的风险;
- 由于环保问题、利益集团或非政府组织的干预,造成项目审批延迟的风险;
- 承包商与分包商涉及 ESG 问题的合同安排不合适的风险,诸如,在施工阶段要遵循环保标准、建筑工地的工作条件要求（适用劳动法、健康和安全）等。

> **评估设计、建设和完工风险**
>
> **伊斯肯德伦**：各有关参与方详细审查该项目所有与环境相关的问题。独立顾问根据世界银行和土耳其政府发布的适用标准，准备了一份环境影响评价报告。该研究确认从环境角度看，该项目可以接受。在该项目已经运行 10 多年后，可以发现重要的负面环境影响及当地社区的相关关切。
>
> **瓦尔诺**：在项目开工前，开发商进行了一次环境影响评估，并对各种路径进行了分别研究。作为专门的建设措施的一部分，此次评估分析了事先准备的景观保护计划，经论证该计划满足相关要求。另一项重要的任务是，在地下挖掘和建设过程中，对所挖掘出的土壤的处置，也要根据设计许可流程的要求进行。

5.3.2 技术风险

在项目设计阶段，需要在程序可行性方面进行广泛的基础性工作，避免项目资产不能达到计划的运营绩效，或在极端情况下根本无法运行或未能建成。在选择技术合作方时，除非该项目不可或缺，否则通常应当确保使用由知名制造商提供的经过实践验证的成熟技术，而不是新的未经测试的技术；应当分析以确定所选择的技术在类似项目中成功使用的情况，以及地理或气候条件的潜在变化是否可能影响其功能性和有效性。

在寒冷、干燥地区已经使用的设备，在温暖、湿润的气候中可能不满足相关要求。例如，动力涡轮机在高海拔地区的运行效率可能比低海拔地区要低。对于那些能提供成本或效率优势的新的或很少使用的技术，在大规模推广应用之前，应当先在试验项目中测试。原则上，在施工之前应当对所有技术进行测试。在此背景下，采用能够提供必要运营业绩的技术以实现设计中的产能扩张，也很重要。这方面的全部风险由（项目）公司承担，或取决于所用设备的制造商提供的质量保证措施。

制造商在特定期限内按照标准担保合同条款的要求，保证所提供技术的合同业绩并对任何缺陷或低效及所导致的成本负责。然而，这类制造商保证并不为所提供设备的错误使用或不当维护负责；此时，相应责任归于运营方。考虑到这些因素，建立真正熟练掌握有关技术的有经验的运营团队，对于确保生产过程的顺利运行至关重要（见第 5.3.5 节）。

从长期看，采用成本效益最好的技术方案，符合运营方的利益。因此，考虑项目存续期内预计的成本节约，运营方可以接受使用较新技术的风险。然而，从债务提供方的角度看，使用有限测试经历的新技术会增加运营停工的风险，因而会引致偿债能力风险。这样会提高项目的借款成本。

除了更高的故障率，可以通过敏感性分析，假定所使用技术的低效率以模拟分析这种技术风险。这些选项会降低预期现金流，通常会导致较低的债务融资额度。或者，当项目现金流不足以满足债务还本付息时，股东可能要承担额外的偿付责任。这个例子再次表明，项目各参与方的利益相互关联，并且仍很复杂，要在合适的合同架构下调和这些利益极具挑战性。

> **管理技术风险**
>
> **伊斯肯德伦**：项目公司与由西门子公司、西姆科、Gama Tekfen 和 BBO 能源组成的联合体，签订了 8.125 亿美元的交钥匙建设合同。该合同还包括煤炭卸货设施、码头和 380 千伏的变电站。项目使用具有多年成功运营经验且经过实践验证的成熟技术。西门子发电集团是一家经验丰富的总承包商，通常能按时和按计划交付项目。
>
> **瓦尔诺**：该项目使用由法国布依格公司和澳大利亚麦格里基础设施集团牵头，联合来自本地区的若干中小型企业组成的经验丰富的施工联合体。在有些阶段中，该项目使用了新的施工技巧和技术。

与技术风险相关的 ESG 风险表现为：项目发起人在未经测试技术与成熟技术之间抉择的两难处境（及相关的利益冲突）。这些多层次的问题包括：

- 使用成熟、已经证实但是可能会过时的技术（在项目/资产的存续期内，采用新兴技术进行技术升级的相关成本）；
- 使用新的、未经测试但是有潜力应对未来、环境友好的技术（预计具有较低水平的负面环境影响），但是并没有实现更高效率的资源利用和潜在的成本节约；
- 使用的（环保）技术过时而再次使用市场上更有成本风险与/或资源效率的技术的风险（与较低负面环境影响的技术升级相关的成本）。

5.3.3 融资风险

在所有可用资金到位之前，融资协议提供的承诺失效，或某个参与方不能或者不愿意履行其合同责任，导致项目资金短缺，即发生了融资风险。对于绿地项目，这一风险主要发生在设计和建设阶段。

贷款协议通常包括一个条款，规定在信贷协议涉及的其他资金到位之前，项目发起人应当全额向（项目）公司注入资本金。项目发起人和总承包商的信誉，即当项目未能产生所需要的现金流时，他们为债务还本付息提供额外资金的能力与/或意愿，对所有放款者都很重要。

总承包商可能是发起人之一或发起人的子公司。总承包商能够可靠地评估所提供服务的质量，这样对其他股东和债权人也有好处。尽管往往认为或假设如此，但是这种安排并不是总能确保包括总承包商在内的所有发起人的利益相容。在特定情况下，例如，在由发起人承担建设变更风险的情形下，总承包商可以收取相当高的价格并实现很高的额外收入，因为在这个阶段总承包商在联合体中处于垄断地位。所有项目发起人分担成本，而只有总承包商得益。

借款人通常将贷款拨付与特定节点事件的实现相挂钩。这里的特定节点事件可能是实物性质的（例如，建设阶段中的施工进度），也可能是财务性质的（例如，收入或息税折旧摊销前的利润目标）。贷款协议通常包括严格使用所提供资金的保证并由银行进行监控。如果借款人没有满足这些保证，债务提供方有权终止贷款协议。这里的基本问题涉及这种做法是否适用于所有情况，或者借款人是否仅仅将终止贷款的威胁作为促使项目发起人实现其请求权的工具。终止贷款可能会引发真正的紧急情况，并严重危及项目的完工。

银行经常提供过桥贷款以满足临时的融资瓶颈，只要有第三方担保或及时落实项目还款保证。

为了控制还款安排中设定的现金流，贷款协议包含实现明确的关键财务指标的条款（金融契约），违反该条款也可能导致协议的终止。贷款协议中主要包括的一些关键指标，将可用现金流与尚未偿付的本息（利息和本金）的数量进行比较，并确保所承担的责任在一定程度上超出合同约定的责任。如果签约方违反了契约，但贷款人不把这看作借款者在长期内无力偿还贷款的证据，通常仅会导致按照修订后的业务计划重新协商融资合同，而不是终止贷款本身。包括财务发起人在内的股本金提供方，也可以使用类似的关键财务指标或节点事件，控制和监督项目进展情况。

对于项目发起人而言，融资过程中的最关键时刻是签署借款协议日到资金到位日之间的那段时间，此时既可以提款也可以撤资。通常，这两个日期相隔数周：项目发起人应当在尽可能早的日期获得融资，但与此同时，债务提供方要求获得必要审批及项目建设早期进展的证据。项目发起人最好将借款人必须满足的条件，编制成支付条件或注资条件的清单。只有清单中所列出的条件都被满足时，才可以拨付资金。

在签署协议与资金到位之间的那段时间，信贷协议包括重大不利变化条款（MAC），要求项目没有被持续损害地推进，并满足所有拨款条件。项目公司与发起人面临的风险在于对术语"持续损害"的理解。持续损害可能包括项目拖延、项目的参与方之一撤出、环境灾害（洪水、风暴等）、资本市场或东道国的不利情况（例如，对于次贷危机是否构成一次重大不利变化事件，尚存在一些争论）。项目发起人应当尽可能准确地定义"损害"一词并将特定事件归入其中，为的是确保项目的成功并不依赖总体趋势或短期市场波动。因此，取决于合同条款，融资风险虽然主要由（项目）公司和发起人承担（如果融资不能到位，则由发起人承担进行额外付款的潜在责任），但是也可以由贷款人承担。

在评估融资风险时，应当考虑如下项目/资产特有的 ESG 风险：
- 项目没有满足股东与/或债权人的 ESG 要求的风险，例如在敏感地区（环保、土著居民等）与基础设施项目/资产相关的声誉风险；
- 环境灾害（风暴、洪水等）影响开工之前或建设阶段选址的 MAC 风险。

5.3.4 辛迪加风险（分销风险）

为重大金融交易提供的贷款，起初往往由一家银行或少数几家银行及其他债务提供方进行谈判协商并签署协议。通常，这些银行随后会将它们在该贷款/债券中已预先确定的权益中的一定比例出售给其他市场参与方（辛迪加），不过除银行之外的其他债务提供方不会这么做。传统上，购买方主要是其他银行。最近，机构投资者成为这类辛迪加贷款和债券的重要参与方，但还没有成为主流。

辛迪加风险是指银行无法按照它们与借款人签约的条件在市场上出售贷款/债券的风险，通常完全由牵头银行承担。此时，银行不得不在其报表上持有超出自身意愿的很高比例的贷款或债券。紧随次贷危机爆发后出现问题的基础设施融资市场是典型的例子。在这场危机之前，银行（还有其他机构型债务提供方）以越来越激进的条件为重大基础设施交易提供资金，令人担心的是现在（2015/2016 年）又死灰复燃。不过，在危机开始后不久，很明显银行不能再以最初协商的条件进行分销（即辛迪加）相关证券，其中有一些交易已经按照最初谈判的条件与借款人签约。银行试图触发重大不利变化条款（第 5.3.3 节）以便重新协商贷款条件。当这种尝试失败后，一些银行宁愿支付高昂的分手费，也不愿意以最初协商的条件，承担将这些贷款纳入自身报表的风险。

尽管从法律上说，辛迪加风险由银行单独承担，但是由于其强大的谈判地位，一些银行能将辛迪加风险的一部分转移给股东。这是通过各种措施综合实现的，诸如为债务重新协商条件、降低财务杠杆、将一部分贷款转移给股东等。然而，在大多数情况下，银行未能如愿而不得不按约定提供贷款。

第5.3.3节提到的与融资有关的特有ESG风险，同样适用于辛迪加风险。

5.3.5 运营风险

高效地运营项目/资产的能力，是确保经济可行性的另一个关键因素。因此，被称为运营风险的相关风险，包括运营中断、运营和维护成本超支等，涵盖项目/资产的运营、管理、服务和维护，并且由运营方承担。

当分析运营风险时，未来的运营方的经验和信誉是主要因素。运营方通常是发起人或总承包商的关联公司，委托外部运营方管理的情况不太常见。在建成实物资产并进入运营状态以前，运营方与项目公司即已签订运营协议，主要约定管理者与项目公司及其股东之间的权利和责任，包括保证与责任承担。运营方应当熟悉可用的技术、全部运营过程和相关产品，以及其他内部与外部条件。设备制造商必须保证所运用的技术的长期效率并提供适当的服务和维护。常规维护可以显著地降低风险。因此，通过签订相关维护协议，供应商必须确保设备的可用性、效率和不出现技术缺陷。如果可行，因所使用的原材料和初级产品的特征及供应数量不足而产生的风险，可以被转移给制造商或供应商。

至少在项目最初的计划内，运营方不仅应当有能力确保资产的技术运营，也要确保公司的经济运营。运营方可以通过为运营停工购买保险的方式管理运营风险。

为考察运营方的水平，股东和债权人应当获得证明文件，对管理团队进行评价并分析其过往经验。由于运营方往往是某家发起人的子公司，所以可以获得关于其水平和经验的信息。正如前面所指出的有关总承包商的内容，这意味着可以预先了解运营方的水平和经验。发起人与运营方在项目成功运营方面有共同的利益，这也对其他资金提供方有好处。针对运营方未能实现约定绩效标准的索赔，可以采用约定罚金的形式。例如，如果因为错误的计算或未能执行某些步骤，导致基础设施或技术运营/管理成本的提高、价格与/或数量的调整或偏离绩效标准，运营方应当承担责任。

在对运营风险进行尽职调查时，对项目/资产特有的ESG风险的评价，主要与违反环保、健康或安全方面的规制制度及对环境的实物影响相关，可能很快招致压力集团的参与。不过，运营风险还包括环境对资产的影响：

- 违反环保标准或规制制度的运营风险（例如，土壤和水污染、空气污染、产生噪声的风力发电机）；
- 侵害劳工、当地居民健康与安全的运营风险；
- 由于使用"落后"技术造成的无效使用自然资源的风险（例如，与当地居民和农业竞争性地过量用水）；
- 干扰野生动物和海洋生物的自然栖息地（例如，风力发电机对鸟类的伤害，噪声影响动物交配，道路影响动物通行等）导致采用高成本的调整措施的运营风险；
- 气候变化引致的环境灾害干扰资产运营的风险。

5.3.6　合同与交易对手风险

合同风险主要是指由于合同构建不合适、未能遵循法律原则或存在法律漏洞，可能导致合同和协议无效或存在不同的解释。因交易对手导致的潜在合同风险，根据相关协议由所有参与方承担。特殊目的公司总是承担最高的风险，因为它是最重要的合同合作方。

对于合同和交易对手风险的详细介绍，可以参考与基础设施投资、PPP和项目融资相关的法律文献的全面介绍。因此，本节不详细分析这些风险。

在ESG风险的背景下，交易对手风险可以源于那些不遵循ESG标准及存在相关声誉风险的承包商（或分包商）和供应商。

5.3.7　变现风险

变现风险是指项目期限或资产生命周期结束时，能够通过资产（建筑物、设备等）的处理、转移或进一步利用而与残值或终值相关的风险。该风险是指这些资产目前的市场价值或功能，可能低于最初的假设或预测。

资产的终值取决于项目/资产的诸多特定因素，其中最重要的包括：土地租赁和许可的剩余期限超过资产的设计寿命，资产的年限，资产的总体条件，修理或未来投资的需要，所运用的技术的先进程度和效率，运营方的管理技能，特别是长期特许经营权、许可、供应及采购协议。此外，在一般情况下，诸如变现时总体的经济和资本市场环境也会对残值产生重要的影响（要提前多年预计残值，即使有可能也难以做到）。

从债务提供方的角度看，变现风险相对不那么重要，因为与长年累月的还本付息相比，残值相对较低。此外，资产处置距离现在还很久，资产贴现后的净现值（见第 6.4.4.1 节）作为还款保证的价值可以被忽略。尽管在测算时不重要，但是在（项目）公司发生拖欠还款或无力偿债的情况下，相关资产的可变现性对银行很重要。例如，专门为智利沙漠中的一个矿建设的港口设施，难以找到一个外部购买方，而现代燃气发电厂的涡轮机或钢铁厂使用的压力机，却能够获得有吸引力的转售价格。

不过，从股东的角度看，项目公司或基础设施资产的残值，在计算投资收益率时是一个核心因素。残值的重要性取决于资产的性质，以及计划持有期这个最为重要的因素。关于资产的性质，是由股东拥有还是只是许可/特许使用，但最终仍然由政府所有（如某些 PPP 项目），这两种形式存在差异。通常，只是在前一种情况下，残值很重要。考虑到计划持有期，对那些计划在几年后就要出售资产的（短期）投资者来说，在计算其原始投资的预期收益时，资产的残值很重要。

在 PPP 模式中，应当确定要采用哪种 PPP 模式（第 3 章）。取决于具体合同模式，可以在合同期末将各种变现风险转移给私营合作方（如 PPP 购买者模式）。或者，私营合作伙伴可能在合同期末及之后并没有变现风险（如 PPP 所有者模式），这是因为在特许经营或许可合同中，资产的所有权一直归公共委托人所有。大多数公路基础设施项目就是这种情况，因为公路是公共资产。

在传统的纯粹的私营交易结构中，通常会有某种变现风险。这要么是因为已经达到项目/资产的预期寿命，要么是因为项目的发起人/最初投资者不打算在资产的整个技术寿命或预计寿命（可能由行政许可/特许经营权决定）中一直持有，而是考虑出售资产，例如在项目进入运营后不久就出售（出售风险）。在预计寿命结束前出售资产的价格的影响因素，实际上与残值的影响因素相同。

项目/资产特有的 ESG 风险，实际上与资产变现特别相关，因为更有能力应对 ESG 风险的技术上不过时的基础设施资产，与不具备该特征的资产相比，可以实现更高的残值。例如：

- 在资产寿命结束时所使用的技术过时且不再满足环保要求，对潜在买方的残值降低的风险；
- 项目选址不适合未来发展需要的风险，例如，选址不能满足污染物排放标准或选在环境危害风险较高的区域，由此需要高成本的保护措施。

5.4 行业的特有风险

除了上面介绍的一般风险和项目/资产的特有风险以外，还存在行业的特有风险。表 5-5 介绍了部分子行业的相关风险的例子，即交通行业、供水与污水处理、可再生能源发电、能源传输和存储，以及社会基础设施。

表 5-5 行业的特有风险

行业	行业特有风险	注释和例子
		交通行业
公路	通行车辆的构成	因更多损耗导致更高的维护成本，从而促使运营成本提高
	交通流量/收入价格（市场风险）	例如，由于交通流量与/或低于预计的收费增长率等偏差造成的较低收入
	识别、计费和收费（收入风险）	例如，由于没有准确识别用户或未付费用户导致收入低于预测值
	影响交通流量的未预期的并行竞争的基础设施（如上）	例如，与收费高速公路并行竞争的另外的不收费的过江设施、桥梁或其他平行线路
	影响交通流量的收费公路的接口变化	例如，公路施工或关闭造成收入降低
	通行能力	例如，可用的公路路面宽度不够用
	所在国家的公路法规的修改影响交通流量和构成	例如，轴重、排放标准
	气候变化	例如，由于沿海地区的洪水增加导致土壤流失的损害的风险（实物领域）
铁路	流量/收入的规模	取决于合同结构，例如使用者付费/可用性付费模式，以及路线或子网络
	网络与运营之间的接口	取决于特许经营权的结构（综合的、只包括线路或只包括运营）
	车轮/轨道技术的发展	快速的技术发展和突破
	高科技系统要素的开发/交通控制规则的改变	由于对新的控制和信号技术的支出，导致更高的（运营）成本
	影响收入流量的普通网络建设	收入流量的变化难以估计，整体网络内相互依赖
	气候变化	例如，由于沿海地区的洪水增加导致土壤流失的损害的风险（实物领域）
机场	交通流量/价格（联运、国内、国际）	针对着陆权、停机位、着陆费等复杂的全球竞争
	改变的规制制度	与空运相关的受规制行为的收入可能受到影响
	技术发展（运营方、用户）	必要的技术升级的相关支出导致的较高的运营成本
	运营方、航空公司、乘客之间的接口	各利益相关方之间的复杂的和动荡的接口导致不可预测的后果
	建筑物/设备的利用/规模	乘客数量影响空间设计、技术设备、零售区域、连接理念等
	互联互通	例如，必要的新公路和铁路连接线
	气候变化	极端天气事件的频率增加，导致对机场设施的实物损坏

(续)

行业		行业特有风险	注释和例子
交通行业			
航道		交通流量/能力	例如，航道不够深、不够宽，现有水闸、泵站无力满足交通流量
		水位	由于洪水或干旱影响水位，导致在低潮/高潮时航道无法航行
		互联互通	例如，通向港口的必要的新公路和铁路连接线
		气候变化	洪水或干旱的频率增加，影响水位（实物风险）
港口		交通流量/价格（市场风险）	国际/国内/各种方式之间的激烈竞争影响收入，尤其海港之间的竞争
		建筑物/设备的利用/规模	例如，由于船只的规模或水位不够，港口将无力接纳某些船只
		互联互通	例如，必要的新公路和铁路连接线
		气候变化	由于沿海风暴的频率和强度增加造成实物损坏，干旱降低港口的水平面
供水和污水处理			
供水		识别、计费和收费（收入风险）	例如，由于没有准确识别用户或未付费用户导致收入低于预测值
		客户数量和每个客户的消费量	由于人口结构变化、天气、价格等要素使得消费模式发生变化，导致更多/较少的用户数量
		水文学/气候变化	例如，由于水源枯竭、集水区降雨量/积雪的减少导致未来供水量不足
		水流失	技术（设备）失灵导致水流失
		规模（网络、管线等）	人口结构变化、新的居住区/工业区的开发或其他方面的用水，需要调整管线与/或配送网络，导致实际成本高于预测成本
		规制框架（供水职能、普遍服务、支付机制）	消费标准、环保要求与/或受规制的支付机制等规制制度的改变，影响（预测的）受规制收入
		环境污染	例如，农业残留物（比如大规模农业排放的硝酸盐）或其他工业及超过限额的排放污染集水区，导致较高的水处理成本
		气候变化	频率更高的极端气候事件造成沿海地区水处理设施的实物损坏
污水处理		识别、计费和收费（收入风险）	例如，由于没有准确识别用户或未付费用户导致收入低于预测值
		政治上的认可	合同同意/允许的收费增加，可能在政治上不可行
		污水的数量	取决于人口结构变化、行为变化
		规模（网络、管线、处理厂等）	例如，错误估计数量和污染程度、人口结构变化、新的居住区/工业区的开发，可能会增加用于调整管线、网络和处理厂的成本
		网络连接/义务/计量基础	投资新设备确保精确计量和记账
		规制制度改变（例如，质量、支付机制）	例如，提高运营成本的质量要求或作为受规制收入基础的支付机制等规制制度的改变
		水污染和污染程度	农业或工业行为的改变，可能增加净化成本
		气候改变	极端气候事件的频率增加，导致水处理净化设施的实物损坏

(续)

行业	行业特有风险	注释和例子
可再生能源发电		
跨行业	规制制度改变	与环保规制/政策等相关的规制制度改变（例如，碳定价、上网电价、发电量上限）可能会影响可再生能源的需求或（受规制的）价格。装机容量上限可能影响持续发展
跨行业	（自然）资源（数量风险）	例如，低于发电所需要的自然资源（例如，风、太阳、水）的预测数量
跨行业	能源价格（价格风险）	能源市场的波动性和高度关联性（既涉及如石油、天然气、电力等能源类别，也涉及不同地域）以及消费者行为的改变（部分与环保因素有关），可能导致低于预测的收入
太阳能光伏	气候变化	气候变化可能导致年度日照时间的增加或减少，从而影响能量产出，由此影响预测收入；平均温度的升高会降低太阳能电板的生产能力，如冰雹等极端天气事件会对面板造成损害
陆上和海上风电	气候变化	发生极端风暴（例如，大于20米/秒）的频率增加导致能源产量及收入低于预期，因为必须（部分）关闭风机以防止实物损坏
陆上和海上风电	技术问题和成本超支（海上）	在海洋环境下建设与维护大规模风电发电机的技术上的挑战（导致运营成本的增加）
陆上和海上风电	采购风险	设备或备用配件的运营成本上升，（部分）源于原材料成本的上升
水电	可利用的水资源	由于降水模式的改变、积雪深度与季节性径流的改变、上游工业或农业活动的增加等，造成供水短缺
水电	环境/公众接受	水电项目可能（严重）影响当地生态环境和（土著）居民，导致公众/非政府组织的反对，进而难以获得环保许可
水电	气候变化	诸如干旱、降水模式的持续改变、积雪深度与季节性径流的改变等，造成供水短缺
生物质能	原料供应/公众接受	生物质能源作物与粮食生产竞争肥沃土地，导致难以获取生物质原料供应
能源传输和存储		
电力传输	识别、计费和收费	例如，由于没有准确识别用户或未付费用户导致收入低于预测值
电力传输	规模（网络）	准确估计规模和技术要求；人口结构变化、新居住区/工业区的开发，可能增加用于调整网络或过时设施的成本
电力传输	规制制度改变（环境）	更加严格的环保要求可能导致新输电线路的更高建设成本以及更高的运营和维护成本
电力传输	规制制度改变（使用者付费/支付方案）	受规制的支付方案的改变，可能降低规制收入占（预测）收入的比重，最高可以占总收入的100%
电力传输	需求规模（市场风险）	人口结构变化和分散式发电（区域性供热）可能导致通过网络传输（甚至配送）的电力需求降低
电力传输	技术发展	例如，成本密集型的智能电网覆盖广泛的区域
电力传输	气候变化	极端气候事件导致网络设施的实物损坏
天然气传输	天气	温度升高可能导致用于供热的天然气销售所产生的收入降低

(续)

行业	行业特有风险	注释和例子
能源传输和存储		
天然气传输	规制制度改变（环境）	例如，碳排放税或类似的与气候变化相关的收费可能降低利润；更严格的环保要求可能会提高新线路的建设成本和运营/维护成本
	规制制度改变（使用者付费/支付方案）	受规制的支付方案的改变，可能降低规制收入占（预测）收入的比重，最高可以占总收入的100%
	规模（网络、管道）	不正确地估计规模和技术要求；人口结构变化、新居住区/工业区的开发，可能导致更高的调整成本或更新过时设施的成本
	气候变化	例如，对设施的实物损坏（例如，永久冻土的解冻对北极圈供应网络的破坏）
能源存储	规制风险/识别、计费和收费	对存储设施缺乏清晰、明确的规制框架（所有制/基本职能等），阻碍针对存储服务提供和收费的可靠商业模式的开发
	技术风险	除抽水储能电站外，大多数是新的或者仍然处于开发阶段的技术，还没有在商业利用规模上得到证明
社会基础设施		
医疗设施	规制风险（成本和收费水平）	医疗规制制度和政策的改变（例如，医疗标准）可能影响运营成本与/或使用者付费/支付方案
	技术发展（运营方）	技术发展导致对医疗设备的投资/运营成本的增加
	利用率/人口结构	更少（或更多）人使用设施，由于人口老龄化等原因导致服务需求改变
	变现风险	数量有限的可以使用该建筑物的第三方主体
	债务风险/声誉风险	例如，医院的医疗事故产生的官司造成的财物损失
	气候变化	极端气候事件的频率增加导致建筑物的实物损坏
教育设施	故意破坏	故意破坏设施造成实物和财务损失
	技术（特别是信息技术系统）	例如，技术设备早于预期淘汰的替换成本
	教学大纲变化影响空间布局	例如，在技术或科学科目中增加可视教学导致的更高投资/运营成本
	利用率/人口结构	更少（或更多）的人使用设施
	影响空间布局或设施管理的要求的变化	例如，空间要求/学生数量、空调要求等
行政设施	规制制度改变（利用率/人口结构）	行政改革/通过数字化提高效率，可能导致对办公楼面积的需求降低
	建筑物的形式/外观	例如，建筑物的设计不再满足设计阶段的要求
	故意破坏	破坏设施造成实物和财务损失
	气候变化	由于极端气候事件的增加，导致对建筑物造成实物风险

第5章介绍了基础设施项目/资产内含的主要风险。为此，本章将风险划分为两个主要类别：一般风险与项目/资产特有风险，随后再划分为13个子类。不过，

通常每一个项目/资产都需要单独评价，每个基础设施行业都有其特有风险。

通过前面对风险的全面分析，基础设施融资行为和如何进行融资结构化的重要性，已经显而易见（可能成功也可能失败）。第6章将仔细分析项目融资问题，不论是传统基础设施项目/资产还是各类PPP模式，项目融资都是基础设施融资的最为常见的形式。

Infrastructure as an Asset Class
PPP 第6章

项目融资

项目融资是一种不同于直接贷款的提供债务融资的方式。历史上，现在称为"项目融资"的概念的具体要素，曾经用于为商业性探险提供资金。所提供贷款的本息偿付完全依托销售相关货物所产生的收入。例如，早在17世纪，就曾经使用这种形式的项目融资为前往印度的贸易探险提供资金，损失（如船舶失事）的风险由融资人承担。近代史上最频繁援引的项目融资案例之一是建造苏伊士运河。

然而，在美国，项目融资的概念直到20世纪才逐步形成。在20世纪30年代的石油热潮中，银行为石油勘探技术的发展提供了资金，依托勘探得到的石油储量保障贷款的权益。贷款偿仅仅依托当期的石油收入。因此，贷款审批往往基于石油开采的预计收入（即预期现金流）进行。作为日益增长的全球化趋势的一部分，这为诸如采矿业（从20世纪60年代开始）和海上石油与天然气钻探等原材料行业的项目提供了融资。在过去20年里，项目融资也用于诸如交通、能源和供水、电信以及社会基础设施（例如学校、医院和办公楼）等跨行业、跨国境的基础设施领域中的项目开发和建设。

6.1 项目融资基础

项目融资是指为一项独立的、可清晰界定的经济单元（项目）的融资。项目融资的核心特征如下。

- 特殊目的公司/载体：合同合作方通常是新设立的、清晰界定的项目公司，也可以是持有运营资产的现有公司（关于"项目公司""公司"和"特殊目的公司"的使用，见第 1.3.1 节）。
- 基于现金流的放款：贷款审批基于特定项目/资产的预期现金流，即发放贷款的偿还仅仅来自项目/资产所产生的现金流。
- 风险分担结构：不同合作方基于它们影响和控制相关风险的能力，分担与项目/资产相关的具体风险。
- 有限责任：仅以项目发起人的出资及项目公司资产承担责任；债权人对项目发起人没有追索权或只有有限追索权。
- 表外融资：当股东占项目公司的权益超过 50% 时，才需要将项目融资并入其资产负债表中。

严格地说，不具备这些特征的融资方式不属于项目融资。因此，对于仅仅在某些方面类似于项目融资的融资架构在本书中只顺带提及，不会详细讨论；关于这个问题，我们推荐读者参考《关于专门贷款风险的内部评级方法的工作报告》（Basel Committee on Banking Supervision，2001）。

项目融资与传统贷款融资的区别，在于项目融资有大量的结构化特征，尽管复杂但对发起人有利。对于项目融资来说，借款人通常不是现有公司（在传统贷款中，通常是现有公司），在实施绿地项目开发时可以是一家（新成立的）没有历史、自身没有重要固定资产的特殊目的公司（SPV）。然而，从贷款人和股东的角度看，项目融资与传统贷款的主要区别不是公司存在了多长时间和是否有存量固定资产，而在于做出贷款或投资决策的依据。传统贷款融资以对以前年度的利润表、资产负债表和现金流量表的分析为基础——这些报表显示出了借款人的主体信用。公司的全部可自主处置资产可作为贷款的保障。相对而言，项目融资的放款主要基于公司可用的未来现金流，取决于项目/资产的开发前景及其基础性商业计划。发生违约时，履行责任的基础主要限于项目公司的资产（有或高或低的价值）。

考虑到提高的融资风险，详细的风险分析和全面的风险结构化至关重要。这就要求深入调查和评估项目的技术、经济、法律和组织架构特征及其内在风险（见第 5.3 节）。尽管在项目融资中项目资产也用作抵押品，但是它们在贷款决策中发挥的作用相对较小。从根本上讲，依托总体架构将项目相关的各种风险分配给各参与方，是重要得多的事情。这在很大程度上取决于相关参与方的利益格局构建，由此具有很强的项目特色。例如，如果政府有意实施新的基础设施项目或对现有基础设施资产进行实质性的更新或扩建，则应当有在低使用率时保证最低付款的打算，比如收费公路的交通流量低于约定的最低水平，或能源购买价格不足以覆盖成本。这种类型的保证显著改变了项目的风险水平，并进而改变其融资结构：由于风险降低，私营贷款方更愿意进来并提供条件更好的贷款。

此外，从贷款者角度看，标准普尔（2014）的一项全面研究的结果很有意义。标准普尔的违约率和回收率统计数据表明，基础设施项目融资的信用度很高，在未来预计仍然会很强。从1998年发生首笔评级项目违约以来，经过标准普尔评级的全部项目融资债务的平均年度违约率仅为1.5%，由此显著低于同期公司债券1.8%的违约率（Standard & Poor's，2014）。另外，穆迪的一项研究得出的结论是，项目公司的基础设施项目债务（1983～2012年）与传统公司借款相比，不仅有较低的违约率，而且有高得多的回收率（见图2-2和图2-3）。列出的原因包括更厚的债务缓冲垫、更严格的结构化以及贷款人和管理层更加严格的监控。总之，与传统贷款相比，由于项目融资的复杂性，对银行在专业经验、分析技能和专业知识等方面的要求要高得多。

从股本金提供方尤其是项目发起人的角度看，项目融资的好处在于不直接关联他们自身的信用状况，只是在为贷款提供担保时，他们的资产才有可能在担保额度内被追诉而提供额外放款（见第6.3.2.2节详细介绍）。然而，取决于发起人在项目公司的股权比例，可能要求发起人在其合并资产负债表中纳入项目融资（当股权比例高于50%时）。

纯粹的私营部门提供资金的项目融资，作为特定类型的基础设施投资项目的融资解决方案，已经存在多年。目前，这也已经成为公私合作模式（PPP）中的一种常用融资方式，此时公共部门作为委托人而不仅是许可方。在某些方面，PPP之类的模式，导致项目交易结构中各参与方的利益进行了调整。不过，由于传统项目融资（私营公司作为委托方）的基础性交易结构和方法，在PPP项目融资（公共机构作为委托方）中仍然保持不变，因此本书同时讨论这两种类型的项目融资。我们将着重讨论后一种情况，因为迄今为止金融文献很少涉及这个主题。

6.2 项目融资与PPP

在普遍性的基础设施项目和具有特殊性的PPP项目的相关领域中，尽管融资只是私人承包商要承担的任务之一（此外还有设计、建设、运营和维护），但是融资的政治关联性和对项目全生命周期成本、风险构成和（有效）风险分配的影响，让融资成为一个核心因素。此外，在很多情况下，融资是基础设施项目结构化的核心因素。

PPP项目的融资是一个特别常见的公开讨论的话题。争论往往集中在私营机构提供必要的资金是否可行，或公共委托人采用诸如市政贷款等利率相对更低的融资方式，最终是否更加划算上（Horn and Alfen，2003）。

PPP项目结构可以构建为不需要私营部门提供资金。如果必要的贷款完全由公共合作方（如市政府）提供，那么该项目甚至可能受益于公共部门能够提供的更好的利率条件。此时，私营项目合作方不承担任何融资责任（偿还债务和支付股息），但是其在项目全生命周期内（总成本）要确保最高水平的效率及实现成本最优化的意愿可能会低一些。与此相反，由于自身不承担项目融资责任，实质性扩大服务提供范围而不是限定在必要限度内，并由此提高自身的收入，可能符合私营合作方的利益。如果各合作方存在相互分歧的激励机制，就会产生以下风险：公共部门提供的有利利率条件的成本节约，可能被高于平均水平的全生命周期成本及在某些情况下更长的寿命期内更高的维护和可用性风险所抵销。换句话说，完全通过公共预算的融资项目，可能从一开始就无法利用潜在的成本降低和优化因素（Horn and Alfen，2003）。

这种情况也适用于明示放弃抗辩、反对和补偿的福费廷模式：在包括德国和法国在内的许多国家中，目前可以找到这类案例。

从（公共）项目开发主体和使用者的角度看，项目融资可以为整体上的项目优化做出重要贡献。这是因为它需要并由此包括由分析、评价、量化、结构化和监控等构成的一系列具体步骤。这些服务由债务和额外股本提供方实施，如果适用，开发主体可以大获其益，尽管当时的经历可能很痛苦。这些服务包括如下内容：

- 依托截至融资结束日的详细的技术、经济、组织和法律尽职调查所做的审慎的项目评估；
- 从技术/经济角度对项目结构优化提出建议；
- 对最优融资结构提出建议；
- 系统性风险和质量管理；
- 涉及项目全部阶段的项目监控。

换句话说，在项目融资的背景下，项目发起人将融资任务转移给私营合作方，可能会针对基础设施项目结构化问题构建具有经济理性的方法。此外，他们需要考虑实现各方利益的最大程度的协同，同时提高揭示所有项目风险的可能性并将风险转移给最适合承担和管理相关风险的合作方。

然而，并非所有基础设施项目都适合项目融资。关键性的标准包括：

- 经济潜力，即预测的收入足以满足股东和债权人在承担可接受的风险水平下的预期回报率的可能性；
- 项目的风险状况，即实现上述平衡的风险状况的可能性；
- 项目规模或融资要求。

如果项目发起人打算利用项目融资的好处，他可以在项目开发阶段正面影响所有这些标准。

足够的经济潜力的可得性主要取决于项目选择。举个例子，在德国，道路交通基础设施和集装箱码头行业的PPP实施方案，最初受挫于公共机构错误地选择那些收费水平可能相对较低的项目，而有较高交通流量的项目通常还是通过传统方式进行融资。

为了实现平衡的风险分配，（公共）发起人必须首先明确和分析打算转移给各私营合作方的全部风险，旨在确定私营合作方是否适合且有能力管理这些风险，以及对转移的每一项风险如何估价。私营合作方对某项风险的影响力越弱，公共委托人负责得越多，转移该项风险的成本越高，可行性和可融资性就越低。

在项目融资中，项目规模也是一个决定性因素，因为前期费用相对固定，并不随融资规模的增加而成比例增加。只有超过特定融资规模至少5000万欧元（最好超过1亿欧元），才值得进行项目融资。因此，只对超过特定规模的项目，或将若干项目捆绑在一起，项目开发主体才考虑实施项目融资，或着手构建项目融资的条件。例如，在欧洲各地，为很多学校、医院和可再生能源电厂的融资，就选择了这种方式。

BAM PPP 与 PGGM 基础设施项目合作公司

2011年5月，BAM PPP 与荷兰养老基金管理人 PGGM 组建了一家合资公司，整合已经得到证实的 PPP 特许经营项目的开发能力，以及重要的长期投资者的技能。这家名为"BAM PPP 与 PGGM 基础设施项目合作公司"的合资公司，建立了一种长期的合作性的伙伴关系，参与投资荷兰、比利时、英国、爱尔兰、德国和瑞士的社会与交通 PPP 市场。除了向合资公司注入现有的 PPP 资产组合（这为 PGGM 提供了可以接受的起步投资规模），BAM PPP 还会继续将新开发的资产注入合资公司。通常基于前面所说的规模及其他原因，该公司以打捆的形式开发项目。举个例子，2014年7月，这家合作公司被选中建设爱尔兰的4座新增初中校舍。这被称为"第四个包"，是爱尔兰学校 PPP 计划中的第4个"打捆式"的 PPP 项目。BAM PPP 是全球性的建筑服务商"皇家 BAM 集团"下属的一家运营公司。PGGM 是管理资产达1670亿欧元的荷兰养老基金服务提供方。

6.3 项目融资的基本结构

并不存在所谓项目融资的标准化结构，不论是传统项目融资还是PPP模式下的项目融资，因为每一种情况下都有必须嵌入结构中的具体特征。具体的融资结构取决于法律和区域条件、行业/部门、基本性的商业模式，尤其是各合作方之间的风险和责任分配。尽管有众多合同选项和金融工具，但是各种形式的项目融资还是具有一些基本特征。

6.3.1 核心特征

第 6.1 节简单介绍了项目融资与传统公司贷款不一样的核心特征，以下各小节将更加详细地进行介绍。

6.3.1.1 特殊目的载体（SPV）

项目融资通常（尽管并不必然）被应用于（有时间限制的）法律上独立的投资项目。为此，要成立独立的（项目）公司（称为特殊目的公司或载体）。新设立的项目公司通常采用有限责任公司的法律形式。（项目）公司承担项目相关的所有权利和义务，并承担该项目的全部商业责任。项目公司承担的风险限于没有通过合同转移给其他参与方的各种风险，比如各发起人提供支持或总承包商负责执行项目。项目发起人通常提供公司的股本金，有时需要外部财务投资者进行补充。

在 PPP 模式下，公共部门也可以成为项目公司的股东，以便有能力施加影响和控制 PPP 项目开发方。

6.3.1.2 基于现金流的借款

在项目融资框架下，项目公司不仅从各发起人那里获得股本金，还向各第三方借债，通常采用银行贷款的方式，有时（尽管较少）发行债券。这类债务融资主要是基于项目的预期现金流进行的。因此，项目现金流成为项目资金获取的基础。这意味着，从融资银行的角度看，项目融资的关键标准是该项目能够产生足够的现金流，不仅能覆盖投资和运营成本，还能支撑融资结构的预计利息和本金支付（债务还本付息）。与此相反，股本金提供方对还本付息不感兴趣，他们更加感兴趣的是投入资本金能够产生适当的回报，不论是价值增值（资本利得）或当期收入（分红）。在此背景下，项目融资的一个主要优势是：可以灵活地设计利息和本金偿付的金额与期限，以反映不同时段的预期现金流。项目公司还需要构建现金流模型，确定项目的可行性和可融资性。

6.3.1.3 风险分配结构

项目融资的核心理念是基于各方的能力和资源将所有风险分配给各合作方。其最终目标是确保每项风险最终都由最有管理能力的参与方以最有成本效率的方式管理。因为只能通过交易的结构化实现风险分配，因此交易结构是项目融资的核心要素。构建交易结构的目的旨在高效率地利用资源，实现项目总成本的优化，并确保某项风险真正发生时不会导致项目整体的失败。考虑到项目公司标准化的有限责任机制及对应的较高水平的融资风险，这一点尤为重要。为了实现各参与方之间的最优风险分配，首先要使用严格的和全面的风险管理系统识别、分析和量化所有风险（见第 5.1 节）。风险分配是项目结构设计阶段的工作任务，应当考虑设计、建设、融资和运营阶段的责任与风险分配。这些内容要在全面的合约安排中被详细敲定，为有弹性的项目交易结构奠定法律基础，以充分反映各参与方的多元化利益。

在 PPP 项目融资模式下，全部风险被分成两类：① 能够转移给私营部门的**可转移风险**；② 由公共部门保留的**留存风险**。这种分类是经济可行性研究的重要内容⊖，因为它支持经济评估，使 PPP 项目解决方案与由公共部门单独实施的传统解决方案的比较成为可能。

项目融资进行全面风险结构化的另一个相对次要的优势是，融资的期限与条款比传统贷款更加灵活（尽管只是适用于贷款而对项目债券的适应性有限）（见第 7.3.2 节）。应当指出，与传统的公司贷款相比，项目融资可以有更长的贷款期限。

6.3.1.4　有限责任

在这类合同结构下，对项目发起人的追索权只限于特别有限的程度。如果有，需要事先在合同中明确约定。标准的银行抵押方式与这类融资不那么相关。原则上，项目公司的可补偿资产仅限于股东（发起人）和财务投资者（如有）认缴的资本，以及（如可行）属于项目本身的资产，前提是这些资产属于项目公司。项目发起人承担的责任限于其认缴资本（即**无追索权**融资，在实务中罕见），或超出股本的有限金额（即**有限追索权**融资，在实务中被广泛运用）。

通常，有两种常用的方式为项目发起人的责任设限：① **有时限的责任**，例如，仅仅在建设和试运营阶段负有责任，之后没有后续责任；② 以额外付款/出资的方式**限定最高金额的责任**（上限）。这两种有限责任的方式可以单独运用或以各种方式组合运用。在合同安排中，要对其分别详细说明。在项目融资模式下不会有**全额追索权**，因为这种结构与绩效激励理念格格不入。

⊖ 关于可行性研究的更多信息，可参见德国联邦财政部（2007），其中包含由联邦和州层面的工作小组以及德国审计法庭所撰写的手册。德国联邦财政部在 2007 年 8 月 20 日印发该手册后生效。

6.3.1.5 表外融资

法律上独立的项目公司是该项目外部融资的债务人。除占项目公司多数股权的股东（≥50%）之外，提供股本金的其他发起人没有必要将他们在该项目的权益并表（即表外融资）。这种辛迪加结构有双重好处：首先，各发起人可以避免因项目公司的巨额潜在融资，导致潜在的自身资产负债表的各项比率及股本回报率的恶化；其次，可以通过结构化的方式，积聚超出单个发起人的能力。无论如何，项目融资扩展了投资者的可行融资方式。

除了从项目融资的特征直接派生出来的原因之外，还有一些因素，诸如得益于较高的债务比例可以实现较高的股本金收益率（称为"杠杆效应"）。有时，如果项目公司可以获得比发起人更好的融资条件，则资金成本可能会更低。

上述核心特征突显了一个事实：项目融资是涉及众多参与方的复杂结构。下一节将详细介绍参与项目融资的各主要参与方。

6.3.2 参与方和其他利益相关方

通过项目融资方式为重大基础设施项目筹集资金，通常将有不同并且往往相反的目标和利益的众多参与方与其他利益相关方集合在一起。私营投资者和公司参与基础设施项目通常是出于经济原因，而政府机构参与项目是为了履行政府职责（如提供基本公共服务）或实施经济政策（如刺激措施或改善国际收支）。适当的交易结构有助于将这些存在分歧的利益用合作关系整合起来，并为所有参与方创造价值。因此，在合作关系中，将各方利益和责任进行最优的结构化，构成项目成功的基础，这也解释了为何每个项目都不一样，需要根据具体条件进行调整。

项目融资的目标和挑战在于，通过合同安排整合所有参与方的利益，确保有合理的确定性偿还为项目融资而产生的债务，同时有助于各发起人实现预期分红和收益。

基础设施领域通常极具公共特征，除了涉及那些直接项目参与方，还与其他参与方/利益相关方相关。如果通过PPP方式实施，情况尤为如此。图6-1介绍了一个涉及直接项目参与方和其他利益相关方之间关系的例子。

不直接参与项目的利益相关方，可能会对项目的目标、过程、所提供的服务的范围并进而对其经济上的成功，施加重大的影响。然而，不同的行业对利益相关方的确认可能差异很大，因此图6-1只能被视为一个例子。利益相关方可能包括主管部门、私人用户、行业工会、当地社区及其他公共和私营机构。在项目开发阶段，项目发起人应当尽可能早地确认、考虑与应对潜在利益相关方及其特定利益。

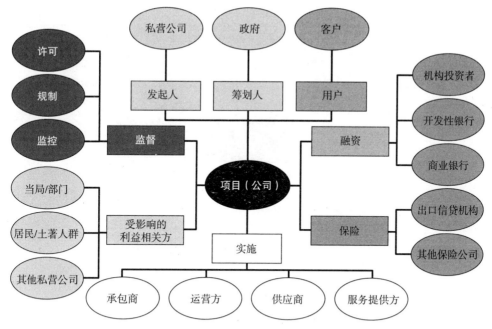

图 6-1 项目融资的参与方和其他利益相关方

对有关参与方的介绍如下（需要指出，这份清单只是列出了那些直接参与项目提供服务并与项目公司签订合同的群体）。

- 公共机构：作为委托方（在 PPP 结构下），或许可机构/特许经营权授予方（在传统项目融资模式下）；
- 股东：作为股东的项目发起人和财务投资者；
- 债权人：商业银行、机构投资者和开发性银行；
- 各类服务提供方：与项目公司签订合同，承担设计、咨询、建设、维护、运营和其他管理任务。

在用户付费的 PPP 模式下（见第 3.3 节）（还有那些包含从终端用户获得收入流的传统纯私营项目融资结构），这份合同关系清单还应该包括付费的用户。即使用户与项目公司之间没有签订书面协议，诸如收费公路，但是每次用户使用该收费公路时，在法律意义上他们之间存在一种合同关系。

在传统的纯私营项目融资模式下，项目发起人通常作为项目的筹划人和委托人。这意味着项目发起人实施项目控制权并主导项目实施进程。此时，公共部门可能作为许可机构或特许经营权授权人。图 6-2 给出了（PPP）项目融资的典型结构与支付现金流的情况。

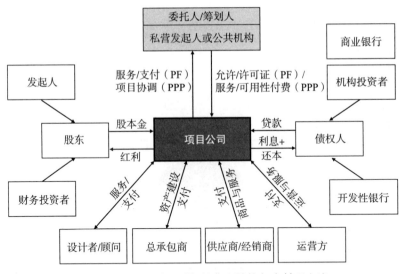

图 6-2 （PPP）项目融资的典型结构与支付现金流

需要明确的是，PPP项目融资与传统项目融资的主要区别在于，政府而不是私营发起人履行关键的委托人角色，也就是说，政府行使更为广泛的职责，不只充当许可机构或特许经营权授权人。因此，公共部门的标准和要求具有决定性作用，必须被嵌入公共部门的结构体系中。在这种安排中，项目发起人仅仅是公共部门招标项目的投标者。在合同授予后的一定期限内，项目发起人作为公共部门委托人的"代理人"，或在使用者付费PPP（见第3.3节）中担任被授权人（依据德国法律获授特定政府职责和行政职责的自然人或法人）。无论如何，在项目的全部阶段，他们都必须遵守和支持政府的要求与特殊性。不言而喻，由于结构上的差异，从传统项目融资向PPP模式的转型，也改变了项目合作方的利益和预期的风险分配。

瑞士的雷尼基雅垃圾发电厂

瑞士的雷尼基雅垃圾发电厂的所有权和项目融资结构代表传统的纯私营和PPP的结合。这是因为它有公共性质和私营性质的所有制，但是没有典型的PPP方面的合同结构。公共性质的所有者是各地方政府（瑞士联邦的各个成员州），它们通过各自全资拥有的垃圾协会共同出资持有雷尼基雅90%的股权。私营合作方"佩林纸业"持有雷尼基雅10%的股权。请参阅第7章，了解详细的融资结构。

雷尼基雅成立于2012年，是一家由公共性质的股东和私营股东共同出资成立的瑞士注册的有限责任公司。该项目的总成本为3.2亿瑞士法郎，股本金为1

亿瑞士法郎，其中的90%由瑞士中部的各地方政府拥有的垃圾协会共同出资。每家垃圾协会的出资比例与其送来的垃圾量的占比一致，造纸企业佩林纸业提供垃圾发电厂所用土地并凭此占雷尼基雅10%的股权。由瑞士最大的地方性银行苏黎世银行牵头与其他地方性银行组成银团，按项目融资方式提供2.2亿瑞士法郎的债务性资金。

6.3.2.1 公共机构

公共部门的机构具有立法功能，因此它们能够影响适用于所有项目合作方的法律环境。公共部门还担任审批机构，每个项目在设计、建设、运营、环保等方面都需要获得批准。特别是针对基础设施项目，公共机构还担任特许经营权授予人，或承担针对特定行业的监督和规制职能。

在传统项目融资模式下，公共机构作为合同合作方，发挥相对次要的作用，如上所述，为具体项目发放许可证及各项批准等，但是公共机构所履行的职能在实施具体项目的过程中，还是可以发挥决定性的作用的，即使它不承担其他额外任务。

在PPP模式下，公共机构处于每个合同结构的中心位置。它作为项目的委托方，私营部门向其申请成为合同的合作方。政府作为项目开发方，组织针对包括计划的商业模式、绩效标准、融资要求及与公众利益相关的全部要求的项目招标活动。招标成为让有兴趣的参与方参与具体项目投标的基础。

6.3.2.2 股东

每个项目首先要有核心的一个或多个股东，即发起人。各发起人共同推进项目，虽然每个发起人都在追求实现各自的商业目标。在传统项目融资模式下，这个核心群的成员还担任项目的筹划人和委托人（见图6-2）。然而，在PPP模式中，他们是公共部门组织的项目招标的投标人。在这两种模式下，发起人均提供巨额股本金，并为项目的组织和实施共同承担全部责任（见图6-3对所有股东的详细介绍）。

发起人传统上是指**战略发起人**，特别是指那些在基础设施行业相关领域经营的公司，诸如建筑、能源或房地产及其客户和供应商，以及设施管理和其他专业服务机构。战略发起人不但提供财务支持，还通过提供服务为项目做贡献，即依托专业专长，积极参与到项目开发和运营的过程中。战略投资者追求财务目标及长期战略性业务发展目标，诸如实现内部增长、延长价值链、进行国外拓展、销售和分销自己的产品与服务，以及拓展新市场、新领域及新的原材料来源。这些类型的项目投资也为战略发起人提供了分散资产组合和风险结构的机会。

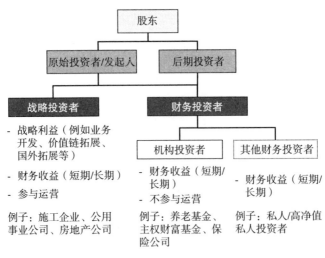

图 6-3　股东

另外,有数量越来越多的**财务发起人**,包括保险公司、养老基金和专门从事基础设施与能源投资的投资基金。与战略发起人不同,财务发起人通常并不在运营层面参与项目,没有基于绩效的项目收益或任务;相反,财务发起人通过早期参与项目,主要寻求实现对所运用资金的合理回报。在某些特殊情况下,财务发起人可能会参与运营活动,可能是通过自己的专业基础设施部门、子公司或专业基础设施基金管理人参与。

因此,财务投资者与财务和战略发起人的区别在于比较晚的进入日期及较低水平的运营参与。财务发起人通常的投资时点是项目已经完全建成,成功渡过高风险的试运营阶段与/或处于运营状态并产生当期收入。

通常来说,在项目开始阶段需要有特定行业的专业能力时,财务发起人发挥的作用比不上战略发起人。然而,对于较大型的项目,如果战略发起人依托自身能力不能提供充足的资本,则财务发起人的参与对项目实施至关重要。如果在项目的后期阶段需要大量的资本,而现有投资者与/或贷款人无法满足要求,或有发起人想出售股权,则财务投资者(区别于财务发起人)就有可能参与进来。

为了从财务投资者处获得资金,重要的是确保遵守项目开发和结构化的国际标准。项目结构必须为投资者提供足够有吸引力的风险/收益特征,并且在项目治理和运营层面(可以是直接或通过合作方)提供干预项目的机会。同时,当超出项目范围的项目变更可能显著影响项目的经济可行性时,如法律变更,项目的交易结构必须为它们提供保障(见第 7.1 节对股权条款的进一步介绍)。

由于严格的投资标准和对专业的项目结构化的严格要求，财务投资者以银行所采用的同样的方式，间接履行质量把关者的职能。因此，它们的参与能够为所有参与方显著提升项目的质量。

6.3.2.3 商业银行

债务提供方通常是项目融资的最重要也是规模最大的融资渠道。这个群体包括商业银行和开发性银行，以及越来越多的上面提及的财务投资者（例如，保险公司、养老基金、投资公司）。取决于项目的规模和风险特征，融资结构中的债务部分可能高达 90%（见第 6.3.2 节和图 6-1）。银行的作用未必仅限于履行资金提供方的职能，可能还包括对项目提供咨询和支持及风险分析、结构化、给投资者分销等。在项目准备与执行阶段，采用财务投资者同样的方式进行严格的可行性研究，有助于确保实现最低质量标准。

除了银行的咨询费及结构安排费可能很高，债务提供方的核心目的是收回所提供的资金（包括利益支付），来源是已经进入运营阶段的公司的现金流。融资的利差反映了银行根据整体市场情况和所涉及的具体项目的风险，对适当回报率的评估。通常，债权人只会参与其能够获得利息支付的靠谱的项目/资产的开发，但是当项目公司资不抵债时，他们可能会遭受重大的损失（见第 7.3 节的相关介绍）。

6.3.2.4 开发性银行

除了商业银行，视具体项目的情况，开发性银行可以作为项目融资的债权人。作为债务提供方，它们履行与商业银行类似的功能，但是主要区别在于它们在某种程度上追求不同的商业目标，因此在做具体项目的融资决策时可能适用不同的标准。在做放款决策时，开发性银行通常不是看重从某个项目中获得最大化的收益，而是更加在乎诸如促进特定区域和行业的发展或社会因素。因此，开发性银行的贷款条件（如长期贷款的利差）通常比商业银行的贷款条件更加宽松。由于得到了政府的信用支持，大多数开发性银行有 AAA 信用评级（能得到的最高评级），这意味着开发性银行能够用特别优惠的条件获得资本市场融资。这些优惠条件大部分被转移给借款人（第 7.4 节将进一步介绍开发性银行及其任务）。

在过去数年中，很多开发性银行（例如，世界银行、亚洲开发银行、德国复兴信贷银行）已经发行了所谓的气候债券或绿色债券。这些证券已经为发达国家和发展中国家那些对环境有正面影响的基础设施项目提供了融资。这些债券的募集资金专项用于绿色项目，但是由发行人的整个资产负债表提供支持。第 7.3.2.1 将进一步介绍绿色债券和气候债券。

6.3.2.5　总承包商、运营方和其他参与方

总承包商和项目运营方在项目融资中履行关键职责。总承包商是签约从事资产建设的合作方。在大多数情况下，由总承包商负责建设的资产占项目投资价值的大部分，即使不是全部。因此，找到能够确保项目按期完工及达到预期工程质量的、可靠的和经验丰富的合作方至关重要。

总承包商通常承担与资产建设有关的全部风险，特别是根据交钥匙合同或工程总承包合同（设计、采购和建设，EPC）涉及的按照约定成本和建设质量完工的有关风险。总承包商为项目资产的功能实现承担重大责任。因此，总承包商的信用评级是一个重要因素。这是因为总承包商必须足够强大，万一要对其他项目合作方承担赔偿责任时，要确保它有能力承受潜在的成本超支或其他损失。

取决于建设工程的范围，总承包商往往委托若干分包商实施项目中的单项任务。在分包商与总承包商之间，分包商就所承担的任务对总承包商负责。然而，对外只有总承包商对特殊目的公司负责，并最终对委托人负责，不论是由总承包商还是某个分包商承担某项具体任务。

项目运营方负责在项目试运行后成功运营项目。在许多情况下，项目运营方与某个发起人存在关系，比如是某个发起人的子公司。由某个外部管理团队签约运营项目的情况会更少一些。决定性因素是运营方必须有全面的、多样的同类项目运营经验。

在项目的成功实施中，项目公司的供应商与/或客户也起着关键作用。取决于具体行业，项目公司有必要在项目建设之前就签好长期固定供应与/或采购协议，以确保能得到必需的原材料，或明确其主要产品及服务的销售，从而让对未来现金流的计划成为可能。在 PPP 模式下，在某种程度上这些合同可以由服务协议与/或固定绩效费所取代（参阅第 5.2.1 节和第 5.3 节介绍长期供应和购买协议对项目风险的相关性）。

6.3.3　项目各参与方的目标和贡献

应当始终牢记在心，项目融资的参与方，特别是嵌入 PPP 结构时，在（项目）公司及其融资方面有不同的目标和要求。作为原则，首先必须能够满足这些目标以确认建立了伙伴关系。相互冲突的利益应当得到调和，最好能够通过形成激励相容的格局，最大化项目的成功潜力。

这一点同样适用于不同类型的参与方的各个成员。一群发起人最初联合起来组

成投标联合体，后来成为项目公司股东。它们通常由很多建筑公司、供应商及服务提供方组成，且各自的期待和贡献不一定与其内容、时间和范围一致。它们在项目公司中的利益因此也可能不同。取决于项目的规模，着眼于项目融资的风险分担或结构化，银行有可能参与联合体/辛迪加或其他合同安排（见第7.3.1.2节）。

此外，公共部门合作方本身也并非总是同一类型的机构。特别是联邦制国家往往会涉及很多不同的公共合作方，有时存在差异很大的目标和利益。这可能会影响私营合作方的目标和额外风险，这些都需要确认和评估。当委托人和签约合作方由多家行政机构组成时，应当特别审慎。德国就是一个例子，这种情境的发生往往与PPP项目有关，诸如联邦公路，联邦政府依据宪法将其责任委托给联邦各州。项目参与方的数量越多，项目就越复杂，为所有参与方建立一个共同平台的难度就越大。

表6-1介绍了典型的项目融资结构中的关键参与方及其主要目标和贡献。公共部门主要期待效率提升和引进资金，而私营参与方优先考虑的则是产生足够的回报及实现战略目标。

表6-1 项目各参与方的目标和贡献

目标	贡献
公共部门 • 提升效率 • 放大财政资金的杠杆效应 • 尽早和快速实施项目 • 良好的服务质量 • 遵守法定要求和规定	• 特许经营权/行政许可 • 按绩效付费
发起人（战略）	
• 足够的收益 • 战略潜力（扩张业务活动）	• 资本金 • 项目开发经验（技术经验） • 管理经验
发起人（财务）和财务投资者	
• 收益最大化（股东） • 全额的本金和利息偿付（债权人） • 高的、长期的经常性收入	• 资本金（私募股权） • 债务 • 质量控制 • 融资经验 • 项目结构化的融资经验 • 长期合作方
商业银行	
• 全额还本和利息支付 • 财务分析和建模 • 各种收费产生收入 • 其他产品和服务的交叉销售	• 债务 • 质量控制 • 融资经验 • 项目结构化融资经验

(续)

目标	贡献
开发性银行	
• 全额还本和利息支付 • 开发性目标的实现	• 债务 • 质量控制 • 融资经验 • 项目结构化融资经验 • 降低政治风险/保险
总承包商/建筑公司	
• 足够的利润	• 必需的施工服务 • 固定的全包费
运营方（设施管理人和其他服务提供方）	
• 足够的利润	• 必需的服务 • 固定价格

6.3.4 项目融资的典型合同结构

项目融资的法律文件用于落实此前构建的风险结构。这种结构是所有项目融资安排的核心。因此，对合同框架的谈判和准备要基于一项基本原则：首先是结构，然后才是合同！构建适当的结构始于确定合同参与方及其在总体结构中的角色，终于条款谈判完成后的合同文本。

为了明确每个项目合作方的权利、义务及风险分配，项目公司设计了一系列合同，旨在尽可能将各类风险从自身转移到各合作方。在（PPP）招标程序或私下交易的拍卖程序中，通常只有将项目/资产授予中标人（发起人）后，合同签署前不久才组建项目公司。因此，在投标和（PPP）合同谈判阶段，投标者与开发商联合体必须"背对背"地准备和协商合同框架。

随后的各小节将对构成项目融资合同结构的主要协议做简单介绍（见图6-4）。

6.3.4.1 PPP项目和特许经营协议

（PPP）项目或特许经营协议列出了项目公司与有关委托人或私营筹划人的权利和义务，以及在协议整个期限内参与方之间的风险分配，构成综合性的合同安排。特别的挑战在于尽最大可能识别所有的可能性并通过相互协商达成一致。对于超过25年期的PPP项目，不可能达成完全合同，因为随着时间的推移，立法、法律规定、标准和诸如项目服务要求的性质以及程度等其他参数，不可避免地会发生变化。因此，与传统的项目协议相比，为处理不可预见的情形和争议建立可接受的、平衡的规则与机制，要重要得多。

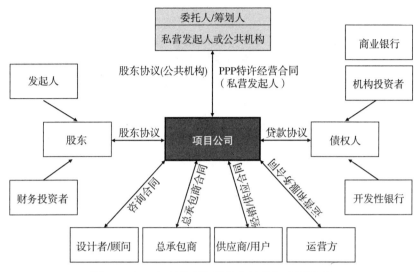

图 6-4 （PPP）项目融资的基本结构与合同关系

6.3.4.2 股东协议

股东协议约定了项目公司的发起人与后期加入的所有财务投资者之间的权利、义务及风险分配（图 6-4 两次出现股东协议，旨在区分图中的私营筹划人与公共委托人）。需要特别合同条款的领域包括项目公司的股本金数量、公司的各类监督机构的投票权和构成，以及做出额外支出的全部责任。股东协议通常还规定了项目公司与发起人之间的各类绩效机制的性质和程度。

6.3.4.3 总承包商协议

总承包商协议旨在将建设过程相关的各类典型风险（以及往往高于和超出这个范围的风险）转移给负责建设的公司。它往往采用交钥匙合同的形式进行风险转移。总承包商往往是某家建筑公司的下属机构、项目的发起人，同样也是项目公司的股东（利益冲突），根据具体情况，应确保任何股东提供的任何服务都以公平交易为基础。在这方面，公共部门委托人（PPP）或其他股东（传统的）和融资银行有共同的利益。

6.3.4.4 运营和服务协议

通过各种形式的运营和维护（O＆M）协议以及服务合同，将运营阶段需要执行的各种任务分配给相应服务提供方。为整合各种各样的任务，可以成立一家管理公司，也可以由项目公司与各第三方签约分批执行这些任务，并由自己负责相关衔接管理工作。签约的服务提供方通常在项目公司拥有股权。

参与 PPP 项目的建筑集团逐步扩展其业务范围，并纳入运营管理服务。它们的目标是提高其业务增加值，并由此将自身打造成系统供应商。更重要的是，它们想建立非资金密集型的、独立于新的施工项目且不包含典型的施工风险的长期现金流来源。此外，这种模式允许提供一站式的全序列服务。这种组织内部的解决方案在价值创造及履行合同的灵活性方面更加具有优势。

6.3.4.5 贷款协议

银行（包括开发性银行）以及后期的财务投资者，通常以债务形式提供占总项目融资需求的 70%～90% 的投资规模。在相关贷款协议中要明确公司与债权人的风险分配及权利和义务。取决于项目/资产的性质和复杂性，贷款协议通常采用结构化融资协议的形式，即根据特定项目量身定制贷款。因为融资规模大小不同，放款者通常涉及在一个辛迪加或俱乐部交易中的多个贷款人之间进行合作（见第 7.3.1.3 节）。

上面的讨论清晰地表明，特别重要的是开发商/发起人联合体要在早期选择合同合作方（特别是财务合作方），在各类合同正式签订之前的合适时机，在完整的合同框架下进行风险分配。不论签约方是项目公司的股东，还是代表项目公司承担具体任务的签约方，都是如此。

6.4 项目融资的结构化：传统与 PPP 模式

本节将详细介绍项目融资各个阶段的情况。在此之前，本节先概述将项目融资结构嵌入总体 PPP 流程的具体方式，这与传统结构稍有不同。为此，本章还涉及诸多参与方的不同目标和期待，以及公共委托人、战略发起人和财务投资者/发起人的条件，旨在帮助这些群体克服它们大多会遇到的因为极端文化差异所产生的"语言问题"。

表 6-2 中用斜体字显示嵌入 PPP 流程的项目融资步骤。㊀

从特定参与方的角度看，包含项目融资的 PPP 项目可以划分为若干子流程。从公共委托人、各项目发起人及各类服务提供方的角度看，PPP 项目通常划分为以下四个阶段。

㊀ 本节不包括对 PPP 采购过程的详细介绍，因其具有明显的国别差异。相关信息可以参考具体国家的采购法与/或相关文献。

表 6-2 涉及项目融资的 PPP 项目的实施步骤

参与方	项目界定和公告	项目招标及风险分析	授予及融资	实施和监督
委托人	• 选择项目 • PPP 可行性测试 →适合 PPP/PF • 物有所值测试 →公告	• 提供信息的要求 • 要约邀请 • 项目融资的指南/说明书	• 投标评估 • 协商流程 • 授予合同	• 监控服务
发起人	• 适用性测试 • 寻找合作方 • 申请	• 申请 • 准备出价：金融的、技术的、经济的 • PF 评估 • 业务计划 • 现金流模型 • 提交投标	• 合同谈判 • 修改出价（PF） • 设立特殊目的公司 • PPP 合同 • 股权出资 • 完成融资	• 对资产的控制
银行	• 对项目融资的总体可适用性的分析，即可融资性	• 明确的、可融资性的评估 • 尽职调查（技术的、经济的、法律的） • 风险分析和分配 • 现金流模型 • PF 结构化（包括条款清单）	• 支持发起人 • 包销承诺 • 信息备忘 • 贷款合同、安排、辛迪加 • 完成融资	• 债务份额的下降 • 监控财务承诺和关键节点 • 再融资、评级、其他金融服务
承包商和其他服务提供方		• 向各发起人组成的联合体提交施工和服务合同出价（服务、价格）	• 服务、价格可能的修改（价值工程）	• 完工 • 保证 • 服务
SPC			• 设立 SPC • 签署和接收合同 • 资金到位	• 项目和风险管理 • 所有相关方的联结点

注：PF 指项目融资；SPC 指特殊目的公司。

- **项目开发方的项目界定和公告**。这包括经济可行性、计划方案的可融资性、PPP 作为采购方式的适当性、与传统采购方式相比的经济可行性分析，以及必要的技术预测等因素。在这个早期阶段，项目开发方从属于或受雇于公共委托人，通常要利用财务顾问及典型的技术、经济和法律顾问的服务，以确定项目从根本上是否适合采用项目融资模式。
- **招标过程、项目及风险分析**。投标过程包括因各类治理原因为适应 PPP 项目需要的结构化谈判过程。采用竞争方式，从诸多申请者中选出数量有限的投标者。进行最初的项目和风险分析后，要求这些投标者提交标书，随后是澄清和再次提交文件阶段。这包括对项目及其可融资性、风险分配的具体的尽职调查结果以及编写现金流模型。

- **授予与融资**。这个阶段始于对投标进行评估和排序，选择将要开始进行谈判的各投标者，在某些情况下包括首选投标者的最佳和最终出价（BAFO），授予合同并签署相关协议。随后通常是资金到位，完成项目融资是项目实施的前提条件。这个阶段对于各发起人（即获胜的投标人）尤为重要，因为此时往往通过"背对背"协商，对总体合同框架进行微调，最终发展成为一种可融资的结构。

- **实施和监督**。这个阶段通常分解为实施（由贯穿 PPP 约定期限的建设与包含维护的运营组成）以及一旦交易达成后的监督。

表 6-2 中以斜体字印刷的项目，显示了 PPP 的各项融资工作如何分布在该项目的全部四个阶段中。考虑到本书聚焦于融资方面，而不是聚焦于诸如公共部门或行业等其他方面，从投资者的角度考察整个 PPP 过程是有意义的。在此基础上，可能更为合适的是，以融资统领流程并划分为如下项目融资的五个阶段，它们构成所有 PPP 融资的基础：

- 咨询；
- 项目评估；
- 风险分析和分配；
- 融资；
- 实施和监督。

表 6-3 介绍了某个基础设施项目的项目融资过程的各子阶段，大体上按顺序发生并追求不同的目标。在项目的生命周期内，有关风险和责任广泛分布于项目各参与方。每个子流程的进程和结果，作为决定该项目融资是否应当继续或者是否放弃或被银行拒绝的基础。下面各节将对所有五个阶段进行详细介绍。

表 6-3 项目融资的各个阶段

标准	咨询	项目评估	风险分析和分配	融资	实施和监督
目标	• 对于总体可融资性/财务和经济可行性的澄清与分析 • 融资的结构化	• 专门的可融资性和经济可行性/可持续性 • 评估 PF 的必要前提	• 详细的风险分析 • 最优风险分配 • 成本最小化	• 开发可行的融资方式	• 实施项目 • 监督项目是否根据计划发展并满足全部契约与重要节点
参与方	• 顾问 • 发起人 • 国家/政府	• 顾问 • 发起人和国家 • 银行（和财务投资者） • 专家	• 顾问 • 发起人和国家 • 专家 • 保险公司 • 银行（和财务投资者）	• 顾问 • 发起人和国家 • 银行和财务投资者	• 发起人和国家 • 银行和财务投资者

(续)

标准	咨询	项目评估	风险分析和分配	融资	实施和监督
需要的时间	• 6～12个月	• 2～6个月（单独的项目）；3～9个月（打捆的项目）	• 1～3个月	• 1～3个月	• 项目和融资的期限
结果	• 不适合采用PF方式为项目融资 • 适合采用PF方式为项目融资 • 能力/方法适合提交DD材料的投资者	• PF的潜在相关参与方被认为不可行 • 进一步的风险分析	• 放弃项目 • 结构化融资	• 融资不可行/不可持续与/或不经济 • 实施项目	• 根据计划实施并结束项目

注：PF为项目融资；DD为尽职调查。

如前所述，基础设施项目的传统项目融资与PPP结构中的项目融资，没有实质性区别。最显著的结构性区别在于，在PPP模式下，委托人是公共部门，因此与项目发起人不是同一人。这通常导致更广泛的项目要求、更复杂的交易结构，以及所涉及的公共和私营项目参与方的利益转变（见第6.3.2节）。因此，下面对项目融资各个阶段的介绍中，只有在存在重大差异的情况下，才区分传统与PPP项目融资。

6.4.1 第一阶段：咨询

向(项目)公司提供咨询服务时，融资顾问的任务是对具体基础设施项目/资产的经济可行性及可融资性开展基础性的尽职调查，并确认针对该项目/资产的最合适的融资方式，并相应地进行结构化。对于PPP项目，这种咨询活动针对的是公共部门（此时公共部门就是项目开发方），主要目的是防止公共部门将根本不适合采用项目融资方式的PPP项目进行招标。不过，发起人或财务投资者可能也需要咨询服务。在PPP项目和项目融资领域经验不多的发起人和财务投资者，通常难以对投标项目的可融资性进行详细测算，难以向第三方银行与/或财务投资者提出适合结构化的融资要求，也难以评估别人提议的融资结构。

如果公共部门是委托人，那么普遍性的融资先决条件以及包含PPP的项目融资的特殊要求，将在这个初始阶段被审查以确定计划中的项目实质上能否进行私人融资（见表6-3）。在私人委托人主导的传统项目融资的情况下，它们不仅负责一般意义上的项目审查，还负责审查自身的战略目标、经济状况、现有投资组合及其风险特征等。在这两种模式下,这种分析应当包括技术和运营条件、经济可行性、风险结构和与项目相关的潜在政治、法律和税收因素。

咨询阶段(第一阶段)的项目分析又称为尽职调查,与项目评价阶段(第二阶段)的分析的区别主要在于详细程度不同。除此以外,这两个阶段涉及的具体内容基本相同。因此,我们将在下一小节中对其进行广泛探讨。

咨询阶段的成果主要回答哪些融资方式适合考虑中的项目,以及项目融资是否为合适的方式。结论可能是另外一种形式的融资更为合适,比如传统融资方式。如果是这样,就要遵循传统路径。

6.4.2 第二阶段:项目评估

当确定某个基础设施项目/资产本质上适合项目融资后,项目分析阶段则为相关参与方详细评估该项目/资产在经济上的长期可行性及其可融资性,具体包括审查成功的项目融资的关键前提条件,尤其是技术评估和经济评估、经营理念与风险特征的结构化(见图6-5)。聚焦于ESG风险的深入的可持续性评价,也是其组成部分。在实务中,下面介绍的评价和概念通常会同时发生。

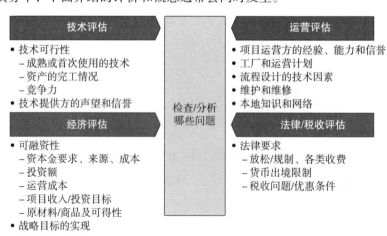

图6-5 项目评估

6.4.2.1 技术评估

技术评估,还包括结构化调查,主要目的在于确定项目按约定进度完工的可行性、项目进入运营阶段后所使用的技术装备和系统的运行表现。一个相关因素可能是,所使用的必要的施工措施和技术是成熟的,还是第一次被使用到具体项目上。技术供应商、其他供应商和选择的分包商的信誉和信用评级,也是需要审查的关键因素。这意味着，项目的可行性及其财务可持续性，在很大程度上取决于典型的工程技术因素。由此，该评估还寻求从技术角度分析所使用的基础设施和资产，以确保运营过程和工作流程的平稳运行，诸如涉及的各类系统是否充分衔接。对项目的技术分析通常由独立的外部顾问实施。

6.4.2.2 经济评估

技术与经济可行性之间有很强的交互影响，换句话说，项目的技术结构的变化，通常对其经济可行性及其可融资性产生直接影响。从项目各发起人的角度看，项目的经济性的重要性（例如，项目的财务盈利性），可能比不上诸如开发新的销售市场或原材料来源等战略性目标的实现。

对债务提供方（不论是银行或财务投资者）来说，经济评估是根据实际情况确定某个项目/资产的"可融资性"。经济评估涉及的关键点包括：① 资金要求、来源和成本；② 项目建设和试运行的投资规模；③ 运行时的运营成本；④ 项目产生的收入，决定可用的对债权人还本付息的现金流，并最终决定项目发起人和股东的投资回报率；⑤ 材料/原材料的成本和必要的原材料的可得性；⑥ 项目分析和交易结构化的成本，包括所有必要的咨询活动，诸如法律与税务咨询机构、技术和融资咨询机构。对①～⑤点的分析，通常由项目发起人的财务顾问与外部顾问及专家共同执行，并以信息备忘录之类的文件提供给融资方，即银行和财务投资者（如有）。

6.4.2.3 运营评估

运营评估的目的是确保指定项目运营方（在某些情形下就是项目发起人）在项目完工后成功运营该项目的总体能力。这包括对（发起人和）运营方的信用评级、能力和经验的审查，例如获得证明材料，分析之前项目的业绩并评估未来的管理团队（其经验及运营预算）。运营评估还要分析计划中的项目管理过程和工作流程、工厂与运营计划、各类系统的规模和关联性、准备工作及是否存在履行报告及控制任务的适当工具等。

对于国外的项目，与政府机构已经建立的长期关系以及对当地情况的了解，可能是项目成功运营的决定性因素。

维护和维修工作可能会对运营公司的专业能力提出很高的要求，可能要求特殊的后勤条件支持，具体取决于项目/资产类型及其地理位置。资产的成功运营很大程度上取决于较强的管理能力，诸如对所有相关参与方的最优协调，以及对潜在冲突问题的早日解决。另外，针对特定行业包括结构和规模的最佳保险安排，是运营这些资产的基本要求。对运营风险的评估，通常是在外部顾问的协助下进行的。

6.4.2.4 法律/税收评估

对项目融资的法律、规制、合同和税收的评估,是总体分析过程的其他关键部分。法律和税收问题,起初看起来不太重要,实际上可能严重影响项目融资的盈利性。具体的相关法律包括合同法、劳动法、补贴法、市政法和公共援助法以及税法。这些因素对位于新兴经济体的项目/资产尤为重要,与诸如(放松)监管、集体谈判协议、海关关税和对货币流动的限制可能特别相关。在项目分析过程中,税务顾问和律师主要负责项目融资的税收与法律方面。对于详细的法律和税收知识,读者可参考与项目融资相关的诸多法律文献。

6.4.3 第三阶段:风险分析和分配

基础设施项目/资产面临诸多不同的风险。对基础设施项目或资产包含的和涉及的所有风险的全面把握,对任何要做出股权或债权投资决策的参与方而言都是中心工作。为了把握哪些方面需要进一步的分析与评估,见微知著的能力很关键。在实施全面的技术、运营、法律和税收尽职调查的过程中,按常规会识别出很多风险,但是只有相对较少的风险可能是严重风险,被称为"红旗"。尽管如此,所有风险都必须以这种或另一种方式进行考察、评估和缓释。没有一个项目参与方能够承担所有这些风险,也没有谁想要这样做。

只有进行全面的风险分析和评估(最好还要量化)之后,才有可能实施可以缓释这些风险并实现风险保障的相应的交易结构。一个最优的风险结构,旨在将各单项风险分配给最有能力承担特有风险的那些项目参与方。其目标是确保每个参与方最终承担其最有能力且最有成本优势进行管理或控制的特有风险。这让项目整体可以实现可能的最高收益,并使公司最终的潜在成本最小化。

请参阅第5章以了解对那些最相关的风险的详细讨论。任何对投资基础设施项目/资产有兴趣的投资者,不管是股东还是债权人,都应该知道这些风险,并且有可能在项目中遇到这些风险。由此,第5章实际上给读者全面介绍了包括选项/可能性在内的风险分析,以及在项目各参与方之间的最优风险分配。

6.4.4 第四阶段:融资

现实的、可持续的融资理念是任何基础设施项目成功的基础。融资者需要考虑的因素如下所述(在图6-6中汇总,并在下面4个小节中进行详细介绍)。

图 6-6　融资

- **可融资性**：项目必须在本质上可融资，也就是必须有正的净现金流。
- **融资规模**：需要满足资产购买价格或项目的开发、建设和试运营成本的最高融资需求。
- **融资结构**：确定使用各种融资工具的股权和债务融资的比例构成，例如股东贷款、夹层、开发性资金，考虑发起人要求的年度当期收入。
- **风险缓释**：针对合同约定的应收款项以及股东和债权人义务的风险保障机制。

6.4.4.1 可融资性

尽管这可能显而易见，但是在构建成功的融资结构时，对于全部资金提供方来说，项目/资产的可融资性是根本性的前提条件。只有在融资和项目期限内有正的净现值，该项目才具备可融资性。融资期限通常比（计算的）项目存续期短，后者取决于特许经营期或现有资产的寿命等。净现值是将所有的正的和负的现金流贴现[⊖]到基准日的金额之和。由此，以存量资产（褐地项目）为例，负的现金流主要与购买价格相关，还包括各种附属成本、融资成本（债务还本付息）、潜在的设施扩张或重置投资及运营成本。

对于绿地项目，负的现金流包括项目的开发和建设成本，其中包含基础设施的潜在投资（例如连接通道、传输线路）、设施和技术装备的成本以及大多数情况下在项目运营后的随后几年都会发生的运营成本（见下面）、资金利息支出与其他附加融

⊖ 贴现基于一个贴现率进行计算。

资。诸如顾问费用或税收之类的各类交易成本，适用于绿地项目和运营中的资产。

正的现金流来自资产产生的收入，诸如使用者支付的通行费（高速公路），销售、输配大宗商品（例如煤炭、石油和天然气）或者出售用这些大宗商品所发的电以及可用性付费（学校、医院），所有这些收入都以年为基础进行计算。

债务资金的各提供方决定它们是否认为某个项目可以融资。为此，它们要求在贷款期限内正现金流要远远超过负现金流。偿债能力比率（即在债务还本付息之前，正现金流超过负现金流的相对数量）代表了一种或有准备金，可用于抵销项目/资产收入或成本的潜在波动，并确保在还本付息之前的自由现金流为贷款的按期还本与利息支付提供足够的流动性。因此，偿债能力比率被用作衡量项目的财务有效性的指标。对于股东的地位，我们将在下一个小节中讨论。

6.4.4.2 融资规模

提供充足的财务资源，是项目/资产成功的一个关键因素。融资规模，即项目/资产的资金需求，由要求的总投资量所决定（见前面关于绿地和褐地的计算基础）。通常，发起人（和其他财务投资者）提供股本金和股东贷款，而银行（和其他财务投资者）提供债务资金（即以贷款或债券形式）。项目的性质和范围决定了诸多融资工具中的哪一种可能最为合适。对于这些问题的讨论，请参阅第 7 章。

在确定某个项目/资产能够支撑的最大融资规模时，需要指出，对于常规性的绿地项目，债务还本付息所需要的现金流往往是在运营的第二年或第三年才会达到最高数值，而不是资产购买时或建设阶段结束时就立即出现。在计算项目总资金需求时，必须包括截至这个日期累积的利息。同样重要的是，还应当加上与诸如成本提高、推迟完工和汇率波动等偶然事件相关的应急费用。

除了在贷款全部期限内可用于还债的现金流（贷款期内覆盖比率，或 LLCR），当确定合适的融资规模时，债权人可能更加感兴趣的是每年可用于还债的现金流（债务偿还覆盖比率，或 DSCR）。后者用于保证项目每年都能够履行还本付息的义务。

股本金提供方也要求有正净现金流，这使其对所用资金有合适的回报率。对于贷款者，还本付息（利息和本金支付）前的现金流是测量净现值的相关参数，而股东既在乎每年还本付息后的自由现金流以确保足够的年度当期收入（例如，股东贷款的利息或红利），又在乎项目全部存续期间还本付息后的自由现金流，后者决定其最终收益率。

股本金提供方的时间周期通常超过贷款期限，并因此长于贷款提供方的时间周期。当股本金提供方的投资策略是最大化短期收益而不是长期内的较高的当期收入

（分红）时，净现值的计算周期可能比贷款期限或项目存续期短很多。一个例子是，IRR 导向的股本金提供方寻求通过出售刚成功试运营的绿地项目的转售值／终值最大化其收益率（请参考第 2 章和第 5.3.7 节）。

6.4.4.3　融资结构

当项目或资产的资金需求确定后，视情况而定，发起人／股本金提供方将构建反映项目／资产特征及预期现金流特征的融资结构。其目标是根据债权人的还本付息要求和发起人的收益率要求，确保项目融资的可行性。

在结构化融资方案时，通常要考虑以下资金来源：① 发起人或财务投资者以股本金和股东贷款的形式提供的权益型资金；② 兼备股本或债务特征的工具，诸如夹层资金；③ 传统贷款形式的债务，分为不同部分和期限；④ 债券；⑤ 包含补助的开发性资金。对于海外项目，出口信贷可能为出口交易提供额外融资来源。开发性资金和出口信贷由政府（相关）机构提供。

这样的资产可以用于优化可用流动性，包括资产支持结构。在该结构下，未来的应收账款（流动资产的一部分）被打捆在一起进行证券化并转让给投资者。这允许（项目）公司提前通过应收账款获得现金流，同时在应收账款结清时，这些证券的买方会回收资金并获得所投资金的回报。

售后回租方法是优化流动性的另一个选项：（项目）公司将部分有价值的（项目）固定资产出售给租赁公司并回租同一资产。当期资金流入的对价是未来的租赁分期付款，并且通过项目产生的现金流偿付。诸如期货或期权等衍生品，经常用于对冲前面提到的利率和汇率风险。第 7 章将探讨所有这些资金来源。

当构建资金结构及选择适当的融资工具时，重要的是匹配基础性融资的期限、还款计划以及来自项目／资产的预期现金流。例如，在传统项目贷款（与在公开市场上发行债券不同）模式下，在计算给定时期内的债务还本付息时，要考虑这段时期的经营性现金流。项目初期设置较低的分期还款金额，随着项目进展及所产生收入的增加，设置更高的分期还款金额。将可用现金流（收入）及债务还本付息进行精确匹配，有助于优化资金成本。

除了绝对融资规模，相对规模（即债务与股本金比率）是确定最优融资规模时的一个重要因素。从股本金提供方的角度看，高的债务与股本金比率通常是可取的（特别是在低利率环境下），因为杠杆效应（昂贵的股本金被成本较低的债务所替代）有助于提高股本金回报率。不过，最大化的债务与股本金比率并非对所有股本金提供方而言都是最优方案，因为高的债务与股本金比率会提高每年的还本付息金额，由此会降低或往往完全消除可通过红利或股东贷款利息支付给股权发起人的自由现金流。如果发起人重点优先考虑当期收入，较低的杠杆率可能更加可取。

另外，高的杠杆率可能会降低借款者的信用水平，从而提高其债务融资的成本。此外，利率或汇率波动所引起的风险也会提高，因为这样的波动对高杠杆率的项目有更严重的影响。对于那些可能面临收入极度波动的项目/资产，在发生收入恶化的情况时，债务违约的风险会提高；这是许多高杠杆公司在金融危机期间所发生的情况。因此，基础设施项目或资产的最优债务与股本金比率，不仅取决于产生的现金流水平，也取决于总体的风险程度，特别是市场（价格和需求）及政治、规制、货币和利率风险。

如果不考虑预期的可用现金流，债务提供方（如上所述）通常要求股本金提供方维持占总融资规模10%～40%的股本金比率，具体取决于特定项目/资产的风险状况。在特别紧张的金融环境下，例如在次贷危机期间，这个比例可能轻松上升到50%或更高。

6.4.4.4 风险缓释

项目融资到处都有结构化和风险缓释。为此，融资方案通常包含一些内部风险缓释机制，以保护股本金和债务提供方在合同中约定的应收账款和责任。这些机制以不同方式组合起来，形成适当的风险缓释体系。除了将风险分配给各类参与方，可能的条款包括：

- 在项目公司起步时有足够的股本金，并取得发起人/股本金提供方提供事先确定的额外出资的承诺，以覆盖成本超支或运营最初几年未预期的低水平收入（对发起人有限追索）；
- 与具有足够信誉的总承包商签订交钥匙施工协议；
- 公司或银行保证/担保（预付款和留置担保）；
- 发起人提供资金保障和运营保证；
- 约定罚金；
- 为重要相关风险购买保险（如国家与/或政治风险、设计、雇主责任、施工服务、技术或运营中断），以及存在出口信贷机构（ECA）。

保证和保险的具体结构是灵活的，可以调整以反映个性化需求。这些担保机制的基石是担保承诺的金额、期限和核定。同样地，保险合同通常也是量身定做的，以满足项目/资产及其参与方的要求。然而，目前市场上只有少数保险公司能够承保很长期限的PPP项目。如果保险期限比计算的项目存续期/寿命要短，在最初的保险到期后，新的保险合同所使用的条件可能会涉及风险（这类似于第5.2节中所讨论的利率风险)。这种产生潜在额外成本的风险，类似于利率风险，应当通过达成价格调整条款或确保包含在投标报价中并列入绩效费，转移给项目开发方。

对于保险公司违约的风险，必须加以考虑。鉴于老牌私营保险集团陷入违约的经历，明智的做法是不仅要对所涉及的保险公司实施全面的尽职调查，还要在不同保险提供方之间进行风险分散。

风险缓释

伊斯肯德伦：该项目的融资规模为 14 亿美元，包括 10 亿美元债务和 3.7 亿美元的股本金。由于土耳其内含的国别风险，当时投资者的兴趣有限，因此项目发起人采用了一种多来源的策略以确保落实融资。其目标是在融资结构中引入数量有限的出口信贷机构，确保给政治风险提供足够程度的保障。三家出口信贷机构——Hermes（德国）、OeKB（奥地利）和 CGIC（南非）合计融资达 6.39 亿美元。这是 CIGC 首次参与这类性质的项目，南非政府为其国内产业提供了使用自有技术服务全球能源市场的机会。余下的债务融资（3.86 亿美元）选择了德意志联邦共和国的 GKA 项目（为外国投资提供保证以及为直接外国投资提供联邦政府的担保）。GKA 项目提供了防范政治风险的保险，包括为与电力购买协议有关的特定合同违约提供保险。划分为多个部分的债务的期限是 16 年（最终在 2016 年到期），平均期限为 8 年。这些贷款在建设阶段（由 STEAG 提供完工保证）有有限追索权，完工后被重新归类为无追索权债务。债务融资中的欧洲部分的主牵头行为德累斯顿银行、德国复兴信贷银行和西德银行组成的银行业辛迪加。该交易获得了 3 倍的超额认购。CIGC 提供保障的部分，由南非联合银行安排融资，最终全额在南非市场上组成辛迪加。

瓦尔诺：该项目的总规模约为 2.19 亿欧元，其中 4300 万欧元（20%）是由发起人布依格公共工程公司牵头的建筑业联合体和财务投资者麦格理基础设施公司以股本金的方式提供。由德意志银行、北德意志州银行、德国复兴信贷银行和欧洲投资银行牵头的全球银行辛迪加，提供了期限在 23 ~ 25 年的总计 1.48 亿欧元（68%）的贷款。贷款辛迪加由 13 家国内银行和国际银行组成。作为促进跨欧洲网络（TEN）的措施，欧盟提供了一笔占比 12% 的补贴（2800 万美元），强调该项目在欧洲共同利益方面的重要性并促进该项目的融资。

6.4.5 第五阶段：执行和监督

在实施了令人满意的尽职调查且落实了合适的融资之后，项目交易进入实施阶段。一旦特殊目的公司已经设立（如需要），以及注入股本金和提取债务资金的前提条件明确地得到满足，股本金和贷款提供方则要提供资金。因此，在运营阶段开始前，金融合作方通常并不深入参与执行和监督。除非发生了可能影响项目未来现金流的严重延误（例如，未能完成节点事件），否则不会改变有关条件。考虑到本书服务于投资者，本节的余下部分将聚焦于随后的金融方面而不是运营方面的监督职能。

由股本金和债务的提供方实施的监督，主要基于融资过程中约定的偿债比率、其他合同约定的融资契约或节点事件，以及当前的业务进程。监督的目的是在早期阶段识别出现的问题，并与所有相关参与方合作解决这些问题。所有股本金提供方和贷款人最终感兴趣的是收回其资金，并获得相应的回报。为支持监督活动，它们通常会从项目公司收到以下文件：

- 项目公司的月度报告（管理报告），主要包括利润表、资产负债表和现金流量表；
- 包括财务数据和公司管理层提供的解释说明在内的季度报告；
- 满足相关会计法规要求的经审计的年度财务报告。

公司事先与资金提供方就相关报告的格式和内容达成一致。作为监督过程的一部分，股本金和债务的提供方要将当前的经营业绩与最初的预算与预测值进行对比；对任何背离要进行分析并提供解释，可能会造成管理层的行为短期化，还有可能要对协议进行再谈判。

> **收费公路项目**
>
> 对于收费公路项目，监督的一个方面是每月的机动车数量与平均通行费是否符合预测值。这可以确定驾车者是否已经接受该收费公路，还是宁愿绕路从而躲避这条路，以及最初的流量和价格预测是否符合实际。这两个方面直接影响现金流水平，并因此影响偿债比率。

除了分析财务报告，股本金和债务的提供方还要通过股本金提供方、贷款人和项目公司每年在若干场合举行的联合会议或单独会议实施监督。这些会议主要与股东大会（每年三四次）和监事会或咨询委员会一并举行。根据具体情况，贷款人或贷款人辛迪加的代表也会开会。关于特定议题的会议（如涉及战略问题），可能也会临时召集。

如果项目监督时确认实际收入和现金流低于最初预测值（后者构成融资结构及

偿债比率的计算基础），则可能会采用主要针对融资问题的如下行动：

- 通过自身努力提高收入（如有可能）；如果在经济上和政治上无可非议，也可以通过调整采购/承购协议提高收入。
- 优化成本结构。
- 如果项目现金流仍然可以满足债务还本付息，但是原先预计的比例被"突破"，也就是说，实际比例低于最初预测值，则要重新确定偿债比率。
- 如果现金流不足以满足债务还本付息，就应该调整项目融资结构，例如调整和重新确定还款步伐。

本章的目标是提供普遍性的项目融资及特殊性的 PPP 模式的概述。考虑到本书聚焦于金融，以及融资在任何交易中的核心地位，我们将在第 7 章中对这类交易使用的必要的融资工具做进一步介绍。

第7章 PPP
Infrastructure as an Asset Class

融资工具

考虑到资产特征，基础设施资产往往需要巨额资金，同时具有比较理想的、长期的、合同约定的现金流，因此通常适合于债务融资。基础设施资产的融资可以采用传统（公司）融资、项目融资或资产支持融资等方式。哪一类融资方式或哪些融资方式的组合是最适合的方式，主要取决于资产的阶段/成熟程度（例如，大型新建基础设施项目通常采用项目融资方式）、融资的时间要求和合同的性质，这些反过来又取决于所涉及的基础设施资产本身。

大多数融资方案使用多种不同的融资工具，以确保实现最优结构。融资工具及其运用的形式和范围取决于若干因素。特别是，这些因素包括项目/资产的规模、可用现金流的数量和可行性、发起人或委托人的偏好和要求（如有）、股本金提供方的风险/回报预期、项目的风险和担保结构、东道国的政治与经济状况以及发起人的信誉（如适用）。这些因素共同决定了融资的规模和结构，包括选择适当的融资工具。

本节基于所提供的资金类型，对各类融资工具进行分类，包括两个主要的类别：股本金（第7.1节）和债务（第7.3节），而夹层资本是这两类资金的混合物（第7.2节）。图7-1以图形显示了不同的融资工具。股本金和债务类工具表现为不同的形式。

发起人和投资者还可以向国内/区域性公共部门的开发性银行或诸如世界银行等多边机构申请其他股本金和债务融资（见第6.4节）。很多国内或国际开发性银行提供针对特定行业的贷款项目（诸如可再生能源发电或能效项目）以支持特定行业的投资。在更广义的气候保护领域中，它们在最近也创设了"绿色债券"及早期专门的"绿色债务"项目。前者部分是通过专门的专注于气候议题的"绿色银行"实施的（见第 7.3.2 节）。

通过引入国有的或私营的出口信贷机构（ECA），有可能获得间接补贴。出口信贷机构通过提供出口信用保险支持企业的出口交易活动。诸如资产支持债券和售后回租协议等工具，也可以被包括在融资结构中（见第 7.5 节和第 7.6 节）。第 7.7 节将简单探讨可以用于对冲融资结构中的利率和汇率风险的衍生品（见第 5.2 节）。

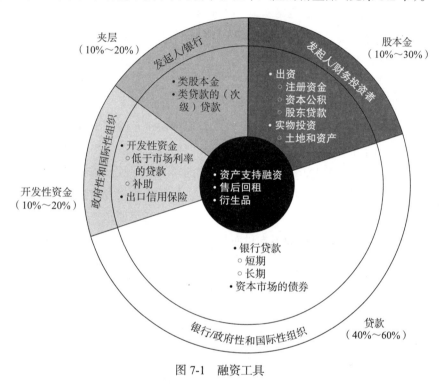

图 7-1　融资工具

注：% 表示融资规模占比。

各种形式的资金的区别在于其风险特征，通常所承担的风险水平决定其预期回报率水平。股本金是具有最高风险的融资方式，因为股本金劣后于所有其他融资工具，诸如夹层资本和债务。

7.1　股本金

股本金通常无限期地被提供给某家公司，并且采用不同的出资形式：

- 以现金和现金等价物形式的现金出资；
- 以土地和设备等项目资产出资的非现金出资。

> ### 雷尼基雅项目的融资结构
>
> 瑞士的雷尼基雅垃圾发电项目的总投资为 3.2 亿瑞士法郎，其中股本金为 1 亿瑞士法郎，公共部门占比 90%，私营部门占比 10%。瑞士中部的各垃圾协会提供 90% 的股本金，合计持有公司 90% 的股权。每家垃圾协会的出资比例与其送来的垃圾量的占比一致。私营造纸企业佩林纸业提供垃圾发电厂所用土地并凭此持有 10% 的股权。由瑞士最大的地方性银行苏黎世银行牵头，与其他地方性银行组成银团，按项目融资方式提供 2.2 亿瑞士法郎的债务性资金。

现金出资可能采用不同形式并结构化为不同组成部分。股本金对应于项目公司按出资比例持有投票权的认缴资本。资本公积或溢价是股东出资中不构成认缴资本的部分，相当于股票发行时超过股票账面价值的部分。股票出资可以采用优先股（例如，可以获得优先股股息）与/或股东贷款的形式。尽管从法律角度讲，这些工具被归类为贷款即债务，具有某种形式的利息，但是其求偿权劣后于所有其他债权人，因此具有股权投资的特征。取决于股东的当期收益率要求，股东贷款在各个时期累积的利息往往被资本化（即不支付而是加到现有本金中）。

为了调和发起人与贷款人的利益，股本金比例通常相当于项目融资总额的 10%～40%，具体取决于其（感受到的）风险状况。在非常时期，债权人会要求较高的股本金比例。

资金结构中的每个层次的全部投资者，都想最小化自己的风险并限定自己的责任。股本金提供方也是如此，尽管其面临的风险最高。因此，很多（尽管不是所有）股本金提供方，更加喜欢保持尽可能低的股本金比例，以有助于提高所用资金的回报率（杠杆效应）。通过提高债务水平而不是允许/寻求源于第三方认缴的额外股本金，股权提供方可以避免自身权益的稀释。不过，原则上，高比例的债务会提高投资的风险水平，让自身更容易受到意外收入或不合常规的成本的影响。悖论是在特定情况下，风险规避型投资者如果想降低其风险水平，最好的做法是提高股本金比例。

各股本金与债务提供方在确定最优杠杆率时存在分歧。贷款人通常要求股本金比例能够为其贷款提供足够的支撑。贷款人还喜欢在使用任何债务资金之前股本金就已经全额到位，尽管事实上股本金缴款可能与债务资金按比例同步到位。考虑到项目发起人的极端重要性和项目的可行性，股本金提供方给予的足够的财务承诺，能给各融资参与方提供信心，也有助于调和所有项目参与方的利益。

关于 PPP 项目的最优股本金比例的确定，公共部门面临利益冲突。一方面，公共部门有兴趣通过最小化股本金比例最小化其总成本，因为这有助于降低公共部门今后向项目公司支付的年度费用（例如，可用性付费）。考虑到股本金通常比债务更"昂贵"，较低的股本金比例为股本金提供方降低了项目的总体成本；公共部门可能是也可能不是股本金提供方，取决于所采用的/选择的合同模式（见第3章）。另一方面，公共部门必须尽最大可能调和私营合作方的利益与其自身的利益，以确保服务提供并实现项目的经济稳定性。关于这一点，较高的股本金比例被视为保障项目协议和避免机会主义行为的可靠承诺。

尽管股本金提供方通常共享某些融资目标，但是它们并非同质的群体。考虑到它们的投资期限及其他因素，其个体兴趣可能存在差异（还可以参考第1.2节和第1.3.8节）。为此，一个好的融资结构经常兼顾考虑由大多数长期导向的分红型投资者提供的长期锁定资金，以及有早期退出需求的短期到中期导向的回报率最大化的IRR型投资者。因此，为了吸引这两种类型的投资者，融资结构必须允许在特定日期之后有出售在项目/资产中的权益的可能性，该日期早于项目寿命结束日或债务偿还日，而不会损害融资或整个项目/资产的长期成功。这种安排不会与发起人、委托人和贷款人的利益调和原则相冲突，只要合同安排合理，满足特定条件与/或特定时间阶段就能出售股本权益，例如计划的项目/资产进度与/或经济上的成果。

原则上，基础设施项目的股本金提供方可能会考虑以下退出策略（见第1章）：

- 通过二级市场出售。参与交易的部分或所有投资者可以与/或必须将其在该公司的权益，分别或同时出售给一个或多个新的（财务）投资者。[○]
- 股权转让。投资该资产的部分（通常是所有）投资者能够与/或必须单独或同时出售其权益给一个或多个新的（战略）投资者。
- IPO。一个单独的基础设施项目、一个基础设施项目组合或一家基础设施投资公司，都可以在股票交易所挂牌上市。将若干基础设施项目公司捆绑在一起，可以创立一个具有稳定收入流、有吸引力的回报率及分散化风险结构的相当大的资产组合（关于上市基础设施资产/基金相关问题的探讨，见第2.1节和第2.2节）。

7.2 夹层资本

考虑其期限与条件，夹层资本在法律上被认定为一种劣后于优先债务的付息贷款。然而，在实务中，夹层是债务和股权融资的混合体；在特定条件下，债权人有

○ 在二级基金权益市场上，投资者通常能够并确实独立于其他基金投资者将其股权出售。

权将债务转换为股权。仔细考察，这类次级资本的任何特定的混合工具，都能被相对清晰地划分为股本金或债务。当无法获得所需要数量的合格股权型资金或者过于昂贵且只能在有限程度上获得常规商业贷款时，夹层资本可能是合适的解决方案。

因此，夹层资本可以分为具有股权特征的夹层资本（参与项目价值增值分配的有息金融工具）与具有债务特征的夹层资本（仅仅是利息，通常划分为现金相关的部分即当期支付利息的部分和资本化的部分）。诸如实物支付之类的创新性夹层结构（例如，流动资产和不动产）的重要性在增加。

在风险方面，夹层融资置于传统抵押贷款和股本金之间。在一般情况下，夹层融资劣后于传统优先贷款，可税前扣除，可终止，合同条款和条件灵活，并有广泛的潜在用武之地。为了实现项目融资的目的，夹层资本通常承担一部分项目风险并因此承担一定的吸收损失的功能。

与债券提供方相同，夹层资本的发行人基于预期项目现金流和借款者发布的募集说明书做投资决定，后者授予特定的获取信息、参与或控制的权利。

7.3 债务

债务通常是基础设施项目和资产最重要的融资来源。债务通常占（项目）融资（包括夹层资本及可能存在的政府补助，第 7.1 节的免责条款）的 60%～90%。本节将主要介绍优先级的贷款和债券之类的长期融资工具（可能是辛迪加形式），因为这些工具是实现融资的核心。为了保持内容的完整性，本节对诸如营运资金贷款、供应商贷款、贸易信贷和租赁等短期工具也会简单地提及。

7.3.1 优先贷款

优先（银行）贷款是包括项目融资在内的所有融资活动的传统债务工具。由银行与/或财务投资者组成的联合体提供的优先级贷款（辛迪加或俱乐部），又称为辛迪加（银行）贷款（第 7.3.1.2 节）或俱乐部交易（第 7.3.1.3 节）。与债券相比，优先贷款的期限和条件，很大程度上可以根据每个项目与资产的具体要求量身定制。最重要的是，利息和本金支付可以调整以反映（项目）公司的现金流。

每笔债务的利率基于某个参考利率（例如，欧洲银行同业拆借利率适用于以欧元计价的贷款，伦敦银行同业拆借利率适用于以美元计价的贷款）和项目/资产的特定利差而确定。利差水平基于当前市场、行业标准与特定基础设施项目/资产的风险状况（项目风险和发起人的特有风险）以及贷款人的收益预期而定。债务期限内的利率可以是可变的、固定的或特定的区间。如果是固定利率，银行通常使用互换交易进行再融资，而财务投资者通常不这么做（利率结构和利率互换的情况见第 5.2.1 节与第 7.7 节）。利率水平也可以在超过 10 年的期限内固定，这通常涉及利率套保。⊖

7.3.1.1　传统优先贷款

由银行提供的传统优先（项目融资）贷款的平均期限是 7～12 年。可再生能源或 PPP 项目，通常要求的贷款期限为 20～30 年，在特定情形下会更长。对于这种期限，通常开发性银行会介入并提供高比例的融资（见第 7.4 节）。近期，长期导向的收益型财务投资者，已经进入这部分债务市场，这有助于长期基础设施资产的融资。

不论贷款期限多长，贷款人通常坚持在项目测算期结束前 2～5 年还清贷款，例如当高速公路或医院的特许经营权或许可证到期（由这种情况产生的利率和融资风险见第 5.4 节）。留下称为"尾部"的几年时间的目的是，确保当借款人面临偿还贷款困难时，有足够的时间让（项目）公司回到正轨或重组贷款。贷款人的主要目的是在（项目）公司的特许经营期或许可证结束时，能够全额偿还贷款。

在所有融资工具中，优先贷款的风险水平最低。它们通过如下标准担保方式获得保障：

- 分配属于（项目）公司的源于实质性（项目）协议 / 合同的全部当前和未来债权；
- 以股东持有的（项目）公司股份和（项目）公司账户余额作为抵押；
- 确保有足够的资本金；
- 维持储备和流动性账户（例如，债务还本付息与 / 或维护准备金）；
- 取得明确的财务承诺；
- 给融资机构授予明确的代位求偿权。

贷款的利息和本金支付，优先于所有其他形式的债务融资工具。贷款的偿还通常不与项目成功挂钩，这意味着贷款人通常不承担项目本身的经营风险。尽管如此，如果（项目）公司没有按照计划成功运营，贷款人会受到影响并需要参与重新谈判。

⊖ 德国通常不提供这种选择权，相反，贷款会划分为分布于整个融资期限的若干笔贷款。例如，一笔 25 年的贷款可能会被分成两笔期限为 10 年的贷款加上一笔期限为 5 年的贷款。这种做法被写入了德国法律（新版《德国民法典》的第 489 条和老版本《德国民法典》的第 609a 条）。法条中规定，不论最初的合同条款是如何协商的，满 10 年后，在提前 6 个月通知的情况下，借款者可以部分或全部终止一笔固定利率贷款。如果在 10 年期结束时的利率低于最初签署合同时的利率，借款者会行使这项权利。为了避免终止合同带来的风险，（如果银行已经进行了再融资交易，这可能给银行带来很高的成本），德国的银行通常不提供期限超过 10 年的贷款。

当交易规模较大时，可能会区分为优先级债务和次级债务。二者的区别主要与资金偿还的顺序（优先权）相关。次级债务的偿还通常在优先级债务之后，且有更大的可能性违约。因此，次级债务要求更高的利率以反映这种较高的风险水平。

7.3.1.2 辛迪加贷款

由单一债务提供方（通常是某家银行）提供的传统优先贷款与辛迪加贷款的主要区别是，后者是由一组债务提供方（通常是一组银行，即辛迪加）提供，由这个辛迪加向更大的债务市场做承销或分销。其目的是分散信用风险并赚取安排费。由于单个贷款人涉及规模很大的风险敞口，大型交易通常选择辛迪加形式。有时，即使是大型国际银行，如果要单独承销这种规模的贷款，也会暂时周转不灵，或者由于潜在的集中风险而不愿意这样做。⊖多家债务提供方在一家银行（有时是一组银行）的管理下（称为"牵头行"或"主办行"）组成一个辛迪加，结构化并安排大型交易的融资。牵头行所提交的融资报价包括所有条款和条件及计划的融资结构。与传统银行贷款类似，辛迪加贷款的结构根据特定项目/资产量身定做，特别是与正的和负的未来现金流、债务还本付息和灵活的债务拨付选择权等相关。在融资报价中，牵头行提出辛迪加组建后自己将提供的贷款规模（最终承贷）。这通常约为总规模的10%。从借款者的角度看，也从最终采用贷款的其他债务提供方的角度看，最终承贷的数量关系重大，因为它反映了牵头行对该交易及其长期可持续性的长期承诺和信念。

牵头行与其他贷款人（共同安排行或管理行）组成银行安排行团队，它们的承销主要取决于特定交易的吸引力、融资结构以及牵头行提供的收费结构（牵头行通常获得最大比例的佣金，因为它负责拿到项目并掌控融资的结构和安排）。这些共同安排行或管理行同意参与融资，意味着称为"承销"的辛迪加贷款的第一个阶段的工作完成。也就是说，单个债务提供方明确承诺负责承销全部贷款中的确定金额（承销承诺）。到此为止，牵头行本身在合同上有义务向借款人提供全部贷款。

从牵头行的角度看，重要的是吸引有声望的银行参与辛迪加，它们能够在承销完成后将相关贷款进一步在债务市场上进行分销。在下一个阶段中，辛迪加向其他收取利息的贷款人、(共同)管理人或参加行提供总贷款中的更小的份额（通常低于牵头行和管理行的最终承贷的数量）。当为国外项目安排贷款时，主要是出于政治考虑，有必要引入当地银行与国际性银行共同提供融资。

长期性的收益率导向的财务投资者，之前长期购买私募（公募）发行的基础设

⊖ 同一类型（例如，同样的地理位置、同样的行业）或同一结构的风险的聚集。

施债券（见第 7.3.2 节），现在也转向贷款市场。它们是辛迪加份额的买方，也可以联手银行从一开始就加入贷款辛迪加。很早就争取加入这类辛迪加的财务投资者，可能会持有贷款到期。

辛迪加贷款的特征是有特别全面的整套合约协议，其中包括贷款人要求的担保的性质和程度等内容。以下三种类型的贷款条款和条件尤其重要：契约、陈述与保证以及违约事件。贷款人也要求对贷款协议有特定的控制权。

> **辛迪加贷款**
>
> 银行 A 承诺为某个项目/公司结构化和安排一笔 4 亿美元的融资。银行 A 希望在成功组成辛迪加之后最终承贷 5000 万欧元。在承销阶段，银行 A（主牵头行）在银行辛迪加中引入了三家银行（管理行），其中的每一家管理人与银行 A 同样承销 1 亿欧元。这三家管理行的目标是在辛迪加中的每家最终承贷 4000 万欧元。在组建辛迪加的过程中，另外邀请 10 家银行（共同管理行）参与，每一家银行平均贷款 2300 万欧元。

7.3.1.3 俱乐部交易

债务语境下的俱乐部交易，是指在融资结构化的早期就聚集若干个贷款人，而不是一家牵头行。它们针对整笔贷款共同协商，并就条款、结构和承销安排达成一致。这种方法往往需要耗费更长的时间落实融资。当任何单个银行均认为凭自身能力作为安排行承销整笔贷款金额的风险过高，或不太可能找到其他银行承销该交易时，才会选择这种方式。此外，借款人为了建立业务关系或反映地方惯例，可能从一开始就有意让某些银行参加辛迪加。

7.3.2 债券

对于规模大（项目规模超过 2 亿欧元）或期限长的交易，可以发行债券替代或补充贷款，或在获得贷款后再发行债券。与贷款不一样，债券通常根据借款人的融资需求，量身定制特定的期限、计息方式和本金偿付方式。债券的期限与利率取决于项目的质量和要求、资本市场的当前状况以及投资者的偏好。

一般而言，有以下两种类型的债券：① 固定利率债券；② 可变利率债券（通常采用固定利率债券）。不考虑例外情况，它们给投资者提供按计划的每年当期利率保证。对于支付责任确定的保险集团和其他投资者，固定利率债券往往是很好的投资标的。对于支付责任盯住通货膨胀的养老基金类投资者，利差同步盯住通胀率的可变利率债券，可能更加合适。因此，由于内含的利率风险，可变利率债券的现金流更加难以预测的劣势，对养老基金而言不是大问题，但是对保险集团之类的机构不一样（见第 2.1 节、第 5.2.2 节和第 7.3.1 节）。

债券可以通过一家或多家银行私募配售或在公开市场上发行。私募配售主要直接面对诸如保险公司、养老基金等机构投资者。私募配售的好处是发行人可以绕开耗时且成本高的首发上市、准备募集说明书、评级、市场配售及持续的资本市场沟通，并且可以更快地筹集资金。

与辛迪加贷款相比，债券的优势在于通常期限较长，有时候长达 50 年，并且有较好的利率水平（取决于各自评级）。然而，在借款人的条件改变，要求调整债务融资时，例如预期收入意外严重下降、提前赎回或修改利率和还债结构，债券的灵活性很低或没有灵活性。除了其他原因，这种灵活性的缺乏是由于债券在公众中的广泛分布，即存在大量的债券持有人。相比之下，在贷款融资的情况下，参与辛迪加的贷款人的数量有限，这意味着债权人往往与借款者有直接关系，如有需要，方便直接接触启动谈判。

债券的另一个缺点可能是，债券募集的资金是在一个确定的时点（例如，在建设期开始时）一次性提供，即使项目对资金的需求是根据项目建设进程的连续性分批投入。这意味着借款者的利息负担较高，因为从提款之日起就必须对债券全额支付利息，而应付贷款利息只是基于实际提款金额递增。

在盎格鲁－撒克逊国家，特别是英国、加拿大和澳大利亚，发行债券为 PPP 模式在内的基础设施项目/资产进行融资比较常见，结果是 PPP 债券有一个流动性较好的市场。买家主要是保险公司、私营及公司养老基金。在全球其他地方，迄今为止只发行了少量此类债券，意味着不存在真正的相关市场。不过，随着基础设施交易的数量和规模的增长，债券融资预计在全球范围内将变得越来越重要。

绿色债券和气候债券

在全球 100 万亿美元的债券市场中（Bank for International Settlements, 2014），出现了一种规模较小但快速增长的绿色债券和气候债券市场。⊖ 贴上标签的绿色或气候债券，只是这个市场极少的一部分，特征是募集资金专款专用于合格的气候保护项目，而其定价与同一个发行人的非绿色债券相当。绿色债券募

⊖ 术语"绿色债券"和"气候债券"在媒体出版物中通常可交互使用，因为标准仍然在开发中，还无法明确定义这两类新的债券产品。

集的资金被用于气候保护（低碳投资和气候适应性）及其他环境保护项目，诸如可再生能源和节能措施、气候相关的防洪基础设施以及为减少温室气体排放的其他努力（UNEP，2014）。气候债券允许投资者在满足固定收益率和风险要求时，提高其债券组合的可持续性（Climate Bond Initiative，2015a）。

自从2007年低调起步后，欧洲投资银行发行了首只环境主题的债券气候意识债券（EIB，2015），绿色和气候债券快速发展。2008年，瑞典的银行北欧斯安银行与国际复兴开发银行（IBRD，是世界银行集团的5个成员单位之一）联手，发行了世界上首只独立评级的绿色债券（AAA评级的固定收益产品）。2015年，已经发行了418亿美元贴上标签的绿色债券（见图7-2）（Climate Bond Initiative，2016）。至今绿色债券规模最大的发行人是各类开发性银行，主要是欧洲投资银行、世界银行和德国的开发性银行德国复兴信贷银行。类似于2014年，公司发行人、银行和地方政府一直也是气候债券的重要发行人，后者为大学和可持续性的供水项目相关的绿色物业项目提供资金。通过绿色债券融资的项目类型分布很广，更多资金服务于可再生能源领域之外的绿色行业，比如低碳交通和可持续的水务项目（Climate Bond Initiative，2016）。

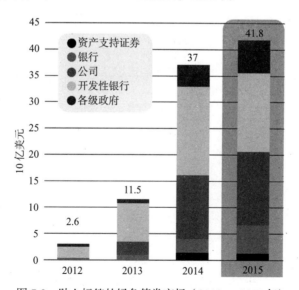

图 7-2　贴上标签的绿色债券市场（2012～2015 年）

资料来源：Replicated from Climate Bond Initiative (2015a).

绿色资产支持证券（ABS）出现于2013年，首只市政ABS发行于2014年。地方政府发行市政债券并使用募集资金，例如，给那些想实施可再生能源或能效升级和安装的项目业主提供贷款（例如，美国物业评价清洁能源债券或PACE）。该贷款通过物业税评价收入还款。

2015年5月，德国的不动产和抵押银行BerlinHyp发行其首只贴上标签的绿色"抵押债券"。这是一种有担保债券（FT，2015），意味着该债券可以同时向发行人和一个抵押资产池进行追索（Climate Bond Initiative，2015a）。5亿欧元的募集资金专项用于可投池内的绿色资产（即欧洲的合格绿色建筑的抵押贷款）。这次发行获得4倍的超额认购，预计会有更多的绿色抵押债券发行，因为不动产是2.4万亿欧元的抵押债券市场中规模最大的组成部分（Climate Bond Initiative，2015b）。

2015年，约50%贴上标签的绿色债券的募集收入给可再生能源项目提供资金（约46%）；排名第二位的是能效项目（约20%），随后是低碳交通（约13%）、可持续性供水（约9%）和固废与治污（约6%）项目（Climate Bond Initiative，2015b)（见图7-3）。

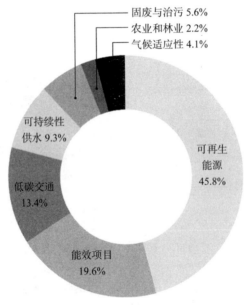

图7-3　绿色债券的募集资金投向（2015年）

资料来源：Replicated from Climate Bond Initiative (2015a).

市场对贴上标签的绿色债券的投资需求很强。债券发行经常被超额认购或扩大规模。例如，德国复兴信贷银行2015年的那次发行，从3亿澳元的发行量提高到6亿澳元（Climate Bond Initiative，2015b）；EIB发行的第三期欧洲气候意识债券（CAB）超过 15 亿欧元，截至目前 EIB 已经累计发行 130 亿欧元的绿色债券，用 11 种货币发行了 59 笔 CAB。此外，诸如苏黎世保险、德意志银行和巴克莱债券部门，承诺构建 10 亿欧元级别的绿色债券资产组合，一些全球规模最大的资产管理人已经建立了多只绿色债券投资基金（World Bank，2015c）。

不过，贴上标签的绿色债券只占规模大很多的估计为 5318 亿美元的符合气候债券定义的未贴上标签的气候相关债券的不到 10%（Climate Bond Initiative，2015c）。未贴上标签的气候相关债券是由超过 95% 的收入源于气候相关资产的公司所发行。规模最大的领域是交通（例如，铁路交通），从 2005 年以来的未偿还债券超过 4000 亿美元。中国的低碳铁路债券占交通领域的大多数。第二大行业是能源，债券余额近 1200 亿美元（Climate Bond Initiative，2015a）。

气候相关债券中的绝大多数是投资级（BB- 或以上），以 37 种不同货币计价，不过主要是人民币、美元、欧元和英镑。该报告指出 5000 亿美元的债券的约 47%（2336 亿美元）可能满足主流投资级资产组合的等级评定、货币和规模要求。此外，未贴上标签的气候相关债券的发行人希望开始发行贴上标签的绿色债券，力求利用绿色贴上标签的优势吸引新的投资者。公司要求跟踪和报告合格资产，需要得到可信的独立评估机构的认证。风电领域的市场领先者"维斯塔斯"选择将一只普通的公司债券标记为绿色债券。

在这个新兴市场上，目前还没有统一的标准确保绿色和气候债券的环保纯正性，因此投资者在考虑将这类投资作为满足可持续性投资目标的手段时必须小心。根据环境责任经济联盟（Ceres）在 2014 年推荐的一份针对清洁能源投资的报告，"标准化将最小化投资者承担的尽职调查负担，降低投资于更新的与清洁能源相关的产品的交易成本，改善气候债券和其他产品的流动性（Ceres，2014a）"。同时，市场上已经开发了几项自愿选择使用的标准，帮助要进入绿色债券市场的发行人与投资者，比如绿色债券原则（GBP）(Ceres，2014a)、气候债券标准（Climate Bond Initiative，2015d）和中国的绿色金融债券指引（GFBD）。由 13 家银行组成的联合体（Ceres 的）GBP⊖和超过 100 家机构，在 2015 年 7 月签署同意这些原则。它们对发行人提供了关于可信的绿色债券的指南，并通过确保能得到评估其投资的环境影响所需要的信息以支持投资者。除了气候债券标准，气候变化倡议开发了一种认证方案，为投资者和政府提供了对所谓气候债券

⊖ 参与这个联合体的银行如下：美利坚银行、花旗集团、东方汇理银行、德意志银行、摩根大通银行、法国巴黎银行、大和银行、高盛、汇丰、瑞穗银行、摩根斯坦利、荷兰拉博银行和北欧斯安银行。

> 的环保纯正性的信心。2015年年底，中国人民银行发布GFBD，提出了如何使用"绿色债券"的标准。该标准是中国关于绿色债券的首份指南，应该能显著地扩大其用途，确保诸如可再生能源和公共交通系统之类的低碳项目在中国的快速发展（World Resources Institute，2016）。

7.3.3 短期融资

7.3.3.1 营运资金贷款

银行为日常运营融资提供短期资金，采用灵活的营运资金工具，主要为库存、存货及客户应收账款的预付款融资。

7.3.3.2 供应商贷款

为了完整性起见，需要介绍传统的供应商贷款。（项目）公司的供应商或客户，可以选择给予公司更好的付款条件。这种形式的信用通常相对昂贵，只用于解决临时的流动性瓶颈问题。

7.4 政府支持项目

除了股本金、债务和夹层资本以外，政府支持项目现在是并且一直是基础设施融资的一个重要来源。这不仅适用于工业化国家（依赖程度较低），而且对新兴市场和发展中国家更加重要。取决于项目的性质和诸多其他因素，涉及范围广泛的可能的发展性计划。这些项目可以用多种不同的方式嵌入总体融资结构。对于基础设施资产，由于它们倾向于获得很长期限的融资，而商业银行通常不打算提供或者只愿意与开发性银行共同提供，所以还款补助、低利率贷款及担保就特别重要。

支持项目的资金源于国家层面的国有开发性银行，如德国复兴信贷银行（KfW）、日本国际协力银行（JBIC）或美国的海外私营投资公司（OPIC）。欧洲投资银行（EIB）、欧洲复兴开发银行（EBRD）和欧洲联盟（EU）在欧洲层次上提供资金。在特定机构的覆盖区域范围内，项目开发者并非必然能得到这些资金。

可以与欧洲层次上的EIB或EBRD比肩的全球和国际性组织，主要包括诸如世界银行集团及下属机构：国际金融公司（IFC）、国际复兴开发银行（IBRD）及国际开发署（IDA）；美洲开发银行（IDB）、亚洲开发银行（ADB）和非洲开发银行

（AfDB）等多边机构。此外，项目开发者还可以通过引入国有或私营出口信贷机构（ECA）利用间接的支持性项目，ECA通过提供出口信用担保支持国内公司的出口交易。同样，相关各国政府及诸如联合国下属的多边投资担保机构（MIGA）等国际组织都会提供一些针对直接对外投资的支持性项目。

以上提到的各种经济开发活动，并非总是明确地被分配给特定类型的机构。各国往往有属于自己的、多少有些特色的不同类型的机构，组织和构建其开发性项目。例如，德国有开发性银行（KfW）和出口信贷机构（Hermes）。美国的此类活动类似地由OPIC和美国进出口银行组织。日本则采用完全不同的方法，在JBIC一家机构旗下整合几乎所有的支持性项目。在随后几个小节中，我们将简单介绍这三个国家层次的开发性银行：德国KfW、美国OPIC和日本JBIC。此外，我们还要重点介绍EIB及其支持性项目。考虑到欧洲PPP卓越中心（EPEC）在基础设施背景下与PPP的关联性，我们对它也会进行简单的介绍。最后，我们会介绍ECA的作用和部分代表性国家的ECA。紧随次贷危机后，各国政府推出的数量和种类繁多的不同寻常的支持性项目，不是本书的话题。

7.4.1 各个国家的开发性银行

7.4.1.1 德国复兴信贷银行（KfW）

该银行由德国联邦政府（80%）和联邦各州（20%）拥有，德国复兴信贷银行的总部在法兰克福，旨在支持德国和国外的经济、社会和环境发展。德国复兴信贷银行有目标不同的四个品牌/下属机构：

- 由德国复兴信贷银行全资拥有的子公司KfW国际项目融资和出口信贷银行（KfW-Ipex Bank），负责提供项目融资与出口融资；
- 德国复兴信贷银行开发银行（KfW-Development Bank）主要为发展中国家和新兴经济体的公共机构提供融资与支持性项目。
- 德国能源局（DENA）是德国的能效、可再生能源（RES）和智能能源系统的知识中心。它在国内或国际上促进能源生产、网络、存储和最高效率的使用、安全性、可承受和气候保护等。
- 德国投资与开发有限公司（DEG）为在发展中国家的私营公司的投资提供结构化和融资。

德国投资与开发有限公司除了提供融资，还作为联邦德国经济合作和发展部

(BMZ)专门的 PPP 项目——"develoPPP.de"的三个官方公共合作方之一。该项目服务于那些投资发展中国家并寻求长期维护自身承诺的公司。联邦德国经济合作和发展部从公共资金中提供最高 20 万欧元且不超过项目成本 50% 的资金支持。服务于私营部门的合作方最多可以持续三年，覆盖范围很广的领域和话题（KfW-Förderbank，2015）。

7.4.1.2 美国海外私营投资公司（OPIC）

美国海外私营投资公司落实美国对外政策，主要支持美国企业投资海外，帮助私营部门管理与对外直接投资相关的风险。美国海外私营投资公司在全球超过 150 个国家为新的和扩展中的商业企业提供服务。美国海外私营投资公司的三个主要业务领域是：融资、政治风险保险和投资私募股权基金。[1]

美国海外私营投资公司通过直接贷款或投资担保等方式，向发展中国家和新兴经济体的合格投资项目提供中长期资金支持，具体方式是提供担保函（COP）或通过第三方贷款人转贷。2014 年，美国海外私营投资公司创设了为那些符合绿色债券政策（GBP）的项目所提供的"绿色担保"。潜在的合格项目包括可再生能源发电厂、清洁交通和可持续的垃圾管理设施（见第 7.3.2.1 节）。除了金融产品，美国海外私营投资公司还提供风险缓释产品，保障范围包括有形资产及因诸如战争、政治暴乱（包括恐怖主义）和政府强加的限制等政治事件造成投资价值和收益率的损失（Overseas Private Investment Corporation，2009）。

7.4.1.3 日本国际协力银行（JBIC）

国际协力银行[2]是日本的政策性金融机构，作为对私营金融机构的补充，提供借款、投资和担保业务。其目标是促进海外业务发展、确保重要资源以及保护全球环境、防止全球金融体系动荡或针对这类金融动荡所造成的损失而采用合适的措施。

日本国际协力银行的主要金融活动包括：进口或出口贷款、海外投资贷款、联合贷款、过桥贷款、参股和研究。另外，它还为以下业务提供担保：绩效债券、产品进口、日本公司发行的公司债券、海外辛迪加份额和政府债券。日本国际协力银行还通过按投向购买贷款收益权与为特定项目提供融资而发行的政府债券和公司债券，从而扩大其信贷支持范围（JBIC，2015）。

---

[1] 不涉及基础设施项目的私募股权投资不是本书的主题，因此不会进一步讨论。
[2] JBIC 的国际金融业务部门（IFO）、国民生活金融公库（NLFC）、农林渔业金融公司（AFC）以及日本中小企业金融公库（JASME）在 2008 年合并，成为一家新的政策性融资机构——日本金融公司（JFC）。然而，为了维持 JBIC 已经获得的国际信誉和信心，JFC 的国际部门在进行国际金融业务时，继续使用 JBIC 的名号。

7.4.2 欧洲投资银行（EIB）

欧洲投资银行作为欧盟的长期放款银行，在1958年依据《罗马条约》建立。欧洲投资银行的任务是为欧盟成员国的整合、平衡发展以及经济与社会凝聚力做贡献。欧洲投资银行在资本市场上筹集大量的资金，以有利的条件向那些促进欧盟政策目标的项目放款。为此，它不断地调整业务以反映欧盟政策的进展（EIB，2015）。

欧洲投资银行为很多地理区域的所有经济部门的范围很广的项目提供融资，尤其是欧洲的项目。由公共部门或私营部门客户推进的符合欧洲投资银行融资条件的项目，必须在经济上、金融上、技术上和环境上有效，并至少符合欧洲投资银行的7个放款目标之一，这些目标直接源自欧盟经济政策目标（EIB，2015）。

欧洲投资银行在欧盟内财政独立，严格遵循银行业惯例进行运营，与范围很广的银行圈保持紧密的合作，不论是在资本市场上筹资，还是为项目提供融资（EIB，2015）。尽管如此，它还与其他欧盟下属机构合作，特别是欧洲委员会、欧洲议会和欧盟理事会。

与开发性银行相同，欧洲投资银行不提供补助，主要是发放贷款，并持续增加股权投资。欧洲投资银行获得3A评级，在资本市场上可以得到有利的再融资条件，以成本价提供贷款再转手给借款人，从而显著降低所选定项目的总体融资成本。

通常，欧洲投资银行对任何特定项目的贷款不超过投资总额的50%。为此，它有两类主要的融资机制：一是单个项目直贷，直接提供给公共和私营部门的投资规模超过2500万欧元的项目与工程；二是中介机构转贷，给银行和金融机构提供信贷额度，帮助它们向中小企业（SME）实施的投资规模小于2500万欧元的合格投资项目或工程提供融资。

欧洲投资银行还有一系列专门的放款工具如下。

- **结构化融资工具**：创立的目的是为高风险项目提供融资，有助于大型基础设施项目的股权融资并保障运营。
- **风险分担融资工具**：与欧盟委员会共同创立，旨在扩展欧洲投资银行在技术平台、研究与开发行业为创新项目提供较高风险融资的基础。
- **碳信贷基金**：与EBRD和世界银行等机构共同创立，旨在开发转型国家的碳市场并鼓励私营部门参与。

2014年，欧洲投资银行拨付650亿欧元支持其欧洲经济政策目标，其中的593亿欧元流向欧洲联盟（EU）和欧洲自由贸易联盟（EFTA）的成员国。截至2014年年底，已签约的未偿贷款余额为5490亿欧元（2013年年底是5220亿欧元），其中

89%提供给欧盟范围内的项目（2013年年底是90%）。2014年年底，欧洲投资银行实际提供的贷款规模是4500亿欧元（2013年年底是4280以欧元），其中的636亿元被投资于基础设施项目（交通、能源、供水、污水、电信和社会基础设施）（EIB，2015）。

另外，欧洲投资银行有专门的基础设施基金项目，其中向25只股权基金和2只债权基金承诺出资超过10亿欧元（EIB，2015）。

2014年10月，在世界银行的牵头下，欧洲投资银行答应与一些全球规模最大的资产管理和私募股权公司、养老基金、保险集团以及商业银行合作，设立新的全球基础设施基金（GIF）。该基金有潜力为发展中国家的基础设施投资提供几十亿美元。

2015年，欧洲投资银行宣布欧洲战略投资基金（EFSI）作为欧洲委员会"投资欧洲的容克计划"（旨在扭转欧洲范围内投资下降的趋势）的主要工具（European Commission，2015）。其目标是在三年内（2015～2017年）推进PPP模式至少向实体经济注入3150亿欧元。该计划包括三个战略性方向：① 动员资金而不产生公共债务；② 支持如基础设施、教育、研究与创新等关键领域中的项目与投资；③ 消除特定行业的和其他非金融方面的投资障碍。目标基础设施包括宽带和能源网络、可再生能源风电与能效项目，以及工业中心的交通基础设施（可以从 www.eib.org 获得进一步的信息）。

7.4.3 欧洲PPP专业中心（EPEC）

欧洲投资银行和欧盟委员会联手在PPP技术方面牵头，在2008年发起设立欧洲PPP专业中心。欧洲PPP专业中心旨在提升公共部门参与PPP交易的组织能力，并由此帮助推动欧洲PPP市场的发展（EPEC，2015）。

欧洲PPP专业中心的目标是帮助欧盟成员国和候选国的公共机构成为更高效的PPP参与方，从而确定针对共同关注的问题的最佳实践，并降低成本和提高交易量。为此，欧洲PPP专业中心提供了结构化的网络活动和政策项目支持，共享经验并汇聚和整合来自欧盟各地与交易和技能相关的信息。欧洲PPP专业中心不对单个项目提供建议（EPEC，2015）。

欧洲PPP专业中心的成员免费参加，但仅限于公共机构，它们的角色包括政策责任和在国内或地区层面推进PPP项目或工程。欧洲PPP专业中心目前有41个成员单位（2014），其中包括欧洲投资银行、欧洲委员会以及各国负责PPP政策或项目的地方当局（EPEC，2015）。

7.4.4 政府出口信用和直接投资保险（ECA）

除全国性的、地区性的和多边的开发性银行及机构外，某个项目可能请求政府和私营的 ECA 对冲政治和经济风险。通过提供出口贷款担保作为（间接）促进出口措施的一部分，ECA 支持公司的出口交易（见第 5.2.1 节）。视不同出口交易的情况而定，这些承保人所承担的经济和政治风险的差异可能在于被保险的商品类型、保险事故的定义和保单的金额及结构。例如，在德国联邦政府促进出口的背景下（由 Hermes 承保），仅向定居在德国的出口商或为出口交易提供融资的国内银行提供担保。保险所覆盖的商品或服务的原产地必须主要为德国。

大多数国家有类似的遵循同样原则的方案和项目，即支持各自国家的产业。例如，英国的官方 ECA——出口信贷担保署（ECGD），旨在帮助英国的资本设备和与项目有关的商品及服务的出口商赢得业务。此外，ECGD 向英国出口商提供针对其海外买家不付款的保险，为银行贷款提供担保以促进向从英国公司购买商品和服务的买家提供融资，并向海外市场的英国投资者提供政治风险保险。

在美国，美国进出口银行（EXIM）是负责促进美国商品和服务的出口并通过多种贷款、担保和保险项目创造与维持就业的主要政府机构。通常，它的项目可以服务于各种规模的美国出口企业。日本通过日本国际协力银行提供此类服务（见第 7.4.1.3 节）。

除了出于风险对冲目的对出口交易提供保险外，直接对外投资也特别需要投保政治风险。这种保险为外国投资者的非商业风险提供了长期投资担保。这种性质的保险由所有工业化国家及世界银行的下属机构 MIGA 提供。这两种保险事实上承保同样的政治风险。例如，在德国，联邦政府为那些符合特定条件的直接对外投资提供政治风险担保，包括对外国公司的投资、对德国公司的外国分支机构和生产经营场所的资本投资以及向外国公司提供的类似于投资的贷款。

这种担保也可以为特定时期内的待分配股息或待支付利息转成的出资以及那些类似于投资的贷款提供保障。为投资项目提供保障时，MIGA 与投资者、公共和私营信用保险机构及开发性政策贷款机构（德国的 KfW 和 DEG）密切合作。由 MIGA 提供担保的合同，如果涉及出口融资交易，也可以由 ECA 提供再融资。获得这种形式的风险保障旨在降低政治风险，由此改进许多投资项目的测算基础。因此，参与项目融资的私营银行往往要求投资担保——对担保的求偿权归属于融资银行（www.miga.org）。

7.5 资产支持证券

资产支持证券（ABS）这类结构化产品，是通过出售公司资产产生额外流动性的融资工具。这主要与能够产生可持续的现金流的同类流动资产（尤其是应收账款）相关（见图 7-4）。

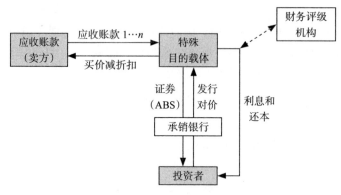

图 7-4 资产支持融资

这些资产被出售给某个特殊目的载体（SPV）。该特殊目的载体将资产打包，通过发行由所获得的资产支持的证券，在信用或货币市场上实现再融资。换句话说，资产支持证券用于将作为基础资产的应收账款的未来现金流证券化。资产出售时，卖家获得直接的现金收入减去折扣，而买家获得具有广泛风险分布且通常有最低回报率担保的证券。应收账款的购买价格往往不是一次结清。第一笔付款相当于所购买的应收账款的现值，减去基于历史违约率计算的风险折扣。当债务人的现金收入超过初次买价时，各期付款会得到支付。

资产支持证券结构是一种高度灵活的融资工具，比传统贷款、公司债券或股票发行等诸多其他形式的融资工具，使用起来更为高效和灵活。一般而言，具有定期现金流的资产均能够证券化，例如应收账款（源于公司、项目融资、按揭贷款或消费者）、租赁协议、信用卡交易、许可和特许协议以及各种形式的商品与服务。除了一次性证券化和出售资产，特殊目的载体还能够持续地纳入新的打包的应收账款，给卖家带来持续的流动性，而证券的买家可以长期获得利息和本金偿付。资产支持证券交易的担保形式，包括交易的现金流结构（例如，通过对应收账款的定量和定性选择实现超额担保、特殊目的载体的次级资金、储备基金）、应收账款的卖方的担保（有限追索、安慰函）以及第三方的担保（信用证、保证/担保、保险、付款责任分配）。

除了流动性效应，证券卖家获得的好处还包括更为强劲的资产负债表、由于参与资本市场获得的有利融资条件、融资来源分散化和降低的再融资风险，以及潜在的有利税收影响。不利之处可能包括准备要出售的应收账款组合、执行尽职调查与信用核查需要花费大量的时间，以及评级机构随后要求的因组合监测和风险管理目的而进行的持续信息披露。此外，在结构化资产支持证券交易之前，必须确保顾问银行有能力在资本市场上承销证券。

当项目公司持有的应收账款超过最低规模（3000万～3500万欧元）且足够分散化，并预计会产生足够的、可持续的现金流（即如有可能，资产组合应当包含具有良好信用评级的诸多债务人）时，则可以在项目融资中使用资产支持证券融资方式。与信用靠谱的合作方签署的长期购买协议，对于安排资产支持证券交易就足够了，即使应收账款只与少数债务人有关。然而，此时应收账款潜在的违约风险增加，类似于一个或少数几个合同合作方的信用风险，从投资者的角度看，对证券的购买更像是向债务人提供一笔贷款。例如，对于石油行业的项目，一个客户可能对该项目公司的全部应收账款负责。另外，石油是一种稀缺资源，意味着石油购买方有更大的压力结清未偿还的应收账款，否则项目公司可能为开采的石油在全球市场上找到另外的买家。

7.6 售后回租

售后回租交易可以为资产所有人提高流动性。售后回租交易是一种特殊形式的租赁，一家公司将可移动的或不可移动的固定资产（土地、建筑物、机械）出售给一家租赁公司，同时将资产租回继续使用，并拥有在特定时期后回购该资产的选择权。租赁公司成为该资产经济上的所有者，而资产的维护、保险和运营成本通常仍由承租人承担。

正如所有租赁模式的普遍情况，售后回租交易的最初好处是，公司的短期流动性增加并释放资本，同时不放弃使用相关资产的权利。卖家的股本金基础也由于资产负债表的缩表而得以改善。取决于交易结构，使用售后回租交易也可能因为确认固定资产的隐性准备而获得税收上的好处。当资产的市场价值或转售价值高于在该卖家的资产负债表中的账面金额时，就产生了隐性准备。隐性准备的确认使得卖方实现利润，这些可能被递延税收损失所抵销。

承租人（公司）为该资产的租回支付定期的租赁分期款项，并在自身报表中将这些分期付款作为费用确认，而租赁公司将所购买的资产在其资产负债表中资本化，产生可抵税的折旧费用。由于这些好处可以传递到租金分期付款，所以这种形式的融资往往比常规银行贷款便宜。一个潜在的缺点是租金分期付款会对卖家未来的现金流造成影响。此外，因为企业不再是这项资产的所有者，它也不能分享该资产价值的任何未来增值。

一般而言，选择适当的售后回租结构，不仅应当看重实现流动性的短期改善，也应看重建立一个长期总体框架，考虑全部现金流、税收选项及全部相关风险。

7.7 衍生品

除了其他因素，项目现金流受利率风险和针对境外项目的汇率风险的影响（见第 5.2 节）。这两种形式的风险都可以使用衍生品对冲。衍生品（又称为衍生工具）是诸如期货、期权、互换、凭证等可交易的金融产品及非标准化的远期合约，衍生品自身的价值衍生于基础性的传统资产（例如股票、债券或黄金）的价值。衍生品也可能基于诸如货币或大宗商品等其他交易性"物品"或产品。"衍生品"一词（来自拉丁语的"derivare"）通常描述的是一种基于其他资产的结构化产品。在这种情形下，这种工具的价格通常取决于作为该工具的基础资产的交易情况。

衍生品的基本原则是，衍生品的表现及对价并不像现货交易那样实时交换，而是事先为一个以后的日期达成合意。因此，在合同缔结与合同履行之间存在显著的延时。

交易衍生工具之所以具有吸引力往往在于这个事实：投资者只要投入相对较少的资金，就可以全额押注市场波动（杠杆效应）。然而，衍生品也可以用于对冲利率和汇率的波动、商品成本的急剧上升或证券价格的波动，对价是支付风险溢价。

世界上最重要的衍生品交易所包括芝加哥交易所集团（芝加哥商业交易所（CME）、芝加哥期货交易所（CBOT）、纽约商业交易所（NYMEX）和纽约商品期货交易所（COMEX））、美国的洲际交易所和德国－瑞士的欧洲期货交易所 EUREX（Statista，2015）。

当提到衍生品时，基本的分类是期货与期权。以下各小节以利率和外汇交易为例，简单介绍这些工具的功能。

7.7.1 期货

利率期货是一种有着对称风险分布的锁定未来时期内的利率水平的协议；也就是说，对于各参与方，潜在的收益和损失相等。这类衍生品包括以下三种。

- 远期利率协议（FRA）：FRA 是两方在未来的一个确定日期，支付或收取一个确定的利息而不涉及本金交割的协议。

- **利率期货**：利率期货是标准化的、交易所交易的期货合约，基于未来的预先确定的价格购买或出售一种特定有息工具的协议。因此，远期利率协议和利率期货用于对冲标准化的未来计息周期。该协议承担交付或购买相关证券的义务，而不是拥有一种选择权。
- **利率互换**：利率互换是两方基于并不需要交割的确定的本金数量，在一个确定的期限内交换按照同种货币计算的利息金额（固定利率与可变利率）的协议（见图7-5）。

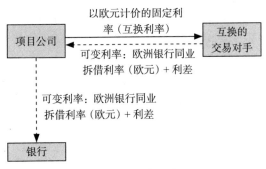

图 7-5　利率互换

从期货买方的角度看，这种性质的交换交易的条件应当基于对低层信用结构、现金流及为信用敞口进行再融资的相关成本的深入分析。在未来的每个利息和本金支付日，利率对冲应当有助于确保买方实现结构上一致的再融资，即来自资产端与来自负债端的现金流必须匹配。互换的缔结基于当期的固定利率报价。

按照利率对冲的同样方式，可以运用外汇远期合约对冲汇率风险。外汇远期是按照事先确定的汇率在未来某个确定的日期购买或出售特定金额的某种外汇的协议。该交易仅仅在商定的未来的某一天完成。远期汇率与即期汇率之间的差异，也被称为互换汇率，是由相关的货币之间的利率差异造成的。

7.7.2　期权

利率期权是在未来某日收到或支付一个确定的利率水平的合同权利。买家获得行使该期权的权利但不是义务，对价是支付期权费。与期货不一样，期权的风险特征不对称，即尽管潜在损失限于期权费的金额，但潜在的收益不封顶。期权包括：

- **上限期权**（cap）是指两方之间为某个基础性的本金金额确定一个利率上限的协议。如果实际利率超过了该上限，则期权的买家有权要求卖家支付实际利率与利率上限之间的差额。
- **下限期权**（floor）与上限期权相反，即确定一个利率下限。
- **领子期权**（collar）是指在购买一个上限期权的同时出售一个下限期权，在对冲利率上升的同时降低上限期权的成本。
- **互换期权**给予期权的买家在预先确定的日期创立利率互换的权利。

与利率期权一样，外汇期权包含以确定的汇率在未来某个日期购买或卖出特定金额的外汇的合同权利。买方获得行使该期权的权利而不是义务，作为交换，对价是支付期权费。期权费的成本通常高于类似的外汇远期的成本。两者的差异在于期权的价值，期权给予买家视相关的汇率走势在行使期权和实现相应收益之间进行选择的权利。

跨货币互换是利率和外汇对冲的混合体，对冲的是不同货币的利息支付额。该协议可能涉及作为该交易基础的以不同货币计价的本金金额的交割。

结 束 语

从全球范围看，经济和社会基础设施看起来是健康的、可持续的经济增长的关键因素。尽管如此，过去几十年突显了新建基础设施投资不足和存量设施维护不够的问题，加之预算赤字和人口增长，所有这些导致每年全球基础设施领域至少存在1万亿美元的巨大投资缺口。再加上诸如资源短缺、社会动荡、人口老龄化和气候变化，导致可持续性问题与基础设施问题相互交织。我们清楚地知道，环境、社会与治理（ESG）因素会严重影响基础设施投资的长期财务可行性。

对于诸如养老基金、保险公司和主权财富基金这类机构投资者，它们寻求可持续的稳定收益以匹配其长期债务，并实现资产组合的分散化等投资目标，此时基础设施是重要的投资机会。由于众所周知的基础设施资产的长期合同结构及其与各类传统资产的潜在低相关性，基础设施资产可以同时实现上述两个方面的目标，帮助投资者提升其资产组合的总体风险收益率。从可持续性的角度看，稍举几例，诸如可再生能源的发电站、节约资源的供水设施、可以随气候变化调整的交通设施和建筑物，都会对可持续发展产生正面效应。

本书的写作目的始终是全面指导投资者掌握与基础设施投资相关的基础性及高层次的核心概念。在第2章中，我们全面地介绍了基础设施投资的各个方面。这对机构投资者确定其单个项目和基础设施投资的总体策略很重要。具体内容包括：对风险收益特征的分析、业绩基准（可持续性的）基础设施、基础设施资产的分散化潜力、可持续性基础设施投资以及基础设施投资方式。我们在第3章中介绍了基础设施的不同组织模式，包括各类子模式，分析往往很复杂的私营部门参与、所有权、商业模式、合同结构和融资等方面的问题。在第4章中，我们对那些与财务投资者最为相关的基础设施行业和子行业的特征进行了全面的介绍，具体包括交通、水务、固废和能源（电力、天然气与区域供电系统），仅涉及部分层次较高的社会基础设施。我们在第 5 章中介绍了与基础设施资产相关的内含风险，对一般风险和项目/资产特有风险进行了详细讨论，通过诸多例子梳理行业特有风险清单。读者可以从第 6 章对项目融资相关的所有重要方面的介绍中获益，从第 7 章中了解基础设施领域的常用融资工具。

今天的基础设施设计与管理状况，将严重影响这些设施在明天或未来几十年中对社会和环境的功能发挥。这是我们在第 2 版中自始至终特别强调可持续性问题的原因。这种努力的明确意图始终是帮助和推动投资者将 ESG（风险）因素整合进基础设施投资决策制定过程中。

附录A

基金管理人使用的针对 ESG 问题的 CDC[⊖] 工具包的样页

表 A-1 对风险进行评级——环境风险

风险类别	对该类风险的描述	例子
A 类：高风险	如果计划实施的项目有可能产生敏感的、多样的或空前的重大负面环境影响，则该项目属于 A 类	• 大坝和水库 • 林业（大规模） • 涉农工业（大规模） • 工业装置（大规模） • 重要的新工业区 • 采掘业，包括采矿、重要的石油和天然气开发与主干管道 • 大型黑色和有色金属项目 • 大型港口和港湾开发 • 大型居民安置区开发 • 涉及对环境有重要影响的大规模农药或除草剂的制造、使用和处置的项目 • 有毒与/或有害材料的制造、运输和使用 • 家庭和有害废弃物处置项目
B 类：中等风险	如果计划实施的项目对包括湿地、森林、草地和其他自然栖息地产生的潜在负面影响，轻于 A 类却高于 C 类，则属于 B 类。这些影响限于特定区域，其中很少是可逆的。与 A 类相比，在大多数情况下，对于 B 类，我们可以更容易地设计风险缓释措施	• 涉农工业（小规模） • 电力传输 • 水产业 • 可再生能源（不包括大型水电项目） • 旅游业（包括酒店项目） • 农业供水和公共卫生 • 复原、维护和现代化项目（小规模）

⊖ CDC 是由英国政府全资拥有的开发性融资机构（DFI）。

（续）

风险类别	对该类风险的描述	例子
B 类：中等风险	如果计划实施的项目对包括湿地、森林、草地和其他自然栖息地产生的潜在负面影响，轻于 A 类却高于 C 类，则属于 B 类。这些影响限于特定区域，其中很少是可逆的。与 A 类相比，在大多数情况下，对于 B 类，我们可以更容易地设计风险缓释措施	• 建筑材料的生产 • 一般制造业 • 电信 • 现有工业区的绿地项目
C 类：低风险	如果计划实施的项目可能有很小或没有负面的环境影响，则该项目属于 C 类	• 咨询项目 • 媒体与资讯技术 • 人寿保险公司 • 证券承销和经纪/交易 • 技术援助

附录B

远景的可持续性基础设施评级系统的计分清单

表 B-1　计分清单

生活质量（13 分）	领导能力（10 分）	资源分配（14 分）	自然界（15 分）	气候与风险（8 分）
1. 目的 1.1 提高居民的生活质量 1.2 促进可持续增长与发展 1.3 培育当地的技能与能力	1. 合作 1.1 提供有效的领导力和承诺 1.2 建立可持续性的管理系统 1.3 促进合作和团队工作 1.4 提供相关方参与机制	1. 材料 1.1 减少净能源使用量 1.2 支持可持续的采购行为 1.3 使用可循环材料 1.4 使用本地材料 1.5 从填埋场转移垃圾 1.6 减少从地下挖取材料 1.7 提供降解和循环材料	1. 选址 1.1 保护主要栖息地 1.2 保护湿地和地表水 1.3 保护主要农场 1.4 避免地质条件差的地方 1.5 维持泄洪区的功能 1.6 避免在陡坡进行不合适的开发 1.7 保护绿地	1. 排放 1.1 减少温室气体排放 1.2 减少空气污染排放
2. 幸福水平 2.1 提高公共健康和安全性 2.2 减少噪声和振动 2.3 减少光污染 2.4 提高居民的移动性和进入性 2.5 鼓励可选择的交通模式 2.6 提高设施的可进入性、安全性，增加进入路径	2. 管理 2.1 追求附加的协同机会 2.2 提高基础设施的整体性	2. 能源 2.1 减少能源消耗 2.2 使用可再生能源 2.3 委托并监测能源系统	2. 土地与水 2.1 管理暴雨 2.2 减少杀虫剂和化肥的影响 2.3 防止地表与地下水污染	2. 恢复能力 2.1 评价气候威胁 2.2 避免陷阱和缺陷 2.3 为长期适应性做准备 2.4 为短期危害做准备 2.5 管理热岛效应

（续）

生活质量（13分）	领导能力（10分）	资源分配（14分）	自然界（15分）	气候与风险（8分）
3. 社区文化 3.1 保护历史和文化资源 3.2 保护景观和当地特色 3.3 改善公共空间	3. 计划 3.1 为长期监控和维护提供计划 3.2 解决冲突性的规制与政策 3.3 延长使用寿命	3. 水 3.1 保护可用淡水 3.2 降低饮用水消耗 3.3 监控水系统	3. 生物多样性 3.1 保护物种的多样性 3.2 控制入侵物种 3.3 恢复受破坏的土壤 3.4 维护湿地和地表水功能	
0.0 创新或提升计分要求	0.0 创新或提升计分要求	0.0 创新或提升计分要求	0.0 创新或提升计分要求	0.0 创新或提升计分要求

附录C

基础设施可持续性评级系统（澳大利亚）的主题和分类

表 C-1　ISRS 的主题和类别

主题	类别	主题	类别
管理和治理	管理系统 采购和购买 应对气候变化	生态	生态
		人和场所	社区健康、福祉和安全 遗产
资源利用	能源和碳 水 材料	创新	利益相关方参与 城市和景观设计创新
排放、污染和废弃物	废气排放 土地和水 土地 废弃物	经济绩效	未来发展
		劳动力	未来发展

附录D

政府提供的适当的风险缓释措施(NAMA)

表 D-1　基于政策的政府提供的适当的风险缓释措施(NAMA)

	NAMA	定义
		非市场方式
财政激励措施	拨款	由政府基于特定目的向合格主体提供的不需要还款的货币性资助
	能源生产付款	按每单位的可再生能源产量与政府结算得到的直接付款
	补助	政府给私营主体的一次性直接付款,用于弥补某些可再生能源系统或服务的一定比例或特定数量的投资成本
	税收抵免(产量或投资)	基于相关年度特定设施的投资金额或其生产的能源数量结算的年度所得税抵免金额
	减税/免税	税收减免,包括销售税、增值税、能源税或碳税
	可变或加速折旧	在可再生能源设备第一个运营年度允许的所得税负担的减免
公共融资支持	投资	政府提供资金获得某家可再生能源公司或项目的股权
	担保	通过风险分担机制推动商业银行给那些有较高信用(即还款)风险的可再生能源公司和项目提供国内借款
	贷款	给某家可再生能源或公司提供资金,得到债务(即还款)承诺
	公共采购	公共机构优先采购可再生能源服务(诸如电力)与/或可再生能源设备
规制政策	可再生资产组合标准/配额责任或指令	强制要求特定相关方(发电商、供应商、消费者)满足(通常是逐步增加)的可再生能源目标
	招标/投标	公共机构组织招标获得特定份额的可再生能源供应量或供应能力,在大多数情况下以高于标准市场水平的价格给中标方提供补偿
	固定支付的FIT	给可再生能源供应提供优先上网和配送的待遇,在给定的几年内按照不同的技术设定固定价格
	溢价支付的FIT	给可再生能源供应提供超过能源市场价格或终端价值的额外付款
	优先或保证上网	给可再生能源供应提供顺畅的接入现有能源网络的权利
	优先配送	要求可再生能源供应在其他能源之前接入能源系统

(续)

	NAMA	定义
	市场方式	
规制政策	可再生能源证书	可交易的证书，需要规制机构明确可再生能源目标（RET）义务，诸如可再生能源资产组合标准（RPS）
	碳交易	为提高可再生能源目标的竞争地位，化石能源生产商需要提交温室气体排放配额
	碳补偿	产生温室气体排放额度的可再生能源目标项目，可以在市场上套现
	绿色能源购买	消费者超过现有可再生能源义务而自愿购买的可再生能源供应量
	绿色标签	政府发起的标签（也有私营机构的标签）以保证满足特定可持续性标准的能源产量，促进自愿性的绿色能源购买；部分政府要求在消费者账单上贴上标签，并充分披露能源构成（或可再生能源占比）

资料来源：IRENA，2012a。

推荐阅读

PPP与工程项目融资

作者：[美]弗雷德里克·比勒陀利乌斯 等

定价：70.00元　ISBN：978-7-111-56970-1

本书使用详细的分析来展示项目融资技术在不同经济环境、不同司法体系和在不同项目阶段的应用，很大部分是关于以下四个主要的项目：悉尼跨城隧道、香港西区海底隧道、大博电力项目、伦敦地铁。

PPP与基础设施融资

作者：[美]尼尔 S. 格里格

定价：69.00元　ISBN：978-7-111-57884-0

基础设施作为固定投资不变的是人们和环境对它的刚性需求，无论是否涉及安全饮用水、高效的运输、污染控制和公立学校的建设，基础设施的地位都是不变的核心。

基础设施投资指南（原书第2版）

作者：[瑞]芭芭拉·韦伯 等

定价：200.00元　ISBN：978-7-111-60255-2

将基础设施投资、项目融资和PPP整合到一起，给投资者提供全面理解基础设施投资所有重要方面的必备基础理论、基本准则和实务案例。